EL PENSAMIENTO ESPAÑOL
DE LOS SIGLOS XVI Y XVII

Humberto Piñera

EL PENSAMIENTO ESPAÑOL
DE LOS SIGLOS XVI Y XVII

LAS AMERICAS PUBLISHING COMPANY
NEW YORK (U. S.)
1970

Depósito legal: M. 3039.—1970.

EOSGRAF, S. A. - Dolores, 9. - Madrid-20

PROLOGO

En este libro he querido solamente recoger algunos ensayos de interpretación de ciertos aspectos de la vida intelectual española en los siglos XVI y XVII. Para ello me valgo de varias de las figuras más destacadas en una y otra centuria, tratando de verlas, además, en esa relación jamás ausente del escritor con la obra correspondiente. Relación que resulta aún más importante en esos momentos de tensión histórica, como es precisamente el caso de ambos siglos. Porque si bien todo producto del pensamiento revela, de un modo u otro, en mayor o menor medida, el conflicto en que se encuentra inevitablemente el pensador con la época, esto último tiende a resultar llamativamente dramático en esos tiempos, en los cuales, tal como sucede en el XVI y XVII, el pensador está aún más obligado a responder a la presión que el medio ejerce sobre él. De ahí que, hasta cierto punto, la obra escrita de hombres como los que aparecen en estos ensayos resulta necesariamente una especie de «autobiografía espiritual».

Ahora bien, de acuerdo con su título, esta obra mía es un intento de interpretación del *pensamiento,* es decir, de las ideas básicas de esos escritores a los que atiendo en estos ensayos. Prescindo, pues, de todo cuanto tiene que ver con lo que suele ser la *crítica literaria;* la cual, como ya se sabe, se interesa más bien por los aspectos formales de la obra escrita. Yo prefiero verla en función de esa especie de *Weltanschauung* que se encuentra presente en cada época —el modo típico de concebir y sentir el mundo—, y que, por lo mismo, sirve de telón de fondo común a toda manifestación del pensamiento en una época determinada. De ahí que crea conveniente hacer una especie de diseño previo de lo que parecen haber sido el Renacimiento y el Barroco, y a esto es a lo que responden las sendas *Introducciones* de la primera y la segunda parte. Pero como estas ideas fundamentales de cada época se hallan a su vez en conflicto con las inmediatas anteriores y hasta en ocasiones entre ellas, trato de hacer ver que el carácter dramático que posee la obra de cualquier pensador de esa época se debe precisamente a la actitud que adopta el que escribe respecto de esas ideas, ya sea para adherir a ellas, ya sea para rechazarlas. Y cuando, por consecuencia de la tensión histórica excesiva de una época (como sucede, por ejemplo, de modo especial con el siglo XVI), la decisión afecta profundamente al pensador —tal es el caso de Juan Luis Vives, como así mismo el de fray Luis de León—, la obra determinada por dicha tensión se convierte en la *dramatis persona* del autor. Pues bien, no creo exagerar ahora si digo que todos los escritores a los que me refiero en mi estudio revelan en su obra respectiva el estado de ánimo propio de quien se encuentra en una encrucijada espiritual y ha de luchar enérgicamente —no importa cómo lo hace— contra la corriente que amenaza con ahogarlo. Porque aun cuando toda la Historia, por el hecho de serlo, es permanente estado de crisis, no cabe duda de que, en ciertos momentos, al replegarse en sí misma, la crisis se intensifica, y la «historia» de todo eso hay que ir a buscarla justamente en el testimonio que los pensadores y escritores de entonces han dejado de su irremediable conflicto con la circunstancia en que consistió dicha época.

Mas como en estos ensayos se habla de escritores y pensadores españoles, trato de presentarlos en la relación que la circunstancia europea de ese tiempo —Renacimiento y Barroco— mantiene con la particular de España. Pues algo que no suele hacerse frecuentemente es tener en cuenta que más allá de lo propiamente español se encuentra la concepción europea del mundo y de la vida, tal como sucede también en los siglos XVI y XVII, y que de esas *Grundgedanken* se alimenta y beneficia Europa, y, por consiguiente, también España: aunque, como es lógico suponer, tales ideas se adaptan a las exigencias psico-sociológicas españolas, ya sea para prevalecer, ya sea para ser eliminadas o al menos transformadas. Como en cada uno de los pensadores aquí estudiados se advierte la influencia de las ideas fundamentales y comunes del mundo europeo tanto del siglo XVI como del siglo XVII, me veo obligado a valerme de ciertas precisiones, basadas en la Historia y la Filosofía, como el imprescindible marco «teórico» dentro del cual se hace comprensible la tesis general de mi trabajo.

Se trata, por consiguiente, de algunas reflexiones que me sugiere la lectura de esos autores y obras a los que me refiero en este trabajo. Precisamente por ser de naturaleza *ensayística* ha de mantenerse en los límites estrictos de todo intento de aproximación a la realidad presunta que ofrece la Historia. Pues si lo mismo el Renacimiento que el Barroco, vistos en la totalidad de lo que cada uno de ellos representa, siguen siendo permanente «cuestión abierta», cualquier suceso de los que forman parte de ellos ha de resultar inevitablemente mucho más problemático, con lo que caemos en la ya eterna cuestión de la «circularidad», pues ¿cómo interpretar uno cualquiera de esos sucesos como no sea aplicándole aquellos criterios mediante los cuales juzgamos la totalidad?

Si, como dice Cicerón —siguiendo en esto a Plinio *el Viejo*—, no hay libro, por necio que sea, que no contenga algo útil, confío en que este modesto aporte mío sea capaz de suscitar alguna meditación acerca de ciertas cuestiones sobre las cuales es probable que jamás llegue a decirse demasiado.

PRIMERA PARTE

INTRODUCCION

1

El examen de lo que ha sido el pensamiento español en el siglo XVI jamás podría hacerse sin tener en cuenta la historia general de Europa en esa centuria, dado el papel desempeñado por España durante la misma y aun después. Preguntar por el pensamiento español en el siglo XVI es, por consiguiente, mírese como se quiera, preguntar por los acontecimientos que dan su fisonomía a ese siglo. No es secreto para nadie que España, durante el Renacimiento, está a la vez en todas partes de Europa, por lo que a veces con ella y a veces a pesar de ella se efectúa el proceso histórico europeo durante casi dos siglos a partir de 1500. Lo que vamos a intentar en lo adelante es mostrar cómo el pensamiento español del siglo XVI se relaciona de alguna manera con el resto del pensamiento europeo de esa misma época.

Pero sabemos también que la Historia jamás ofrece una rigurosa solución de continuidad, sino que, por el contrario, hay siempre algo así como una fatal dialéctica que va hilando los acontecimientos, que vienen a resultar unos la consecuencia de la modificación de otros. Pero es así como se hace la Historia, por lo que al escribirla es indispensable tener en cuenta esa fatal dialéctica que viene a resultar, en cuanto a lo histórico propiamente se refiere, algo muy semejante a lo que Spinoza ha prescrito para la relación de lo mental con lo material, es decir, la famosa «*ordo et conexio rerum eadem est ac ordo et connexio idearum*» [1]. Pues, en efecto, al menos en lo que a la historia europea se refiere, semejante relación intercausal de *realidad exterior* y *pensamiento* ha sido el hilo con el cual se ha tejido todo el canevás de esa historia.

Por consiguiente, para entender como se debe el siglo XVI resulta indispensable, por una parte, saber de antemano qué decisivos acontecimientos históricos lo caracterizan; y de otra parte, por qué, en ese orden causal ya aludido, dichos acontecimientos llegan a ser la consecuencia de otra cosa. No creo que pueda objetarse que los sucesos más destacados son los siguientes: 1) Las luchas religiosas, tanto en el seno mismo de la Iglesia como esa otra que sostienen el Pontificado y el Imperio, y que remonta, por lo menos, al siglo XIII. 2) La desaparición del Sacro Imperio Romano de Oriente a manos de los turcos y la amenaza a Europa que tal suceso

---

[1] B. de Spinoza: *Etica*, Parte Segunda, proposición VII.

apareja. 3) La expulsión de los moros de España y la unidad política de ésta. 4) El descubrimiento de América. 5) La batalla de Lepanto, que asegura la persistencia de Europa y afianza durante siglos la hegemonía blanca. 6) La invención de la imprenta, que da inusitado poder de expansión al pensamiento.

Pero, como decíamos, tales sucesos provienen a su vez de otros que ya vienen gestándolos, y esto es lo que procede examinar, a fin de que los acontecimientos decisivos en el siglo XVI sean comprendidos. Remontemos el curso de la Historia hasta el siglo XIII y veamos cómo era Europa entonces. Veremos que aún existe el Sacro Imperio Romano de Oriente; que España, subdividida en cuatro reinos (Castilla, Aragón, Navarra y León), se encuentra todavía bajo el dominio árabe; que Inglaterra mantiene su soberanía sobre parte de Francia, y que, en fin, el Sacro Imperio Romano de Occidente ejerce su dominio espiritual en la mayor parte de Europa. Tal es el mundo en este continente en el siglo XIII. Pero sólo tres centurias más tarde vemos que el Sacro Imperio Romano de Oriente ha sucumbido a manos del Turco, quien se ha convertido así en amenaza cada vez mayor para Europa y que ésta liquida en Lepanto. Que España, tras la Reconquista y la unidad nacional, ha pasado a ser el poder director de la vida europea al convertirse Carlos V de Alemania en Carlos I de España, lo cual da a este país esa inusitada extensión que supone —además de la Península— Austria, Alemania, los Países Bajos, el Franco Condado, Milán, Cerdeña, Sicilia, Nápoles y el vasto territorio ultramarino de América. Inglaterra, desalojada de Francia y replegada en sus islas, juega de ahora en adelante el papel de tercero en discordia; así como Francia, con explicable desconfianza hacia su poderoso vecino, se aprovecha de la lucha entre el Pontificado y el Imperio, que ahora enfrenta a Roma con España, para obtener, más o menos a la larga, los beneficios que indudablemente el tiempo y la política le acuerdan.

El mapa europeo del XVI se elabora, pues, paulatinamente desde el XIII, como vamos a verlo un poco en detalle, al referirnos ahora a esos acontecimientos que, ya desde la Edad Media, configuran el Renacimiento.

Hay, por supuesto, un problema fundamental, que es el religioso-político. Y es imprescindible denominarlo así, porque, ostensiblemente, desde el siglo XIII Europa se sume cada vez más en la política. No es que ésta haya faltado antes, y por eso decimos *ostensiblemente,* pero no se manifestaba como lo hace desde el siglo XIII. Problema religioso-político que consiste en la lucha, cada vez más aguda, del poder eterno con el poder temporal y que, en lo esencial de ella misma, es la crisis de la catolicidad, de ese *to katholou* que reemplaza en su hegemonía al paganismo romano y perdura en Europa, como tal hegemonía, hasta el siglo XVI.

Ahora bien, vista en sus aspectos más generales y hasta si se quiere un poco exteriores, esa lucha, es decir, el problema religioso-político, presenta los aspectos siguientes: *a)* la corrupción en el seno mismo de la Iglesia (simonía) [2]; *b)* la tendencia progresiva hacia el libre examen y la libertad de conciencia. El punto de partida puede ser, más o menos, el que se manifiesta en la violenta polémica entre el Papa Gregorio IX y el emperador Federico II [3]. Interesante en todos respectos resulta el contraste entre estas dos figuras de la decimotercera centuria en Europa, pues mientras Gregorio IX creía firmemente en el derecho indiscutible del Papado a regir absolutamente a Europa, Federico II, curiosa versión de liberal anticipado, llega hasta el extremo de expresar públicamente sus puntos de vista con respecto a las religiones, como, por ejemplo, que todas venían a ser más o menos imposturas. Unase a esto la ambición política del emperador y se tiene dibujada claramente la situación conflictiva religioso-política que inaugura, por así decirlo, la cadena de reacciones que culminan en la Reforma en el siglo XVI.

En lo adelante, vale decir ya desde el mismo siglo XIII, los acontecimientos se suceden unos a otros con rigurosa necesidad, dada la premisa

---

[2] El Derecho Canónico la define así: «Voluntad deliberada de vender o de comprar, mediante un precio temporal, un bien espiritual o un objeto estrechamente unido a un bien espiritual.» Estos son la gracia, los sacramentos, la excomunión, la elección, la presentación, la confirmación del elegido, la colación de un beneficio. Se entiende por *precio temporal* no solamente una cantidad de dinero o un presente material dado de mano a mano, sino también cualquier favor de orden temporal, sea éste una protección o una recomendación.

La palabra *simonía* viene del nombre de Simón el Mago. Los *Actos de los Apóstoles* (VIII, 9-24) dicen que el diácono Felipe encontró en Samaria a un mago llamado Simón, famoso por sus sortilegios, el cual pidió y recibió el bautismo. Cuando San Pedro y San Juan estaban en Samaria, Simón el Mago se propuso *comprarles* el poder de administrar los sacramentos, de donde el nombre de *simonía.*

[3] Federico II (hijo de Enrique VI de Alemania y nieto de Federico Barbarroja) se negó a cumplir la promesa hecha al Papa Inocencio III (1198-1216), su tutor y regente, de cederle sus derechos sobre Sicilia y el sur de Italia si salía coronado emperador de Alemania, así como excluir a la Iglesia del pago de tributos y perseguir a los herejes. Gregorio IX (1227) le excomulgó con el pretexto de no haber iniciado la cruzada prometida. En 1239 Gregorio volvió a excomulgarle. Inocencio IV renueva la controversia con Federico II, y éste denuncia el orgullo y la irreligiosidad de la clerecía y achaca a la riqueza y la ostentación de la Iglesia toda la corrupción reinante. Federico II es, pues, el punto de partida de esas dificultades que la Iglesia iba a confrontar en los siglos sucesivos.

Gregorio IX (Ugolino de Agnani) ocupó la sede pontificia desde 1227 hasta 1241. Estudió teología en París y leyes en Bolonia, fue legado papal en Alemania y el norte de Italia bajo Inocencio III y Honorio III, a quien sucedió en el trono de San Pedro. Del mismo modo que Inocencio III, creía en el predominio absoluto del Papado. Como ya se dijo, excomulgó a Federico II en 1227, si bien aparentemente por el descuido del emperador en la organización de una cruzada, en realidad a causa de que el emperador quería reconstruir el imperio italiano. En 1230, mediante la Paz de San Germano, llegó a cierto acuerdo con el emperador, quien a su vez cedió en muchas cosas. Pero poco después Federico derrota a la liga lombarda en Cortenuova, invade el patrimonio de San Pedro y reclama la soberanía de Roma. Gregorio responde excomulgándolo por segunda vez (1239), y ambas partes invocan la opinión de Europa. Gregorio convoca un concilio para la pascua de 1241, pero muere en el momento en que Federico se aprestaba al asalto de Roma.

dc que se parte. El siglo XIII presencia la rebelión del clérigo inglés John Wycliffe [4], quien traduce la Biblia al inglés, critica duramente el sacrificio de la misa y niega que en la Comunión se halla el cuerpo de Cristo. Poco después, en 1412, el checo Jan Huss es excomulgado y luego perece en la hoguera, al tiempo que los restos de Wycliffe son lanzados al fuego. De todo esto surge el llamado *Gran Cisma* (poco antes del Concilio de Constanza) [5]. Este Concilio se convoca para tratar de la corrupción eclesiástica en toda Europa y conseguir, mediante la depuración de la clerecía, el restablecimiento de la *unidad absoluta* de toda la cristiandad. Pero este empeño tropieza, como es natural, con la creciente resistencia de los diferentes conglomerados sociales a través del continente europeo. Así, en 1419 tiene lugar la insurrección de los *husitas*, que culmina en la derrota de la Cruzada dispuesta por el Papa Martín V; luego, en 1434, tras la guerra de los husitas entre sí, se llegó (1436) a un acuerdo entre el catolicismo (representado por el Concilio de Basilea) y la rama moderada de los husitas, y que consistió en reconocer las diferencias de criterio, respecto

[4] John Wycliffe (1320-1384), graduado de Oxford como *doctor*, denunció la corrupción de la clerecía y la ignorancia de la Iglesia. Organizó a cierto número de pobres curas (los *Wycliffites)* para que difundieran sus ideas por toda Inglaterra. Vertió la Biblia al inglés para que el pueblo pudiera juzgar entre él mismo y la Iglesia. Perseguido por Roma, pero protegido por sus seguidores, pudo vivir libre y administrar los sacramentos en la parroquia de Sutterworth. El Concilio de Constanza en 1415 dispuso que sus restos fuesen quemados. La orden del Papa Martín V la cumplió el obispo Fleming en 1428.

John Huss (1369?-1415), profesor y luego rector de la Universidad de Praga, inició una serie de conferencias basadas en la doctrina de Wycliffe, y fue excomulgado en 1412 a causa de sus enseñanzas. A pesar del salvoconducto del emperador fue a parar a la hoguera en 1415, por no querer retractarse de sus doctrinas sin antes estar convencido de que así debía ser.

[5] Gregorio XI muere en 1378 y entonces es electo, en medio de una revuelta popular (por 16 cardenales en Roma), Bartolomé de Prignano, arzobispo de Bari, con el nombre de Urbano VI, el cual es depuesto, por anulación de elección, en julio de ese año. Electo el cardenal Roberto de Ginebra (Clemente VI), surge entonces el *cisma*. Francia y España apoyan a Clemente, en tanto que Inglaterra, Alemania e Italia se deciden por Urbano. Este muere en 1389 y Clemente en 1394; pero entonces se elige al cardenal Pietro Tomacelli como Bonifacio IX, pero se elige también a Pedro de Luna como Benedicto XIII, con lo cual se da la curiosa situación de que hay dos Papas: uno en Avignon (Benedicto XIII) y otro en Roma (Bonifacio IX).

La palabra *Concilio* viene, según unos, del latín *conciso;* según otros, de *consilium* o *consedeo* (reunión). Pueden ser: *ecuménicos* o *perfectos* (convocados, presididos y aprobados por el Papa), o *imperfectos* (convocados por los cardenales o los obispos, en caso de cisma). Hasta ahora ha habido veintiún Concilios Ecuménicos, ocho griegos y trece latinos. Los griegos son los siguientes: Nicea (327), Constantinopla I (383), Efeso (431), Calcedonia (451), Constantinopla II (553), Constantinopla III (680-681), Nicea (787) y Constantinopla IV (869-870). En cuanto a los latinos, tenemos: Letrán I (1123), Letrán II (1139), Letrán III (1179-1180), Letrán IV (1215), Lugdunense I (1245), Lugdunense II (1274), Viena (1311), Constanza (1313-1423), Basilea (1433), Letrán V (1511-1517), Trento (1545-1563), Vaticano I (1869-1870), Vaticano II (1963-1965).

de la doctrina de la Iglesia, entre ésta y los husitas. El camino hacia la Reforma se extendía y se ensanchaba cada vez más.

Este camino cuenta entre sus etapas el desastre en que consiste la caída del Imperio Romano de Oriente en manos de los turcos. Como se sabe, entre 379 y 395 se produjo la separación de los vastos territorios que formaban el Imperio Romano en dos nuevos imperios, uno *occidental* y el otro *oriental*. Teodosio el Grande (último emperador romano) entrega el Imperio de Occidente a su hijo Honorio (Rávena) y el de Oriente a su hijo Arcadio (Constantinopla). Once siglos después (1453) el Imperio Romano de Oriente caía en poder del sultán otomano Mohamed II; pero, además, los turcos tomaban la ciudad de Otranto, a lo cual siguió la conquista de gran parte de Polonia y casi toda Grecia. Hasta que Solimán *el Magnífico* llevó sus huestes a través de toda Hungría y cruzando el Danubio casi llegó a amenazar a Viena. La suerte de Europa estaba, pues, echada. Esto último explica el suceso posterior de Lepanto.

Otro acontecimiento importante es la *invención de la imprenta,* que se debe fundamentalmente, como se sabe, a Guttenberg, en Alemania, en 1446, aunque Coster, en Holanda, hacía por esas fechas algo parecido. Luego la imprenta florece en Italia en 1465, después en España en 1473 y en Inglaterra en 1477. Suceso que apareja estas dos singulares consecuencias: la introducción de las lenguas *vernáculas* (italiano, inglés, francés, español y alemán), y, como resultado de esto último, la *edición de la Biblia en traducciones,* que la hace accesible a las grandes mayorías.

Y, finalmente, tenemos el suceso de la Reconquista de España, a que pone fin la toma de Granada, con lo cual se completa la unificación de la Península, iniciada por los Reyes Católicos en 1475 en el Acuerdo de Segovia, consolidada en 1479 al heredar Fernando el reino de Aragón, y que culmina en la rendición de Granada en 1492. Si a esto se agrega el Descubrimiento de América, que da a España un inmenso territorio, y si a ambos sucesos se une la subida al trono de España en 1517 de Carlos I, luego V de Alemania desde 1519, tendremos esa situación política que hace de España en el siglo XVI el poder hegemónico en Europa. Esto, en cierto modo, explica la Contrarreforma, pues Carlos V se ve obligado a luchar por la unidad cristiana bajo el signo de la *Catolicidad,* y no sólo por íntimas razones, sino, sobre todo, por motivos políticos, v. gr., la enemistad de algunos príncipes alemanes y la de Francisco I, sin dejar de contar con la del Papa, aliado entonces al rey de Francia. Y explica así mismo el *saco de Roma* en 1527. La «idea imperial» de Carlos choca violentamente con los intereses políticos de Europa en el siglo XVI. La pretensión de un emperador europeo, «... por la gracia de Dios, rey de romanos y emperador del mundo», era ya un evidente anacronismo. El Sacro Imperio Romano resultaba impracticable en el siglo XVI.

¿Quiénes son, pues, las figuras dominantes en este momento histórico en que el Renacimiento alcanza su cenit? Sin duda alguna, tres monarcas europeos y uno africano (Carlos I de España y V de Alemania, Francisco I de Francia y Enrique VIII de Inglaterra, y el sultán del imperio otomano, Solimán *el Magnífico*); un Papa (León X), un gran disidente religioso (Martín Lutero) y dos grandes pensadores y escritores (Nicolás Maquiavelo y Desiderio Erasmo). En torno a todos estos hombres, a lo que ellos representan, sea la fuerza política, sea la dirección religiosa, sea la actitud de pensamiento, gira vertiginosamente la rueda de la Historia. Probemos a suprimir esos nombres y veremos que nos quedamos sin siglo XVI en Europa. ¿Que hay otras grandes cabezas en la Europa de entonces? Nadie lo niega. Están Copérnico y Leonardo da Vinci en las ciencias; el propio da Vinci, Miguel Angel y Rafael en la pintura; están Tomás Moro y Luis Vives (de quien nos ocuparemos más adelante), cuya obra es decisiva en el pensamiento renacentista. Pero los que nombramos primero hacen chocar y entrechocar fragorosamente los diferentes pedazos en que se descompone la vida europea del siglo XVI, a causa precisamente de lo que esos hombres representan.

Si, para terminar, se dijese ahora que el siglo XVI es, en lo fundamental de sí mismo, estas tres cosas: la crisis del catolicismo (Reforma y Contrarreforma), el Turco y las ideas de Maquiavelo y Erasmo, no sería (todo esto) una exageración. Es claro que hay mucho más; pero, por ejemplo, la función catalítica del pensamiento de Maquiavelo y Erasmo es de tal indiscutible importancia, que ambos pensadores deciden lo esencial del proceso de la vida intelectual europea en el XVI.

Maquiavelo y Erasmo personifican de modo cabal el espíritu *reformador* que cruza de través del siglo XVI; ese espíritu al cual se deben todos los conflictos de la sociedad renacentista. Conflictos que provienen, ya se sabe, de la Edad Media, pues la Historia no admite solución de continuidad. Pero veamos en qué pueden consistir esos conflictos en lo *esencial* de sí mismos. Pues, sobre todo, en la crisis del *catolicismo*, o sea, de ese cristianismo universalizado que pudo mantenerse en tanto que ciertas circunstancias favorecían la aparente y forzada unidad del Sacro Imperio Romano desde Carlomagno. Mas una vez que esa unidad (que no fue, en el fondo, sino *impuesta unificación)* no es capaz de sostenerse por sí misma, se va agrietando hasta convertirse en desordenado conjunto de fragmentos, sin otra posible relación entre ellos que la de una fuerza cada vez más precaria, por lo mismo que, según iba perdiendo su *élan* espiritual, tendía a apoyarse más y más en el poder temporal. Y es así como vemos al Papa convertirse en político, gobernante y guerrero. Por otra parte, la Iglesia se hacía cada vez más una organización burocrática, al estilo de aquella otra que fue la grandeza y también la miseria del Imperio Romano desde Augusto. De donde la escandalosa corrupción de la vida clerical, contra la que luchan los disidentes de la Iglesia católica, sean o no eclesiásticos.

Vemos, pues, que desde fines del siglo XV se produce un doble fenómeno que en realidad viene a ser uno solo, pues la crisis debilitadora de la autoridad espiritual de la Iglesia resta a ésta las necesarias fuerzas para conservar la unidad del Sacro Imperio Romano de Occidente; y esa progresiva debilitación se manifiesta en forma de un continuo desapego hacia Roma de los países a ella sometidos, pues, además, como ha sucedido siempre en Europa, semejante *unidad* lo era por fuerza y jamás de grado. Y si bien es cierto que desde Julio César (por lo menos) todos los caminos conducían a Roma, ahora, en pleno siglo XVI, es Roma la que va —por inevitables motivos históricos— a conducir (desde sí misma) a Dios sabe cuántos nuevos caminos. De donde la inutilidad de la condena de Lutero, de la persecución de los protestantes, del imperial sueño de Carlos V, etc. Pues tocaba ya a su fin el *urbe et orbi* de la cristiandad europea, tal como lo había conocido la Edad Media.

Todos los caminos conducían a Roma hasta entonces, porque, en efecto, Roma había sido el punto de partida. El cristianismo, sin la prueba de fuego del paganismo, jamás hubiera llegado a ser lo que fue. Por eso reemplaza a Roma pagana en su hegemonía y por eso también, junto con su grandeza, lleva en cierto modo todos sus defectos —organización burocrática, cesarismo, contaminación excesiva de lo material, etc.—. Por otra parte, el *humanismo cristiano* (doblemente antropológico por lo que tiene, a la vez, de «humanista» y «cristiano») era un reto constante a toda posible estabilización *sine die* de la cristiandad como tal; pues la escolástica medieval y la filología culturalista (si se me permite llamarla así) de los humanistas del Renacimiento se apoyaban en una base idéntica: la cuestionabilidad de lo que aparece recogido en las Escrituras. Esto es lo que vemos por detrás de la prolongada querella de *realistas* y *nominalistas,* como igualmente en las divergencias de tomistas y franciscanos, y aun de cada uno de estos grupos entre sí. En fin, algo que el cristianismo hereda de Grecia —el afán de análisis—. Eso que junta San Agustín a la más apasionada creencia y que reúne en maravillosa síntesis el *Sero te amavi!* al *Fides quaerens intellectum,* repetido después en San Anselmo en el siglo XI, y más tarde por Ockam.

Es preciso, por consiguiente, hacer de nuevo el camino de Roma, como infatigable peregrino de un inagotable ideal. Tal cosa hacen a la par Maquiavelo y Erasmo, trazando así las directrices de la vida espiritual europea del siglo XVI. Maquiavelo, pletórico de la experiencia de la vida política europea, como diplomático y hombre de Estado, se pregunta en el *Discorsi sopra la prima deca di Tito Livio* cómo se origina y se sostiene un Estado; y esto mismo es lo que se pregunta y se contesta en *Il Principe.* Y si ha pasado primero por la historia de Roma es porque no era posible dejar de contar con ella. Su «política» es rectificación de los procedimientos de las doctrinas medievales que habían conformado el pensamiento a las normas de la más pura escolástica, con lo cual viene a ser el divulgador de la doctrina del *libre examen* y resulta, en este sentido, precursor de la Reforma. Maquiavelo advierte todo esto con asombrosa claridad y concluye que es inevitable la quiebra de la idea de la unidad de la Iglesia y el Poder Temporal. Por eso Erasmo —como veremos más adelante— va a decir que es tiempo perdido condenar a Lutero y perseguir a los protestantes. El agudo secretario florentino comprende que ha llegado el momento de hacer *ciencia política,* eso en que fueron maestros los griegos y en mayor medida los romanos. Es preciso hacerlo, pues ha llegado el momento de estudiar al hombre como generador o productor de la sociedad, es decir, de sus bienes y sus males. De aquí que sus máximas y los conceptos que les sirven de base están tomados de la realidad circunstante, lo que le lleva a afirmarse en la creencia de que, en cuanto a la sociedad se refiere, todo depende o «de causas naturales o de la fortuna». Mas ¿cómo gobernar bien? Hay que escoger entre *monarquía* y *república,* y esto no es fácil, pues lo que está en juego, en el fondo de la cuestión, es el problema de la naturaleza del hombre. Y las llamadas «repúblicas» italianas del tiempo de Maquiavelo no difieren en nada de lo que, en conjunto, ofrecen los principados, los ducados, etc. Pues, sean unas, sean otros, ahora la política es lo dominante, y en ella el elemento decisivo (conflicto y solución) es el hombre. Cierto es que hay una *virtud privada* a la base de una saludable vida colectiva, pero el Estado político (monarquía o república) exige que la moral se subordine a la política —he ahí el fundamento de lo que, desde Maquiavelo, se llama la *razón de Estado* (o «alta política»). Es esto lo que explica —no diré que justifica— ese torso trágico que se llama *Il Principe,* espejo de lo que su autor había visto hacer a César Borgia. Pues, concluye el agudo secretario florentino, ¿es que se puede actuar de otra manera en ese Ponto Euxino, en ese hirviente y revuelto mar de la Europa del siglo XVI? Desde luego que no. Hay necesidad de someter la *moral del individuo* a las inaplazables exigencias de la sociedad, o sea, a ese conflicto creado por un tipo de hombre que ya tiene conciencia de sí, y que aspira a vivir *en* el mundo y *para* él. Los *desiderata* medievales tales como el *itinerarium mentis in Deum* [6] de un San Buenaventura quedaban, pues, cada vez más lejos.

---

[6] San Buenaventura (1221-1274), llamado el *doctor seráfico,* es una de las más tempranas figuras de la escolástica medieval. Su obra principal es el *Itinerarium mentis in Deum,* cuyo propósito —tal como lo dice su nombre— es establecer el camino que conduce desde la realidad de este mundo hasta Dios. De todas las formas del saber la más elevada es la *contemplación.* Entre el saber del mundo físico y el saber de Dios se encuentra la filosofía, que no puede hacer nada a menos que la fe la ilumine. El conocimiento de Dios no está, pues, en el límite de razón y fe, sino que para que se produzca ese conocimiento es necesario que la fe ilumine al hombre. La fe sobrepasa a la razón, pero a la vez la encamina constantemente hacia la contempla-

Por consiguiente, esa política llamada «maquiavelismo» consiste esencialmente en afirmar que el juicio de los políticos no debe inspirarse en los principios jurídicos y morales, sino en las consecuencias que producen. Y, como es natural, tampoco la religión hace falta, a no ser sólo como *instrumentum regni*. La religión es un simple *medio* de conservar el orden en las cosas del Estado. Y aunque soslaya el hablar de modo abierto sobre los conflictos del Pontificado y el Imperio, expresa su opinión al respecto al decir en una ocasión que «nadie mejor que Alejandro VI ha enseñado lo que puede hacerse con hombres y con dinero». Y la Moral queda igualmente marginada en la teoría de Maquiavelo, pues el gobernante que hace lo que debe es simplemente un inadaptado. Contra esto preconiza nuestro autor la doctrina de la *indiferencia de los medios en política*, porque el fin lo justifica todo, lo cual viene a ser algo así como la consagración de los hechos consumados. Pues el hombre, mírese como se quiera, es un ser finito, defectuoso, disímil a causa de su individualidad, de manera que debe ser manejado según las necesidades de la sociedad, y ésta, ¿cómo negarlo?, ha sido creada por el hombre, es invención suya. De ahí que la quintaesencia de la doctrina política de Maquiavelo es que «el fin justifica los medios». Por consiguiente, escribe en el capítulo XV de *Il Principe:*

> Réstanos tratar de la conducta y procedimientos que debe seguir un príncipe con sus súbditos y con sus amigos. Sé que muchos han escrito de este asunto y temo que al hacerlo ahora yo, separándome de las opiniones de los otros, se me tenga por presuntuoso. Pero mi intento es escribir cosas útiles a quienes las lean, y juzgo más conveniente irme derecho a la verdad efectiva de las cosas, que a cómo se las imagina; porque muchos han visto en su imaginación repúblicas y principados que jamás existieron en la realidad. Tanta es la distancia entre cómo se vive y cómo se debería vivir, que quien prefiere a lo que se hace lo que debería hacerse, más camina a su ruina que a su preservación, y el hombre que quiere portarse en todo como bueno, por necesidad fracasa entre tantos que no lo son, necesitando el príncipe que quiera conservarse aprender a poder ser no bueno, y a usarlo o no usarlo según la necesidad [7].

Maquiavelo, pues, no inventa nada, no fantasea: se limita a ver lo que sucede en torno suyo. Recoge el problema de su tiempo y lo expresa en ideas cabales y claras. La obra está de acuerdo con la época en que fue escrita, pero, además, ha quedado como expresión de ciertas constantes del modo de ser del hombre, sobre todo considerado políticamente. Así, por ejemplo, en el capítulo XVIII de *Il Principe* dice Maquiavelo que el gobernante debe faltar a la fe jurada cuando el mantenerla le acarree algún daño, pero, al romperla, debe tratar de conservar apariencias de lealtad

---

ción de la luz divina. Este es, por consiguiente, el camino mental que conduce hasta Dios.

[7] N. Maquiavelo: *El príncipe*, ed. de la Universidad de Puerto Rico, Revista de Occidente, Madrid, 1955, págs. 342-43.

a esa fe; lo mismo que debe valerse de la virtud como de una máscara útil, aunque obre en contra de ella, etc. *Il Principe* (*«hoc erat in votis»*) es el espejo de su tiempo.

Erasmo representa la otra parte del problema espiritual del siglo XVI. Notemos, ante todo, que es un *humanista* del Renacimiento, altamente preocupado con el problema del futuro del cristianismo. Como humanista es *hombre de letras* en el cabal y específico sentido que este oficio adquiere en el Renacimiento. Si jamás un hombre de letras ha estado dotado de una clara conciencia de la integridad personal, es decir, del derecho a pensar y a decir conforme con la más rigurosa exigencia de verdad y objetividad, este hombre es Erasmo. Lo cual, ante todo, supone que el intelectual puede *acertar* o *equivocarse*, pero debe tener clara conciencia de esta alternativa y no confundir una cosa con la otra, en tanto en cuanto sea posible hacerlo. Pero, además, Erasmo detesta el *escolasticismo* en que ha consistido (no sin ciertos momentos de esplendor) la vida intelectual de la Edad Media; pero que ya, a la altura del siglo XVI, es ineficaz, estéril y anticultural.

Teólogo él mismo, pero a la vez enemigo de la teología escolástica, tanto en su estructura cuanto en sus procedimientos, se propuso imprimirle a la ciencia eclesiástica una tendencia humanística. Se desinteresa bastante del Antiguo Testamento, mientras se adentra en el Nuevo, de cuya interpretación aspira a extraer las verdaderas enseñanzas de Cristo. De ahí que en su *Ratio vera theologiae* (o sea el Método del estudio teológico) especifica y delinea con visión moderna la norma exegética a seguir, que, sin negar el derecho de la tradición, pone en guardia al exegeta contra las interpretaciones legadas a las escuelas filosóficas que, según Erasmo, han convertido la divina enseñanza evangélica en especulación fría y abstracta. Esa instintiva desconfianza hacia la filosofía y la metafísica se transparenta perfectamente en el *Enchiridion militis christiani*, donde predica la utilidad del estudio literario para la formación del cristiano y del teólogo y proclama la necesidad de restaurar la religión del espíritu puro, alejado del laberinto de las disputas y el furor que yace en la elaborada fórmula racional.

Pues el cristianismo, precisamente en lo que no tiene de *histórico* (o sea, en su sustancia eterna), ha de ser constante y efectiva renovación, porque ser cristiano es aprender a morir todos los días para renacer a una vida eterna, sobre todo en la experiencia del *memento mori*. Por esto es que Erasmo busca en sus análisis, en sus investigaciones filológicas al hilo de las Escrituras, la *pistis* que subyace en la letra. Se diría que su lema es, más o menos, el siguiente: *una nueva teoría y una nueva práctica* del cristianismo. La teoría como *exégesis*, no de la letra, sino de su espíritu. La práctica, no como repetición de fórmulas, de palabras, de gestos, sino como algo nuevo. Pero Erasmo acomete esto en forma intelectual, es decir, analíticamente, con fervor filológico que, un poco de rechazo, convierte la Escritura de nuevo en tema de polémica revisionista. Por lo cual, sin de veras haberlo querido así, se convierte en precursor de Lutero. Pues, por una parte, le vemos poner en duda la filiación divina del Papa[8], discrepar abiertamente de la confesión auricular, censurar el abuso de las indulgencias, mantener sus dudas acerca del celibato monacal y del sacerdocio regular, condenar la pompa litúrgica del catolicismo y, sobre todo, abogar porque la misa, los sacramentos y todo cuanto debe ser oído y leído por el creyente lo esté en la lengua que éste habla. Mas ¿no es acaso todo esto expresión de inconformidades que luego aflorarán violentamente en Lutero? Entonces, si es así, cabe preguntar por qué no hacen la misma crisis en Erasmo, y hay que responder que porque Erasmo es un hombre en quien intelecto y emoción se equilibran perfectamente, al modo de un Bembo, de un Poliziano, de un Picolomini, de un Pomponazzi o de un Gemistos Pletón en Italia; como de un Moro en Inglaterra, o un Vives en España. Lutero, bien lo sabemos, no era un *humanista*, sino una especie de «martillo de Dios», y esto se prueba perfectamente acudiendo al contraste entre su tesis *De servo arbitrio* y la de Erasmo titulada *De libero arbitrio*[9]. Pues en tanto que éste afirma que el ser humano, si bien necesi-

---

[8] El pontífice romano, cuando enseña *ex-cathedra*, «goza, en razón de la divina asistencia prometida a él en el bendito Pedro, esa infalibilidad con la cual el Divino Redentor quiso dotar a su Iglesia cuando ésta define la doctrina sobre la fe y la moral» (Concilio Vaticano I, Sesión IV, Cap. IV). Ya en los Concilios de Efeso (431), Calcedonia (451), Constantinopla III (680-681) y IV (869-870), Florencia (1438-1445) se dejó establecido que la Sagrada Sede Apostólica y el romano pontífice tienen primacía sobre el mundo entero, y que el romano pontífice mismo es el sucesor de San Pedro, Príncipe de los Apóstoles y verdadero vicario de Cristo. Por su parte, el Concilio Vaticano II, aunque restringiendo la autoridad papal al orbe católico romano, declara también la infalibilidad papal, hasta cuando no enseña *ex-cathedra* (Cf. *Concilio Vaticano II, Constituciones, Decretos, Declaraciones*, «Constitución dogmática sobre la Iglesia», III, 18, 25).

Relacionado con lo anterior se encuentra el llamado «legado de Constantino» *(Donatio Constantini)*, supuesta donación del emperador Constantino el Grande al Papa Silvestre I (314-335) en acción de gracias por haberle librado de la lepra por medio del bautismo. Donación que consistía en haberle cedido al Papa y a sus sucesores dominio sobre Roma e Italia. La falsificación se titulaba así: *Constitutum domni Constantino imperatoris* (Biblioteca Nacional, París, núm. 2.777 de los manuscritos latinos). Consta de dos partes: a) *Confessio*, b) *Donatio*, y el manuscrito es probablemente del siglo VIII. Su nulidad fue probada en 1440 por Lorenzo Valla *(De falso credita et ementita Constantini donatione dedamatio)*.

[9] *De servo arbitrio* (Lutero) y *De libero arbitrio* (Erasmo) plantea en 1525 la cuestión tal vez decisiva entre todas las que separan al catolicismo del protestantismo, porque se trata de decidir si son las *obras* o la *gracia* lo que salva al hombre. En 1524 Erasmo había planteado la cuestión tal como le dice Lutero: «Lo que yo estimo, lo que yo alabo en ti es que fuiste el único que tocaste el punto neurálgico de la disensión: el libre albedrío.» Lutero lo combate y lo hace depender completamente de Dios, de manera que viene a ser una especie de predestinismo mitigado. «Dios [dice Lutero] ha ya decretado quiénes deben y quiénes no deben salvarse, pero su voluntad sigue siendo un misterio incomprensible para nosotros. Sólo sabemos que Dios es, ante todo y sobre todo, eterno amor; es, pues, imposible suponer que pueda ser injusto con las criaturas.» Erasmo, por su parte, le repone: «¿Por qué Dios no sana el vicio de nuestra

tado de la gracia divina, dispone, sin embargo, de un margen muy apreciable donde escoger entre el bien y el mal, Martín Lutero niega por completo el libre albedrío y llega a afirmar que solamente por la gracia divina nos salvamos o nos perdemos.

Es interesante hacer notar que la preocupación de Erasmo es de naturaleza *ética*. Así, en una ocasión, al polemizar con Lutero, dice que «no siempre se puede expresar una doctrina claramente; pero lo importante es dar con la doctrina útil». Por esto mismo, su crítica de la Iglesia no es tanto contra el dogma como sí contra el hombre; pues lo indispensable es restaurar la pureza de la fe y con ésta la vida moral. De ahí esa curiosa conciliación que sorprendemos en Erasmo (al menos el intento) de la *devotio moderna* (al modo típico de los Países Bajos) y el *ideal aristocrático de la cultura* del humanismo italiano. Eso que se ha llamado la *humanitas*, que es, a la vez que intelectualmente rica, moralmente fuerte. Por eso es que jamás patrocina la reforma por medios violentos, sino, por el contrario, pacífica y gradual, mediante la persuasión y el razonamiento. Y, con respecto a Lutero, ya vemos cómo actúa: en un comienzo le muestra mucha simpatía y hasta llega a comentar no desfavorablemente las noventa y cinco tesis. Pero al ver cómo Lutero llega hasta la ruptura de la unidad espiritual, se hace esclavo de la pasión popular y adopta una cerrada actitud frente a lo intelectual, Erasmo inicia aquel famoso duelo con Lutero sobre la libertad y la naturaleza del hombre. Mas *De libero arbitrio* señala el momento decisivo de Erasmo con relación a la fe católica. El año de 1524, fecha de la aparición de dicho trabajo, sitúa a Erasmo ya para siempre del lado de la Iglesia, y si antes no lo había hecho era porque su cultura filosófica superior y su amplia tolerancia religiosa se lo impedían. Pero sabemos que llegó a ofrecer al cardenal Cajetan escribir un libro de *Retractaciones* (como San Agustín), y después de la Dieta de Augsburgo alinea del lado católico definitivamente. Su mayor anhelo era que permaneciera la Iglesia, tal como podemos verlo en su *De Amabili ecclesiae concordia*.

Maquiavelo y Erasmo absorben, pues, en cierto modo, las directivas fundamentales del pensamiento en el siglo XVI. Se dirá si acaso no debe figurar también aquí Lutero. Pero, sin negar los indiscutibles méritos de pensador teológico que acompañan al *reformador,* es preciso verlo más bien como el *realizador* de todo aquello visto y propuesto por Maquiavelo y Erasmo, pues la empresa del monje alemán es tan *política* como *religiosa*, si se tiene en cuenta que lo que se discute no es solamente artículo de fe, sino, además, el destino de Europa. Destino que se encierra y se condensa en un cada vez más creciente *sentimiento de individualidad,* que si

voluntad, si ella no está en nuestro poder? ¿O por qué nos lo imputa, si este vicio de la voluntad es inherente al hombre? Si el hombre no es libre, ¿qué significan las voces *mandamiento, acción, recompensa?*»

en lo religioso conduce al cisma, en lo político se manifiesta en el afán de intervención directa, constante y apasionada del hombre en la sociedad. Sociedad, cosa curiosa, que es a su vez, mírese como se quiera, siempre una manifestación de lo individual. Así, por ejemplo, ¿no es el *monacato* [10] una virtual expresión de disidencia con respecto al absolutismo curialesco de la Iglesia romana? ¿Y la mística? ¿Y las Ordenes mendicantes? ¿Y el afán de garantizar la personalidad en la creación, sea ésta lo que sea? ¿No contrasta todo esto con el frecuente anonimato medieval? ¿Y los principados y repúblicas que entonces pululan en Europa? Y, en fin, los *Estados Nacionales,* una vez constituidos, ¿no vienen a ser cual gigantescas individualidades en comparación con el *totum organicum* que fue el Sacro Imperio Romano?

De ahí, pues, la impresionante fuerza de Lutero, capaz de oponerse a lo que parecía incontrastable poder de la Iglesia romana, como igualmente al sueño imperial de Carlos V. Pues el monje alemán no es sino el ejecutor de eso que suele llamarse la «razón histórica», es decir, de aquello que, cuando está maduro, cae del árbol sin siquiera ser tocado. ¿Pudo acaso impedir Carlos V que en España medrasen erasmismo y luteranismo? ¿Pudo impedirlo el Papa en parte alguna de Europa? ¿No estaba ya, no sólo la Iglesia, sino Europa misma, un poco en manos de Lutero? En torno a esta cuestión se producen esos cuatro grandes sucesos que dan toda su fisonomía al siglo XVI.

Esos cuatro grandes acontecimientos son la Reforma, el Concilio de Trento, la Contrarreforma y Lepanto. Veamos ahora lo que, esencialmente, supone cada uno de esos sucesos históricos.

[10] El monasticismo nace de la vida puramente eremítica. San Antonio puede considerarse como el padre de la vida monástica. Orígenes (siglo II) es otro caso de este monasticismo ascético. En la época en que la cristiandad estaba haciendo las paces con el Imperio, recibiendo a las masas en su comunión, pero aminorando su nivel moral, surgió un poderoso movimiento ascético que, ocasionalmente, se oponía a la jerarquía eclesiástica y daba lugar a la aparición de sectas no ortodoxas, aunque, por lo regular, sus fundadores acababan la jerarquía de la Iglesia. Y se puede considerar que, del mismo modo que el cristianismo primitivo, el *ascetismo monástico* creó una aristocracia espiritual que transformó el mundo antiguo y contribuyó a crear la sociedad medieval.

Ha sido constante la tendencia a cierta «individualidad» en las órdenes monásticas (tal vez como residuo del «eremitismo» de sus comienzos). En el siglo XVI, el Concilio de Trento (sesión última, 1563, especialmente el canon 8) dispuso que todos los monasterios fuesen miembros de congregaciones. Durante León XIII, después de muchas discusiones y encarecimientos por parte del Papa, se constituyó la Confederación Benedictina; pero esto no destruye la *autonomía* de los monasterios individuales.

El monasticismo no debe comprender a las órdenes religiosas como la Compañía de Jesús, los dominicos, franciscanos, agustinos y otras de canónigos y clérigos regulares. Son *monjes* los benedictinos, cistercienses, camandulenses, cartujos, etc.

1) *Reforma:* el humanismo, la política europea y la idea imperial de Carlos V.

2) *Concilio de Trento:* el humanismo, la política europea, el retroceso en la idea imperial de Carlos V (las dos Europas y el Imperio Español).

3) *Contrarreforma:* el nuevo humanismo (barroco), el retroceso progresivo hacia lo rigurosamente nacional (la política), el avance de Europa y el retroceso de España, y el protestantismo como avanzada del siglo XVIII.

4) *Lepanto:* a) como «utopía; b) como «ucronía».

La \Reforma, como se sabe, data de 1517, cuando Martín Lutero, profesor de teología en Witenberg, denuncia la venta de las indulgencias autorizada por el Papa León X para sufragar los gastos de edificación de la basílica de San Pedro en Roma. Lutero fijó a la puerta de la iglesia de Witenberg las noventa y cinco *proposiciones* que formaron el punto de partida de la Reforma, y como no quiso retractarse fue excomulgado por el Papa León X en 1520, a lo cual respondió Lutero quemando públicamente la bula. Carlos V trató de mediar en la cuestión, para lo cual convocó la Dieta de Worms [11], a la que invitó a Lutero, quien si bien acudió a ella, se negó, en cambio, a retractarse; de allí salió con un salvoconducto del Emperador Carlos V, y protegido por el Elector Federico de Sajonia fue a refugiarse en el castillo de éste en Watzburgo. Más tarde, por consejo de los erasmistas que lo rodeaban, el Emperador convocó sucesivamente la primera Dieta de Spira (1526), la segunda Dieta de Spira (1529) y la Dieta de Augsburgo (1530), donde Melanchton leyó los veintiocho artículos que forman el credo protestante. Si a todo esto se agrega la formación de las dos *Ligas,* la de los príncipes católicos dirigida por Fernando de Hungría (hermano de Carlos V), en 1525, y la de los príncipes protestantes o Liga de Smalkald, en 1531, tenemos ya perfectamente delineado el cuadro del problema religioso y político planteado por la Reforma.

Mas ahí no había de parar la cosa. En 1530, el rey de Inglaterra, Enrique VIII, que había sido un formidable apoyo de la Iglesia Católica, al punto de merecer el título (concedido por el Papa) de «Defensor de la Fe», rompe con Roma, a causa —externamente— de su divorcio y de su

[11] Las *Dietas* eran Asambleas deliberativas en Alemania, Dinamarca, Suecia, Hungría, Polonia, Croacia y Suiza, durante la Edad Media y gran parte de la moderna. Las que resultan interesantes, a los efectos de lo que se viene comentando, son las siguientes: 1518: Augsburgo. En ella expuso Lutero sus planes de reforma. 1523: Nuremberg. Convocada por el archiduque Fernando (hermano de Carlos V) para defender a Hungría de los turcos y combatir a Lutero. 1524: Nuremberg. En ella se rechazó la reforma del clero propuesta por el cardenal Campége. 1526: Espira. Donde los protestantes pidieron la libertad de predicar en Alemania. 1529: Espira. Se restableció el llamado *Edicto de Worms*, que anulaba todo lo anterior. 1530: Augsburgo. La presidió Carlos V y Melanchton presentó allí su famosa *Confesión de fe*. 1539: Francfort. Carlos V concede a los protestantes una tregua de quince meses. 1544: Espira. Convocada por Carlos V para pedir socorros contra Francia y el Turco. 1547: Augsburgo. Se proclama el *Interim*.

nuevo matrimonio con Ana Bolena; aunque las razones más decisivas fuesen de naturaleza política (alianza con Francisco I y apropiación de las inmensas riquezas de la Iglesia en Inglaterra). Tal es, en síntesis, la Reforma, como se ve, íntimamente unida a la política, pues la consagración de Carlos V como Emperador de Alemania y del Sacro Imperio Romano hizo que en seguida el Papa León X se aliase con el rey Francisco I de Francia y con Enrique VIII de Inglaterra para impedir que Carlos V pudiera efectuar sus planes políticos en Europa. Unase a todo esto la actitud de los príncipes alemanes desafectos a Carlos V y veremos cómo se combinan entre sí esos fenómenos de la *Reforma,* la *política europea* del XVI y la *idea imperial* de Carlos V.

El Concilio de Trento fue convocado por el Papa tras largas y tenaces gestiones de Carlos V, en 1545, y duró hasta 1563, ya muerto el Emperador y en el trono su hijo Felipe II. De modo que este Concilio se inicia con el propósito de llegar a un razonable acuerdo con los protestantes y termina en lo que se conoce con el nombre de *Contrarreforma,* o sea, la total oposición a todo cuanto significara protestantismo.

Los primeros acuerdos del Concilio, que fueron de 1545, son acogidos de mala gana por los protestantes, que niegan toda autoridad al Papa y al Concilio en materia de religión. Esto hizo que Carlos V se dispusiese a someterlos por la fuerza, llegando a vencerlos decisivamente en el terreno militar, mas no en el de la creencia y la doctrina. De este modo, el Emperador, que había entrado victorioso en Witenberg en 1547 (y respetado la tumba de Lutero), se ve poco después obligado al *Interim de Augsburgo* (1548), donde se acuerda la libertad religiosa para los protestantes *(Modus vivendi),* y al que sigue la *Paz de Augsburgo* (1552), con los protestantes, que se ratifica en esa misma ciudad en 1555, reconociendo *igual libertad religiosa para ambos bandos.*

Finalmente, el Concilio de Trento, en su etapa final de 1562 y 1563, declara herético el protestantismo, sin valor los anteriores acuerdos, prohíbe las obras de Lutero, Melanchton, Calvino y demás protestantes; declara así mismo herético a Erasmo en sus obras y prohíbe que se le traduzca al español; finalmente, prohíbe la traducción de las Sagradas Escrituras a las lenguas vernáculas. Estamos ya, pues, en la Contrarreforma.

Este movimiento es la solución desesperada que da España a sus problemas político-religiosos en Europa al llegar al trono Felipe II cuando su padre, Carlos V, se retira a Yuste en 1558.

En tres frentes tiene que batirse simultáneamente Felipe II. Primero, contra la alianza del Papa Paulo IV con Enrique II de Francia y el Sultán de Turquía, con el propósito de expulsar a España de Nápoles, Sicilia, Cerdeña y Milán; segundo, en el Mediterráneo (costas de Africa), contra los turcos; tercero, en Flandes, contra los protestantes. Ahora bien, ¿qué solución podía resultar mejor que la de una *Catolicidad* impuesta en todo lo que era entonces el Imperio español (España, Nápoles, Milán, Sicilia,

Países Bajos, Franco Condado, América, Oceanía y parte de Africa)? Lo demás era más o menos «hereje», enemigo de España, real y auténtica depositaria y guardadora del *Catolicismo;* pero más enemigo de España que de la fe católica, pues, a veces, hasta el Papado mismo estaba en contra de España. De este modo, por efecto de la Contrarreforma, queda ahora decisivamente triturada de un modo curioso la unidad tan buscada por el Cristianismo, puesto que ahora tenemos el catolicismo español, el catolicismo no español, el protestantismo y hasta el anglicanismo. Y, por ejemplo, dentro del catolicismo no español vemos esas mil combinaciones y recombinaciones de sus diferentes partes entre sí, unas veces a favor de España, otras en contra suya.

Desde el punto de vista de las *ideas,* que es el que nos interesa aquí, la Contrarreforma determina automáticamente un especial orden de cosas en España, que son las que veremos reflejadas en el pensamiento de los escritores de la segunda parte del siglo XVI y todo el XVII. Este orden de cosas pudiera, provisionalmente, mencionarse así: *a)* transformación paulatina del sentimiento ascético y místico; *b)* conformación peculiar de la literatura barroca española; *c)* aislamiento progresivo de España del resto de Europa en ciertos aspectos, tales como la especulación filosófica y la investigación científica. Porque la Contrarreforma no es sólo española, pero sí lo es más que europea en general.

Y llegamos, finalmente, a Lepanto. Pero ¿qué significa este nombre en la historia europea del siglo XVI? De Túnez a Sicilia, en esa zona marítima que a la vez ocupan el Mediterráneo occidental y el oriental, se produce el acontecimiento que decide, entonces, el destino de Europa. Para esa fecha ya los turcos han avanzado considerablemente en Europa, al extremo de que ya en 1532 tuvo Carlos V que acudir al socorro de Viena con un formidable ejército. Pero en 1565 Solimán *el Magnífico* atacó la isla de Malta, advirtiendo así a Europa del gravísimo peligro que corría. Muerto Pío IV, aliado al Turco (¡!), subió al trono pontificio Pío V, quien se dispuso a defender a la Cristiandad. La exigencia turca a los venecianos de entregar Chipre en 1569 decidió la alianza de España, Venecia y el Papado contra el Turco. Con una escuadra de doscientas ochenta y cuatro naves y ochenta mil hombres se produjo el 7 de octubre de 1571 la batalla del golfo de Lepanto: «la más alta ocasión que vieron los siglos pasados, los presentes, ni esperan ver los venideros», según testimonio excepcional de alguien que allí estuvo, y bien que lo supo...

Lepanto era la esperanza española de un retorno a la unidad cristiana (católica), mediante el rodeo que consistía en la destrucción del «otro» *infiel* (el Turco). Pero, ¡ay! pronto la «utopía», es decir, el sueño imperial renovado en Lepanto, se convertía en «ucronía» —al menos en cierto modo—, es decir, en aquello que pudo ser, y sin embargo *fue* y *no fue;* ya que la destrucción del poderío musulmán devolvía a España en parte su hegemonía europea, pero le creaba nuevas dificultades, pues el papel del

Turco lo iban a jugar desde entonces las repúblicas italianas, Francia, Holanda y, sobre todo, Inglaterra. La Europa que surge de Lepanto es, a medida que avanza el tiempo, la negación de lo que alentaba en el anacrónico empeño español de un Sacro Imperio Romano Católico. La destrucción del infiel que el Turco representaba (tampoco total) dejaba a Europa el camino expedito para esa otra gran infidelidad de la que había surgido, para oponérsele, la Contrarreforma. ¿Será cierto, como dijo una vez Gabriela Mistral en un brindis poético, «que España ha sido la gran perdedora de la Historia»?

★

Réstanos ver ahora, de modo somerísimo, cómo era España en el siglo XVI. Para esto habremos de referirnos al proceso del Renacimiento español en las dos etapas en que es posible considerarlo, o sea, como el «primer» Renacimiento (Carlos V) y el «segundo» Renacimiento (Felipe II).

Pero ¿es posible hablar —tal como acabamos de hacerlo—, de *dos* Renacimientos en España? Tal vez, en un sentido riguroso, no sería posible hacerlo, porque jamás la Historia se deja reducir a esquemas o simplificaciones. Pero si se observa con cuidado lo que ocurre en España en el siglo XVI, se advierte cómo dos grandes figuras, tan diferentes entre sí, como son Carlos V y Felipe II, determinan situaciones diferentes en cada caso.

Veamos. En Carlos V tenemos al hombre que trata de imponer su idea imperial *desde afuera* de España. Que durante una parte de su reinado es posible el *libre examen* (erasmismo e iluminismo). Que así mismo se produce el movimiento de la Reforma. Y, finalmente, el predominio o al menos la influencia decisiva de la política extranjera en España. Mientras que su hijo Felipe II impone la política imperial *desde adentro* de España. Que se suprime totalmente el *libre examen*, se produce el hecho de la Contrarreforma y, por último, que la política española, sin dejar de sufrir la influencia extranjera, es ahora mucho más interior y nacional.

Todo lo dicho hasta aquí se explica perfectamente si atendemos a las personalidades mismas de ambos monarcas. Carlos V nace fuera de España (en Bélgica), donde reside hasta que va a España en 1517 para hacerse cargo del trono. Además, no sabía español ni tampoco tenía idea del país al cual debía gobernar. Todo esto explica la rebelión de las *Comunas* [12] de Castilla, tal vez no tanto contra el monarca mismo como contra aquel séquito suyo de holandeses, belgas, italianos y alemanes. En el *entourage* de Carlos V, ai desembarcar en España, figuraban:

---

[12] Movimiento sedicioso en contra de la política seguida por el emperador Carlos V al comienzo de su reinado en España. Tomaron parte en el movimiento ciudades como Toledo, Segovia, Zamora, Madrid, Avila, Soria, Valladolid, León, Burgos, etc. En Villalaz, el 21 de junio de 1521, fueron derrotados los *Comuneros* y aprisionados sus jefes Juan Padilla (Toledo), Juan Bravo (Segovia) y Pedro Maldonado (Salamanca), y ajusticiados al día siguiente.

Mercurino Gattinara, el *Gran Canciller* (italiano).
Cardenal Adriano de Utrecht, *Regente* en ausencia del Emperador (holandés).
Willinger, *Tesorero Real* (alemán).
Maximilian Transsylvanus, *Secretario de Cartas Latinas* (bávaro).
Pedro Martyr de Anghiera, *Historiógrafo Real* (italiano).
Guillermo de Croy, *Arzobispo de Toledo* y *Primado de España* (francés).

Mientras que Felipe II nace en España y en ella vive casi siempre. Durante su reinado se va afianzando la tradición y el espíritu español en el gobierno de la nación.

Por otra parte, Carlos V se ve obligado a desplazarse físicamente de España varias veces durante su reinado, pues su *idea imperial* no había nacido en España, sino fuera de ésta:

1517: Carlos V llega a España por la primera vez, para su coronación.
1520: Va a Alemania para ser coronado Emperador.
1530: Va a Bolonia para ser coronado Emperador por el Papa Clemente VII.
1532: Se halla en Viena, con motivo del sitio de la ciudad.
1535: Expedición a Túnez.
1536: Pone sitio a Marsella.
1552: Se halla en el Tirol, de donde huye ante la traición de Mauricio de Sajonia.
1554: Va a Bruselas para abdicar.

Felipe II, por su parte, si bien sale de España algunas veces, éstas resultan bastante contadas:

1554: Va a Bruselas para recibir de su padre los ducados de Milán y Nápoles.
1557: Se encuentra en Flandes cuando ordena al duque de Alba que ataque los Estados Pontificios, contra el duque de Guisa, que había sitiado la Saboya.
1585: Va a Portugal para ser coronado allí.

Conservar el Imperio es, pues, para Carlos V sinónimo de extensión y de conquista, por razón de las circunstancias que entonces así lo imponen. Mientras que Felipe II, en cambio, tiende a encerrar el imperio dentro de España y ejercer desde allí una tutela sobre el resto de ese imperio a base de una rigurosa voluntad de aislamiento, lo cual también viene impuesto por las circunstancias. Mas, ¿qué pueden haber sido esas *circunstancias* sino el problema religioso-político que de la Reforma lleva a la Contrarreforma? El «expansionismo» de Carlos V es tan hijo de la situación política acarreada por el conflicto religioso de la Reforma, como lo es, a su vez, el «contraccionismo» de Felipe II al encerrarse dentro de España, como si tratara de convocar desde allí todas las fuerzas indispensables para la conservación del Sacro Imperio. Por eso la querella de erasmistas y teólogos se explica perfectamente a causa de la indudable relación obligada del erasmismo con el luteranismo, que, mírese como se quiera, venía a reforzar a éste en su ataque a la unidad católica. Que Erasmo jamás fue luterano, eso está más que probado, pero el espíritu «reformista» que recorre toda su obra —hijo de los tiempos— no dejaba de ser, de un modo u otro, algo así como un puente hacia el luteranismo. Por consiguiente, si el Imperio, tal como lo heredó Carlos V, debía subsistir, era sólo mediante una cohesión que mantuviese reunidas monolíticamente sus heterogéneas y movedizas partes constitutivas. El dilema era, pues, o Imperio a la fuerza o disociación vía *libre examen;* y no era cosa de titubear o de escoger, porque la política no la hacen los hombres más que a medias: la otra mitad la ponen las circunstancias; véase, si no, a Clemente VII aliado a Francisco I contra Carlos V y alentando al rey francés en su entonces posible alianza con el Turco.

Es así como se explica que ya desde antes de Trento la influencia erasmista comienza a declinar para ser sustituida por la política de cerrado antierasmismo que caracteriza al Imperio durante Felipe II. Pues de la Reforma se pasa entonces a la Contrarreforma, o sea, que se deslindan completamente los campos de la ortodoxia y la herejía, cada vez de modo más categórico y terminante. La Contrarreforma es, pues, sustancialmente española, porque en ello le va su destino al Imperio español. La Contrarreforma no es una solución caprichosa, sino la única posible dadas las circunstancias.

El erasmismo, sin embargo, subsiste en España, como igualmente en otras partes de Europa, debido a que es la señal de los tiempos. Por eso es que hasta en la mística española, como ha visto muy bien Unamuno *(En torno al casticismo),* además, por supuesto, de la rigurosa individualidad que la caracteriza, en el caso de la mística española hay una indudable actitud de rebeldía contra la sujeción del pensamiento tal como, desde que comienza la persecución del erasmismo en España, se observa en los místicos peninsulares. Pues Europa se abre entonces a las nuevas corrientes del Renacimiento, y si las decisiones políticas obligan a combatirlas, hasta hacerlas desaparecer a veces casi completamente, esto no significa que dejen de seguir operando, y cada vez con mayor eficacia. En España, antes de la Contrarreforma y también a partir de ésta, las huellas del nuevo estilo de pensamiento son inconfundibles, y probablemente lo que importa más no es tanto el modo y fuerza con que fue combatido, sino sus manifestaciones positivas.

2

Desde el punto de vista que interesa destacar aquí, el Renacimiento se nos ofrece como ese singular momento de la historia europea en que el hombre comienza a cobrar conciencia de la importancia de su autonomía. A esto se debe que el *humanismo renacentista* surge cuando el hombre comienza a sentirse solo en medio de la naturaleza que le rodea, a experimentar, por así decir, la desproporción entre él y el mundo. Eso que, más tarde, en el siglo XVII, expresará Pascal en los términos siguientes: «Pues, en fin, ¿qué es el hombre en medio de la Naturaleza? Una nada con relación al infinito, un todo respecto de la nada, un cierto medio entre todo y nada» [13].

En este respecto hay que citar de manera especial a Petrarca, verdadero precursor del Renacimiento, el primero de los humanistas y, como a veces se ha dicho, el primer hombre moderno. Pero si grande por su obra maestra, no viene a serlo menos por su personalidad, tan próxima a la del hombre de la Edad Moderna, si se tiene en cuenta su idea del amor, su extremo individualismo y la constante preocupación por la vida interior; pues su vida misma viene a ser, toda ella, como un afán de autoconocimiento. Obras como *De contemptu mundi* y la *Carta a la posteridad* (autobiografía) prueban que era más importante para Petrarca el desarrollo de su carácter y el estado de espíritu que las manifestaciones de la vida exterior.

¿Qué de extraño, pues, que haya adoptado como modelo y a la vez como interlocutor a San Agustín? Pues también Petrarca nos describe tanto su psicología como los sentimientos que dominan a aquélla, en especial la sed de gloria, la melancolía *(acedia)* y el amor, de los cuales el primero es nota característica del Renacimiento, pues ya se sabe que el renacentista pone por delante de sí el sentimiento de *individualidad,* extraño a la Edad Media. Finalmente, la melancolía expresa el conflicto de realidad y apariencia; la necesidad de la reflexión filosófica y el inevitable vacío del vivir, con su desproporción entre el esfuerzo y los resultados obtenidos; por consiguiente, la inanidad de toda acción y, en fin de cuentas, el pesimismo.

Dos corrientes filosóficas de la Antigüedad reaparecen en el Renacimiento, es claro que sensiblemente modificadas, para tratar de dar, más o menos, una respuesta a esa situación espiritual que personifica Petrarca —el platonismo y el estoicismo—. El primero como idealización de la Naturaleza; el segundo, como idealización del hombre. El platonismo ensaya responder a la pregunta acerca de la verdadera relación del hombre con la Naturaleza, respuesta que va a dar mejor que nadie León Hebreo en sus *Diálogos de amor* [14]. El principio del amor —nos dice este filósofo

---

[13] B. Pascal: *Pensées*, Collection Internationale, Doubleday and Co., New York, 1961, Sección II, 72 («Desproporción del hombre»).

[14] León Hebreo (o Judas Abrabanel), médico y filósofo portugués nacido después de 1460 y muerto en 1520. Emigró con su padre a España, por motivos políticos, de donde pasó después a Nápoles al promulgarse el decreto de expulsión de los judíos. Vivió sucesivamente en Génova, Barletta, Valencia y tal vez Florencia, para radicarse definitivamente en Nápoles otra vez, como médico del *Gran Capitán* Gonzalo de Córdoba. Su obra acusa una decisiva influencia del neoplatonismo de la *Academia florentina,* sobre todo de Marsilio Ficino y Pico de la Mirandola. Dejó escritos sus famosos diálogos sobre el amor, que llevan el título de *Dialoghi d'amore*, que si bien fueron redac-

renacentista—, considerado como principio cosmogónico, se refiere, por una parte, a las teorías platónica, aristotélica y neoplatónica; y de otra, tiene que ver con el motivo fundamental del espíritu del humanismo. El amor en acto representa la unidad del amante y lo amado, del mismo modo que la inteligencia en acto es la unión del inteligente y el intelecto, del sujeto y su objeto. Esta unidad es radicalmente el *amor*, aunque no inmediata, sino mediata, porque el alma es primero *conocimiento latente* y después *iluminación*, ésta como actualidad y aquél como posibilidad del conocimiento, el cual, a su vez, aparece como el despliegue de la concentración del Universo concebido como la única realidad.

Por consiguiente, el hombre puede, a través de la materia y de lo afectivo humano sensible, llegar hasta el conocimiento más perfecto, que se aloja en la conciencia de lo divino, la cual es la reunión del alma intelectiva con Dios, y que es la culminación de la vida espiritual. Así se explica que el hombre sea una síntesis del universo (microcosmos). La inmanencia de lo divino en el hombre lleva a León Hebreo a considerar que el Universo es el resultado del amor divino, y la creación del mundo es el producto del amor de Dios, que es a la vez la belleza y el bien. La realidad es, pues, expresión de lo infinito, y el Universo, en sus inagotables circularidades, es constante *ascenso* y *descenso*. El intelecto es quien produce todos los bienes espirituales, que son los verdaderos bienes, y de su unión con el Sumo Bien dimana toda inteligencia, toda belleza y todo ser. De modo que conforme avanzamos en la vía de la virtud tanto más pasamos a ser divinos. La *máxima divinidad* (ideal supremo en la teoría del amor de León Hebreo) es, ante todo, *conocimiento pleno*, lo cual demuestra la importancia que este autor le asigna al conocimiento, al *saber*, en su teoría del amor. Cosa que sirve de fundamento a la concepción humanista, por consiguiente muy intelectual, del Renacimiento.

Mas veamos ahora el *estoicismo*. En suma, esta teoría filosófica, que llegó a ser una dolida manera de vivir en los tiempos antiguos (filosofía de transición), propone como cuestión esencial la de la *dignidad* del hombre. ¿Y en qué puede consistir esa dignidad sino precisamente en no dejarse vencer por nada exterior al hombre mismo? Tal es el secreto de lo que llama el estoico la *apatía*, es decir, la total ausencia de pasiones, de apetitos, en fin, de inquietudes. Mas ¿quién es el que puede llegar a ser el sabio, el *sofós*, sino precisamente el hombre imperturbable? El estoico es el hombre que quiere que el Universo se adapte a su conducta, y no al revés, no importa que pueda parecer exactamente lo contrario, y por eso mismo el único lugar del mundo en donde puede hallarse la verdadera paz es en el interior de uno mismo; de ahí que diga Séneca que el estoico

---

tados entre 1501 y 1502, no se publicaron hasta 1536, en Venecia. Son tres: el primero trata del amor y del deseo; el segundo, de la universalidad del amor y del deseo; el tercero, del origen del amor. La versión española más conocida es la que hizo el Inca Garcilaso de la Vega en 1590.

est homo pro se. Hay que contar con la Naturaleza, pero, ahora, para reducirla, sublimándola, hasta la máxima subjetividad posible. Y del mismo modo que sus antepasados de aquella encrucijada del mundo antiguo, los estoicos del Renacimiento (otra encrucijada) repiten con Séneca: «La fuente divina del hombre es a su vez la Naturaleza entera.» Y es que, del mismo modo que en este momento de la Antigüedad, también ahora el renacentista se ve obligado a mezclar *solitudo* y *frequentia;* pero, eso sí, armado de la divisa senequina: *sine ira, sine odio.* El hombre que así se presenta en el Renacimiento es, casi no hay que decirlo, el *humanista.*

El *humanismo* es la característica predominante del siglo XVI europeo. Mas, a diferencia del humanismo medieval (aquel que floreció en conventos, abadías y *scholas),* desde Alcuino de York hasta Dante Alighieri, el renacentista tiende ostensiblemente a una «laicización» de la cultura que, deliberadamente o no, va estableciendo una distancia cada vez mayor entre cultura y religión. Comienza entonces, pues, a perfilarse la figura del «clerc» de que habla Julien Benda [15] en su conocido libro, pues no otra cosa es, ni más ni menos, v. gr., Erasmo. Quien quiera tener una clara idea de este fenómeno, sólo tiene que acudir al contraste que es posible establecer entre Dante y Petrarca, pues el primero, si bien formado en la cultura clásica latina y con gran acervo de mitos paganos, conduce toda su obra hacia un gran misticismo cristiano por vía de la teología. En tanto que Petrarca no sólo rechaza la escolástica y la literatura medieval, sino, aún más, quiere extraer de las obras de la antigüedad pagana, a la vez que la mayor riqueza intelectual y moral posible, el goce estético que ellas pueden proporcionar. El fervor religioso de la Edad Media cede paso ahora al interés y el entusiasmo por lo humano, visto desde el hombre mismo y en constante referencia a éste. Además, lo intelectual deja, o va dejando de ser, el vehículo de expresión de lo religioso para convertirse en un fin en sí mismo. La *acedia* monástica cede el puesto al *contemptu mundi* que inaugura Petrarca —esa melancolía o insatisfacción ante un mundo del cual, sin embargo, no se puede prescindir.

Es, pues, conveniente dejar bien establecido lo de la «laicización» de la cultura, porque probablemente sólo de esta manera se puede entender adecuadamente el antagonismo de *teología* (medieval) y *humanismo* (cristiano) en el siglo XVI. No en balde Lutero y Calvino le reprochan a los humanistas del Renacimiento el haber tratado de sustituir la doctrina cristiana por las ideas filosóficas paganas. Y aunque semejante afirmación es de todo punto insostenible, no cabe duda de que hombres como Erasmo,

---

[15] Julien Benda (1867-1957). Escritor francés cuya obra literaria comienza en 1898 en la *Revue blanche* con artículos sobre el *affaire* Dreyfuss. Frecuenta la amistad de Péguy y colabora en los *Cahiers de la Quinzaine.* Desde sus primeras obras ataca la emoción, la sensación, la intuición, en nombre de la razón. Su obra más famosa (1927), *La trahison des clercs,* es un panfleto contra los intelectuales que produjo gran sensación en esa época.

Vives, Lefevre de Etaples, Budé, Moro y otros [16] se oponen resueltamente a la escolástica y a la «barbarie» medieval. Se trabaja simultáneamente en los textos sagrados y en las obras maestras de la antigüedad pagana. De este modo, vemos que Erasmo edita o traduce a la vez a los moralistas griegos y latinos, a los Padres de la Iglesia y el Nuevo Testamento. Lefevre de Etaples (místico) edita en latín a Aristóteles y a los neoplatónicos y vierte por primera vez la Biblia al francés. Y en cuanto a Budé, en su *Passage de l'hellenisme au christianisme*, reserva a la doctrina cristiana la tarea de la formación del alma, dejando a cargo de la cultura humanística el desarrollo del resto de la personalidad del hombre.

[16] Lorenzo Valla (Roma, 1407-1457). Profesor en Pavía, vivió además en Milán, Génova, Ferrara y Mantua. Formó parte de la corte de Alfonso de Nápoles y visitó España. Traslada la polémica sobre jurisprudencia y teología al campo de la cultura literaria y filosófica, toda compenetrada de la preocupación por la renovación ética. Su *Elegantiarum latinae linguae libri VI* trata del significado de una serie de vocablos de importancia fundamental para la filosofía como para la teología y la jurisprudencia. Este carácter de la crítica filológica y estilística de Valla es decisivo en la corriente herética que surge con la Reforma. Prevalece, pues, en Valla el interés filológico. Así, demuestra ser falso el documento de la *donación de Constantino* (véase la nota 8 de este mismo capítulo) a causa precisamente de errores lingüísticos. Y no vacila en corregir a los autores antiguos cotejándolos entre sí.

En *De libero arbitrio* (Colonia, 1482) Valla dice que es inútil tratar de resolver racionalmente el problema del libre albedrío, tal como trataba de hacerlo la teología y la filosofía escolástica. Los términos *presciencia divina* y *libertad humana* son inconciliables *a priori*, si se les quiere entender con el significado lógico coherente. En esta misma obra Valla se opone a Boecio y a otros escolásticos, insistiendo en la trascendencia de la Voluntad Divina. Fue alabado por Lutero debido a sus implicaciones paulinas.

Jacques Lefevre d'Etaples, teólogo francés (1450-1537). Discípulo de Hermomyone de Sparte, profesor de griego avecindado en París, pasa después a Italia, donde conoce los textos renovados de Aristóteles. Poseía gran erudición y profunda piedad. Aplica a la Patrística el método riguroso de la filología cara al humanismo renacentista. Su *Introductio in terminorum cognitionem* (1500) es un audaz ensayo de clasificación de diversas disciplinas. Otras obras suyas son los *Comentarios a las epístolas de San Pablo* (1512), *Comentarios a los cuatro evangelios* (1522) y la traducción de algunas partes de la Biblia a la lengua vulgar.

Guillermo Budé, París (1467-1540), es una de las grandes figuras renacentistas que alcanza, sobre todo, gran significación por su labor de restauración en Francia de los estudios griegos. Fue discípulo de Hermomyone de Sparta y de Jean Lascaris. Embajador ante León X y también algo así como el iniciador del *College de France*. Entre sus obras se cuentan las *Anotaciones a las Pandectas* (1508), *De asse* (sobre las monedas antiguas, 1514), *Comentario sobre la lengua griega* (1529) e *Institución del Príncipe* (1547), donde se exhorta a la cultura de los gobernantes y a la protección del sabio.

Tomás Moro (Londres, 1480-1535) es otro de los grandes humanistas del Renacimiento, amigo de Erasmo y Vives. Canciller de Enrique VIII, fue decapitado por haberse opuesto al divorcio del monarca de su esposa Catalina, la española hija de Fernando el Católico. Aparte de su voluminosa correspondencia, que puede pasar a veces por obra filosófica o filológica, según el caso, tenemos su famosa *Utopía* (1516), en donde simultáneamente se hace la crítica de la situación social de Inglaterra en aquella época y se delinea un Estado ideal al modo platónico.

No resulta, pues, excesivo insistir en ese riguroso carácter *intelectual* que adquiere la cultura en el Renacimiento. Es cierto que los humanistas suelen ser hombres piadosos, v. gr., Picolomini, Erasmo, Vives, Lefevre, Moro, etc. Pero debemos preguntar —y no, por cierto, ociosamente— cómo es que debe entenderse esta nueva expresión de lo piadoso. ¿O es que vamos a identificar, en cuanto a lo pío se refiere, a Erasmo y San Buenaventura, o a Lefevre con San Bernardo? Se trata, por consiguiente, de algo nuevo, inusitado, es decir, de la autonomía de la cultura, que vigorosamente va dejando de ser *ancilla theologiae*. Por lo tanto, desde el punto de vista de la teología, es decir, de lo que ella representa para la religión, no hay dudas de que tiene todo el derecho de mirar la obra «pía» de los humanistas con algún recelo. Si es cierto que la teología no la hace el hombre, sino Dios mismo, entonces la diferencia entre la hermenéutica teológica y la filológico-humanística afecta no sólo y principalmente a lo formal del texto, sino también a lo sustancial de éste, porque la interpretación de Erasmo —pongamos por caso— establece cierta base de *crítica permanente* («abierta», podría decirse), que deja inevitablemente el texto sagrado librado a una siempre posible nueva inquisición, y es precisamente ese *ad libitum* el que, al «humanizar el texto», le desdiviniza en cierto modo. Dicho de otra manera, que la filología crítica de los humanistas del Renacimiento, aplicada a la letra sacra, revela su inexcusable fondo «racionalista», por el cual se desliza, quiérase o no, la diferenciación progresiva entre la religiosidad medieval y la renacentista, de las cuales ésta tira más del lado del hombre y aquélla del lado de Dios.

Sin este largo preámbulo, creo que no se entendería bien eso de la lucha religiosa en el siglo XVI, que, a diferencia de lo que había sucedido en la Edad Media, cuenta ahora con el apoyo de esa nueva idea de la cultura que se consolida en el Renacimiento. Pues ¿cómo olvidar el decisivo papel que los intelectuales desempeñan durante el Renacimiento, en lo que a la religión se refiere? Y volvemos a lo mismo: ¿son o no son esos intelectuales a la vez hombres *piadosos?* Se diría que la respuesta, en este caso, depende de lo que haya venido a ser la *piedad* en el siglo XVI. ¿Acaso no es un hombre como el cardenal Jiménez de Cisneros el que funda la Universidad de Alcalá de Henares, dotándola de una pluralidad de cátedras que permiten a la corriente renovadora intelectual abrirse paso en España? Todavía más: ¿qué significa, desde el punto de vista rigurosamente intelectual, esa *Biblia Poliglota* que patrocina Cisneros? Es sin lugar a dudas la corriente de los nuevos tiempos, que impulsa e impone dondequiera el espíritu revisionista y ecuménico del Renacimiento.

CAPITULO I

1. JUAN LUIS VIVES

En ese revuelto mar de las ideas renacentistas surge la grandiosa figura de Vives. Cabeza que en nada cede a las mejores del Renacimiento y que anuncia más de una vez lo que va a ser después la filosofía moderna. Mas para hablar de él —tal como vamos a hacerlo ahora— debemos atenernos a estas palabras suyas, tan justas como precisas:

> Al juzgar a cada escritor hay que tener en cuenta en qué tiempo vivió, cuál es su opinión acerca de las cosas, a qué sector pertenecía [1].

Pero, en consecuencia, ¿cómo atenernos a eso que justamente nos propone el pensador Vives, como no sea yendo inmediatamente en pos de su propia vida? Pues si alguna vez un hombre ha tenido una vida intensamente móvil, y su interior revela las condiciones del exterior, ese hombre ha sido Vives.

Juan Luis Vives nació en Valencia el 6 de marzo de 1492, el año en que termina la Reconquista española y del descubrimiento de América. Huyendo de la peste va a París en 1509, donde permanece, como estudiante unas veces, otras como profesor, hasta 1512. Años decisivos de la formación *humanística* y *filosófica,* en los que tiene oportunidad de comprobar cuán bárbara resultaba la sofística imperante en la Sorbona [2], acerca de todo

---

[1] J. L. Vives: *Obras completas,* trad. de L. Riber, ed. Aguilar, Madrid, 1947, tomo II, página 390. *(De las disciplinas,* I.)

[2] A este respecto dice Vives en *Contra seudodialécticos,* dedicado a Juan Fort (1520): «La mayoría de las personas cultas echan toda la culpa de ello a los españoles que aquí residen, quienes, invictos como son, defienden con toda decisión el alcázar de la ignorancia y como los mejores ingenios triunfan en aquello a que se aplican, entréganse a esos delirios y se aventajan en ellos, puesto que en cosa tan baja y ruín cualquiera puede descollar soberanamente.» Sin embargo, no parece que hayan sido sólo los españoles, pues un poco después dice Vives: «En el gran estudio de París puede decirse que no hay sino bagatelas de bagatelas, y que por ello deberían los españoles *y todos los otros que los siguen...*» (El subrayado es mío. *O. C.* II, 293-94). Y agrega más adelante, refiriéndose a los docentes: «En esos casos, con el ceño imponente de su ignorancia, encubren el silencio obligado de su sabiduría. ¿Qué otra cosa pueden hacer los pobres? Todos sus recursos escolásticos quedaron atrás con las escuelas; no tienen cosa alguna que decir...» *(O. C.,* II, 309). Pero no todos los españoles merecían entonces la misma censura. En carta a Erasmo (10 de julio de 1521) le dice Vives «que había en el grupo de los españoles quienes a su ejemplo dan gran

lo cual Vives nos ha dejado un claro y preciso testimonio en sus cartas lo mismo que en algunos pasajes de su obra. Años iniciales de su formación los pasados en París, y que tanto deciden en su vida de pensador.

De París pasa a Brujas en 1512, donde entra en contacto con la familia Valldaurra, de cuyos hijos fue preceptor, y más tarde el marido de Margarita. Vuelve a París en 1514 y publica allí su primer libro: *Triunfo de Cristo.* Ya para entonces había sido nombrado maestro de Guillermo de Croy, sobrino del señor de Chiévres, tesorero del Emperador. En 1519 lo designan profesor de la Universidad de Lovaina, donde dicta un curso de Ciencias Naturales en la mañana *(Historia Natural,* de Plinio) y en la tarde otro de literatura *(Geórgicas,* de Virgilio). Allí intima con el decano, Martín Dorp; con Adriano Bayens (más tarde el Papa Adriano VI) y, sobre todo, con Desiderio Erasmo, quien muy pronto dirá de Vives: «Apenas conozco otro en nuestro siglo que pueda ser comparado a él» [3].

En mayo de 1519 regresa a París y es entonces cuando hace amistad con Guillermo Budé. De regreso a Flandes, se instala nuevamente en Brujas, donde reside la Corte borgoñona. Allí Vives viene a ser algo así como oficial de enlace entre los españoles y la Corte. De entonces datan sus *Opuscula varia,* que combinan admirablemente la profundidad de las ideas con la expresión latina elegante y ajustada. Y es por esa época que el conflicto entre escolástica y humanismo se decide en Vives a favor de este último. Erasmo le prologa sus *Declamaciones silanas,* y en un rapto de admiración nada frecuente en Erasmo, mucho menos para ser exteriorizado, profetiza que el nombre de Juan Luis Vives hará empalidecer el suyo propio [4].

De Flandes pasa a vivir en el castillo de Comines, en casa del gran erudito Jorge Hallewyn, en cuya inmensa biblioteca tuvo la oportunidad de trabajar intensamente. Entonces es cuando Erasmo le propone que revise y comente, con vistas a una nueva edición, *De civitate Dei* [5] Y en

impulso a los estudios más lucidos; que Juan Población es la más destacada autoridad en ciencias matemáticas, y que estudió con fruto buenas letras. Eso mismo ha hecho Francisco Melo; lo mismo Gabriel Aquilino; lo mismo promete que hará Juan Enzina...» *(O. C.,* II, 1683).

[3] J. L. Vives: *Obras completas, op. cit.,* I, «Declamaciones silanas» (palabras introductorias de Erasmo), pág. 704.

[4] Erasmo: *Obras escogidas,* trad. de L. Riber, ed. Aguilar, Madrid, 1956, pág. 1409. Se trata de la carta a Tomás Moro (1519) en la que comienza diciendo: «Por lo que toca al ingenio de Luis Vives, me complazco en que mi criterio coincida con el tuyo. Este es uno de aquellos que han de eclipsar el nombre de Erasmo...»

[5] La edición anotada de *La ciudad de Dios,* de San Agustín, es uno de los trabajos más importantes de Vives, si no es el más importante de todos ellos. Se trata del comentario (filológico, filosófico, histórico y teológico) de los veintidós libros que forman dicha obra. Vives empleó alrededor de dos años (de 1521 a 1522) en concluirlo. En carta a Erasmo (14 de julio de 1522) le dice: «Acabé, por fin, con el favor de Cristo, los veintidós libros de *La ciudad de Dios,* cuyos últimos cinco libros que quedaban te los envío con una carta dedicatoria al rey de Inglaterra...» (Erasmo: *O. E.,* 1425-26.)

1522, en que reside sucesivamente en Bruselas, Brujas y Lovaina, recibe la invitación para ocupar la cátedra de Retórica de la Universidad de Alcalá, pero Vives rehúsa esa distinción porque no le satisfacía la enseñanza.

En 1522 pasa a Inglaterra, donde le reciben Tomás Moro, el cardenal Wolsey, Juan Colet y el conde de Montjoie, quienes le presentan al rey Enrique VIII. Le designan preceptor de la princesa María y le ofrecen una cátedra en el colegio *Corpus Christi* de Oxford. Mas, con permiso del rey, vuelve a Brujas en 1523 y se reúne allí con Erasmo y Moro. De nuevo le vemos en Brujas fugazmente en 1524, en trajines matrimoniales, pues había ido a casarse con Margarita Valldaurra, su discípula. En 1526 se forma la Liga de Cognac contra Carlos V. El Papa busca apoyo en los deseos revanchistas de Francisco I y en los afanes turcos frente a Hungría. Vives, desde Londres como desde Brujas, sigue el curso de los acontecimientos y se irrita al pensar en la gran carnicería que se prepara, y no vacila en señalar al Papa como el responsable de esas maquinaciones, obra, no de Satán, «sino de los mismos sucesores de Cristo, el maestro y heraldo de la paz» [6]. Y en su *De Europae dissidiis et bello Turcico* pinta sombríamente las disensiones cristianas, sin olvidar a los teólogos, a los luteranos y a los monjes. Para Vives no hay cuestión de que sin la paz entre los cristianos es imposible la derrota del Turco. En Vives se da, pues, una curiosa combinación de paz y guerra, en la cual el Emperador viene a ser como el instrumento de la voluntad divina, que es, por lo tanto, superior a la del mismo Papa. Se trata, por consiguiente, de una política, a la vez que imperial, anti-romana, cuyo objetivo es la reunificación de la Cristiandad a través, no del Papa, sino del Emperador. Esto explica su indignación ante la violación del Tratado de Madrid y, por eso, al referirse a la «Apología» que intenta justificarla, la califica de «el colmo de la impudicia y de la

---

[6] J. L. Vives: *Obras completas, op. cit.,* II, pág. 50. Y añade Vives: «¿Quién dio seguridades al Turco en nombre de la Cristiandad de que una vez entrado en Hungría no se unirían todos contra él y con las armas en el puño correrían a su destrucción como a la extinción de un incendio?»

Vives fue hombre profundamente preocupado por el destino del mundo occidental, como lo prueba el gran número de ensayos y cartas que dedicó a esa cuestión. Tenemos así la famosa «Carta al Papa Adriano VI» (1522), «sobre el malestar y los disturbios de Europa»; la que dirige a Juan Longland, obispo de Lincoln (1524), «sobre los obstáculos para la restauración de la paz»; la dirigida a Enrique VIII «sobre la prisión de Francisco I, rey de Francia, por el césar Carlos V» (1525); lo mismo que otra a este soberano «sobre la paz entre el césar y Francisco I». También sus ensayos *De la insolidaridad de Europa y de la guerra contra el Turco* (1526), diálogo del que nos acordamos al leer los de Alfonso de Valdés; *De las condiciones de los cristianos bajo el Turco* (1526); el extenso y profundo tratado de la *Concordia y discordia en el linaje humano* (1529), dedicado a Carlos V, y que resume temáticamente todo cuanto Vives escribió a este respecto, antes y después, porque aquí presenta la cuestión desde un doble punto de vista: universal (la condición humana) y particular (el orbe europeo en el siglo XVI). Finalmente, también del año 1529, es su ensayo titulado *De la pacificación*, dedicado al arzobispo de Sevilla don Alfonso de Manrique.

mala fe», al tiempo que hace el contraste entre la magnanimidad de Carlos V y la villanía de Francisco I.

El año de 1527 es tal vez el más crítico de la vida de Vives, pues, por una parte, tenemos el grave problema del rompimiento de Inglaterra con la Santa Sede, a causa del divorcio de Enrique VIII, que Vives critica severamente, viéndose obligado a abandonar el país. Y, por otra parte, tenemos el penoso incidente del *Saco de Roma*. Vives cree en una rehabilitación de la Cristiandad mediante la victoria de Carlos V, y como cree, además, en la derrota de los monjes españoles, en un milagro del Cristo que salve a la Cristiandad, le dice en carta a Erasmo lo siguiente:

> El Cristo ha traído ahora la más bella ocasión de esa salvación, por las sorprendentes victorias del Emperador y gracias a la cautividad del Papa. Pero me gustaría verte escribir sobre tus propios problemas al Arzobispo de Sevilla, Inquisidor General, y sobre las cuestiones públicas al Emperador [7].

En 1529 Vives huye de los Países Bajos a causa de la epidemia y se dirige primero a Lille y después a París. Mas al cabo de unos meses ya está de regreso en Brujas y poco después en Lovaina. Es entonces cuando dedica su *De pacificatione* al Gran Inquisidor don Rodrigo de Manrique y habla de éste elogiosamente por su generosa acogida de la gente letrada. También de 1529 es *Concordia et Discordia,* dedicada a Carlos V el primero de julio de ese año, en que aprovecha la ocasión para dirigirle una apelación en favor del Concilio general. En 1532 el Emperador Carlos V le concede una pensión vitalicia de ciento cincuenta ducados, cosa que viene muy oportunamente, pues ya desde entonces se encuentra muy enfermo de gota. Además, la vida europea, al agravarse la cuestión religioso-política, se torna cada vez más desagradable. «Pasamos tiempos difíciles —dice en una de sus últimas cartas a Erasmo—, donde no se puede ni hablar ni callar sin riesgos. En España han detenido a Vergara y a Tovar, sin mencionar otros hombres más ilustres. En Inglaterra son los obispos de Rochester y Londres, y Tomás Moro. Yo pido al cielo que te depare una vejez tranquila» [8].

En 1535, tras haber experimentado alguna mejoría en su salud, volvió a París y allí exlicó y publicó el *Poeticon Astronomicon*, de Higinio. Luego, de 1537 a 1539, pasa largas temporadas en casa de la marquesa de Cañete, esposa de Enrique de Nassau, la cual cultiva las humanidades con Vives. Ya en 1538 había dado a la imprenta *Del alma y de la vida, Ejercicios de lengua latina* y *De la verdadera fe cristiana*. Su vida se apaga suavemente en Brujas el 6 de mayo de 1540.

[7] J. L. Vives: *Obras completas, op. cit.,* II, pág. 1709. (Carta a Erasmo de 13 de junio de 1527.)

[8] *Ibid.,* pág. 1717. (Carta a Erasmo de 10 de marzo de 1534.)

Vives personifica cabalmente el espíritu del tiempo que le tocó vivir. Es un *humanista*, es decir, el hombre que todo lo fía a la eficacia y a los resultados de la cultura considerada como el único modo de obtener la perfección del hombre y de la sociedad. Esta conciencia de la cultura, a través de la rigurosa continencia intelectual en que gusta de moverse el humanista del Renacimiento, hace también de Vives un espíritu «revisionista» dulcemente implacable, dado su temperamento apacible, mas no por ello menos exigente. Y de ahí ese constante conflicto, que aunque velado por la sobriedad expositiva, la objetividad del juicio y hasta un como acordarse constantemente de la piedad, delatan la preocupación del humanista por la *verdad* y la *claridad*, que es como decir, de alguna manera, por la perfección.

Vives, tal como lo ofrece su biografía, es el hombre que viaja, escribe, enseña a ratos y, sobre todo, le toma el pulso a la época. Su existencia, pues, se distribuye íntegramente entre esas cuatro actividades, que no son sino aspectos de una misma totalidad, puesto que, en definitiva, viajes, libros, cátedra y angustia del tiempo histórico son los modos como este intelectual riguroso sintoniza su espíritu con el espíritu de la época, con la cual se halla inevitablemente *comprometido*. Si a Vives le interesa el mundo en que vive es porque así lo determina la condición humana de ese espécimen histórico que es el humanista del Renacimiento. La suya es la manera *intelectual*, que, en contraste con la de la Edad Media, en cuanto al pensamiento mismo se refiere, va dejando de ser cada vez más ese *Ad Maiorem Dei Gloriam* en que cifraba sus afanes y también su dicha el intelectual del medievo. El negocio más importante ahora, en el Renacimiento, es el mundo, por lo que se prefiere «comprenderlo» a «sentirlo». Que el conocimiento, entendido sobre todo en su función *crítica*, atrae más que la piedad como fin en sí mismo y último, se ve tan pronto como damos una ojeada a lo que los humanistas del Renacimiento hicieron en conjunto. Por eso, como todos los demás, el humanista Vives hace vida transeúnte, porque es ahora el mundo lo que realmente sirve para los fines del conocimiento y de la acción, lo cual aleja por completo a estos hombres de toda posibilidad de un riguroso aislamiento del exterior, de algo así como la vida claustral y ascética. Y junto con los viajes la correspondencia sostenida entre ellos, de país a país, de una a otra ciudad, que es también eficaz modo de vivir hacia el exterior. ¡Y cómo es posible percibir en esa actividad corresponsal la fruición del mundo, la incitación de su contacto sostenido y hasta el estímulo para lo vaciado después en letra de molde! Es vida, pues, de continua exósmosis, en la que el material consumible es la vida política, religiosa, artística y aun la cotidiana. De donde la forzosa pertinencia de esas palabras de Vives respecto de que es necesario contemplar al escritor en la totalidad de su circunstancia existencial.

Pero, ya dentro de las características generales asignables a los humanistas del Renacimiento, es preciso destacar, para el caso particular de Vives, su peculiarísima condición de *homo pro se*. Pues parece haberlo sido completamente, quiero decir por su propia e incanjeable naturaleza, o sea, que no es nada que se haya impuesto, por lo tanto, con cierta previa conciencia de que debía serlo. Condición que supone el completo dominio de sí mismo y que sólo puede darse en un espíritu que, por ser cabalmente ecuánime, resulte a la vez espontáneamente contemporizador y objetivo. A esto se debe que carezca de la vanidad que delata constantemente a Erasmo, pese a la maña que éste se da, a veces excesivamente, para ocultarla. Como jamás tampoco llega Vives a valerse de la untuosidad típica de Erasmo para dirigirse a los grandes de la época con el fin de predisponerles el ánimo. Que es Vives así como lo venimos describiendo, es nada menos que el propio Erasmo quien lo atestigua al decir en carta a Vives:

> Quién más afortunado que tú, eruditísimo Vives, que entras en gracias aun con tus maldiciones, al paso que yo, con bendiciones, no acarreo más que envidias y desamores.
> Esforcéme por abrir las fuentes de la verdadera piedad y religión; me empeñé en restituir a su primitiva majestad la teología, que se había apeado de su soberanía y deslizado y corrido hacia cuestioncillas sin sustancia, más adelgazadas que provechosas, y con un tan frenético enfurecimiento se ensañan contra mí como si hubiera cometido un sacrilegio; al paso que tú hallas tan blandos y tan pacientes a los sofistas, laya de hombres irritables, en opinión del vulgo [9].

No es que Vives sea tan parsimonioso que llegue hasta la indiferencia, pues su obra abunda en ocasiones donde la crítica vigorosa de la seudo-intelectualidad de su tiempo llega hasta donde él entiende que debe extenderse. Pero lo individual y particular de sí mismo queda siempre en un discretísimo segundo plano, pues se diría que jamás piensa en sí mismo cuando escribe, sobre todo contra alguien o contra algo. El aura de su sobriedad y discreción, en cuanto a la persona misma se refiere, revélase mejor que en ninguna otra parte en aquellos comentarios que de él han dejado algunos de los más claros varones entre sus contemporáneos, por ejemplo, Tomás Moro:

> Tengo vergüenza de mí mismo, querido Erasmo, de mí mismo y de mis semejantes, que con uno o con dos librillos, ineptos por lo regular, nos ufanamos y henchimos de viento, cuando veo a Vives que tan mozo ha publicado tantas obras tan atildadas, tan elocuentes, tan profundas. Gran cosa es conocer a fondo una de las dos lenguas; Vives se demuestra en ambas perito consumado. Mayor cosa es y más fructuosa estar imbuido en las más egregias disciplinas. ¿Y quién hay que se manifieste tan formado en mejores y más numerosas disciplinas? Máxima cosa es, en aprendiéndolas, haberse empapado de buenas letras que se pueda,

---

[9] Erasmo: *Obras escogidas, op. cit.*, pág. 1405. (Carta a Vives del año 1519.)

enseñándolas, transfundirlas en los otros. ¿Y quién enseña más agradablemente, más eficazmente que mi prodigioso Juan Luis Vives? [10].

Talante de Vives, asistido, diríamos, de cierta misteriosa «gracia» para hacerse sentir sin sentirlo él mismo a la vez, y que Erasmo ha dibujado admirablemente en este somero y exacto juicio sobre el humanista valenciano:

[...] Por lo que toca al ingenio de Luis Vives, me complazco en que mi criterio coincida con el tuyo. Este es uno de aquellos que han de eclipsar el nombre de Erasmo. A los restantes yo no les presto un favor igual, y te estimo en mucho por ese favor tan desinteresado que le dispensas. Es un prodigioso temperamento filosófico. Siente un enérgico desdén para aquella tirana (la Fortuna), a quien sacrifican todos, pero muy pocos son los escuchados. Con todo, a tal ingenio, con tantas y tales letras, no puede faltarle la fortuna. Nadie más indicado que él para derrotar las falanges en cuyos campamentos contrajo por largo tiempo méritos relevantes [11].

Descontado, por supuesto, el exceso de cumplidos por parte de Erasmo, porque a éste en tal tesitura hay siempre que tomarlo *cum grano salis*, es indiscutible que acierta cuando se refiere al talante de Vives con respecto a las mudanzas del mundo, que es el que «munda». Su independencia de criterio se afianza, por supuesto, en su condición de *homo pro se*, de manera que la fama y la gloria le traen sin cuidado. Y así lo dice en cierta ocasión a Erasmo:

No me juzgues tan deseoso de que mi nombre salga a relucir. Yo mil veces prefiriera ser de provecho a uno que a otro, que no que mi nombre se difundiera con pompa y sonido por todo el haz del espacioso mundo, sin fruto para nadie.

Y no es que ignore yo cuán inicua y antojadiza es esta gloria que no atiende al merecimiento; cuán huera y cuán hueca, sin ninguna solidez que pueda asirse con la mano; que no te gozas con ella más tiempo del que dura el aplauso y el ruido de los vítores, oyes cosas ajenas y ves hasta qué punto eres nada, pues vuelto a ti te encuentras con nada. Y luego, ¡cuánto acíbar no anda mezclado con esta gota de miel!... Por esto te ruego, maestro mío, que en adelante ya no me escribas de renombre ni de gloria mundanales, porque bajo fe de juramento te digo que esos títulos hacen mucha menos mella en mí de lo que puedas creer. Mucha mayor importancia me merece el bien público; en ello te ayudaré con sumo gusto en la parte que pudiere, y tengo por felices a los que en este punto hicieren algo efectivo. Yo te atribuyo gloria más verdadera y alabanza más firme cuando veo que alguno se hizo mejor con los monumentos que tu ingenio forjó que cuando oyes aquellos sonoros encomios: «elocuentísimo, doctísimo, máximo». Ojalá Júpiter y Juno, un día u otro, acaben por sacrificar, no a la antigua Venus, sino a Cristo, trocador de corazones [12].

[10] Erasmo: *Obras escogidas, op. cit.*, pág. 1407. (Carta de Moro a Erasmo del año 1519.)
[11] *Ibid.*, pág. 1409. (Carta de Erasmo a Moro del año 1519.)
[12] J. L. Vives: *Obras completas, op. cit.*, II, págs. 1714-15. (Carta a Erasmo de 1 de octubre de 1528.)

Y, finalmente, también en otra ocasión, a Erasmo:

> [...] no me impresiona mucho ni la mención que se haga de mí ni la fama de mi nombre, que es la cosa más vacua y más acibarada de hiel. Aun cuando el mundo todo, en un teatro, me admirase y me aplaudiese, no experimento que me haya mejorado en un pelo ni añadido un adarme de felicidad, sino a veces me encuentro más ruin y peor, puesto que ese ruido me saca a mí mismo de dentro de mí mismo y no puedo fijar en mí los ojos y mi pensamiento, que tienen que prestar atención a los que me aplauden. Verdad es que a la fama, mirada de lejos, yo la admiraba y le iba a los alcances; ahora, puesta más cerca y casi tocada con las manos, hállome con que es una cosa completamente vana, y que más vanos son los que la persiguen. Si en alguna cosa puedo ser de provecho a los hombres, eso sí que lo tengo por macizo y permanente. Te dije todo esto porque tú no me presentes tantas veces como un aliciente el señuelo de la fama, a la cual has de saber que yo no atribuyo importancia alguna, y que no me impresiona más que el resplandor de su halo inconsistente [...] [13].

Estas últimas palabras son decisivas, aun descontando —para salirle al paso a toda posible suspicacia— aquello que tiene que ver con la influencia del estoicismo (tan en boga entonces) y hasta con el detalle de que Vives se expresa así cuando ya tiene treinta y ocho años (edad nada avanzada, después de todo). Y digo que son palabras *decisivas*, o sea, de las que diseñan claramente una dada personalidad, porque debe advertirse que, primero, Vives le pide a Erasmo, es decir, nada menos que a la más conspicua figura del mundo intelectual del XVI, que no le encandile más la vista con el relumbrar de la fama; y, después, que tales palabras sitúan a Vives exactamente enfrente de Erasmo, en cuanto a la concepción y estimativa de la fama se refiere, de manera que tal parece como si el *contemptu* mundanal de Vives no fuera posible encontrarlo igualmente en Erasmo.

Y es que parece haber sido una constante de su espíritu la prevención hacia la fama del mundo. Es cierto que, como ya vemos que lo ha dicho él mismo, no ha dejado de atraerle a veces, pero, así y todo, es posible hasta en esos momentos notar cierta insatisfacción que tal vez proviene de un íntimo sentimiento de incredulidad con relación a la naturaleza y las consecuencias de eso que se llama la gloria o la fama. Algo de esto se traza levemente en las siguientes palabras suyas, a los treinta y un años de edad:

> [...] empecé yo a escribir impulsado por el entusiasmo de la edad juvenil, y luego porque son muchos los que están enfermos del prurito incurable de mover la pluma; pero yo espero que curaré el mío, pues así que hubiere publicado el libro que estos días compuse para la Reina de Inglaterra, *De femina christiana*, me acogeré a un largo retiro y a un ocio sin gloria, tanto porque éste es el camino más breve para una vida gorda [?] y feliz, como por no delatarme tantas

---

[13] J. L. Vives: *Obras completas, op. cit.*, pág. 1715. (Carta a Erasmo de 30 de agosto de 1529.)

veces a mí mismo por mi propia voz, como el ratón, jugándome la carta de la fortuna y del renombre y, finalmente, como Apio aconsejaba, porque más vale cesar que no hacer nada [...] [14].

Por supuesto que, felizmente, no se cumplió semejante propósito. Pero lo interesante a este respecto es esa vacilación recurrente que opera cáusticamente en el ánimo de Vives. Que esto es consecuencia de su mansedumbre, o, por el contrario, que la dulzura un tanto angélica de su persona proviene del sentimiento pesimista que sin duda le poseyó respecto de la real eficacia del intelecto aplicado al mundo, es cosa que habría que estudiar con cuidado. Pero, *velis, nolis*, le definen.

Paz significa para Vives, como en general para los humanistas del Renacimiento, el adecuado equilibrio en la sociedad como en el hombre, del cual debe surgir la perfección de toda realidad. Paz que permite al entendimiento regir la acción, porque ésta, considerada desde el lado donde los humanistas se hallan, quiere decir laboriosidad fructuosa. Mas el mundo intelectual en que Vives se mueve —y no debe descuidarse el detalle de que, sobre todo, es Vives un intelectual— está muy urgido de una severa reforma. Por eso su primer contacto con los medios ilustrados de París le defrauda completamente, hasta el punto de escribir contra los falsos dialécticos, esas gentes burdas que en bárbaro latín consumían interminables horas discutiendo sobre vaguedades e insulseces, de espaldas a un mundo que se estremecía cada vez más violentamente. Hueca escolástica y rústicos pedantes, entre los que se contaban no pocos españoles (Gaspar Lax, Joan Celaya, Martínez Población, Joan Dolz y otros) [15]. Lo primero que es preciso hacer, según lo establece claramente Vives, es tener siempre muy presente la condición inagotable de cualquier punto de conocimiento que se quiera obtener, cuanto más de un sector completo del conocimiento. Esto admitido, supone que se prescinde de toda vanidad, de toda arrogancia, de todo prurito de consumada versación [16]. Y por esto mismo, en el libro VI (Segunda parte) del tratado *De las disciplinas*, dice:

[14] Erasmo: *Obras escogidas, op. cit.*, pág. 1429. (Carta de Vives a Erasmo de 10 de octubre de 1523.)

[15] Una vez más (al hablar de los escolásticos españoles) dice Vives: «Muchas veces oí yo a Dullard y a Gaspar Lax, antiguos maestros míos a quienes nombro con todos los honores y los pronunciamientos favorables, quejarse con duelo muy amargo de haber perdido miserablemente tantos años en una cosa tan fútil y tan vana...» (*O. C.*, II, 312). Cf. asimismo la carta en la que Vives da cuenta a Erasmo de la ocasión en que habló en la Sorbona contra los *seudodialécticos*: «Pensaba yo que este viaje iba a resultarme desabrido porque estaba fresca mi invectiva contra los *seudodialécticos* y, nominalmente, los de París. Yo daba por descontado que muchos de los hombres incluidos en aquella clasificación, que ahora llaman *sofistas*, me harían sentir su desamor nada suave...» (*O. C.*, II, pág. 1682.)

[16] Esta noción de la *infinitud* del conocimiento, típica del Renacimiento, va a adquirir un desarrollo temático y metodológico a partir de la Edad Moderna. En ella Vives resulta también un precursor.

Es, pues, natural pensar que no existe en el Universo ninguna cuestión, por muy fácil e inmediatamente comprensible que sea, cuyo estudio no pueda ocupar toda nuestra existencia. Quien tenga deseos de instruirse no debe tener a menos aprender de otro que sea capaz de enseñarle; con mayor razón si este otro es un hombre, pues el género humano no se ruboriza por extraer con suma frecuencia su saber de los animales. Se debe estudiar siempre de modo que la masa de los conocimientos no aturdan la inteligencia, y sin olvidar, sobre todo, de velar por la propia salud y la de las personas de las cuales se está a cargo [17].

A la restauración del saber se consagra, pues, Juan Luis Vives. Para conseguirlo es necesario, ante todo, una cuidadosa *revisión* del sujeto y el objeto del saber en general o, tal vez mejor, de la idea general que entonces se tenía de uno y otro. Necesidad insoslayable ahora, en el Renacimiento, cuando el hombre ha adquirido ya una autonomía de que careció durante la Edad Media. Pues el estado de cosas a que se reducía la cultura en el siglo XVI, no sólo es el resultado de lo que se ha dado en llamar «esterilización» de las fuentes del intelecto medieval, sino, además, del modo de ser típico de esa cultura, basada en la preeminencia de lo religioso, que dejaba siempre al hombre situado en un segundo plano, con lo cual la conciencia religiosa desplazaba casi completamente a la conciencia individual que permite al hombre —y hasta le obliga— sentirse responsable de sí mismo ante sí mismo y con respecto al mundo. El formalismo de la cultura medieval, de la escolástica, que acaba siendo puras «formalidades», o sea, eso que Vives repugna cuando arriba por primera vez a la Sorbona, es precisamente el modo legítimo de ser de la cultura en el medievo y que, por lo mismo, constituye a la vez que su grandeza su miseria. No es, pues, que la escolástica sea superficial y vacua en los tiempos del Renacimiento, sino que el hombre de esta época no puede hacer ya nada efectivo con ella, porque sus necesidades resultan muy diferentes de las del hombre medieval. Pues en tanto que éste vivía dentro y desde una situación espiritual (la escolástica) viva y activa, el hombre que en el siglo XVI pretende mantener vigente esa cultura, ya indefectiblemente anacrónica, la ve desde afuera y sólo puede hacer de ella un símbolo hueco y un mero juego de toscas ingeniosidades verbales. Pues no hay posible correspondencia entre el hombre del Renacimiento y la cultura medieval más allá de lo que puede entenderse en términos de una relación puramente histórica.

Vives, digámoslo ahora de una vez por todas, no deja de estar unido a esa cultura medieval, pero con la sensible diferencia de que, como todo verdadero hombre del Renacimiento, está consciente de sus defectos e ineficacias. Sabe que en la cultura no cabe una absoluta solución de continuidad, de modo que la tarea impuesta al Renacimiento, en este caso, viene

---

[17] J. L. Vives: *Obras completas, op. cit.,* II, pág. 670. (*De las disciplinas,* Segunda parte, lib. V.)

a ser la de decantar cuidadosamente los contenidos de la cultura medieval para aprovechar sólo aquellas partes que aún pueden ser incorporadas a la vida histórica.

De las disciplinas, pues, es sin duda alguna la obra que da a Vives su neto perfil de humanista del Renacimiento, pues en ella nos propone, al hilo de una aguda crítica del estado del conocimiento en su época, aquello que constituye el ideal de la cultura que ya entonces pugna por abrirse paso, es decir, el amor a la verdad por la verdad misma y, en consecuencia, la máxima pulcritud en la investigación de esa verdad. Es, pues, indispensable partir de la premisa que establece la más clara distinción entre la forma de manipular el conocimiento y el neto contenido de éste. Y en dicha cuestión la crítica de Vives se centra en la errónea interpretación que se había hecho hasta entonces de la *dialéctica,* cuyo capital defecto consistía precisamente en haber convertido el carácter exclusivamente instrumental que esta disciplina posee en el contenido objetivo mismo del conocimiento a cuya interpretación se aplica. Vives vio muy claramente que esta deficiencia en el manejo de la dialéctica había culminado en la confusión de lógica y metafísica. Pues mientras ésta es un saber de lo material, la lógica sólo puede serlo de lo formal. Su confusión, sobre todo como había venido ocurriendo desde las postrimerías de la Edad Media, conducía a extraer las falsas consecuencias de una realidad meramente supuesta y, por lo mismo, implicada en el artificio lógico de la demostración, pero desligada completamente de la naturaleza misma de las cosas. Su solución, pues, en el sentir de Vives, está en ser todo lo más aristotélico posible, para conseguir lo cual es menester volver a aquello que hacía Aristóteles, no a la simple letra de su pensamiento, sino a la observación y el experimento, con los cuales, apoyado en la razón, se penetra en la realidad como tal.

Pero si se quiere llegar a saber perfectamente por qué Vives escribe esta magna obra, hay que comenzar primero por la lectura de ese otro trabajito suyo (recogido en sus *Obras completas* con el título de *Contra los seudolialécticos),* que en forma epistolar envió a su amigo y colega Juan Fort, en 1520, es decir, cuando Vives tenía apenas veintiocho años de edad. El estilo nervioso de lo que allí aparece recogido, la vehemencia con que arremete contra la falsa erudición, esa escombrera de la escolástica en el siglo XVI, permiten comprender las razones que determinan la composición de su imponente tratado *De las disciplinas,* es decir, sobre el saber en general.

En 1509, a los diecisiete de su vida, llega Vives a París para comenzar sus años de estudio en la Sorbona. Del efecto desalentador que le produjo aquel centro de enseñanza, reputado entonces como uno de los mejores del mundo conocido, quedan estos comentarios en el libro III de las «*Causas de la corrupción de las artes*»:

Cosa es que pone espanto que confesando como confiesan los doctores de la Sorbona ser la Dialéctica el instrumento de las restantes disciplinas, en ese París de mis pecados se le consagran dos años enteros; al paso que a toda la restante filosofía, la natural, la moral y la metafísica, se le dedica un año mal contado. Y aún algunos profesores a ese año raquítico le cercenan algún trocito en gracia de la Dialéctica. Muchos son los que durante toda su vida, por más larga que sea, se quedan para siempre jamás en dialécticos [18].

Tres años duró esta primera estancia de Vives en París, interrumpida, como sabemos, no sólo por motivos de desaliento con respecto a dicho lugar, sino también por causas políticas; mas es indudable que no debió sentir el menor pesar en abandonarlo cuanto antes. Y si lo hace gustosamente es porque no puede avenirse con la esterilidad cultural que allí encuentra, donde apenas resuena alguna voz medianamente sensata. Que su experiencia a este respecto debió haber sido de completa frustración y aun de enojo con todo lo que encontró allí, se desprende muy bien de su carta a Fort en 1520. Mas ¿por qué escribe semejante requisitoria con tono que a veces parece hasta agresivo? Se ve claramente que ya ha tomado posición —digamos así— con respecto al grave problema del *saber,* en momentos en los cuales es precisamente esto lo que se debate en Europa, es decir, la pugna entre dos estilos de pensamiento, uno obsoleto y encastillado en su inútil afán de sobrevivencia (la escolástica), y otro, el de los humanistas del Renacimiento, que venía abriéndose paso ya, cada vez con mayores bríos y ganando terreno sin cesar. Ahora bien, se trata en este caso de la sempiterna cuestión de la relación entre *lenguaje* y *realidad* (tal como sucede también en nuestros días). La *escolástica,* que tuvo su época —y hasta gloriosa sin duda alguna—, había presentado en su lenguaje, como es natural que así sea, todo ese mundo en que ella consiste —lo sagrado como lo profano, la teoría lo mismo que la práctica, etc.—. Durante todo el tiempo en que la escolástica estuvo vigente *su* lenguaje corresponde perfectamente a la realidad que enuncia, y no hay problema alguno a ese respecto. Mas una vez que su vigencia histórica deja de serlo, el lenguaje escolástico (que es como decir los *modos de pensamiento* que le son propios) deja de tener efectividad y por eso es que acaba convirtiéndose en ese remedo de su propia realidad, tal como sucede en el siglo XVI. Aquí se aloja la importancia y el significado del gran *hecho histórico* del humanismo renacentista, es decir, en ese proceso de gradual sustitución de unos modos de pensamiento por otros; en este caso, por los que la nueva realidad imponía sin apelación. De ahí que ese festivo «gramático» contra quien va dirigida toda la ironía de Vives, va quedando paulatinamente reemplazado por el *filólogo* renacentista, v. gr., Valla, Erasmo, Budé, Moro, etcétera; es decir, por el hombre que entonces piensa y siente según se lo impone y determina la nueva época.

[18] J. L. Vives: *Obras completas, op. cit.,* pág. 449. *(De las disciplinas,* Parte primera, lib. III.)

Vives intuye perfectamente que la reforma de las letras ha de comenzar, casi ha de consistir, en la renovación de la *dialéctica,* puesto que ésta es tan antigua como la cultura, ya que, en realidad, lenguaje y dialéctica son una y la misma cosa. Una finísima observación de Vives permite ver cómo, en efecto, la *dialéctica* (los modos de pensamiento de una época) no es sino expresión de toda la realidad de dicha época:

> Y si alguno [de los seudodialécticos] se quejara, tratarase, sí, se tratará de las palabras que vosotros, filósofos gravísimos, al disputar de la dialéctica, decís tener en desdén, como si la dialéctica fuese la filosofía natural o moral que, con tal que retenga la realidad y el sentido, no hace caudal de las palabras, y no, por el contrario, el arte que no trata más que de las palabras [...] [19].

Vives, por consiguiente, adopta como tarea fundamental la de la reforma del entendimiento, sin la cual no es posible el efectivo renacimiento de la cultura. Mas tal cosa requiere ir directamente a la realidad que históricamente le ha sido asignada al hombre de ese tiempo. De ahí la curiosa labor que llevan a cabo los humanistas, ese quehacer entre filológico y hermenéutico que a través de la letra lleva al *hecho,* a la realidad como tal, pues la dialéctica es arte que no se aprende por ella misma, sino para que preste su concurso y sus servicios, como quien dice, a las restantes artes. Pues —ahora podemos verlo claramente— el escolástico del siglo XVI vivía, en lo que al saber se refiere, de una realidad y por lo mismo de una cultura que no era la suya realmente, sino tomada a préstamo —como tardía herencia—, y de ahí ese jugar constantemente con las exterioridades del lenguaje, que acaba reduciéndose, en el mejor de los casos, a un deporte de abstracciones.

Toda la obra intelectual de Juan Luis Vives se dispone en torno a esta cuestión, para él fundamental, de la reforma del intelecto. Como filólogo en *La ciudad de Dios,* o como psicólogo en el tratado *Sobre el alma,* o hasta como filósofo de la política, o lo que sea, se mantiene siempre fiel a la convicción de que sin *realidad* no hay modo de comunicación posible. Hay algo que le preocupa hasta dominar por completo su pensamiento y dirigir su pluma, y es el problema de la relación entre el hombre y el mundo, ambos reales y concretos. Y el saber, todo saber posible, es siempre saber de uno y otro. Aun la religión es por y para el hombre, de manera que San Pablo, San Agustín, San Jerónimo le dicen más y de un modo mucho más entrañable que las admirables sutilezas de Tomás de Aquino o de Ockam. Por eso, cuando se dice que Vives no deja de ser escolástico, se dice la verdad, pero no toda ella, porque basta con leer sus comentarios al respecto para comprobar que lo es más bien en forma crítica, tal como va a ocurrir después con hombres como Francisco Suárez. Porque Vives es un auténtico ejemplo renacentista, es decir, el hombre

---

[19] J. L. Vives: *Obras completas, op. cit.,* pág. 298. *(Contra los seudodialécticos.)*

que atina a estar completamente *en* su época. De ahí esa imponente contribución suya que ahora comentaremos brevemente, es decir, *De las disciplinas*. Se trata ahora de la busca del estricto significado del saber, ajeno a todo otro propósito, para que dicho saber sirva, como es natural, para mejora del hombre y de la sociedad. Tal desinterés supone la aplicación constante y sostenida a la indagación de aquello cuya verdad se desea obtener, hasta dar con ella o poder, legítimamente, calificar de inexistente lo que en el comienzo se daba como cierto o, al menos, posible. Por esto mismo, en lo que a la historia, a la filología y a la religión se refiere, es indispensable ir directamente a las fuentes originales, dejando a un lado versiones y comentarios que resultan autorizables siempre que, primero, sepamos qué dijo y cómo lo dijo el autor mismo de esa fuente directa. En esta crítica es Vives delicioso, como vamos a verlo:

> Hay quien huye de Livio por difuso y no teme confiarse al piélago inmenso del historial vicentino; otro que no tolera a Valla puede no obstante soportar al Católico. Uno que se lamentaba ha poco de la brevedad de la vida que no alcanza para profundizar en los escritos de San Jerónimo, San Agustín, San Ambrosio y San Crisóstomo, tiene tiempo, sin embargo, de acabar cumplidamente las lecturas de no pocos de esos autores de Sumas o Comentos teologales, para cuya lectura íntegra no alcanzarían las tres edades del hombre (y eso que no son cortas). Le causa fatiga estudiar a Aristóteles, pero no a Pablo Veneto o a Averroes [...]. Y no les resultan oscuros los embrollos e inventos que hacen los modernos comentadores en toda suerte de disciplinas: en dialéctica, en física, en derecho civil, medicina o teología, puesto que se acostumbraron a las sombras como los ojos enfermos se habitúan a las tinieblas. En cambio, les parecieron oscurísimos e impenetrables los escritos muy claros de los antiguos, y esto provenía de la falta de costumbre; por lo tanto, anteponen los comentaristas a los autores, vale decir, que prefieren beber de una laguna cenagosa y no de la fuente misma cristalina [20].

Volver a «la fuente misma cristalina». He ahí a Erasmo, a Budé, a Scalígero, a Moro..., ¡a Vives! Filología renacentista, es decir, el examen y cotejo de los textos en sí mismos y su comentario asistido del instrumental hermenéutico *ad hoc* —las lenguas griega, latina y hebrea; las diferentes versiones de un mismo texto original; el descubrimiento de las llamadas *interpolaciones*—. En fin de cuentas, amor a la verdad y laboriosidad indagativa. Y que Vives está muy percatado de la necesidad de aplicar las susodichas directivas a la cultura que ya venía elaborando el Renacimiento, lo dice claramente este otro pasaje suyo:

> Sucede así que San Jerónimo, San Agustín, San Crisóstomo y todos aquellos antiguos y primitivos escritores de nuestra religión son conocidos ahora, no por sus mismas obras, sino por las colecciones de sentencias de Pedro Lombardo, por la *Cadena Aurea* de Santo Tomás y otros centones del mismo estilo [...].

---

[20] J. L. Vives: *Obras completas, op. cit.,* pág. 384. *(De las disciplinas,* Parte primera, lib. I.)

¿Cómo puede entenderse el sentido que a estas frases dieron sus autores si nos las presentan abandonadas y desamparadas, como si dijéramos, privados del sostén que les prestan los pensamientos expresados antes y los que vienen después? [21].

«Indocta ignorancia» que lleva a Vives a describir admirablemente cómo procedían todos aquellos que él calificaba de «seudodialécticos»:

Pero prosigamos: ¿cómo entienden o explican a estos autores [a los antiguos]? Por empezar, no les preocupa en absoluto de qué autor se trata, a qué escuela pertenece, qué doctrina prefiere, en qué tiempo vivió; tuercen las opiniones de un epicúreo, un estoico o un académico hasta presentarlo como peripatético, y finalmente todo lo desvirtúan para que aparexca acorde con lo poco que ellos saben [...].

[...] Cicerón, escritor rico y abundante, en muchos lugares sólo tiene en cuenta el adorno formal, en tanto que Aristóteles, parco y sobrio, avaro de palabras, persigue únicamente las ideas.

[...] Por otra parte, aquél que creía no haber dicho ninguna falsedad, por más que tampoco hubiese añadido nada relacionado con el ánimo del autor, pensaba que ya había cumplido demasiado bien con su tarea, basándose en la regla aristotélica: *Todas las cosas verdaderas son acordes entre sí.* Sin embargo, muy poco se relacionan una con otra las dos verdades siguientes: *Dionisio fue un tirano de Siracusa* y *El sol se mueve en el zodíaco* [...].

Un compañero mío en París, cada vez que discurría con tanto solecismo y barbarismo que nadie podía entenderlo, se limitaba a aclarar: *Supuesta la congruencia.* En las Sagradas Escrituras y en Aristóteles muchísimas cosas fueron alteradas por este motivo porque alguien alega en la discusión una breve sentencia sacada de allí y otro cualquiera la interpreta de acuerdo al momento, sin considerar lo que viene antes ni lo que le sigue en el texto (que, por otra parte, ni recuerda, ni alcanzó a ver alguna vez [...] [22].

Con respecto al aristotelismo, del cual fue a la vez defensor y enemigo Vives, según de lo que se tratara en Aristóteles, es decir, del espíritu o de la letra, nos dice lo siguiente:

Pero así como la oscuridad de Aristóteles hizo gran daño a las artes, también fueron muy pervertidas todas ellas por los malos comentarios del Estagirita. No pudieron explicarlo claramente, y esta misma dificultad exacerbaba su temeridad y atrevimiento; y tanto más se atrevían a interpretar un pasaje del modo que les viniera en ganas, cuanto menos podían ser refutados e impugnados entre tantas sombras y tinieblas [...] Aristóteles [...] fue mal traducido al latín por personas incapaces que ni lo pusieron en latín ni lo dejaron en griego; y como es difícil explicar lo que no se entiende, ni siquiera los doctos pudieron traducirlo bien, porque en muchos pasajes no comprendían suficientemente qué quería decir [...] Y por cierto que abusaron de la tan mentada oscuridad aristotélica para su co-

[21] J. L. Vives: *Obras completas, op. cit.,* pág. 386.
[22] *Ibid.,* págs. 390, 391, 392.

modidad, escudándose en ella cuando desfiguraba el pensamiento del filósofo. Y cada escuela o secta encontró en esto una gran ayuda, pues podían presentar a Aristóteles como si estuviese de su parte y le hacían asegurar cosas que el pobre nunca soñó decir [23].

Vives, pues, tal como se desprende de este comentario suyo, tiene muy presente el gran problema del indudable carácter críptico del pensamiento de Aristóteles, pues a la pregunta de qué quiso decir exactamente en tal o cual ocasión, como también si todo lo que se le atribuye es realmente obra suya, no se puede contestar categóricamente en forma unívoca. Pues bien: sabemos que a través de los siglos y aún en nuestros días la interpretación de Aristóteles sigue siendo una cuestión abierta indefinidamente. Baste ahora con mencionar la perenne discordia acerca de la autenticidad de los escritos aristotélicos, que viene operando en el ámbito de la historia de la filosofía desde al menos Alejandro de Afrodisia, es decir, si mientras los escritos *exotéricos* son espúreos (obra de sus impugnadores), los *esotéricos* son los auténticos del filósofo. Y así llega la polémica hasta nuestros días, a pesar de las imponentes sendas investigaciones de Werner Jaeger (1923) y Joseph Zurcher (1950). Las cuales, no obstante sus relevantes iluminaciones, han sembrado no pocas dudas y confusiones.

★

En el libro segundo de esta obra suya que venimos comentando, pasa Vives a exponer el problema de la Historia, que examina conforme a la concepción del mundo que poseía el renacentista, es decir, que la Historia debe, esencialmente, destacar el *sentido último* de la historia humana. Por eso pregunta Vives si acaso es la historia «maestra de la vida»; pues si lo

---

[23] J. L. Vives: *Obras completas, op. cit.*, págs. 392-393. Lejos estuvo Vives siempre de haber sido un aristotélico de los que juraban por la palabra del maestro. Su obra *De las disciplinas* contiene severas críticas del pensamiento del estagirita, tal como es posible verlo, por ejemplo, en el libro I, capítulo 4, de la Primera parte, donde, al hablar de la oscuridad de los «antiguos», dice que en este punto Aristóteles es más reprensible que los otros, porque «o él mismo, adrede, oscureció lo propio, o se le allegaron oscuridades fortuitas que enturbiaron esa agua pura y así la enviaron a los canales» (II, 362). En el libro III, capítulo 2, de la Primera parte, reprueba Vives los primeros libros de las Categorías y de la Hermenéutica, porque, dice, contienen cosas que no hacen al caso o resultan oscuras. En el capítulo 2 hace también lo mismo con los Analíticos y la Argumentación. Y, finalmente, en el libro VI, capítulo 3, también de la Primera parte, dícenos que Aristóteles es aficionado a la oscuridad y a veces no es consecuente con su propio pensamiento. Pero hay aún más. De 1538 es su breve ensayo *Censura de las obras de Aristóteles*, donde vuelve Vives, esta vez con mayor insistencia y minuciosidad, a refutar numerosos pasajes de la obra de Aristóteles. Una lectura detenida de la crítica de Vives a Aristóteles nos permite llegar a esta conclusión: que la oscuridad que le atribuye al estagirita y eso otro que llama frecuente falta de consecuencia con su propio pensamiento, obedece más bien al punto de vista «antiaristotélico» que, de un modo o de otro, vemos como algo característico del Renacimiento.

es, ¿cómo es? Ya que a veces vemos en sus páginas cosas sin importancia y, lo que es aún peor, muchas veces la manifiesta injusticia de la guerra:

La guerra, como una tempestad, lo trastorna y revuelve todo. La única sazón oportuna de conservar la bondad del pueblo es la paz; todo lo que al hombre le hace mejor, sólo en la paz tiene su efectividad y vigencia; todo lo que mejora y da realce al hombre, en la guerra languidece: letras, religión, leyes, justicia, negocios, quietud, honrada artesanía, comercio y trabajo fecundo [24].

Vives ve, pues, la guerra como un hecho que va contra la naturaleza humana misma creada por Dios, y por tanto contra Dios mismo. Por eso en su carta al rey Enrique VIII de Inglaterra («Sobre la paz entre el César y Francisco I Rey de Francia, y sobre el mejor estado del reino», y también en «De la insolidaridad de Europa y de la guerra contra el Turco») se manifiesta como un decidido opositor de la guerra, pues afirma que ésta es, en general, algo «más propio de las bestias que de los hombres» y, además, «verdadero bandidaje», excepto en aquellos casos en que la guerra se hace para combatir el «bandidaje efectivo». Mas, como quiera que se le mire, la guerra es fatalmente siempre un semillero de males a la vez innumerables e interminables, lo mismo con respecto al individuo que a la sociedad. Y aunque Vives conoce muy bien la distinción propuesta por su compatriota Vitoria entre guerras «justas» e «injustas», él considera esto último un poco artificial, porque se presta a pretextos justificativos que nunca faltan.

A Vives le preocupó siempre profundamente el problema de la paz europea. No sólo porque él era un espíritu conciliador y generoso, sino porque la amenaza del Turco se iba haciendo cada vez más visible y alarmante según avanzaba el siglo XVI. (Algo parecido a lo que sucede en nuestros días con la amenaza del comunismo, ya que se trata en ambos casos de lo mismo, es decir, de la posible pérdida de la libertad.) Ya la «Carta al Papa Adriano VI», de 1522, responde a tan noble preocupación, y como Vives sabe muy bien que en el juego de la guerra andan a la par la Iglesia y el siglo, se dirige al nuevo pontífice y le dice: «Dos son las cosas que se te piden y que se esperan de ti: el silencio de las armas entre los príncipes, el sosiego de toda sedición entre personalidades privadas» [25]. Dos años después, desaparecido ya Adriano VI, con lo que se esfuman las esperanzas de paz de Vives, escribe éste al obispo inglés John Longland, a la sazón confesor del rey Enrique VIII. La ambición, la avaricia y un exagerado concepto del honor es lo que mueve a la guerra y, una vez desatada ésta, es también lo que impide acabarla. He ahí, en síntesis, lo que le dice Vives al obispo inglés.

En la carta a Enrique VIII vemos a Vives actuar de manera sutil,

---

24 J. L. Vives: *Obras completas, op. cit.,* pág. 32. (Carta sobre la paz entre el César y Francisco I.)
25 *Ibid.,* pág. 11. (Carta sobre el malestar de Europa.)

tratando de convencer a este monarca de que el mejor negocio para él es mantenerse aparte en la enconada lucha de Francisco I y Carlos V. Hay, pues, indudablemente una finalidad política en esta carta, que el autor disimula hábilmente al hablar en términos generales. Pero en ella se muestra a la vez la sincera convicción de Vives respecto de la inutilidad de la guerra, no importa cómo le mire: «Las armas y la guerra acrecientan los reinos. Sí; pero también esas mismas armas y esa misma guerra ocasionan su perdición y ruina» [26]. Y es así cómo, en 1526, decepcionado ante la imposibilidad de llegar a una verdadera paz, escribe Vives ese admirable diálogo que lleva por título *De la insolidaridad de Europa y de la guerra contra el Turco*, título que resume las dos preocupaciones fundamentales del autor con respecto al inmediato porvenir de Europa. Se comprenderá ahora por qué un poco antes, al hablar de las actividades de Vives, decía yo que una de ellas es la *angustia* de su tiempo, ese sentirlo constantemente como si fuera parte habitual de su quehacer.

Pero ya desde este último esfuerzo de Vives por la paz se ve que adopta una posición absolutamente equidistante (mucho más que en los trabajos anteriores) con respecto a la guerra, y de modo particularísimo con respecto a las causas de ella. Dominado por el prurito de racionalidad que es patrimonio del humanista del Renacimiento, Vives piensa en cómo debe ser el hombre más bien que en cómo es y sin remedio posible. Por eso en este trabajo sobre la insolidaridad europea nos ofrece algo así como un contraste entre la *Civitas Dei* y la *Civitas diaboli*, con la expresa condena de todos los participantes en la cruenta situación europea de aquel entonces. No hay un solo monarca, ni aun los de su patria, que resulte inmune a la acerba crítica de Vives. Pues el hombre es malo, lo mismo si ha nacido en Francia, que en Italia o España, etc. «El soldado español a ningún otro cede en bellaquería, en descaro, en atrocidad de palabra y de obra, no sé si por una tan continuada serie de victorias» [27]. Pero el italiano, ¿es acaso mejor? Según Vives, «mientras se les dé ocasión de desfogar su saña, aceptarían por príncipe y dueño a cualquier perro, cuanto más a cualquier hombre. Prefieren ser esclavos de un español, de un francés de un alemán, que prestar acatamiento a un ciudadano suyo» [28]. Pues los negocios del mundo son siempre los mismos, ya que se deben a lo que el hombre es capaz de ser y hacer. Del rey abajo ninguno, pero en el sentido de una verdadera bondad y dignidad, que es lo que parece faltar: «en la elección de nuevo emperador, con intrigas y dinero a caño suelto, entre los electores, compiten Carlos y Francisco, como si se disputasen una mercancía, no un reino» [29]. La creciente fortaleza del Turco es sim-

[26] J. L. Vives: *Obras completas, op. cit.*, pág. 36. (Carta sobre la paz entre el César y Francisco I.)
[27] *Ibid.*, pág. 47. *(De la insolidaridad de Europa.)*
[28] *Ibid.*, pág. 49.
[29] *Ibid.*, pág. 45.

plemente la comprobación de la consiguiente debilitación del cristiano. «Las profundas e inconciliables divergencias entre los cristianos son para el Turco suficiente garantía de total seguridad» [30], suscribe penosamente Vives. Este desencanto del mundo y del hombre es el que le lleva definitivamente a refugiarse en esa moral utopía que es *Concordia y discordia en el linaje humano.*

Diez años (de 1520 a 1529) han bastado para convencer a Vives de que la condición humana es la causante de la guerra. Que este aflictivo suceso no se debe tanto a causas externas como sí al modo de ser esencial del hombre. De ahí que ahora busque en éste, sobre todo en aquellas pasiones que le hacen disentir de sus semejantes, el motivo profundo de la guerra. Pues por encima de intereses políticos, de temores de agresión ajena (aunque sean fundados), de mal entendido sentimiento de patriotismo, etc., se encuentra esa otra razón, que es siempre la misma de Terencio: *Homo hominis lupus.* Tal es, pues, el motivo por el cual dirige esta exhortación a la paz al Emperador Carlos V, pero consciente, diríase que convencido, de que por tratarse de un mal que arraiga en la propia naturaleza humana, está más allá de la voluntad de príncipes y prelados, lo cual no supone que no debe hacerse cuanto sea posible para alcanzar la paz.

Desde su humilde refugio de Brujas, al calor de la familia Valldaurra, dirige Luis Vives esta emocionante apelación a la paz al más poderoso monarca de la época. Sabe y ha visto qué apareja la guerra, pues ha tenido la oportunidad de contemplar lo que ésta deja a su paso. «Vemos los campos mustios y asolados; arruinados los edificios; unas ciudades igualadas con el suelo, y las otras, evacuadas y desiertas...; las letras, descaecidas y perdidas casi del todo; la moral, rota...» [31]. Y todo esto ¿por qué? Pues a causa de una sola cosa que basta para promover la guerra y causar la mayor destrucción posible en el mundo, es decir, la *disensión,* «no ya solamente entre los príncipes, sino también entre los particulares» [32].

Disensión que no deja a salvo a ningún ser humano, como no sea alguien de llamativa excepción; que se esconde en la púrpura del príncipe lo mismo que en la toga del prelado, o bajo la armadura del guerrero, y es capaz de perturbar hasta el sabio. Por eso mismo es que Vives, a la vez que alienta al Emperador en su idea de un Concilio Ecuménico, teme que éste, como solución entrevista para la discordia europea, resulte contraproducente, pues en el mismo, «teniéndose que poner remedio a opiniones tan depravadas y torcidas, se impone la previa tarea de ablandar y mitigar la exasperada braveza de unas pasiones de tal complejidad, que en algunos temperamentos se transforman en odios implacables» [33]. No son, pues, los males políticos los que, ante todo, preocupan a Vives en este problema

---

[30] J. L. Vives: *Obras completas, op. cit.,* pág. 50.
[31] *Ibid.,* pág. 75. *(Concordia y discordia en el linaje humano.)*
[32] *Ibid.*
[33] *Ibid.,* pág. 79.

de la guerra, sino ese otro mal de origen en el hombre, algo así como la «condición humana». Al análisis de ésta, de las pasiones en que la misma consiste, algunas de las cuales, por su carácter negativo, son promotoras de la discordia que lleva a la guerra; a dicho análisis, está consagrado el tratado sobre *Concordia y discordia en el linaje humano*. En él actúa Vives como el humanista que busca las causas profundas de un mal exterior y que se ofrece, particularizado, en una de sus peores instancias, que es precisamente la guerra.

Pero no tratemos de encontrar en la actitud que asume Vives frente a la guerra, sea ésta la que sea, otro criterio que el que vemos sustentado en todos sus escritos al respecto. Pues la cuestión de la guerra, concretamente la discordia de Europa, es para él algo más allá de toda cuestión de razas, banderas, naciones, o lo que sea. Si, por ejemplo, critica la conducta seguida por Francisco I con motivo de su incumplimiento del Pacto de Madrid, lo hace, no porque se trate específicamente de ese personaje, sino porque, dada la forma en que procedió el monarca francés, a Vives le parece que es, éticamente considerado el caso, digno del mayor reproche. Mas no olvidemos que supo también condenar el modo en que tanto Carlos V como Francisco I concurrieron al mismo propósito de heredar la corona imperial de Maximiliano mediante las más inconfesables maniobras.

Porque si bien Vives es español, es aún más ese *homo pro se* de que ya se ha hablado. Es, recordando en esto a Sócrates, una especie de «ciudadano del mundo» en el sentido de que trata de verlo todo con la mayor objetividad posible; por lo tanto, con el mínimo de apasionamiento. Como que sabía muy bien, porque ocasión tuvo para ello, que a la hora en que las pasiones tocan a rebato, nada hay que permita diferenciar a un español de un francés, o a éste de un alemán, etc. El mal que promueve la guerra, exactamente como la esperanza de evitarla, radica en una y misma realidad, que es el hombre. Esto explica por qué al hablar de la concordia y la discordia Vives examina detenidamente estos cuatro puntos: 1) Dónde y cómo surgen en el hombre la concordia y la discordia; 2) el modo inhumano como se lleva a cabo la discordia; 3) los beneficios de la concordia y los perjuicios de la discordia; 4) el modo de poseer la concordia. El humanista se antepone al ciudadano, al hombre particular y concreto que vive y alienta en una determinada situación, y procura abstraerse de las instancias de cualquier índole que van contra la objetividad propuesta. En fin de cuentas, Vives centra aquí, una vez más, su atención en el tema grato al humanista del Renacimiento, es decir, el tema del *hombre*.

Concordia y discordia en el linaje humano viene a ser, pues, la culminación de ese empeño sostenido en pro de la paz y que pone al descubierto una de las facetas más interesantes de la vida de Vives. Porque si leyéramos sólo sus contribuciones al examen del conocimiento, o lo que nos dice acerca de la psicología, o hasta toda su vasta labor filológica, nada de esto sería suficiente para dar la impresión que produce la lectura de sus preocupaciones por el destino del género humano. He ahí, por consiguiente, al hombre angustiado por el estado de cosas de su tiempo, y por eso interviene activamente, con el recurso de su pensamiento y su pluma, en el vasto y complicado conflicto de aquel entonces, en el mundo indeciso del siglo XVI.

★

El libro III está dedicado a la *dialéctica,* ese talón de Aquiles del saber medieval. El análisis que hace Vives de esta disciplina opera tanto sobre el fondo como sobre la forma, es decir, que se aplica a la dialéctica como *contenido* y como *instrumento* del saber en general, que es en donde reside su ineficacia, según lo entiende Vives.

> No sólo los profesores modernos, sino también los antiguos, se equivocaron al delimitar sus objetivos de la dialéctica y asignarle su oficio; pues una cosa tan delicada y sensible como la dialéctica ya en el momento de nacer y en sus orígenes mismos fue ultrajada por quienes la manejaban con ignorancia. Por lo cual no sé si debían ser más culpados los modernos, que no advirtieron los errores de los anteriores, o si haya que perdonarlos porque desconfiando unánimemente de la propia agudeza, juicio, exactitud, uso y conocimiento de las cosas, prefirieron seguir a los antiguos, como si la naturaleza ya estuviera agotada y no hubiese ninguna esperanza de que los ingenios o los estudios mejorasen en el futuro [34].

Pero este mal viene directamente de Aristóteles, quien en sus *Tópicos,* I [35], afirma que la dialéctica trata no solamente del lenguaje, sino también de las cosas todas, de manera que la dialéctica es el instrumento para encontrar la verdad y a la vez el depósito de todas ellas. A lo que, en actitud crítica, responde Vives de este modo:

> ¿Quién no ve que esto no puede ser logrado por ningún arte o facultad?, y si es privativo de alguna, habrá que dar la primacía a una más elevada, como la metafísica [36].

La posición adoptada por Vives a este respecto es típicamente precursora de lo que, con respecto a la dialéctica, se va a hacer a partir del Renacimiento. Pues ni coincide totalmente con Cicerón, ya que, en su sentir, omite lo que más importa de la dialéctica, vale decir, el *arte de ra-*

34 J. L. Vives: *Obras completas, op. cit.,* pág. 425. (*De las disciplinas,* Parte primera, libro III.)

35 *Ibid,* págs. 425-426.

36 *Ibid.,* pág. 426. Vives dice (en esta misma página) que «Cicerón omitió lo principal de la dialéctica, que es enseñar el instrumento de la *invención*». Precisamente por el camino que abre esta manera de concebir la dialéctica, es decir, como *invención,* se llegará a su debido tiempo al *ars inveniendi* propuesto por Descartes. Es claro que Aristóteles ya preludia algo de esto en los *Tópicos.*

zonar. Ni tampoco, tal como lo quiere Cicerón, la dialéctica es un *instrumento* ni una *regla* aplicable indiscriminadamente, «¿pues acaso algún arte pone la regla que me diga si es verdad *que los ángulos agudos forman uno recto, a no ser la geometría?*» [37]. O sea que fuera de la disciplina misma en que un objeto se ofrece es imposible determinar qué es exactamente y por qué debe ser así a los efectos de su realidad como tal. Y por eso va Vives en contra de ese vacuo y estéril intelectualismo, basado en la simple disputa, y reclama, a su vez, que se haga más lugar a la verdadera ciencia:

> Cuando se reconoce universalmente que la dialéctica es tan sólo el instrumento de las demás artes, causa admiración ver que en París dedican dos años a su estudio y, en cambio, apenas se emplea uno para el aprendizaje de la restante filosofía, tanto de la naturaleza como de las costumbres y la filosofía primera [38].

Esta crítica de Vives, como la de otros humanistas del Renacimiento, es la que se refiere a la inutilidad de la actividad intelectual que no se aplica directamente al objeto propuesto, es decir, a la observación y la prueba indispensable. Crítica que es, indudablemente, el antecedente inmediato de ese *ars inveniendi* en que va a consistir, muy poco después, la ciencia moderna. Y de ahí que Vives se duela de las desastrosas implicaciones pedagógicas de semejante actividad intelectual fiada sólo a la disputa:

> Además de los dictámenes que ya expuse —que son los más vulgares y conocidos entre ellos, y acerca de cuyas peculiaridades no hay término alguno— podemos dar una idea de su calidad si recordamos que quienes venían a sostenerlos eran niños desconocedores de las lenguas clásicas, carentes de conocimientos y erudición, y que en una noche de meditación podían pensar seiscientas de estas bagatelas, mientras un hombre serio tardaría seiscientos años para imaginar una sola: *Todo a, posiblemente, es b; y, sin embargo, ningún b, posiblemente, es a* [39].

El abuso de las posibilidades dialécticas de la lógica formal (sobre todo de la argumentación silogística) hace que el saber medieval adolezca de un sensible olvido de las ciencias naturales. Bien es cierto que esa no es la causa única, pues el hombre medieval vive absorbido por otras preocupaciones típicas de esa época. Pero no hay duda de que abusa del «formalismo» en el desarrollo del saber en general, a tal punto, que ya en sus postrimerías ese saber es vana retórica. Una perfecta descripción del *modus operandi* de ese saber tan venido a menos, la da Vives en este pasaje suyo:

> [...] en opinión de muchos teólogos y filósofos, no sólo asciende Aristóteles a la cima de la perfección, sino que lo hace por el único camino recto y seguro

---

[37] J. L. Vives: *Obras completas, op. cit.,* pág. 426.
[38] *Ibid.,* pág. 449.
[39] *Ibid.,* pág. 451.

que en la Naturaleza existe. Piensan, pues, que el único modo de arribar a la suma y perfecta verdad consiste en seguir los silogismos aristotélicos y juzgar ajeno a la Naturaleza lo que de ellos se aparta. *Pero sólo en el caso de que la naturaleza de las cosas fuese una, simple, breve y abierta a nuestros ingenios, o si la inteligencia fuera semejante en todos los mortales,* podría alguien delimitar el punto supremo hasta el cual puede llegarse. No tienen en cuenta ellos que la naturaleza de las cosas es infinitamente variada, tanto en los aspectos que pueden ser apreciados por los sentidos como en las causas y los efectos que las mueven [40].

Y agrega certeramente:

Nadie, por tanto, puede delimitar a ciencia cierta el punto hasta donde es lícito avanzar al ingenio humano, a no ser Dios todopoderoso, el único que conoce los límites de la Naturaleza y de nuestro ingenio, como que es el autor de ambos [...]. Con toda seguridad que si Aristóteles viviera en nuestros días, y en lugar de ser tan modesto y sencillo como se deduce de la lectura de sus libros fuera un carácter arrogante e insolente, se burlaría con desdén de nuestros necios contemporáneos; porque la convicción de éstos ha llegado al punto de admitir como verdades filosóficas probadas una serie de enunciados que nada tienen de tales y cuyo único mérito consiste *en que los dijo Aristóteles.*

¿Para qué, pues, íbamos a fatigarnos en busca de la verdad si estaba ya establecido que *nada más verdadero podía encontrarse?* [41].

Mas no se detiene Vives ni siquiera ante el posible conflicto de religión y ciencia, pues entiende que se trata de campos diferentes:

Al hablar del reino de la luz [los escolásticos] hacen la siguiente distinción: *Esta es la verdad por lo que respecta a las luces naturales, otra cosa sucede cuando se trata de la luz de la fe.* ¿Por qué no cerráis esas bocas impías y blasfemas?, pues sólo por desconocimiento podéis hacer una afirmación semejante. Nadie ignora que así como el ojo, y cada sentido, posee la propiedad y la facultad de acomodarse a su objeto, del mismo modo hay en la mente fuerza y vigor y juicio adecuados para distinguir el suyo, que no es otro que la Verdad. Las facultades de que está dotada nuestra mente para la comprensión y la consecución de esa *Verdad* son tan agudas como las que posee el ojo para distinguir los colores [...].

Así, por ejemplo, cuando un remo íntegro nos parece roto a través del agua, no atribuimos esa visión a la luz de la Naturaleza, sino a la ilusión óptica causada por el medio líquido, y el espíritu corrige esa alucinación [...].

«El conocimiento es, pues, necesario.» ¿Qué modo de hablar es éste? Porque lo justo es decir que deben conocerse las cosas necesarias y no que el conocimiento mismo lo sea... [42].

[40] J. L. Vives: *Obras completas, op. cit.,* pág. 480. *(De las disciplinas,* Parte primera, libro V. El subrayado es mío.) Un poco antes (en esta misma página) ha dicho Vives: «¿Qué hay en Aristóteles que suponga esa primacía intelectual? ¿Por ventura aquello que pertenece al asentimiento de la verdad, tan radicalmente, que Aristóteles sólo posea verdades tales que no sea posible que las haya más verdaderas?»
[41] *Ibid.,* pág. 481. (El subrayado es mío.)
[42] *Ibid.,* págs. 482, 483, 487. (El subrayado es mío.)

Si pasamos ahora a ese otro tratado de Vives que se llama *De anima et vita,* vemos que al proponerse cuestiones como las que sirven de título a esta obra suya, adopta el criterio aristotélico del alma como entelequia del cuerpo (su principio animador), de sus naturalezas (racional, apetitiva, vegetativa) y que el cuerpo es el colaborador del alma. Pero Vives se separa sensiblemente de Aristóteles al centrar la máxima importancia de la vida anímica en esas tres funciones del alma que son la memoria, el entendimiento y la voluntad (que, dicho sea de paso, tiene claras resonancias agustinianas). Mas ¿qué puede ser todo esto sino el preludio de esa importancia que el problema de la *conciencia* va a adquirir algo más tarde, o sea, en el siglo XVII? Pues sabemos hoy que el tema de la conciencia ha sido el tema predilecto de la filosofía europea desde Descartes hasta nuestros días. Pues bien, Vives penetra sutilmente en las cuestiones atinentes a las formas y condiciones de la memoria y el olvido; establece cuidadosamente la diferencia entre inteligencia y razón (que lo hará metódicamente Kant en el siglo XVIII), y hasta llega a decir que mientras la inteligencia puede ser simple o compuesta, la razón puede ser especulativa y práctica, hallándose en esta última la *voluntad libre*

Como humanista del Renacimiento no podía faltar en Vives un estudio, a la vez extenso y minucioso, acerca del *alma*. Pues la importancia que adquiere lo individual y, dentro de esto, referido el caso del hombre, la *vida interior* constituye, hasta cierto punto, la nota más acusada de la cultura renacentista. Especulación sobre la vida interior del hombre que se intensifica en el siglo XVI para desembocar luego, como sabemos, en el problema de la *conciencia*, el tema fundamental de la filosofía moderna.

Vives está muy bien percatado de la importancia de esta cuestión de la preeminencia de la subjetividad; es como si presintiera lo que va a ser poco después el punto de partida de toda una nueva época, es decir, el *subjetivismo*, desde Descartes hasta nuestros días. Pero la semejanza es aún mayor si se tiene en cuenta que a Vives también le preocupa el problema de la relación entre el *conocer* y el *conocimiento*. El examen que lleva a cabo del estado del saber en su tiempo y la fuerza crítica a que lo somete parece como exigir que se aborde igualmente esa otra cuestión, no menos importante, del agente del conocimiento, o sea el hombre; lo cual, a su vez, exige que se tenga en cuenta la subjetividad a la que viene a quedar confiada toda posibilidad de conocer. Esto es lo que explica por qué Vives se interesa en el problema del alma, porque esto era entonces, lo había sido antes y ha seguido siendo después, un *problema*.

Para el renacentista la cuestión del alma tenía que ser una de las más incitantes, si se tiene en cuenta que es a través del alma, de la conciencia, o como quiera llamarse, que el hombre se asoma a ese vasto y heteróclito conjunto de las más curiosas incitaciones en que consiste la realidad. Vives, por supuesto, como los demás renacentistas, tocante a ese punto del alma como la posibilidad de todo lo demás, no hace sino reiterar lo que había sido dicho ya por Aristóteles y San Agustín. Ya el Estagirita había expresado que, en cierto modo, el alma lo es todo *(De Anima,* 431 b, 8), y el obispo de Hipona lo corrobora al decir *(Cont. Acad.,* III, 11.º, 85): «Llamo mundo a lo que se me ofrece al espíritu.» Abundando en este criterio, nos dice Vives:

> No existe conocimiento de cosa alguna ni más excelsa, ni más sabrosa, ni que mayor maravilla ocasione, ni acarree más utilidad a las más generosas empresas que el conocimiento del alma [43].

Y ciñéndose aún más al criterio de Aristóteles y Agustín, prosigue diciendo:

> Reúne el alma en sí tan rica variedad, concierto tan armonioso y tanta gala y tan lindo ornato, que ni la misma tierra ni el cielo mismo hacen alarde de tan exquisita y tan minuciosa pintura [...] [44].

A esto se agrega, para completar la rigurosa caracterización renacentista del pensamiento de Vives sobre el alma, esa otra nota de la tendencia a la introspección, tal como aparece en el siguiente pasaje:

> Mal podría gobernar su interior y sujetarse igualmente a obrar bien quien no se haya explorado a sí mismo [45].

Desde luego que la cuestión del alma es de aquéllas abiertas a inacabable discusión, de manera que al hablar de las «bravas necedades» dichas por los antiguos en sus comentarios sobre el alma, Vives parece no parar mientes en que, también, a su debido tiempo, muchas de las cosas dichas por él acerca del alma vendrían a resultar igualmente desechables. Pero al menos está muy consciente de la grave dificultad que supone dicha cuestión. De ahí que diga:

> Como no exista cosa más recóndita que el alma ni más oscura e ignorada de todos, las cosas que a ella atañen son las que menos pudieran expresarse con vocablos perfectamente adecuados [...] [46].

La *psicosomática* que corre desde Descartes hasta nuestros días presenta ya ciertos antecedentes en Vives; de ahí que haya partido del estudio de las relaciones del alma con la vida. Nutrición, generación, sensibilidad, forman el primer estrato, pero no constituyen en modo alguno el alma. Esta comienza con la percepción, se prolonga en la memoria y cul-

[43] J. L. Vives: *Obras completas, op. cit.,* pág. 1147. *(Tratado del alma.)*
[44] *Ibid.*
[45] *Ibid.*
[46] *Ibid.,* pág. 1148.

mina con la fantasía y el acto judicativo. Vives hace copartícipes tanto al hombre como a los animales de estos sentidos externos e internos. Pero en tanto que el bruto no puede ir más allá de dichas facultades, el hombre, en cambio, posee la capacidad de la reflexión, o sea, que puede volverse sobre sí mismo.

Sin embargo, en cierto modo, Vives se contradice en todo lo que ha dicho hasta ahora, porque, a renglón seguido, al preguntar qué es el alma, contesta, siguiendo en esto a Aristóteles, que el alma es la *entelequia* del cuerpo, o sea, que lejos de provenir de éste, es ella quien lo engendra y anima. No es la materia la que engendra el alma, sino todo lo contrario; lejos de ser el hombre un compuesto de materia y forma, es la forma la que hace vivir a la materia. Mas nos encontramos con que si bien podemos saber lo que el alma *no es*, en cambio, no sabemos *lo que es*. Para saber qué es el alma es menester acudir a sus distintas funciones, de donde resulta que más bien que saber *qué* es, podemos saber *cómo* es. Sin embargo, Vives no se mantiene fiel a este «fenomenológico» intento de conocimiento del alma, sino que da su definición de ella: es el «principio activo esencial que mora en un cuerpo apto para la vida»[47].

Y, a pesar de todo, la definición resulta aceptable porque, en rigor de verdad, ¿qué otra cosa podría decirse del alma que no sea precisamente eso que formula Vives al reputarla como algo «activo» que se encuentra alojado en aquello que es «apto» para vivir? Ahora bien, adviértase que al designar al ser vivo como algo que posee la susodicha aptitud, Vives confiere a lo vital una potencialidad que lo acerca a lo que luego va a ser, en general, la teoría del *organismo vivo* en la Edad Moderna. Basta con recordar las teorías vitalistas del siglo XIX, v. gr., Bergson y De Vries. Al relacionar al alma con lo vital en la forma que lo hace, Vives parece acercarse a la noción vitalista de la Edad Moderna, en especial de los siglos XIX y XX.

Tal es, pues, en sustancia el pensamiento de Juan Luis Vives, sin duda alguna una de las primeras cabezas del siglo XVI, quien, por lo mismo, resume en sí la actitud crítica, la atención respetuosa a la realidad en sí misma y la busca de la verdad en ella misma. Y si bien es cierto que estas notas se revelan en toda la obra de Vives, cualquiera que sea el tema tratado, es indiscutible que se centran y se destacan de manera especial en *De las disciplinas* y el *Tratado del alma*. Desde el punto de vista de la crítica del conocimiento en el siglo XVI el cuerpo de pensamiento contenido en *De las disciplinas* supera decisivamente al *Que nada se sabe* de su compatriota Francisco Sánchez, al *De incertitudine et vanitate scientiarum* de Agrippa von Nettesheim, al *De fundamento sapientiae* de Teofrasto

---

[47] J. L. Vives: *Obras completas, op. cit.,* pág. 1177.

Paracelso, etc. En el caso de Vives se trata también de la resuelta oposición al estéril «formalismo» de la escolástica, ya para entonces en franca decadencia, y de la propuesta de sus probables sustitutos. Para lo cual —y éste es igualmente el caso de Vives— es preciso partir de la constatación de dos realidades vivientes y actuantes, es decir, el *hombre* y el *mundo*, y es así como se explica la importancia que ahora, en el Renacimiento, adquiere el problema de la *conciencia*, entendida como el lugar de unión de sujeto y objeto. De ahí, por consiguiente, la dinamicidad que Vives le asigna al alma, de la que interesa mucho más saber «cómo» es —o sea, en qué consiste ella en cuanto es algo que actúa, opera, funciona— que aquello que «es». Pues ahora el *contemptu mundi* sólo se puede vencer mediante la conciencia clara e inequívoca de lo que el mundo representa para el hombre, porque ahora va resultando indispensable contar con él de alguna manera. Conciencia que, por su parte, establece una clara distinción entre el *contenido* del conocimiento y la *forma* aplicable para su obtención, que ha de estar implícita en el contenido, de donde la observación del objeto la extrae para revertirla sobre éste. De ahí el admirable análisis que hace Vives, tantas veces y de tan diferentes modos, de la *dialéctica*, talón de Aquiles de la cultura medieval. Pues para hallar cualquier objeto de conocimiento debemos acudir siempre a la naturaleza. Hay que dirigirse a las cosas e interrogarlas, ¿y qué es esto último sino el punto de partida del saber científico desde el Renacimiento?

Finalmente, digamos dos palabras acerca del «eclecticismo» de la filosofía y en general del pensamiento de Vives. Cuando se dice tal cosa hay que tener en cuenta que casi todas las cabezas renacentistas han sido más o menos «eclécticas», puesto que se trata de una etapa en crisis en la que se dan cita dos culturas: la medieval y la renacentista. Y en la medida en que la experiencia intelectual del hombre del Renacimiento, en cierto modo a un tiempo antigua y nueva, suscitaba en dicho hombre la conciencia de que existe un mundo con el que hay que contar, es decir, la *Naturaleza* (para emplear el término tan favorecido entonces), en esa misma medida el intelectual del Renacimiento tiene ante sus ojos la enorme riqueza que supone lo descubierto y, por consiguiente, se ve obligado a escoger, combinar y adoptar entre las múltiples sugestiones que de continuo propone esa imponente mole de saber profundo y complicado. ¿Cómo, pues, asombrarse de que en lo mejor de ella misma la cultura renacentista sea «ecléctica»? He ahí por qué lo es igualmente Vives, como ya no lo serán los hombres del siglo XVII, porque las bases de lo que ellos hacen han sido puestas por el Renacimiento. Por consiguiente, sin un Vives, un Sánchez, un Erasmo, un Budé, etc., no se puede explicar a Descartes o a Bacon, o a otros, quienes, después de todo, no son ni podrían ser nunca tan «originales».

Humanismo del XVI que apunta ya hacia lo que va a ser el esquema *intelectual* de la vida europea desde los comienzos del XVII, no importa tras qué se esconda —ciencia, religión, política, etc.—. En todo esto, íntegramente, está Juan Luis Vives.

2. EL ERASMISMO ESPAÑOL

El siglo XVI está casi completamente lleno con la polémica entre erasmistas y antierasmistas. Y aquí es necesario preguntar en qué consistió esa lucha tan larga y sostenida. Pero antes de que podamos contestar, menester es que preguntemos por el porqué de esa lucha, es decir, qué trae Erasmo al siglo XVI capaz de provocar una polémica que dura casi una centuria.

La pugna entre erasmistas y antierasmistas se debe sobre todo a dos cosas, a saber: de una parte, a la actitud intelectual que Erasmo personifica, pero que no es el único en adoptar, aunque sí resulta el más destacado de sus representantes, es decir, la actitud de los que defienden la *cultura humanística;* y complicado con esto último, la concepción que de la piedad cristiana tenía Erasmo y que expone constantemente en su obra. Se trata, por consiguiente, de una posición que es a la vez *intelectual* y *cristiana* por modo riguroso —el respeto a la verdad (no importa en qué consista o quién la tenga) y el respeto al prójimo, quien, conforme con lo esencial del cristianismo, puede ser discrepante mío, pero jamás mi enemigo.

La otra cosa a que se debe la lucha entre erasmistas y antierasmistas es la sucesiva complicación del conflicto religioso a partir del cisma provocado por Lutero. Europa se divide, como sabemos, en dos bandos, los partidarios y los enemigos de Lutero, y como Erasmo no se decide por ninguno de los dos (desde el estricto punto de vista partidarista), se vuelve enemigo de ambos, que le atacan con igual saña. Ahora bien, ya esta situación, singularmente personificada por Erasmo, nos está diciendo a las claras en qué consiste el problema en lo más profundo de sí mismo. Se trata de un estado de cosas, el del conflicto religioso en cuanto tal, que acerca a Erasmo a Lutero mucho más de lo que a simple vista pudiera parecer. El humanista bátavo ha visto claramente la necesidad en que se encuentra Europa de una reforma de la inteligencia y la piedad. Tan claramente lo ve, que de ahí dimana su posición frente al problema de su época. Ni con tirios ni con troyanos, pues lo que está en juego es el momento histórico que se vive entonces. Frente a la caducidad del estilo de pensamiento medieval cabe sólo levantarse resueltamente con las letras humanísticas, sin servilidad al pasado de la antigüedad clásica (recuérdese ahora la donosa mofa que hace Erasmo en su *Ciceroniano* de los que se apegan excesivamente a la letra de los clásicos), sino sirviéndose de él como estímulo remozante que permita volver, hasta donde sea permitido, a la espontánea vida de la naturaleza, tal como la entendió y practicó el hombre clásico. Mas hay otra espontaneidad a la cual es indispensable retornar, y ésta es la del cristianismo primitivo, es decir, el Evangelio, Agustín, Jerónimo, Arnobio, Lactancio, etc. A ese candor y a esa piedad cristiana de los primeros siglos, que tanto tienen de lo personal e íntimo del creyente como tal y se adecúan, mucho más de lo que pueda pensarse, con el riguroso sentimiento subjetivista del Renacimiento. Frente a Tomás de Aquino, a San Buenaventura, a Escoto, a Occam y otros cuyo «abstractismo» aleja considerablemente de la experiencia directa e íntima de una piedad sentida y no elucubrada; frente a esos insignes teólogos y esos graves doctores, se levanta Erasmo con el *Nuevo Testamento*, con sus comentarios a San Jerónimo, a San Agustín, etc.

He ahí, pues, la actitud asumida por Erasmo, que proviene, según se dijo, del profundo sentimiento de la necesidad de reforma del saber y la piedad. Pero reforma, eso sí, que no esté predeterminada por ningún interés personal o colectivo, ni por criterios de escuela o secta, o por apreciaciones individuales. En fin, por nada que no sea la serena observación de los hechos, su meditación adecuada y, en consecuencia, la aplicación de la solución *ad hoc*. Y si hemos de atenernos a la letra de los escritos de Erasmo —porque no veo de qué otra cosa pudiéramos servirnos ahora, por más que tratemos de «leer» entre líneas—, lo cierto es que su pensamiento se refiere constantemente a la reforma de las letras y la piedad.

Ni que decir tiene que el aspecto *intelectual* acarreó a Erasmo incontables enemigos. Frente a la nueva corriente de las letras humanísticas, la teología tradicional adoptó la actitud de una cerrada oposición. Esto se explica perfectamente, porque la teología medieval, en el siglo XVI, era un permanente concurso de estériles formalismos que en nada aumentaban la sustancia otrora poderosa del pensamiento medieval. Y no es que la hubiese perdido, porque Aquino u Occam, pongamos por caso, seguían teniendo la misma significación en lo que respecta a lo esencial de su pensamiento. Pero como hay algo inevitablemente histórico en todo pensamiento, que es lo devenible, si lo otro, o sea, lo transhistórico (o esencial) no se interpreta adecuadamente, es decir, adaptándolo a las necesidades de otra época que de él intenta servirse, el resultado es una burda sofistería. Por eso en el siglo XVI el regreso a la naturaleza, de la que había hecho casi completa abstracción el pensamiento medieval, invalidaba la teología escolástica, porque el juego de abstracciones en que había consistido el mundo ya no servía en el Renacimiento, pues a un mundo cabal e indeficiente para el hombre, repleto de atracciones y enigmas, no podía responderse con vacías especulaciones espigadas defectuosamente en los textos teológicos, sino, por el contrario, recurriendo a la naturaleza misma, tanto en lo físico como en lo espiritual, para extraer de ella, directamente, todo aquello que las necesidades de la época imponían.

El aspecto *intelectual* de la lucha entre erasmistas y antierasmistas, que se debe, como ya dije, a la irrupción de las letras humanísticas en el cerrado ámbito de la teología escolástica, es algo que está muy presente en el pensamiento de Erasmo. «Haylos aquí [dice en una ocasión] algunos más que mortalmente hostiles hacia mí, creídos como están que yo he sido el introductor de las buenas letras en su reino» [48]. Y agrega: «Dolíame que se dieran excesivas atribuciones a una teología pendenciera, atiborrada de sutilezas y de argucias. Sentía en el alma la abolición de la veneranda vieja teología» [49]. Y al que entiende que las letras humanísticas no deben aplicarse ni siquiera instrumentalmente a la depuración y remozamiento de los textos primitivos, le repone de esta suerte: «Consideras temeridad nefanda adelgazar del modo que fuese el crédito de la *Vulgata*, robustecida por el consentimiento de tantos siglos y por tantos concilios aprobada [...].» «Cuanto a lo que escribes, a saber: que no debemos apartarnos de esta edición, por tantos concilios aprobada, procede al estilo de los teólogos adocenados, quienes suelen atribuir a la autoridad eclesiástica todo lo que, aunque fuese sigilosamente y a gatas, se introdujo en el uso público» [50].

Hay, como vemos, un riguroso espíritu revisionista en Erasmo tocante al material de los textos sagrados y sus diferentes interpretaciones a través del tiempo. Pero él se desentiende de la teología medieval, a la cual jamás se refiere con propósitos de investigación, para consagrarse, en cambio, a la antigüedad cristiana; del mismo modo que, en lo profano, se vuelve a esa rica antigüedad pagana de las letras clásicas en las que encuentra el instrumental necesario para su actividad filológica y hermenéutica.

A la cuestión intelectual, repetimos ahora, se agrega en Erasmo la severa crítica de las costumbres religiosas y de la situación de la Iglesia. «No son pocas las veces [dice en una ocasión] que suele arrancarme penosos suspiros la consideración de lo hondo que había caído la piedad cristiana. El mundo estaba como embobado por frías ceremonias; en inextricables lazos estaban presas las conciencias; la teología, ¿a qué triquiñuelas sofísticas no se había reducido? La temeridad en definir había hecho avances inmensos. Por no mentar cosa de los obispos y sacerdotes, que sobre el nombre del Romano Pontífice ejercían una autoridad abusiva [...]» [51]. «No hay nadie que no reconozca y proclame que la disciplina eclesiástica se ha ido deslizando lejos de la pureza evangélica [...]» [52].

Es ahora, al leer estas cosas dichas por Erasmo, cuando debemos pre-

---

[48] Erasmo: *Obras escogidas, op. cit.*, pág. 1249. (Carta de Erasmo a Guillermo de Montjoy, del año 1521.)

[49] *Ibid.*, pág. 1250.

[50] *Ibid.*, pág. 1335. (Carta de Erasmo a Martín Dorpio, teólogo de Lovaina, en defensa del *Elogio de la locura.)*

[51] *Ibid.*, págs. 1256-1257. (Carta de Erasmo al duque Jorge de Sajonia, de 12 de diciembre de 1524.)

[52] *Ibid.*, pág. 1249. (Carta de Erasmo a Guillermo de Montjoy, del año 1521.)

guntar si no estaba, por obra de las circunstancias, mucho más cerca de lo que se piensa, de los motivos que indujeron a Lutero a actuar como lo hizo en el comienzo. Por eso es que Erasmo lo justifica en esos comienzos, y así dice que «el pueblo cristiano anda agobiado de muy varias cargas, que la conciencia de los hombres está implicada en redes infinitas. Personas buenas y doctas eran de parecer que Lutero traería algún remedio a estos males [...]» [53]. Y, como para que podamos confirmar lo que se acaba de decir, oigamos esto otro:

> En los comienzos, cuando Lutero inició su campaña, todo el mundo le aplaudió con una fervorosa y unánime adhesión. Es positivo que estaban de su parte los teólogos, ahora sus enemigos más encarnizados; favorecíanle algunos cardenales y ni que decir tiene que los frailes también. La verdad es que Lutero había asumido *la mejor de las causas* contra la corrupción moral de las escuelas y aun de la Iglesia, que había cundido y progresado tanto, que aquel estado no parecía tolerable, y luego contra determinado linaje de hombres, por cuya desesperada malicia plañía el mundo cristiano [...] [54].

Y agrega Erasmo: «Ni aun entonces el ánimo del César estaba distanciado de la doctrina de Lutero, con el horror que por ella sintió después» [55]. Cosa esta última muy de atender, pues se trataba de Carlos V, quien, defensor y todo de la fe católica, se vio obligado a veces a actuar contra Roma (recuérdese el «saco»), y se pregunta uno entonces de qué lado estaban, pues, la verdad y el derecho de actuar como se actuaba de una y otra parte. De ahí que remache Erasmo sus consideraciones acerca de la *pertinencia* de Lutero con estas palabras: «¿Y si Dios quiso echar mano de Lutero como en la antigüedad echó mano de faraones, filisteos, Nabucodonosores y césares romanos?» [56].

¿Coincidencia de Erasmo y Lutero? En cierto sentido y dentro de ciertos límites, ello es incuestionable. Pero ¿qué?, ¿no es acaso así como también pensaban y sentían otros, entre ellos hasta el propio Carlos V, rey de romanos y máximo defensor de la católica fe?

La lucha contra Erasmo como persona y a la vez contra su pensamiento define una primera etapa de la cuestión, a saber: la que se refiere al contraste, oposición y desafío de dos diferentes y antagónicas concepciones de la vida —una absoluta, estacionaria, representada por la teología escolástica y el orden de cosas institucional en que venía consistiendo la Iglesia romana. La otra, la de la nueva idea de las letras y la piedad, tal como la sustenta Erasmo—. Pero pronto, o sea, desde el momento en que Lutero se pone enfrente de Roma, esa dualidad opositiva se convierte en

---

[53] Erasmo: *Obras escogidas, op. cit.*
[54] *Ibid.*, pág. 1254. (Carta de Erasmo al duque Jorge de Sajonia, de 12 de diciembre de 1524.) El subrayado es mío.
[55] *Ibid.*, págs. 1254-1255.
[56] *Ibid.*, pág. 1257.

triplicidad constituida del modo siguiente: por aquellos que desde la ciudadela de la teología escolástica dirigen sus tiros contra Erasmo; por los que, también desde ese lugar, atacan a Lutero; por los que, en nombre de éste, se declaran enemigos de Erasmo. Este y los suyos han de batirse, pues, simultáneamente, en dos frentes, uno, el de los defensores del viejo orden teologal e institucional de la Iglsia; el otro, el de los luteranos, que representan un nuevo orden de cosas con respecto a la Iglesia y a la religión misma.

Mas este problema que, desde 1519 por lo menos, se agudiza cada vez más, visto en lo más profundo de sí mismo revela la situación espiritual de Europa desde mucho tiempo atrás, tal como hemos tratado de presentarlo, bien que esquemáticamente, en el primer capítulo. La inconformidad con el género de vida de los sacerdotes, frailes y toda clase de personas adscritas de algún modo al cuerpo eclesiástico del catolicismo; la lamentable cercanía en que andaban (hasta promiscuar muchas veces) piedad y superstición: la exagerada intervención de Roma pontificia en las cuestiones políticas y militares de Europa (papas guerreros como Julio II); el deplorable estado de la vida académica, con notables y honrosas excepciones, que no venían, infortunadamente, sino a confirmar la regla; todo esto y mucho más es lo que produce ese desasosiego que padece Europa durante el siglo XVI y que explica perfectamente el *affaire* Lutero con todas sus enormes consecuencias.

Preguntemos entonces cuál viene a ser la posición de Erasmo con respecto al estado de cosas del cual es él figura destacada. Vamos a verlo ahora descrito en tal forma que nos ahorra tener que suponerlo. El orbe cristiano —le dice el cardenal Gattinara— ha quedado escindido en tres zonas:

> La una, que a oídos tapados y cerrados los ojos de la mente, está adherida al Romano Pontífice, sea buena o mala la cosa que decrete o mande. La otra, que con uñas y dientes sostiene la facción de Lutero [...]. Añadamos ahora la tercera zona, demasiado contraria a las otras dos, a saber: la de quienes no buscan sino la gloria de Dios y la salud de la república. Así es que ni pueden menos de vituperar el vicio ni de loar la virtud, ni admitir la adhesión incondicional a ningún grupo. Y por esto a duras penas les es posible, cuando se proponen decir la verdad, evitar las malas lenguas de los calumniadores [57].

He ahí, pues, la posición adoptada por Erasmo, aunque mejor sería decir por una parte de los mejores espíritus de su época, que a él le tocó como privilegio representar máximamente. De este modo lo que en él se polariza es la expresión de un estado de cosas de muy ancha base en el Renacimiento y de donde emerge después la nueva concepción de la vida en el si-

---

[57] Erasmo: *Obras escogidas, op. cit.*, pág. 1270. (Carta a Erasmo del cardenal Mercurino Gattinara, 1 de octubre de 1526.)

glo XVII, o sea, eso que se conoce con el nombre de *modernidad.* Lo que Erasmo propone en su obra es el nuevo modo de concebir la *pietas christiana,* que consiste en retornar al estilo de sentimiento religioso propio del cristianismo primitivo, es decir, al Evangelio, a Agustín, a Jerónimo, etc. Para esta tarea da Erasmo de lado a las Sumas, Comentos, Digestos y disputas medievales y atiende a la síntesis de *belles lettres* y piedad cristiana, y de ahí su manifiesta preferencia por esos «primitivos», pues —debe haber pensado Erasmo—, ¿en punto a *edificación espiritual,* qué puede extraerse de los graves pero abstrusos pensamientos de un Aquino, de un Occam y tantos otros? Quien quiera comprender esto que digo no tiene sino leer la dedicatoria de la *Paráfrasis del Evangelio de San Lucas,* nuncupada a Enrique VIII, a quien dice Erasmo: «Empero es tan acerba y sañuda la animosidad de determinados temperamentos contra los libros nuevamente publicados, que antes que los caten, los rechazan [...]» [58]. Y al final de esa misma dedicatoria: «No escribimos las *Paráfrasis* para arrebatar el texto evangélico de las manos de los hombres, sino para que lo lean con mayor comodidad y más copioso fruto, bien así como los manjares se aderezan y sazonan para que se tomen con mayor gusto y con mayor provecho [...]» [59]. Se diría, en fin de cuentas, que se trata de una doble lucha. Por una parte, *ideológica* —la de la teología escolástica contra la nueva *pietas* que entonces trataba de abrirse paso—. Y por otra parte, una lucha de predominio de *estilos,* quiero decir, la oposición de la estéril dialéctica medieval a las letras humanísticas, ansiosas de pulcritud investigativa, de elegancia de expresión y de remozamiento del espíritu al establecer, como lo hacen, contacto directo con la Naturaleza.

Mírese como se quiera, el erasmismo español es la manifestación de esa misma inquietud que sacude a Europa durante el siglo XVI. Inquietud producida, como ya se ha dicho, por la necesidad de un cambio que, pese a todo, ya se venía efectuando paulatinamente. La palabra de orden es, por consiguiente, *renovación,* y ésta se da simultáneamente en todas partes, también en España, donde antes de que comience el siglo XVI hay barruntos de lo que luego será la reforma religiosa e intelectual en Europa. De ahí que se haya hablado, con evidente razón, de algo así como una «pre-reforma» que tuvo su origen en España y cuyas fundamentales realizaciones fueron la depuración de las órdenes monásticas españolas, la fundación de la Universidad de Alcalá y la edición de la *Biblia Poliglota.* Si ahora presento estas tres cosas a la vez y con relación entre sí, es porque

---

[58] Erasmo: *Obras escogidas, op. cit.,* pág. 599. *(Paráfrasis del Evangelio de San Lucas.)*
[59] *Ibid.,* pág. 609.

en ellas se alberga el espíritu *revisionista* que luego se manifiesta ruidosamente en España durante el siglo XVI.

El hombre que lleva a cabo esta empresa se llama Francisco Jiménez de Cisneros, quien desde el confinamiento de su celda, pasa a ser sucesivamente confesor de la reina Isabel (1492), Provincial de la Orden franciscana en Castilla, Arzobispo de Toledo y Primado de España (1495) e Inquisidor General del Reino (desde 1507) y dos veces regente de la Corona. Si este hombre pudo efectuar la reforma que intentó hacer es porque a su gran talento y a su respeto por la cultura unía una firme *piedad* ascética. Tan es así esto último, que en un principio rehusó ser investido con la dignidad episcopal, y su gran sueño se distribuye entre la depuración de las órdenes monásticas, muy necesitadas entonces de severo reajuste, y la mejora de la vida académica. Su lucha con esas órdenes, especialmente con los *Conventuales* [60], fue ardua, y dio en realidad escaso fruto, pero lo que vale a este propósito es el esfuerzo de Cisneros. Al proponerse despojar a los *Conventuales* de sus monasterios para alojar en éstos a los *Observantes*, lo que Cisneros pretendía era obligar a los monjes a seguir una vida rigurosamente ascética.

La preeminencia de los *Observantes* permite, por lo pronto, que se haga más intensa la vida intelectual de las órdenes religiosas, y véase que en esto último hay una gran coincidencia con el pensamiento de Erasmo (bellas letras y piedad cristiana). He ahí, pues, el otro propósito de Cisneros, que se efectúa concretamente a través de la renovación de los estudios teológicos, para lo cual se introducen nuevas corrientes de pensamiento tales como el *escotismo* y el *occamismo* [61]. Quien sepa lo que representa

[60] *Conventuales* es el nombre que tomaron al principio algunos de los frailes menores franciscanos, cuya regla fue aprobada por el Papa Inocencio III. Se separaron de los *Observantes* en virtud de una bula de León X. Los *Conventuales* iban calzados, la túnica era de color ceniza en vez de negro y llevaban sombrero al andar por la ciudad.

[61] Juan Duns Scoto (1266-1308), el *doctor subtilis*, es un teólogo inglés de la orden franciscana. A los efectos de lo que interesa destacar aquí, basta con decir que Scoto afirma la absoluta libertad de la voluntad divina y la preeminencia de la libertad en el hombre. Sostiene que Dios puede ordenar aquello que estaba ya prohibido y prohibir lo que estaba ya ordenado, alterando de este modo el valor moral de ciertas acciones, y llega hasta decir que en el comienzo Dios pudo haber creado una relación racional entre los valores diferente de la que existe, siempre que éstos fuesen compatibles con el bien y el amor supremo de Dios. En el hombre, lo mismo que en Dios, la libertad es el valor supremo. El libre albedrío expresa la más alta perfección de la naturaleza humana; y aunque el entendimiento es, por su origen, anterior a la acción, como la voluntad rige el entendimiento (y no al revés), la voluntad disfruta de superioridad y primacía sobre el entendimiento.

Para Guillermo de Ockam (1285-1347), teólogo franciscano inglés llamado el *doctor invencibilis*, la teología no es ciencia (en sentido aristotélico), pues sus principios no son evidentes, sino aceptados por revelación. El hombre sólo sabe de las cosas mediante las proposiciones con que se expresan aquéllas. El conocimiento de Dios que tiene el hombre termina en un concepto que no es Dios. Este puede perdonar el pecado sin la gracia. Al distinguir entre el poder absoluto de Dios y el orden existente, el pensamiento del Escoto y de Occam como generador de una profunda crisis en el seno de la teología medieval, podrá percatarse del alcance de la reforma llevada a cabo por Cisneros al introducir en España esos estudios. Finalmente, el Cardenal dispone la creación de cátedras para la enseñanza de lenguas antiguas, tales como el griego, el hebreo, el árabe y el siriaco. Y por eso en las *Constituciones* de la Universidad de Alcalá se establece que, «hay religiosos y otras personas inflamadas del celo de la fe y del amor de Dios, que tienen a la vez el deseo de aprender lenguas para así poder difundir mejor la palabra de Dios» [62]. ¿Y qué puede ser todo esto —preguntamos ahora— sino puro *humanismo?* Es la corriente de los nuevos tiempos que penetra en España —la renovación de la fe a través del auxilio intelectual que pueden proporcionar las bellas letras.

Así, por sus pasos contados, llegamos a la tercera y última etapa del proyecto reformista de Cisneros, es decir, a la *Biblia Poliglota.* Y si nos preguntamos qué es, en lo más recóndito y esencial de sí misma esta Biblia, tendremos que convenir en que es la manifestación del propósito renacentista-humanista de leer la Sagrada Escritura con ojos de filólogo. No importa, a este respecto, que Cisneros pusiera como inexcusable condición que la versión del texto, en cada una de las lenguas que lo forman, se hiciese sin tratar de corregir lo que el texto de cada una de éstas dice, basándose para ello en lo dicho en el texto de otra. Pues lo decisivo es el propósito de sustituir la *Vulgata* por una nueva versión de la Biblia en la cual se dan cita los textos primitivos de la Sagrada Escritura, es decir, el hebreo, el griego y el latín, con lo cual se tendía a sustituir, con esta pulcra interpretación de los textos más antiguos y la confrontación de los mismos con sus tres versiones originales, aquella otra interpretación medieval, distribuida en cuatro aspectos, a saber: literal, alegórica, moral y anagógica [63]. La obra monumental de la *Biblia Poliglota Complutense*

insiste en que el orden presente de la naturaleza y la salvación no es necesario, pero ha sido establecido libremente por Dios, quien, de haberlo querido así, hubiera podido establecer otro distinto, sin que esto suponga ninguna contradicción. El fundamento último del orden moral y de la distinción entre el bien y el mal es el asiento de la voluntad divina. La Iglesia es infalible, pero no lo son ni el Papa ni los Concilios. El poder temporal viene de Dios a través del pueblo, no del Papa. Esto le acarreó la persecución de Juan XXII, por lo que se acogió a la protección de Luis de Baviera (emperador del Sacro Imperio Romano), no reconocido por el Papa. Se le atribuye la frase famosa: «Tu me defendas gladio, ego te defendam calamo.»

[62] M. Bataillon: *Erasme et l'Espagne*, París, E. Droz, 1937, cap. I, ii.

[63] La interpretación del texto de la Sagrada Escritura se puede hacer, como en efecto se ha hecho, al menos de tres maneras diferentes. Es *literal* cuando el que interpreta la Biblia posee un texto bíblico bastante parecido al original perdido desde hace mucho tiempo, y es capaz de probar la forma literaria del texto comparándola con las antiguas literaturas desenterradas por la moderna arqueología, sin dejar de lado, por supuesto, ciertos fundamentos de su propia fe. Es entonces cuando se halla en condiciones para descubrir con mayor seguridad el mensaje que se supone quiso dar el autor sagrado. El sentido, pues, en que está ante todo interesado es el sentido *literal.* Pío XII, en la encíclica *Divino afflante Spiritu*, ha dicho lo siguiente con

fue realizada paulatinamente a través de muchos años, desde 1502, en que Cisneros reunía en Alcalá su pequeña *Academia Bíblica*, hasta 1517, en que apareció impresa en esa ciudad.

Viene a ser esta Biblia, pues, como el remate de los afanes humanísticos del Cardenal Cisneros. La reforma de las órdenes religiosas, la exhortación a poner en primer término el estudio y la oración; la fundación de la Universidad de Alcalá, siguiendo un plan diferente del de las otras universidades españolas; y, finalmente, la edición de la *Poliglota*, en la que colaboraron hombres como Nebrija, Hernán Núñez (el *Comendador griego)*, Estúñiga y otros; todo eso, ¿qué puede significar sino que la reformadora inquietud del Renacimiento había alcanzado a España? Pues Cisneros se siente afín a esta nueva corriente, y de ahí que su iniciativa dejase creado el ambiente en el cual, durante algunos años, podría el erasmismo discurrir libremente por España.

La voga del erasmismo en la Península se explica atendiendo a las circunstancias ya expuestas, como también al prestigio personal de Erasmo (quien allá por 1517 gozaba de un amplio crédito intelectual en Europa), a sus relaciones con el César Carlos V y algunos de los dignatarios de su corte. Por eso, ya en 1516, don Gaspar de Bobadilla (abad de Husillos) escribe a Cisneros exhortándole a que invite a Erasmo a colaborar en la *Poliglota*, recordándole la traducción que éste había hecho del Nuevo Testamento; y después de calificarlo de «buen teólogo y de ser harto docto en lo griego y hebraico y ser elegante latino» [64], concluye diciéndole que especialmente «para lo del Testamento Viejo» es Erasmo la persona más indicada.

En efecto, desde muy temprano, en el siglo XVI empieza a conocerse a Erasmo en la Península, a través, sobre todo, del *Nuevo Testamento*, los *Adagios* y el *Elogio de la locura* (estos dos últimos fueron llevados a Es-

respecto a la cuestión de la interpretación literal de la Escritura: «Lo que viene a ser el sentido literal de un pasaje no es siempre tan obvio en los discursos y escritos de los antiguos autores del Oriente como lo es ahora en las obras de nuestra época. Pues lo que ellos querían expresar no debe determinarse sólo por las reglas de gramática y filología, ni tampoco sólo por el contexto; el intérprete debe, como si dijéramos, retroceder totalmente en su espíritu a las remotas centurias del Oriente, y con la ayuda de la Historia, la arqueología, la etnología y otras ciencias, determinar con precisión qué modos de escribir, por decir así, los autores de ese antiguo período pudieron usar y en efecto usaron.»

En cuanto a la intepretación *alegórica*, consiste en considerar los libros santos como si fuesen alegorías, figuras, símbolos (aunque esto no excluye necesariamente el sentido literal). Es el método empleado por Filón el Judío, Orígenes, la Escuela de Alejandría y San Bernardo.

Finalmente, la interpretación *anagógica* es una forma del sentido espiritual de interpretación de la Biblia, en pasajes que en la letra o en el espíritu tratan del cielo o de la felicidad eterna con los bienes que la acompañan. V. gr., Jerusalén representa, anagógicamente, el cielo, la vida eterna, para los predestinados.

[64] M. Bataillon: *Érasme et l'Espagne, op. cit.*, cap. II, i.

paña por Fernando Colón en 1515, quien en 1516 introdujo allí el *Enqui-ridion*, y en 1518 la *Institución del príncipe cristiano)*.

¿Quiénes fueron *erasmistas* en España en el siglo XVI? Marcel Bataillon, que ha hecho a este respecto una indagación exhaustiva, ofrece los nombres del Gran Inquisidor don Rodrigo de Manrique, Pedro Ciruelo, Sancho Carranza, Pedro de Lerma (abate y canciller de la Universidad de Alcalá), Alonso Enríquez (abate de Valladolid), el doctor Coronel, Diego Cabrero, Alfonso de Virués, los hermanos Valdés, Juan Maldonado, Bernardino Tovar, Mateo Pascual, Juan de Vergara, Pedro de Lerma, Andrés de Laguna, etc. Pero la mayoría de estos nombres, desde el estricto punto de vista del pensamiento —que es de lo que nos ocupamos en este trabajo—, tienen poco interés para nosotros, por lo que vamos a ocuparnos de algunos de ellos anecdóticamente, o sea, con referencia al papel que desempeñaron como partidarios de Erasmo en España. Veamos, pues, concretamente qué ocurre con Juan Maldonado, Alfonso de Fonseca y Juan de Vergara.

Pero antes digamos que la contienda de erasmistas y antierasmistas que se desencadena en España desde 1521 presenta esos dos aspectos, ya mencionados para el caso general de Europa, de lo religioso de una parte y lo intelectual de la otra. Se reproduce en España, por consiguiente, con las peculiaridades de rigor, la misma lucha entre Renacimiento y Edad Media, entre bellas letras y escolástica teología; en fin de cuentas, entre el viejo y el nuevo orden. Pero no debe descuidarse el detalle de que si esta pugna alcanza en España una gran violencia, en buena parte se debe a esa otra sorda lucha que ya venía produciéndose desde la reforma de las órdenes religiosas llevada a cabo, aunque incompletamente, por Cisneros. Ahora, por tanto, viene Erasmo a ser como la amenaza de una reforma mucho más amplia, puesto que su doctrina suponía la reforma del entendimiento, con lo cual el ascendiente y hasta el dominio de los frailes sobre la sociedad española en general corría el peligro de desaparecer, o al menos de amenguarse considerablemente, y es esto último lo que encarniza la lucha. Era, como ya dijimos, el combate entre dos épocas, una obsoleta y recién nacida la otra.

Vayamos ahora al encuentro de esos tres erasmistas, corresponsales de Erasmo, para ver qué ocurre en esos momentos en España. De ellos es Juan Maldonado el que nos ha dejado en sus cartas a Erasmo la más clara y completa descripción de lo que entonces venía sucediendo; y se explica que Erasmo le haya hecho objeto de sus preferencias epistolares a través de extensas respuestas. Por lo pronto, algo que se desprende de las palabras de Maldonado es que Erasmo, por obra de las circunstancias, había trascendido ya los límites de lo estrictamente individual, como escritor, hasta adquirir cierta simbólica transfiguración. Pues los que le apoyan y defienden es así como lo ven o, tal vez mejor, como lo sienten. Precisamente por esto último es que Erasmo, a través de la doctrina fundamental sustentada en sus libros, había llegado a ser igualmente el objeto de los temores de unos y de las esperanzas de otros.

La sociedad española —dícele Maldonado a Erasmo—, a causa de lo que éste representa en sí y más allá de sí mismo, se halla dividida en cuatro sectores de opinión, de los cuales uno le es abiertamente hostil y otros dos francamente partidarios suyos, mientras el último grupo está compuesto por gentes que son y no son partidarios de Erasmo, según de donde sople el viento. Es obvio que al primero de los dos sectores que le son partidarios corresponden los hombres de letras españoles que ya hemos calificado de *eramistas*, o, como dice Maldonado, «aquellos que se votaron al culto de las buenas letras [...] y arden en los deseos más vivos de traer de nuevo al mundo la venerada antigüedad y de apagar la sed en aquellas fuentes de limpidez y de frescura seducidos así por el esplendor de la dicción, así como por la gravedad de las sentencias» [65]. Frente a estos hombres se encuentran aquellos otros que representan el viejo orden de cosas, los cuales, dice Maldonado, «parecen no haber buscado, sudando a la continua durante toda su vida, más que una huera y hueca ostentación, en gárrulas naderías, y completamente afásicos en cosas de seriedad y de provecho efectivo. Esos son los que te profesan un odio incomprensible, que en ti y en tu cabeza se ensañan furiosamente con cualquier pretexto y sin interrupción» [66]. Entre ambos bandos, que son los que definen la cuestión, se encuentra la masa popular, carente de toda instrucción, pero no por eso insensible a ese curioso sentimiento difuso de lo que llamaríamos la diferencia entre lo consuetudinario y eso otro que, en forma de una inquietud, se palpa dondequiera. Por eso le dice Maldonado a Erasmo: «Estos, no conociéndote, te traen en su boca muy a menudo, pregonan de ti grandes cosas y las sospechan mayores aún» [67]. Finalmente, el cuarto y último grupo lo forma una cierta calidad de hombres que resultan solapados enemigos de Erasmo, es decir, que lo reconocen y acatan en privado, pero lo anatematizan públicamente. Ahora bien, aunque forman filas en el bando de los detractores de Erasmo, no por eso deja de ser gente proba y de pro intelectual, según dice Maldonado. Por eso le aconseja a Erasmo la conveniencia de atraérselos, para lo cual bastaría con distinguirlos suficientemente del resto del mismo grupo, «que se mueren porque se los llame maestros, que sostienen que la verdadera ciencia se encierra exclusivamente en los silogismos, que profesan una doctrina hórrida y espinosa, que entre los suyos se alzaron con la dirección y ejercen en las comunidades un puro despotismo [...]» [68].

He ahí, pues, cómo se encuentra dispuesta la lucha entre erasmistas y antierasmistas en España. Lucha de intereses de muy diversa índole

---

[65] Erasmo: *Obras escogidas, op. cit.,* pág. 1638.
[66] *Ibid.*
[67] *Ibid.,* pág. 1639.
[68] *Ibid.,* pág. 1640.

—intelectuales, espirituales, materiales, de negra honrilla, de exacerbadas
pasiones, etc.—. Pero, en fin de cuentas, lucha a muerte entre dos antagóni-
cos modos de pensamiento que, por lo mismo, se excluyen entre sí. Por eso
dícele Maldonado a Erasmo: «No debe, pues, causarte ningún asombro si
esa laya de gente no te puede ver, porque les arrancaste el antifaz, los
pusiste en la picota, los perseguiste a velas y a remos, poniendo al descubierto todo cuanto mal han causado al mundo con sus enredillos y triquiñuelas, el retardo que con sus interminables pelamesas impusieron a los
amantes de la verdadera sabiduría y hasta qué punto, de llana y facilísima
que es la evangélica doctrina, tornáronla cavilosa e inextricable» [69]. Si
me he decidido a transcribir todo este largo pasaje es porque da perfectamente la impresión de lo que, como en general en Europa, venía sucediendo por entonces en España, lo cual no supone negar que el problema,
en lo que a la Península propiamente se refiere, tiene su fondo particular
y que, en consecuencia, la presencia de Erasmo es de una indudable virtud
catalítica. Quien quiera ver todo esto claramente no tiene sino acudir a esa
carta del Arzobispo de Toledo y Primado de España, el doctor Alfonso
de Fonseca (es decir, no cualquiera) a Erasmo, donde le dice:

Originóse en pasados días, como escribes, un alboroto entre nosotros con motivo
de tus libros, pero aquello fue un puro juego comparado con la profunda remoción
con que ahora lo revuelca todo, de arriba abajo, esta fatal Erinnis, vengadora
Furia. Pareciendo que había recibido del infierno la misión de zarandear el universo mundo con la disidencia de opiniones, con todo, no sé por qué manera
permitía que esta patria nuestra se mantuviera en quietud, *hasta que hallaron por
fin quienes, dándole su apoyo, te implicaron en la contienda y alteraron nuestro
sosiego* [70].

He ahí, como decía un poco antes, el motivo que hace estallar abiertamente la contienda que había venido siendo sorda lucha de intereses
hasta que una causa eficaz puso al descubierto ese interior donde se venía
ventilando la cuestión.

Veamos, finalmente, lo que dice Juan de Vergara a Erasmo en carta
en la cual le detalla el suceso de la Conferencia de Valladolid. Sabrosa in-
formación en la que queda expuesto de lo vivo a lo pintado el ambiente
de inzanjable discordia. Los dos bandos se lanzan al ataque con el mismo
brío, pero por ahora los erasmistas llevan ventaja a sus enemigos, pues
cuentan con la simpatía del César Carlos V, de algunos dignatarios de la
corte (como el canciller Gattinara), del Inquisidor General don Rodrigo
de Manrique, etc. Que el problema ha alcanzado para ese momento su
estado de máxima tensión, lo atestiguan ciertas palabras de Vergara en su
carta a Erasmo: «Hasta un grado tal esta crisis tuya despertó el interés

[69] Erasmo: *Obras escogidas, op. cit.,* pág. 1640.
[70] *Ibid.,* pág. 1653. (El subrayado es mío.)

de todos (cosa que, por otra parte, era de temer), que no solamente no extinguió los apasionamientos, sino que echó más leña al fuego y más aceite a la leña»[71].

Tal es, pues, lo que podría llamarse la situación de hecho, es decir, la contienda misma con sus personajes y sus lugares; mas falta ahora ver cómo pensaban aquellos contados erasmistas españoles de quienes se conserva un cuerpo de pensamiento más o menos articulado con respecto a ese nuevo orden del cual Erasmo venía a ser la cabeza visible. Pues, tal como ya lo hemos dicho, resulta escaso el número de los erasmistas españoles que hayan dejado una obra de fondo teórico sobre lo que entonces se ventilaba con tanta pasión en España como en el resto de Europa, ya que la mayoría de los seguidores de Erasmo por esas fechas se limita, en cuanto a labor de pluma se refiere, a ocasionales epístolas dirigidas a Erasmo o a ellos mismos entre sí. Para apreciar, desde el punto de vista del pensamiento, lo que ha sido el erasmismo español, debemos recurrir a figuras como los hermanos Valdés.

Los *Diálogos* de Alfonso de Valdés, como también el *De doctrina cristiana* de su hermano Juan, ocupan el lugar más destacado en el proceso del erasmismo español. No sólo porque —como señala Bataillon— ellos nos presentan la doctrina de Erasmo en muchos de sus aspectos, sino, además, porque esas tres obras reflejan perfectamente la actitud del humanismo español en la primera mitad del siglo XVI. No se trata, pues, solamente de una cuestión religiosa y política en sus múltiples aspectos y con todas sus concomitancias (España, Francia, Roma, Lutero, etc.), sino, muy principalmente, de esa cuestión que venimos desarrollando en este trabajo, es a saber: la de la oposición entre dos orbes, el antiguo y el nuevo; por lo tanto, la que necesariamente se da entre ser hombre del pasado y hombre del futuro. Y justamente lo que defiende y propugna Alfonso de Valdés en sus *Diálogos* (como así mismo Juan en el suyo mencionado) es la necesidad de un cambio radical de ciertos modos de pensamiento, pues la doctrina de Erasmo, más allá de sus píos propósitos cristianos, es una nueva teoría de la realidad en su conjunto. Por eso el humanismo, que se sustenta en las bellas letras, ha decidido la cuestión desde el principio poniendo al hombre en el primer lugar de la creación, considerándolo como lo más importante en la realidad del mundo y de la vida. Mas tal concepción de lo humano, de la autonomía y preeminencia del hombre, que el humanismo presenta bellamente a través de la cultura, tal idea del hombre, de ese ser al que Leibniz acabará alborozadamente calificando de *petit dieu*, quedaba inevitablemente contrapuesta, con todas sus enormes consecuencias, a la

[71] Erasmo: *Obras escogidas, op. cit.*, pág. 1661.

idea medieval del hombre como ser estático, mediatizado y fácilmente dirigible en el conjunto de la sociedad a que pertenecía. Pues cuando se examina el proceso de la vida intelectual en el medievo, se ve que toda esa dialéctica rígida, esas cerradas formas que condensaban y estructuraban el saber de esa Edad, tenía que ser necesariamente así. Por eso en el Renacimiento el choque es entre *autoridad* y *libre examen* (llámese éste Erasmo, Valla, Lutero, Vives, Pomponazi, o quien sea). De ahí el fondo común, no muy remoto por cierto, que les une a todos entre sí. Es el espíritu de los nuevos tiempos el que estos hombres hacen asomar a sus respectivos pensamientos y se explica que acaben siendo, de algún modo, sospechosos de *herejía*. Porque de acuerdo con el criterio medieval bastaba rebasar los límites acordados a la realidad para que se incurriese en herejía. Tal cosa sucede, por ejemplo, con la denuncia que hace Alfonso de Valdés de la superstición religiosa. Pues éste habla como *intelectual,* es decir, como el hombre renuente a aceptar la verdad de algo si antes no ha sido sometido a inspección [72]. Pero, al fin y al cabo, esa superstición que él combate no dejaba de ser un modo sincero de manifestarse la piedad del hombre sencillo, quien ha de valerse de ciertos intermediarios como son, por ejemplo, las reliquias, a fin de mantener efectivo contacto con la Divinidad. Mas ¿acaso no resulta indispensable la «materialización» de las instancias religiosas en lo que a la fe y a su culto se refieren, si se quiere aludir a alguna forma de manifestación de la realidad, tanto más cuanto más trascendente resulte ésta? Pero el intelectual no puede admitir semejante cosa, sino que busca su «explicación», es decir, el despliegue de sus componentes, que intenta ver a través de un proceso de razonamiento. Y esto es lo que más nos interesa (en realidad lo que nos interesa) de los *Diálogos* de Alfonso, es decir, ese analítico propósito que subyace entre líneas.

Los dos *Diálogos* de Alfonso de Valdés son, por consiguiente, un documento intelectual de esa época. Por encima de su finalidad política, como también más allá de las convicciones religiosas del autor, se encuentra el testimonio de un hombre de avanzadas ideas, de un enamorado de las virtudes exorcizantes del pensamiento. Esto se ve claramente al menos en tres detalles de la obra en general, como son el contraste de cultura e incultura, la relatividad de lo religioso en el orden temporal y la defensa de la autonomía del hombre. Lo mismo, por supuesto, que hacía Erasmo o Vives o cualquiera de los humanistas de entonces. Que tal proceder se aproxima sensiblemente al luteranismo, es cosa evidente. Pero la consigna ahora es *libre examen* a toda costa, implícita o explícitamente, según el caso.

Paso por alto ahora si Alfonso de Valdés —como ha sido ya suficientemente demostrado— se ciñe al pensamiento de Erasmo, como así mismo si para la composición de sus *Diálogos* acude a la correspondencia de

---

[72] Este es, probablemente, el aspecto más interesante de los *Diálogos*, de Alfonso de Valdés.

Francisco de Salazar, etc. No me interesan estos eruditos detalles, pues me propongo destacar solamente la presencia del pensamiento que aparece al servicio de las circunstancias del momento. Porque en estos *Diálogos* encontramos, sin lugar a dudas, el pensamiento típico de la primera parte del siglo XVI, o sea, el que se sustenta en la autonomía del espíritu tal como la concibe el humanismo renacentista.

Es claro que, como todo lo que se escribe, también estos *Diálogos* de Alfonso de Valdés tienen su punto de partida «circunstancial». Pero, como ya lo ha dicho Ortega y Gasset, ¿qué cosa en este mundo no es, de algún modo, por esencia y presencia, circunstancial? El saqueo de Roma en 1527, que marca el punto de crisis de las relaciones (más políticas que religiosas) de la Sede Romana con el Sacro Imperio, representado entonces por Carlos V, es el acontecimiento que motiva la aparición de ese alegato, no tanto contra el Papa y la política de la Santa Sede (como exteriormente luce en el *Diálogo),* como sí a favor de nuevas ideas, de la concepción humanística del hombre y del mundo. En primer término y «desde afuera» el libro es la defensa y hasta la justificación del saqueo de Roma por las mesnadas del condestable de Borbón. A este respecto, la tesis del autor es breve y expeditiva: a la guerra se responde con la guerra; y si el saqueo de la Ciudad Eterna ha aparejado el desborde de irreverencias, herejías y blasfemias por parte de la chusma soldadesca, ¿no era ya Roma, en ese momento, sentina de todos los vicios y las peores corrupciones, según era público y notorio? Hasta aquí el aspecto de la tesis en que se apoya el propósito del libro, desde un punto de vista *inmediato* y *concreto,* es, a saber: la doble justificación del suceso como justicia de Dios (las tribulaciones ocasionadas por el saqueo) y como justicia temporal (la del César Carlos V) al combatir al Papa con sus mismas armas, que no eran precisamente las de la piedad y la generosidad cristianas.

Pero lo que encontramos en los *Diálogos* de Alfonso de Valdés, yendo ahora más allá de lo puramente circunstancial que mueve su pluma, es la pulcra actitud del hombre de vida intelectual (siempre que se es realmente esto), como indudable reflejo de su maestro Erasmo. Pero no se olvide que, reflejo y todo, tampoco lo habría sido a menos que Valdés hubiera sentido sinceramente, cual es su caso, la necesidad de equidistancia y objetividad sin la cual no hay intelectualidad que valga. Esto, aplicado a su caso particular, no quiere decir que supongamos en él ningún extremo de perfección, ni siquiera de extraordinarias calidades, pero sí que llevaba al menos consigo la predisposición para conferir al pensamiento la importancia que éste demanda como eso vivo y activo que es en cada instante. Ni por sus estudios, ni tampoco por el escaso tiempo que dedicó al menester intelectual, debido a su permanente ocupación con los asuntos de Estado, es posible acordarle el rango que damos a Erasmo, a Vives, a Sepúlveda, etc. De toda certidumbre es su incondicional adhesión a las ideas de Erasmo, cuya causa intelectual hizo suya apasionadamente; pero, si es así, ¿a qué podríamos achacarlo sino al hecho mismo de que Valdés sentía exactamente como su maestro Erasmo tocante a la religión y a la política? ; actitud que puede definirse con suma brevedad: examen de cada cuestión que requiere ser analizada en sí misma y el consiguiente dictamen de acuerdo con lo que el análisis arroje en definitiva. Probablemente Valdés tenía una idea exagerada de la calidad de su maestro, a quien consideraba como la culminación del saber teológico y de la perfección humanística de su tiempo. No en balde Olivar, su amigo y aliado, le llama *Erasmicior Erasmus* (más erasmista que Erasmo). Y Pedro Gil le califica de *Erasmici nominis studiossisimus.*

Ese espíritu de transigencia, propio del hombre que trata de verlo todo a través de un sentimiento que ha sido depurado en todo lo posible por la razón, es el que manifiesta en la Dieta de Augsburgo en sus conversaciones con Melanchton. Para Valdés, si bien es imposible transigir en lo tocante a materia de fe, se debía, en cambio, ser flexible en lo que se refiere a las ceremonias, a las prácticas y a otros detalles de carácter externo. La *conciliación* que debía allegarse sólo podía hacerse efectiva, como pensaba Valdés, mediante un espíritu de tolerancia, de examen objetivo de la cuestión y de respeto al adversario cuando fuese capaz de convencer con sus argumentos. Esto último es tal vez lo que explica esa cordialidad desplegada por Valdés en su entrevista con Melanchton, pues, al fin y al cabo, se encontraban frente a frente dos hombres reflexivos, transigentes en lo posible, y animados sin duda del mismo espíritu de afinidad intelectual.

Alfonso de Valdés encarna esa figura, bastante repetida, del intelectual frustrado a causa de negocios políticos que le impiden vacar al fructífero ocio del pensamiento. Pero que sintió siempre la nostalgia de ese modo de vida que él admiraba tanto, es posible deducirlo de su fanática adhesión a Erasmo, así como del resultado en que consiste su obra escrita, breve pero reveladora (contra todo lo que pueda suponerse en contrario) de un pensamiento que maduraba continuamente; porque sus *Diálogos* no pueden ser considerados como pura improvisación, ya que si al menos uno de ellos parece haberse escrito en premiosas «horas veinticuatro», el cuerpo de pensamiento que los constituye revela un proceso interior de muchos años de meditación. Mas no podemos exigir de Alfonso de Valdés, continuamente agobiado por los trajines cancillerescos y en perpetua movilidad física, que produjese una obra de pensamiento cual podían hacerla otros desde el confinamiento de una celda. Pero que lo deseaba lo vemos manifiesto en ocasiones, como en aquella en que dice a Erasmo en carta desde Barcelona: «Con infinito agrado entregaría Italia a los italianos mirando más gustosamente por mi quietud que ir rodeando de esta manera tierras y mares por todas las comarcas del mundo, cosa que soporto no sin desamor ni sin grave daño de ellas ni sin quebranto de mi vida y de mi salud» [73].

---

[73] Erasmo: *Obras escogidas, op. cit.,* pág. 1282.

Que hay calidad intelectual en Alfonso de Valdés, ello es indudable, y lo revela, en primer lugar, su devoción a la causa del humanismo, y, en segundo término, su afán de enriquecimiento intelectual, pese a todas las dificultades que le deparaba la vida áulica. Sabemos que se formó bajo la dirección del humanista italiano Pedro Mártir de Anghiera; pero, además, como probablemente había nacido alrededor de 1490, en su juventud le fue dable respirar el ambiente intelectual de Alcalá de Henares, en ese momento de intensa actividad que da lugar a la *Biblia Poliglota*, y debe haber estado en directo o indirecto contacto con humanistas como Nebrija, Núñez, Estúñiga y otros; además de esos otros sus coetáneos, es decir, Vergara, Coronel, Fonseca, Olivar, etc. Alfonso de Valdés, que en sus comienzos no sabe latín adecuadamente, llega a dominarlo, no obstante la pedante observación del Cardenal de Osma. Pero lo que más importa a este respecto, aparte de su formación intelectual (basada seguramente en muy buenas lecturas), es ese detalle de su adhesión a la causa de las *belles lettres*, la del humanismo renacentista, que consideraba como la causa justa del hombre culto de entonces. De ahí su devoción por Erasmo, a quien considera, no sin razón, la figura por excelencia del humanismo renacentista. No es del caso discutir aquí esta cuestión, pero de lo que no cabe duda es de que Erasmo llegó a convertirse en el motivo de inspiración de todo un movimiento espiritual en Europa. Movimiento que era el del avance incontenible de la autonomía del pensamiento, como base de un nuevo orden de cosas; como la base y el comienzo de lo que, un poco más tarde, Descartes proclamará apodícticamente —que el hombre es, ante todo, un ser pensante, y que si es algo, es justamente porque piensa—. Lo cual viene a ser, diríamos, la proclamación de los derechos del pensamiento.

Valdés intuye todo esto perfectamente, de donde su adhesión a Erasmo, que llega a tener la característica de un verdadero enamoramiento. «Enojos de amantes —dijo el Cómico— son reintegración de amor» [74]. Así se expresa Erasmo en carta a Alfonso de Valdés, contestando a una en que éste le hacía algún comentario que suponía un pasajero estado de malquerencia hacia el amado maestro. Pasión intelectual, sin duda, que emana de la admiración que, a su vez, sólo puede producirla la perfecta identificación con el pensamiento de otro. Pues Alfonso de Valdés parece haber descubierto que su afán intelectual coincide con el de Erasmo. Se diría que en éste descubre su propia concepción del mundo y de la vida, y esto explica ese enamoramiento ya mencionado.

Mas veamos ahora qué pensaba Erasmo acerca de Alfonso de Valdés. Pero como el humanista bátavo tenía a la cuenta de sus defectos el de hacer el costado a la gente a quien le convenía tener de su parte (como lo revela esa excesiva untuosidad que a veces impide saber hasta dónde puede ser sutil y escondida ironía), al verle menudear elogios a una persona, debe

---

[74] Erasmo: *Obras escogidas, op. cit.*, pág. 1710.

uno preguntar si, *efectivamente*, era así como sentía con respecto al elogiado [75]. Digo esto porque, además, en el caso concreto de Valdés, existe ese penoso incidente del *affaire* Erasmo-Maldonado que revela, si no menos estimación a Valdés de la que los floreos de Erasmo permiten suponer, sí, por lo menos, una evidente falta de tacto que lastima ostensiblemente la consideración debida al amigo. De creer, pues, a Erasmo, éste sentía una verdadera admiración por Alfonso de Valdés, no restringida, ni mucho menos, al hombre como tal en particular, sino también con referencia a su calidad intelectual. «Tienes tú en ti mismo algo por lo cual consagrarás tu nombre a la inmortalidad» [76], le dice Erasmo en una ocasión, y no es ése menudo elogio. Y en otra: «porque de siempre te conocí formado en modales y disciplinas de humanidad y te conceptué dotado de afabilidad y prudencia, singularmente para con aquellos amigos a quienes la comunidad de estudios y la fama de erudición no vulgar y no reñida con la virtud amistaron contigo estrechamente» [77].

Erasmo, pues, admiraba no sólo al amigo que era para él Alfonso de Valdés, sino también al intelectual. Supo, con la indiscutible perspicacia de que estaba dotado, descubrir en Valdés una curiosa síntesis de lo que yo ahora me atrevería a llamar lo «humano» y lo «humanístico». Valdés, en efecto, parece haber sido hombre de espíritu generoso, conciliador y sin dobleces, que vivió su vida entera en una suerte de laica cruzada. Bataillon nos da este retrato de Valdés (que compone al observar la medalla grabada por Christophe Weiditz): «Mentón acusado por una barba cuadrada, tallada como la del soberano; boca grande más amarga que desdeñosa, modelado acentuado de la nariz y las mejillas; todo ese conjunto transpira el sentimiento del deber, una rectitud tal vez demasiado segura de sí misma» [78]. Cosa que ya Erasmo había visto con toda claridad, según se desprende de estas palabras suyas a Valdés: «Ese carácter tuyo, morada de las Gracias, no merece que se le amohíne con ninguna envidia ni con molestia

---

[75] Esto, por supuesto, no afecta en nada a la cabal integridad de Erasmo en punto a independencia de pensamiento. Hay que tener en cuenta, a este respecto, cierta inevitable necesidad de Erasmo de conservar la protectora amistad de quienes, por admirarlo, podían defenderlo en cualquier momento de la envidia y el rencor de muchos explicables enemigos suyos. Pero, en general, la *actitud intelectual* de Erasmo está limpia de toda sospecha de inconfesable acomodo en lo que se refiere a las decisivas cuestiones que entonces se ventilaban y de las cuales él venía a ser como una especie de «protagonista». Es cierto, sin embargo, que a veces la lisonja se hacía demasiado fluida en su pluma, como, v. gr., cuando dice en una ocasión a León X: «¡Oh, si me fuera permitido arrojarme ante vuestros de verdad santísimos pies e imprimir en ellos un ósculo!» Pero no se olvide que esta untuosidad de tratamiento, sobre todo al dirigirse a los poderosos, era muy del gusto de la época. Baste ahora con recordar las dedicatorias de los libros.

[76] Erasmo: *Obras escogidas, op. cit.*, pág. 1710.

[77] *Ibid.*, pág. 1713.

[78] M. Bataillon: *Erasme et l'Espagne, op. cit.*, cap. VIII, vii.

ninguna»[79]. Y en otra ocasión: «... si no hubieras nacido de las mismas Gracias y amamantádote de su leche, ¿cómo hubieras podido entre tantos venenos de ladradores preservar constantemente esta alma tuya en todo su candor y su sinceridad?»[80].

¿Qué apreciaba más Erasmo en Alfonso de Valdés? Sin duda alguna el hombre en sí mismo, es decir, la admirable integridad de su persona; sin que por esto dejase de estimar, hasta cierto punto, las calidades intelectuales de Valdés, aunque se diría que Erasmo admiraba sobre todo las nobilísimas predisposiciones de Valdés al acatamiento y la defensa de lo intelectual. Mas prevalece la estimación hacia el hombre, hacia el amigo y aliado suyo, que tan denodadamente luchaba en España a favor de las ideas de Erasmo. Por eso le dice éste en otra ocasión: «Pero quiero que creas que bajo la fe de mi palabra no existe mortal alguno cuyas cartas yo reciba con más gusto y a quien con más gusto yo envíe las mías.» «¿Qué asunto quedaba del cual escribirte sino que tú, por tu valer, merecidamente, me eres carísimo y que yo, a mi vez, te estoy estrechísimamente obligado por muchos y muy poderosos títulos?»[81].

Los Diálogos revelan al intelectual que era Alfonso de Valdés. No hay en ellos un propósito primordialmente *político*, sino que, por el contrario, ellos son el resultado de una manera de pensar que, dentro de una determinada circunstancia (político-religiosa), un hombre defiende y sustenta. Lejos de ser el político quien se apoye en el intelectual (la obra escrita) para combatir desde el lado en que se encuentra situado, es el intelectual el que aprovecha la oportunidad que se le ofrece para manifestar claramente lo que piensa. Los *Diálogos*, por consiguiente, van más allá de su intención política de defensa de una causa (la del Emperador Carlos V) y se revelan como un *cuerpo de doctrina* que sintetiza el nuevo modo de pensar que ya venía abriéndose paso en Europa. No es Alfonso de Valdés el cortesano que aprovecha ocasionalmente cierta feliz disposición nativa, hasta entonces más o menos inédita, para romper lanzas en favor de la patria y el monarca. Porque si bien Valdés, hasta el momento en que escribe sus *Diálogos*, no había publicado nada, sí, en cambio, venía dando muestras constantes de su afición al intelecto, a través de innumerables cartas en las que es posible espigar suficientes ideas como para componer un apreciable cuerpo de pensamiento. Sin dejar de contar con la dirección que imprimió, en los asuntos de Estado, a ciertas decisiones en las cuales su espíritu y sus convicciones se hacen sentir efectivamente.

El *Diálogo de las cosas ocurridas en Roma* queda evidentemente completo cuando le agregamos el de *Mercurio y Carón*. Por eso no se comprende cómo pudo achacarse la paternidad de este último a Juan de Valdés, cuan-

---

[79] Erasmo: *Obras escogidas, op. cit.,* pág. 1709.
[80] *Ibid.,* pág. 1710.
[81] *Ibid.,* págs. 1708-1709.

do ni por su lenguaje ni tampoco por su estilo de pensamiento concuerda con el resto de su producción escrita. En cambio, al establecer la consecuente sucesión de los dos *Diálogos* de Alfonso, se echa de ver en seguida —como ya se ha probado [82]— que ambos fueron concebidos y escritos por una misma persona, porque, en fin de cuentas, lo que presenta el de *Mercurio y Carón* es, indudablemente, la continuación normal de un pensamiento que había comenzado por el «de las cosas ocurridas en Roma».

El criterio de Alfonso de Valdés, que en gran parte está extraído de las ideas de Erasmo, aunque también, en cierto modo, responde a la nueva concepción del mundo y de la vida representada por el humanismo renacentista; tal criterio, repetimos, se condensa admirablemente en sus dos *Diálogos*, de los cuales el segundo generaliza y como que esquematiza lo que ya aparece expuesto en el primero de ellos. Sin duda alguna, determinado por gravísimas circunstancias, el escritor en potencia que era Alfonso de Valdés se convierte entonces, de hecho, en escritor, y por eso el *Diálogo de las cosas ocurridas en Roma* tiene ese aspecto de cosa festinada y hasta súbita si se quiere. Pero es indudable que su contenido venía ya macerándose en la mente del autor, porque la sobriedad expositiva, la distribución de sus dos partes fundamentales (las respectivas cuestiones política y religiosa) y el fondo ideológico en que se apoya la exposición, no se improvisan completamente. Obligado a aplazar continuamente aquello que, con toda probabilidad, Alfonso de Valdés habría querido poner por obra desde mucho antes, el *Diálogo de las cosas ocurridas en Roma* surge cuando menos lo esperaba el autor; pero al decir que «surge», es decir, que de pura especulación pasa a ser obra escrita, se quiere dar a entender ahora que se trata de algo que esperaba el momento oportuno para manifestarse.

Consagrada toda la primera parte del *Diálogo* a la cuestión política de la lucha entre Carlos V y el Papa Clemente VII, vemos que la segunda parte se concentra más en el problema de la fe y la conducta consecuente del cristiano. La *pietas christiana* defendida por Erasmo tiene en Alfonso de Valdés un aliado decidido. Y es a partir del examen de esta piedad que Valdés plantea la cuestión de la verdadera *moralidad* del cristianismo, que, según él, sólo es conseguible si prevalece la mayor abstracción posible en las cosas de fe, lo que equivale a decir: una rigurosa *subjetividad* por parte del creyente y, por lo mismo, una ostensible autonomía también de su parte. Así, por ejemplo:

¿No os parece injuria, y muy grande, que lo que muchos gentiles, con la sola lumbre natural, alcanzaron de Dios, lo ignoremos agora los cristianos, enseñados por ese mismo Dios? Alcanzaron aquellos que no era verdadero servicio de Dios

---

[82] Véase M. Bataillon: *Alfonso de Valdés, auteur du «Diálogo de Mercurio y Carón»*, *Homenaje a Menéndez Pidal*, I, pág. 403 y sgs. Y J. F. Montesinos: «Notas sobre el 'Diálogo de Mercurio y Carón'», *Revista de Filología Española*, 1929.

ofrecerle cosa que se pudiese corromper; alcanzaron que a una cosa incorpórea, como es Dios, no se había de ofrecer cosa que tuviese cuerpo por principal oferta, ni por cosa a él mucho grata; dijeron que no sabía qué cosa era Dios el que pensaba que Dios se deleitaba de poseer lo que los buenos y sabios se precian de tener en poco, como son las joyas y riquezas, y agora los cristianos somos tan ciegos, que pensamos que nuestro Dios se sirve mucho con cosas corpóreas y corruptibles [83].

Y con respecto a la posible (y hasta necesaria) *autonomía* del hombre, atendamos a este pasaje:

[...] Y veamos: este mundo, ¿qué es sino una muy hermosa iglesia donde mora Dios? ¿Qué es el sol, sino una hacha encendida que alumbra a los ministros de la Iglesia? ¿Qué es la luna, qué son las estrellas, sino candelas que arden en esta iglesia de Dios? *¿Queréis otra iglesia? Vos mismo* [...] *Tenéis el espíritu, tenéis el entendimiento, tenéis la razón. ¿No os parece que son éstas gentiles candelas?* [84].

Finalmente, tal como lo suscribe Valdés, a través de una excesiva «exteriorización» de lo que debe ser intimidad del creyente, se llega hasta la *idolatría*. Pues ésta proviene de nuestra confianza en el carácter simbólico intermediario que la exteriorización tiene, como sucede con las *reliquias,* las cuales, para Valdés, sean las que fueren, carecen de toda eficacia, como tampoco pueden tener ningún sentido. El camino hasta Dios está en el hombre mismo, en la correspondencia de su conducta con la ley divina. «[...] ¿Pensáis vos [le dice Lactancio al arcediano] que sin guardar los mandamientos de Dios iréis al Paraíso aunque tengáis un brazo de un santo o un pedazo de la cruz, y aun toda ella entera, en vuestra casa?» [85]. Y en cuanto a las imágenes, es decir, a la antropomorfización del culto, pudiera decirse, vemos que Valdés no las rechaza abiertamente, pero tampoco abiertamente las acepta: «Yo os diré. No quiero negar que ello no fuese una grandísima maldad, pero habéis de saber que tampoco eso permitió Dios sin muy gran causa, porque ya el vulgo, y aun muchos de los principales, se embebecían tanto en imágenes y cosas visibles, que no se curaban de las invisibles, ni aun del santísimo Sacramento» [86].

Por consiguiente, la perfección divina a que debe aspirar el hombre sólo puede residir en el corazón humano. De éste dimana la fuerza para perseverar como cristiano, y todo lo demás es falsedad y mentira: «Tenéis muy gran razón de maravillaros, porque a la verdad es muy gran lástima

[83] A. de Valdés: *Diálogo de las cosas ocurridas en Roma*, Introducción, edición y notas de J. Montesinos, Clásicos Castellanos, Espasa-Calpe, S. A., Madrid, 1956, página 101.
[84] *Ibid.*, págs. 103-104. (El subrayado es mío.)
[85] *Ibid.*, pág. 127.
[86] *Ibid.*, pág. 132.

de ver las falsas opiniones en que está expuesto el vulgo y cuán lejos estamos todos de ser cristianos, y cuán contrarias son nuestras obras a la doctrina de Jeucristo, y cuán cargados estamos de supersticiones» [87].

El cuerpo de doctrina sustentada en el *Diálogo de las cosas ocurridas en Roma* se agranda considerablemente en ese otro de *Mercurio y Carón*. Ya el título mismo de este último, como también sus interlocutores, dice a las claras cuál es el propósito del autor, o sea, el de ofrecer al hilo de una anécdota (la lucha de Carlos V y Francisco I) sus más íntimas convicciones en materia de religión y de política. En primer lugar, la necesidad de una reforma radical del cristianismo en general (Iglesia y fieles), pues el espectáculo que proporciona el mundo cristiano en ese tiempo es exactamente lo contrario de lo que establece el Evangelio. Concupiscencia, simonía, violencia, falta de generosidad, afán de poder, sed de mundana gloria, ignorancia, etc., etc. He ahí a lo que había venido a parar el cristianismo. Si, pues, semejante vida es la antítesis del cristianismo, ¿qué alma hay que pueda ganar la bienaventuranza eterna? Valdés aprovecha todo esto para presentarnos en su libro el desfile de algunos de esos seres que resultan condenados a la pena sin remisión del infierno porque han cometido el pecado de vivir de puras externidades. ¿De qué valen, pues, las *obras* si el verdadero cristianismo se encuentra en el interior del hombre y en su relación directa con Dios? Ni rezos, ni misas, ni indulgencias, ni hábitos, ni pías mandas ni nada tiene la eficacia que sólo proporciona el vivir en espíritu y en verdad. Y a esta evidencia han de someterse todos los hombres, puesto que son todos iguales ante Dios: papas, reyes, duques, ricos, pobres... Como Manrique, también Valdés nos recuerda aquello de que, ante la muerte, «allí los ríos caudales / allí los otros medianos, / e más chicos, / allegados son iguales...» [88]. Todavía más, no basta siquiera con las «obras exteriores», aunque se llegue al colmo de la vida ascética. Como se ve, Alfonso de Valdés está, prácticamente, en contra de todo lo que, en el orden religioso, no signifique *riguroso interiorismo*, tal como, de alguna manera, lo practicaban los *iluminados*. La cosa se hace aún más grave cuando topamos con el siguiente pasaje:

[...] Pues si tú agora vienes a pedir a Dios el cielo diciendo que eras cristiano y sacerdote, que ayunaste a pan y agua, que rezaste y te disciplinaste e hiciste todas las otras cosas que me has contado, ¿no te parece que diría Dios lo mismo que tú dices que dirías al otro? Hermano, yo no prometí el cielo a los que se llamasen cristianos ni sacerdotes, ni a los que hiciesen esas otras cosas, sino a los que siguiesen mi doctrina. Y porque más seguramente la siguiesen, fueron dados y ordenados esos mandamientos [...] [89].

[87] A. de Valdés: *Diálogo de las cosas ocurridas en Roma*, pág. 137.
[88] J. Manrique: *Elegía a la muerte de su padre*.
[89] A. de Valdés: *Diálogo de Mercurio y Carón*, Introducción, edición y notas de J. Montesinos, Clásicos Castellanos, Espasa-Calpe, S. A., Madrid, 1947, págs. 121-122.

¿Dónde está, entonces, el cristianismo? Por lo pronto, no necesariamente en el templo, ni en el sacerdote, ni en el culto y la liturgia, sino en esa especial predisposición por la cual, *aparte de todo eso y a pesar de eso,* es posible ser cristiano, y quizá si la única manera de serlo. El *cielo,* o sea la suma posibilidad de lo cristiano, es el acuerdo perfecto de la vida del hombre con la doctrina de Cristo. Por consiguiente, nada, o al menos muy poco, tiene que ver con dicho acuerdo la «exterioridad» de la religión, es decir, la simbología en que consisten el culto y las ceremonias. Forzados estamos a admitirlo así, en el caso de Valdés, si nos atenemos a estas palabras suyas:

> [...] O esta doctrina cristiana es verdadera o no; si es verdadera, ¿no es grandísima necedad mía vivir como vivo, contrario a ella? Si es falsa, ¿para qué me quiero poner en guardar tantas ceremonias y constituciones como guardan los cristianos? Luego me alumbró Dios el entendimiento, y conociendo ser verdadera la doctrina cristiana, me determiné de dejar todas las otras supersticiones y los vicios, y ponerme a seguirla según debía y mis flacas fuerzas bastasen [...] [90].

Por consiguiente, Dios y el hombre en directa comunión —he ahí la esencia de *lo cristiano* para Valdés—. Así lo dice taxativamente en este pasaje:

> MERCURIO.—¿Cómo ordenabas tus sermones?
> ANIMA.—Al principio, antes que comenzase a hablar, amonestaba y rogaba a todos que, hincadas las rodillas en el suelo y levantados los espíritus a Dios, le pidiesen gracia para que sus ánimas se convirtiesen y edificasen con lo que allí habían de oír, y los vicios y malas inclinaciones se desterrasen, de manera que saliesen de allí nuevos hombres.
> MERCURIO.—Sé que la gracia a la Virgen María se suele pedir al principio del sermón, *que no a Dios.*
> ANIMA.—También algunas veces hacía yo que llamasen a ella por intercesora, mas que principalmente la pidiesen a Dios, pues Él sólo puede darla.
> MERCURIO.—¿No les hacías decir el Ave María, como los otros predicadores suelen hacer?
> ANIMA.—Pocas veces.
> MERCURIO.—¿Por qué?
> ANIMA.—Porque mucho más se edifica el ánima *cuando ella misma se levanta a suplicar una cosa a Dios,* de que conoce tener necesidad, que no cuando le dicen palabras que las más veces el mismo que las dice no las entiende [...] [91].

De ahí que la comunicación directa con Dios exige un silencio interior que permite, digamos así, hablar al corazón. Oración mental, mejor que vocal.

---

[90] A. de Valdés: *Diálogo de Mercurio y Carón,* págs. 130-131.
[91] *Ibid.,* págs. 209-210. (El subrayado es mío.)

Mercurio.—Luego ¿tú no tenías por buena la oración vocal?

Anima.—Antes la tenía por muy santa y necesaria, mas también tenía por muy mejor la mental, porque hallaba muchas veces en la Sagrada Escritura reprehendidos los que oraban con la boca teniendo el corazón apartado de Dios, y hallaba en la doctrina cristiana que los verdaderos adoradores adoraban al Padre en espíritu y en verdad, porque, como Dios sea espíritu, quiere ser con el espíritu adorado [92].

La idea que Alfonso de Valdés tiene de la religión se desprende claramente de esos pasajes que hemos espigado en su *Diálogo de Mercurio y Carón*. Lejos de estar la Iglesia constituida por el clero, ella es la congregación de los fieles. Esto supone atribuirle al individuo una autonomía tal, que por ello mismo viene a quedar convertido en algo así como la propia Iglesia, que debe estar, entonces, diseminada en cada creyente. Prueba de que Valdés lo creía así nos la ofrece él mismo a través de ese personaje de la segunda parte del *Diálogo*, cuya religiosidad depende exclusivamente de él mismo. Por consiguiente, el verdadero cristiano es el que sabe que todo lo «exterior» de la religión es inútil y hasta dañino sobreañadido.

¿Luteranismo? —se nos ocurre preguntar ahora—. En cierto modo, sí, puesto que la subestimación de la Iglesia como clero frente a la idea congregacional de aquélla; como así mismo de las prácticas exteriores que el protestantismo deja abolidas; como también la supresión de las imágenes y, sobre todo, la posibilidad del *libre examen* a través de la autonomía concedida al individuo, todo esto se acerca mucho al luteranismo. Que Valdés jamás fue luterano, es cosa que nadie discute. Pero en aquellos momentos, convencido como estaba de la urgente necesidad de reformar el cristianismo, ¿qué de extraño tiene que —lo mismo que Erasmo— se viese Alfonso de Valdés abocado a ciertas ideas inevitablemente comunes a cualquier reforma religiosa en esa época?

Espíritu de su tiempo, incorporado sinceramente a la falange reformista del siglo XVI, Alfonso de Valdés bordea peligrosamente la herejía a causa precisamente de su fervor progresista dentro del humanismo. En el fondo, tal como ya lo hemos señalado, se trata de una actitud intelectual, típica de ese hombre que en el Renacimiento ha puesto atento oído al llamado de la época. Viene a ser, pues, Alfonso de Valdés una especie de reformador laico, que a través de concretas cuestiones del momento expresa su convicción en todo género de reforma que esté acorde con lo que el humanismo propone. Nada diferente podría concluirse de su fervorosa adhesión a Erasmo.

★

Juan de Valdés, hermano gemelo de Alfonso, excede a éste en lo que se refiere a una virtual disidencia con la Iglesia Católica. No es que haya

[92] A. de Valdés: *Diálogo de Mercurio y Carón*, pág. 210.

sido luterano, si esta conclusión queremos extraerla directamente de sus escritos, pero ya el contexto ofrece otra cosa, y eso que ofrece es precisamente el de un sutil acuerdo tácito que es posible encontrar del mismo modo entre Erasmo y Lutero.

¿Fue Juan de Valdés «oficialmente» un *iluminado?* Bien sabemos que no lo fue, pero si su *Diálogo de Doctrina Cristiana* «se concibió, escribió, retocó y publicó entre los teólogos erasmizantes de Alcalá» [93], y muchos de éstos eran *iluminados,* ¿qué de extraño tiene que Juan de Valdés se deje decir en su *Diálogo* todo aquello que era el sentimiento y la convicción de *iluminados* y *erasmizantes?* Pues si bien es cierto que no debemos abusar de las analogías, tampoco lo es menos que no debemos encastillarnos en no verlas, a menos que aparezcan *ad pedem literae.* Mas ¿cómo podría haberlas al pie de la letra?

Veamos, sin embargo, antes de proseguir con lo de Juan de Valdés, cómo eran esos *iluminados* con los que convivió hasta el extremo de componer su *Diálogo.* Bataillon los describe como una

> especie de pequeña Iglesia que no ha roto con la grande, y cuyos miembros se sienten partícipes de un mismo fervor divino en virtud de una *comunicación directa* que *prescinde de los sacramentos.* Se descubren movidos por la voluntad de Dios, a la vez *libertados* e *irresponsables.* Las prácticas exteriores, la oración verbal, el esfuerzo del espíritu por representarse la Pasión, los clavos, las llagas, la corona de espinas, les parecen *despreciables* comparados con este gusto de lo divino que es don gratuito, otorgado con una sola condición: que el alma se olvide de sí misma [...]. No hay otro infierno que el de la voluntad corrompida: el pecado está abolido para quien es el juguete de Dios [94].

A mayor abundamiento, como señala Bataillon: «La inmersión en el texto del Nuevo Testamento es sin duda el hecho capital en la formación de Juan de Valdés» [95].

Tenemos, pues, dos detalles valiosos para orientarnos en el curso de las actividades intelectuales de Juan de Valdés respecto de su posición religiosa —el modo de pensar y sentir de los *iluminados* y la preferencia por el Nuevo Testamento (en realidad San Pablo), tal como ya había acontecido con Erasmo y Lutero respectivamente. Hay, pues, un evidente parentesco del pensamiento de Juan de Valdés con el luterano, habida cuenta de la proximidad de los *iluminados* a Lutero. Copio otra vez de Bataillon:

> Y lo poco que hemos dicho de los *alumbrados* es suficiente para darse cuenta del parentesco que existe entre su religiosidad y la piedad luterana. La antítesis entre la fe y las obras se hallaba de tal suerte «en el aire» que tenía que inter-

---

[93] M. Bataillon: Introducción a la edición facsimilar del *Diálogo de doctrina cristiana,* Universidad de Portugal, 1925. (Reproducción en revista *Luminar,* vol. 7, 1945, México, núms. 1 y 2, pág. 15, de donde se toman las citas al respecto.)

[94] *Ibid.,* págs. 7-8. (El subrayado es mío.)

[95] *Ibid.,* pág. 14.

ponerse sin cesar, hacia 1527, entre los ojos de los lectores y una obra como el *Enquiridion* de Erasmo, escrita quince años antes de que Lutero fijara su tesis en la puerta de la *Schlosskirche* de Wittemberg [96].

¿Qué es, entonces, o qué debe ser el cristianismo para Juan de Valdés? Ante todo, exigencia de absoluta perfección. Para conseguirla es menester la gracia de Dios, que debemos descubrir en nosotros mismos. La *oración* ha de ser más con el alma que con la boca, pues sólo la meditación proporciona el significado divino del *Pater Noster*. Es preciso, pues, eliminar todo automatismo, tal como sucede con las devociones menudas. Es en el alma, en su interior, donde el hombre puede (si acaso es posible) descubrir a Dios, y, por esto mismo, «la Santa Escritura es el intérprete de que él se vale para leer en su propio libro, o sea en su alma» [97].

Que Valdés, como Erasmo y Lutero, estaba inmerso en San Pablo, lo vemos claramente en este pasaje de su *Diálogo:*

> La ley nos es muy necesaria, pues sin la ley no habría conciencia, y sin la conciencia no sería conocido el pecado, y si el pecado no fuese conocido no nos humillaríamos, y si no nos humillásemos no alcanzaríamos la gracia, y si no alcanzásemos la gracia no seríamos justificados, y no siendo justificados no salvaríamos nuestras almas [98].

Mas esa *ley* de donde parto para llegar (en el proceso descrito) hasta Dios, ¿acaso no es únicamente Dios quien la pone en mí? Por consiguiente, hay sólo un modo de escapar de la constante doble asechanza de adorar o el mundo o los sucedáneos de la Divinidad, y es así como lo establece Juan de Valdés:

> Parece que a cada uno de nosotros dice [Dios]: Oh hombre pecador: sábete que *con tus fuerzas ni tus ejercicios* jamás podrás venir a tanta perfección *que no adores dioses ajenos*, porque puesto caso que no adores exteriormente estatuas, en tu corazón, empero, amas más las criaturas que a mí [...] Solamente aquellos que cumplen este primer mandamiento, que tienen entera fe, firme esperanza y perfecto amor con Jesucristo nuestro Dios y Redentor, desasidos totalmente de todo afecto de cosas exteriores, para lo cual es sin duda menester *especial gracia de Dios* [99].

Fe gratuita, la misma de la predestinación y la gracia. Como Lutero, también Valdés cree que al hombre jamás le es dable hacer cosa perfectamente buena, como no sea que disponga de la ayuda de Dios; porque la fe, dice Lutero, no es el resultado de un esfuerzo por parte del hombre,

---

[96] M. Bataillon: Introducción a la edición facsimilar del *Diálogo de doctrina cristiana*, pág. 32.
[97] *Ibid.*, pág. 34.
[98] J. de Valdés: *Diálogo de doctrina cristiana*, Universidad Nacional Autónoma de México, 1964, pág. 37.
[99] *Ibid.*, pág. 36. (El subrayado es mío.)

sino don de Dios. Por consiguiente, frente al poder del pecado sólo sirve la omnipotencia de la gracia. («Día y noche —dice Lutero— medité hasta captar el significado de la conexión entre la justicia de Dios y la afirmación de que 'el justo vivirá por la fe'. Se me reveló, entonces, que la justicia de Dios es esa virtud por la cual, a través de la gracia y la pura misericordia divina, Dios nos justifica a través de la gracia.») [100]. Y quizá si por este mismo camino habría podido llegar Valdés a la misma conclusión a que llegó Lutero: «*Simul peccator et justus.*» Mas no acepto que, como dice Bataillon, porque Valdés «ha estado siempre más preocupado por vivir las paradojas de la fe que por formularlas dialécticamente» [101], a causa de esto, a pesar de no admitir los méritos humanos, no ha concluido en una doctrina del «siervo arbitrio» al estilo de la de Lutero. Pues si, como dice Bataillon, «el punto fijo al cual [Valdés] torna una y otra vez su pensamiento es la omnipotencia de Dios» [102], la no *formulación dialéctica* de esa *servitudo* en nada impide suponer que en Juan de Valdés latía la misma convicción luterana de la absoluta esencialidad de la justificación por la fe. Mucho más si en el *Alfabeto Cristiano* escribe de este modo:

> Cuando digo *fe* quiero entender aquella fe que vive en el alma, ganada no *por industria* ni *por artificio humano,* sino mediante la gracia de Dios, por medio de lo sobrenatural [103].

Por consiguiente, la salvación depende exclusivamente de la justificación, y jamás de las obras: «O se ama a Dios o se ama uno a sí mismo. La perfección es la recompensa del amor, y se invoca a San Agustín para que no quede ninguna duda posible sobre el valor de las obras: *las buenas obras son el fruto de la justificación y no su causa*» [104].

Justificación por la fe, terrible expresión que expone muy a las claras la gravedad de la situación religiosa en el siglo XVI. Pues si Lutero tiene razón, entonces la Iglesia Romana no la tiene, y lo que ha venido haciendo es (entre otras cosas igualmente erróneas y detestables) fomentando la *idolatría.* ¿Cómo? Si tenemos en cuenta que sólo hay «buenas obras» (conducta cristiana) cuando existe la *justificación,* y ésta sólo puede proceder de Dios, entonces resulta que lo que el cristiano (hasta entonces el *católico)* había venido practicando bajo la forma de *adoración* de símbolos es pura y simple *idolatría,* porque nada podría sustituir a Dios, que sólo puede estar en el interior del hombre, mas, eso sí, directamente, o sea sin

[100] Citado por Roland H. Bainton: *Here I Stand* (A Life of Martin Luther), Mentor Book, New York, 1950, pág. 49.
[101] M. Bataillon: Introducción a la edición facsimilar, etc., revista *Luminar, op. cit.,* página 37.
[102] *Ibid.*
[103] L. de Usoz: *Reformistas antiguos españoles,* Madrid, 1855, tomo XVII, pág. 61. El subrayado es mío.
[104] Revista *Luminar, op. cit.,* págs. 39-40. El subrayado es mío.

valedor simbólico alguno. Porque el cristiano ha venido siendo (dice Juan) o directa y explícitamente idólatra, como sucede cuando adora «un madero, una piedra, un animal o alguna cosa tal» (idolatría *exterior)*, o también indirecta e implícitamente, «cuando el hombre, o por temor de la pena, o por su interés propio, deja de adorar exteriormente estas criaturas, pero en lo interior tiene puesto su amor y su confianza en ellas» [105]. Ahora bien, nótese que hemos topado aquí con un punto de suma sutileza en el pensamiento de Juan de Valdés (de su «dialéctica», que sí la tiene, aunque escondida), y es ése que consiste en hacer derivar la idolatría «exterior» de la «interior». ¿A qué, preguntamos ahora, se podría llamar entonces idolatría «interior» sino a la fe en las obras, a la convicción al menos de que adorar a Dios de otro modo que en Espíritu y en Verdad puede favorecer a quien lo hace? La adoración «exterior» de Dios sólo con el cuerpo se produce; en tanto que la adoración «interior» es de la criatura con el espíritu. Ambas, pues, *idolatría*. Y toda esta distinción y cualificación de ambas «adoraciones» tiene como fin el de siempre en Juan de Valdés, es decir, que sólo Dios puede salvar y que, en efecto, salva a quien El quiere: «Oh, pecador, sábete que con tus fuerzas, ni tus ejercicios, jamás podrás venir a tanta perfección que no adores dioses ajenos, porque puesto caso que no adores exteriormente estatuas, en tu corazón, empero, amas más las criaturas que a mí» [106].

No hay, pues, otra alternativa que la de la gracia de Dios. El pecador sólo puede serlo, exactamente como puede no serlo, según que Dios quiera o no que así sea. Unicamente así cumplen con el primer mandamiento, o sea, amar a Dios sobre todo lo demás, aquellos «que tienen entera fe, firme esperanza y perfecto amor con Jesucristo nuestro Dios y Redentor, desasidos totalmente de todo afecto de cosas exteriores» [107], pero, ¡ah!, he ahí la cuestión, para ello «es sin duda menester *especial gracia de Dios*» [108]. Y que éste es el eje sobre el cual gira toda la doctrina de la fe en Juan de Valdés, lo afirma Bataillon, diciendo que hay un acontecimiento capital en la vida religiosa de Valdés: «Se trata del día en que, traspasando las apariencias de la virtud farisaica, vino a conocer que el pecado no tiene más límites a su imperio que los que le impone la omnipotencia de la gracia» [109].

El *iluminismo* o *alumbradismo* de Juan de Valdés resulta innegable, como se desprende del siguiente pasaje, en el cual vemos claramente que adopta la actitud de total renuncia al pensamiento lo mismo que a la acción, típica de los iluminados en general. Véase si no:

---

[105] J. de Valdés: *Diálogo de doctrina cristiana, op. cit.*, págs. 35-36.
[106] *Ibid.*, pág. 36.
[107] *Ibid.*
[108] *Ibid.* (El subrayado es mío.)
[109] M. Bataillon: Revista *Luminar, op. cit.*, pág. 39.

Muy gran parte de la piedad cristiana entiendo que consiste en esto: en que el hombre no disponga jamás de sí, ni con el afecto, poniendo en ejecución su voluntad; ni con el pensamiento, diciendo esto me estaría bien, si no tiene algún evidente indicio de la voluntad de Dios; de manera que, cuando viniéndole a fastidiar el estado en que se halla, el lugar y manera de vivir, le viniese en pensamiento decir: La tal o cual cosa me estaría bien, diga luego: *¿Pero qué sé yo si estaría bien esto? Dios es quien sabe lo que es bueno*; y pues que El lo sabe, a El me remito para que me ponga en ello, y entre tanto quiero creer *que lo que mejor me está es el estarme cual me estoy*. Con esta resolución condena el hombre el juicio de la prudencia y de la razón humana, y renuncia a su luz natural, y entra en el reino de Dios, remitiéndose al regimiento y gobierno de Dios [110].

«*En Dios vivimos, nos movemos y somos*», pues, para Valdés, de modo terminante, así que el hombre viene a resultar, si nos atenemos a ciertas palabras suyas, algo así como un autómata de la Divinidad:

Cuando una persona pía se sintiese movida a mudar de estado, lugar o modo de vivir, o cualesquier otra cosa, en la que dudare si el movimiento es del espíritu o de la carne; si, por otra parte, se viere precisada a ponerla en ejecución o hallase mucha facilidad en ejecutarla, entendería que Dios le muestra su voluntad por aquella vía, y teniendo aquella demostración por indicio bastante de la voluntad de Dios, no dudará de ponerla en ejecución. Si tuviere la voluntad, mas no la necesidad, ni la facilidad, se estará queda; y si tuviere la necesidad o la facilidad, y no la voluntad, se estará igualmente queda, diciendo: Si esta es la voluntad de Dios, El me pondrá en voluntad que yo la ejecute [...] [111].

Y como para rematar todo lo dicho a este respecto, añade lo siguiente:

[...] bien se podrá certificar de que ni con ingenio, ni con juicio, ni con industria humana han conseguido el bien de la piedad y el bien de la justificación, más propiamente por revelación divina, por inspiración divina y por espíritu santo [112].

Todo lo cual resulta tan decisivo, que afecta lo mismo a la conducta del hombre que a su capacidad de creer, porque, según dice Juan de Valdés, la *fe* sólo puede ser obra de Dios; de manera que aquellos a quienes esa gracia ha sido negada no pueden, de ningún modo, tener fe:

De manera que el que cree y no confía, muestra que su creer es industria e ingenio humano y no inspiración divina; y el que creyendo confía, muestra que su creer es inspiración y revelación [113].

Mas si la fe es una gracia, y sin ésta no hay buenas obras, y de éstas depende la conducta cristiana, entonces, ¿qué responsabilidad puede ca-

---

[110] J. de Valdés: *Las ciento diez consideraciones* (en L. de Usoz: *Reformistas antiguos españoles, op. cit.*, págs. 76-77. (El subrayado es mío.)
[111] *Ibid.*, pág. 77.
[112] *Ibid.*, pág. 88.
[113] *Ibid.*, pág. 232.

berle a quien desdichadamente no ha sido tocado por la divina gracia? Todavía más, Juan de Valdés parece imponer cierto exclusivismo con respecto a los que, por estar asistidos de esa gracia, vienen a resultar los únicos cristianos posibles. Porque, bien, admitamos que el cristiano no necesita justificarse en las obras, puesto que ya está justificado por Dios, pero ¿acaso no está ya exento de toda justificación en obra, debido a estarlo ya divinamente? Pues, según Valdés, quien no apela a las obras es porque se siente justificado por Dios; pero volvemos a lo mismo, ¿no es esa justificación algo gratuito, puesto que es don de Dios? Mas de otro lado tenemos a los que, no sintiéndose justificados por Dios, apelan a las *buenas obras;* éstos, según Valdés, lo hacen «por amor propio, por interés propio y no por amor a Dios». La predestinación es, pues, irremediable, y es así como lo deja claramente sentado Valdés en este pasaje suyo:

> ... los que conocen y ven lo interior, la raíz de donde nace el vivir y el obrar de la una parte, el vivir y el obrar de la otra parte, siendo más que hombres por la regeneración cristiana, *conocerán que la fe ha salvado a los que se salvarán, y que la infidelidad ha condenado a los que serán condenados* [114].

¿Fue Juan de Valdés *luterano?* En sentido estricto, es claro que no lo fue nunca, del mismo modo que tampoco resulta un erasmista al pie de la letra. Entonces, ¿fue acaso hombre de acendrada religiosidad? Me atrevo ahora a decir que no lo fue, porque todo su pensamiento, en el orden religioso, no obstante ese acento «místico» que lo acompaña, cuando lo penetramos debidamente vemos que no es tanta la religiosidad que posee como sí cierto *espíritu crítico,* que, por lo mismo, jamás ancla definitivamente en tal o cual confesión. Es más bien el caso del laico impresionado por el gravísimo problema de su época, o sea, el de la crisis de una concepción del mundo que venía dada a través de un modo *sui-generis* de la fe religiosa, la del Catolicismo. Pero en el siglo XVI, tal como ya lo hemos dicho aquí más de una vez, la concepción teológica y teocéntrica en que se basaba la vida medieval ya no opera eficazmente en el mundo. Hay, evidentemente, entonces una verdadera crisis de la fe, quizá mejor, de cómo se le había venido entendiendo. De ahí la curiosa importancia que de pronto adquiere la cuestión de la *justificación por la fe.* Al fin y al cabo, en un medio social (que es lo que el mundo ha sido siempre) como el del cristianismo medieval, la realidad de las cosas hizo avanzar asombrosamente la idea de la salvación por las obras, en tanto qu la justificación por la fe perdía cada vez más terreno. Exteriormente, se comprueba esto en la proliferación de la iconografía religiosa, las peregrinaciones, las indulgencias, la pompa del culto y de la liturgia, la exagerada práctica de los ex-votos, etc., etc. ¿Defectos? ¡Quién sabe! Pero el hombre es un ser que vive de símbolos y, por consiguiente, toda religión, sea como sea, acaba

---

114 J. de Valdés: *Las ciento diez consideraciones* (en L. de Usoz: *Reformistas antiguos españoles, op. cit.,* pág. 87. (El subrayado es mío.)

siendo un repertorio de manifestaciones simbólicas. Pero el intelecto, cuya posibilidad radica precisamente en la *scepsis*, lejos de tener la función aglutinante, diríamos, de hombre y lo demás, tiende, por su específica función, a disolver esa unión; de manera que se explica perfectamente que un intelectual como lo fue San Pablo haya forjado tan ardorosamente una concepción de lo cristiano basada en una rigurosa subjetividad. Y se explica igualmente que lo acogiera del mismo modo San Agustín. ¿Por qué, pues, extrañarse de que en el Renacimiento, cuando el intelecto readquiere la preeminencia que no había vuelto a tener desde los clásicos, se resucita la doctrina de la justificación por la fe, es decir, el negocio de cada alma directamente con Dios? Se trataba, en el caso de esa doctrina, de extraer al hombre de ese vasto y complicado conjunto de expresiones y manifestaciones exteriores en que vivía inmerso y retraerlo a su propio centro vital. Sentir a Dios directamente, mediante la *conciencia* de la *ley;* mas nótese que ahora lo importante es esa «conciencia», esa percatación de que lo esencial es precisamente la relación de espíritu a espíritu entre Dios y el hombre.

Tal cosa quiso Erasmo, quien —mírese como se quiera— es obligado antecedente «dialéctico» de Lutero; y eso mismo quiso éste, al menos en el comienzo. Y así también debían quererlo los erasmistas y todos cuantos veían en el Renacimiento la reivindicación de la individualidad. Juan de Valdés se vale de la cuestión religiosa de su época —porque era la decisiva entonces— para manifestar a la vez su inconformidad con el viejo orden y su adhesión al nuevo. Ni teólogo ni místico, sino intelectual renacentista que aspira a la máxima depuración posible de las «formas» en que la religión estaba por entonces sumida. Pues se olvida muy a menudo que de esta inquietud aparentemente mística en muchos laicos va a salir, en el siglo XVII, el idealismo subjetivo y racionalista que domina toda la Edad Moderna.

CAPITULO II

FRAY LUIS DE LEON

En la historia del pensamiento y de la cultura en general es posible hallar figuras a las cuales se les define fácilmente. Así, por ejemplo, cuando se dice que Lope de Vega es ante todo y por todos conceptos un *poeta*, lo mismo en su lírica que en su dramática. O como sucede con Ortega y Gasset, de quien no hay la menor duda de que ha sido estrictamente un *filósofo*. Mas no ocurre lo mismo al tratar con hombres como fray Luis de León y Miguel de Unamuno, porque no han sido estrictamente esto o aquello, sino que la proteica consistencia de sus respectivas obras, trasunto, como es natural, de sus personalidades respectivas, impide que podamos «definirlos», situarlos como tal o cual cosa. *¿Quién* fue fray Luis de León?, *¿cómo* fue?, son preguntas a las cuales se puede responder apelando respectivamente a las manifestaciones exteriores de su vida activa y a la obra que dejara. Pero *¿qué fue?* es, en cambio, pregunta difícil si no imposible de contestar; porque se trata de la *esencia* de su personalidad y, por consiguiente, si decimos que (esencialmente) fue poeta, o teólogo, o místico, o pensador, luego en su obra descubrimos la dificultad y hasta la imposibilidad de encasillarlo en cualquiera de esas denominaciones.

¿Cómo proceder, pues, en el caso de fray Luis de León? Me atrevería a decir que atendiendo primero a su personalidad, a la que manifestó en su vida activa como tal. Pues, como sucede también con Unamuno, en fray Luis de León la obra escrita es tan «función» del hombre que la llevó a cabo, como lo es éste de aquélla. Se trata, pues, de una perfecta circularidad, que a ambos les engloba, sin que sea posible separar al uno de la otra. Esta es la razón por la cual, a medida que se avanza en el «descubrimiento» del hombre fray Luis, va resultando cada vez más problemático definirlo o situarlo como *esto* o *aquello*. Por consiguiente, es probable que toda investigación seria del hombre y de su obra, lejos de simplificar la cuestión, la haga aún más ardua y complicada. Porque, como sucede también con Unamuno, las *diferencias* no son más que aparentes, o sea, que el poeta se entremete en el místico, y éste a su vez en el teólogo, quien, por su parte, se difunde en la obra en general, y así sucesivamente y sin remedio.

Ya se sabe que toda obra escrita responde a un espíritu que la crea y que en ella deposita su típico modo de reaccionar ante el mundo. Pero no es menos cierto que hay escritores y escritores, y por eso apelé desde el comienzo a la comparación de Lope y Ortega con fray Luis y Unamuno. Porque en tanto que los dos primeros fueron capaces de «objetivarse» en sus obras, al menos en medida apreciable, los otros dos no consiguen desligar su persona de la obra que han parido, sino que ésta sigue dependiendo de aquélla, cual si fueran muñones que reclaman constantemente el cuerpo del cual fueron desgajados. Porque es esto realmente lo que sucede con escritores cual fray Luis y Unamuno, es decir, que es la obra siempre el desgarramiento de la propia personalidad, algo así como desmembrar a ésta y echarla a andar por diferentes lugares, porque cada una de esas porciones en que se ha dividido la personalidad constituye un problema vital que no es otro que el del *fraccionamiento* de la personalidad misma; el de la falta de cohesión, desde el comienzo y por principio; en fin de cuentas, la lucha enconada de alguien consigo mismo, a causa de esa pluralidad que le mantiene en la agitación perenne que Kierkegaard denominara «o esto o lo otro». Sí; una pluralidad de encontradas dualidades, feroz desequilibrio que se resuelve sólo en un aparente equilibrio, vale decir inestable, y que, por lo mismo, exige un esfuerzo descomunal que se consigue, relativamente, en la obra escrita. Porque ésta, en el caso de semejantes personalidades, es más bien un perpetuo *desideratum*.

¿Acaso estuvo alguien alguna vez en el *interior* de fray Luis para saber lo que *realmente* sentía y hasta qué punto conseguía aquello que exteriormente aparece en su obra? ¿Era tal cual se muestra en éstas, o fue esto solamente el modo de consolarse? Porque hay demasiado *afán de paz* en la obra de fray Luis; afán que luce a veces como si fuese algo apresurado. ¿No será que, como sucede con Unamuno, tenía el corazón que habérselas constantemente con la cabeza? Es esto, digamos de paso, lo que se advierte desde el comienzo en los *Nombres de Cristo;* es decir, la tensión entre el sentimiento que busca la humillación a través de una repetida mansedumbre en mil protestas diferentes, y el pensamiento, que a ratos se alza como defendiéndose del acoso del sentimiento, que quiere como reducirlo a la nulidad de una definitiva beatitud. Pero también el pensamiento tiene sus razones..., y de aquí esa amarga sinrazón que, sin decirlo, late siempre, aquí y allá, en los escritos de fray Luis de León.

Quedamos, pues, en que estamos, con respecto a fray Luis, ante el caso de un ser enigmático, inasible en modo alguno, y de quien —como es también el caso de Unamuno— se puede decir que es tal o cual cosa (poeta, místico, teólogo, filósofo, etc), o algunas de ellas, y combinarlas como mejor nos parezca, porque todo eso sería, en definitiva, solamente un modo cualquiera de resolver la cuestión propuesta. Pues, en definitiva, el enigma persiste y persistirá, precisamente porque no lo es, si bien se mira. Quiero decir con esto que fray Luis (como Unamuno) no es *unidad*, sino pluralidad, de manera que al examinar uno cualquiera de sus aspectos habremos de contar con que, a la vez, está en todos los demás, así como todos éstos se hallan en él. Porque el conflicto, para quien así resulta ser, proviene de no saber uno mismo a qué atenerse con respecto a una decisión. Se es *poeta* (v. gr., Garcilaso) y no hay más problema, pues basta con echar a andar por este camino a lo largo del cual se deja llevar uno. Pero cuando la realidad se nos multiplica y buscamos afanosa e impenitentemente la *unidad* que nos conforte y justifique, parece entonces como si nuestra personalidad respondiese de golpe, de diferentes maneras, a esa pluralidad en que la vida se nos deshace. Porque a fray Luis le atraía el mundo, ya que en él vivió y luchó ásperamente, con el entusiasmo y la decisión de cualquier otro mortal. Y si ha dejado incontestable prueba de su *contemptu mundi,* eso demuestra cómo en él se daba la escisión, el desgarramiento, la pluralización que atormenta y deshace. ¿Acaso no se preguntó Unamuno incontables veces por qué no podía ser *o* pecador *o* santo? Y si se me dice que ha habido hombres a la vez prosistas, poetas, predicadores, etc., responderé diciendo que, aparte de que, como lo sabemos, de buenas intenciones hay siempre un cierto camino muy bien empedrado; aparte de todo esto, mas por esto mismo, debemos convenir en que no todo aquel que así se diversifica lo hace porque responde a esa *dramática situación vital* de la que sale un fray Luis o un Miguel de Unamuno. ¿O es que vamos a dar en la manía de olvidar que una cosa es una cosa y otra es otra? Porque si, por ejemplo, el pobre de don Tomás de Iriarte pontificaba de lo lindo, en prosa como en verso, sobre cuanta cosa divina o humana se le ponía a tiro, tal quehacer suyo en nada le acerca a la pluralidad de que venimos hablando en fray Luis y Unamuno.

Para saber, pues, *qué* era fray Luis de León, es indispensable acercársele desde dos ángulos distintos y a la vez complementarios, o sea, los respectivos de la persona y la obra. ¿Cómo pudo haber sido este hombre singular a la vez «terrenal» y «celestial»? Tal vez si el mejor procedimiento en este caso resulte ser el de acudir a su *fisiognómica,* porque si bien es cierto que no nos lo dirá todo, sin embargo, de la contemplación (más que del examen) de su iconografía tal vez sea posible extraer alguna indicación acerca de su personalidad en general.

Henos aquí ante el retrato de fray Luis pintado por Pacheco. ¿Qué nos sugiere? Lo que más llama la atención es el aire de indudable desconfianza que se desprende de todo el semblante. Una especie de «confiada desconfianza», de alerta, como de constante espera de todo. En cuanto a los ojos, que dan la sensación de no mirar directamente a nada, están, sin embargo, como captándolo todo a la vez. El rictus de la boca, si bien firme, diríase que se esfuerza en ser discreto. Es el rostro de quien vive intensamente en el interior de sí mismo, pero también intensamente desde fuera. No el hombre tácitamente desentendido del mundo exterior, plácidamente entregado a sus íntimos deliquios; sino, por el contrario, aquél para quien todo cuanto hay o pueda haber de «interioridad» debe provenir de un regreso previo desde lo exterior. La *armonía,* lejos de ser dada sin más, supone toda una conquista con su consiguiente lucha: «Cuando contemplo el cielo...», «¡Qué descansada vida...!», «¿Cuándo será que pueda...?», etc., etc., expresan la sufrida conciencia del contraste entre dos modos de realidad que ese hombre (fray Luis en este caso) necesitaba, porque de semejante contraste se alimentaba incansablemente su vida.

No creo, pues —como dice De Onís—, que haya sido la vida de fray Luis, «en la apariencia, sencilla y casi vulgar» [1]. Ni tampoco que haya sido «de ordinario inferior a sí mismo» [2]. Porque, ante todo, ¿qué significa eso de ser alguien inferior a sí mismo? Se es, simplemente, tal como se es, y nada más. ¿Que alguien es como fray Luis, en eso por lo que De Onís lo considera inferior a sí mismo, y carece de todo lo otro que tiene fray Luis? En tal caso, dicho sujeto vendría a resultar inferior a fray Luis, si con éste le comparamos, pero jamás con respecto a sí mismo. Por consiguiente, no es que fray Luis haya llegado a superarse a sí mismo, sino exactamente lo contrario: es precisamente de eso que se le adjudica de «inferior a sí mismo» de donde (y por lo que) alcanza a ser *fray Luis,* que no es sólo el hombre, sino también la obra. Como Unamuno, también fray Luis surge del conflicto permanente en que hubo de consistir toda su vida. No es un camino de ascenso a la perfección, tan sólo querido y puesto por obra por el hombre. Es más bien el precipitado que da esa lucha de los contrarios en el ser propio, no tan deliberado como sí inevitable. De Onís, a este respecto, lo describe ejemplarmente:

El hombre cuya poesía logra dar la impresión tan intensa de equilibrio y de serenidad, no era un espíritu naturalmente equilibrado y sereno. No sólo su espíritu, sino también su cuerpo, se nos ofrecen como teatro de una constante y dolorosa lucha; ni los humores del uno ni las pasiones del otro llegaron nunca a convivir en paz, como ocurre normalmente en los temperamentos sanos, y, por lo tanto, fuertes, serenos, alegres y constantes. La armonía y la unidad en el espíritu de fray Luis se lograban sólo mediante un esfuerzo supremo, que no podía ser muy duradero; su alma atormentada volvía pronto a sufrir el embate de sentimientos y pasiones contradictorias, y, sobre todo, el dolor de no sentirse dueño de sí mismo. Así que lo sustantivo de su espíritu, el rasgo permanente y definitivo, no es otro que la lucha misma, la crisis constante, y en medio de ella una sola y suprema aspiración: la paz interior. Diríamos con menos palabras que la vida de fray Luis de León significa algo tan humano como la lucha por la paz [3].

Que él era un caso «patológico» (sin que haya por qué escandalizarse de esta palabra) lo dice fray Luis mismo en el capítulo VI de la *Exposición del Libro de Job,* cuando habla (¡es claro que de sí mismo!) de que «son

---

[1] F. de Onís: Introducción a *De los nombres de Cristo,* ed. Espasa-Calpe, S. A., Madrid, 1956, tomo I, viii.
[2] *Ibid.,* xi.
[3] *Ibid.,* xiv-xv.

increíbles las tristezas y los recelos y las imágenes de temor que se ofrecen a los ojos del que padece»; y, no obstante las diferencias entre esos estados anímicos, «en todos es común y general el hacer tristeza y temor; que todos los melancólicos se muestran ceñudos y tristes y no pueden muchas veces dar de su tristeza razón y casi todos los mismos temen y se recelan de lo que no puede ser recelado» [4].

¿Se ha pensado bien en lo que esas palabras suyas significan? La morbidez de su espíritu le predispone agudamente con respecto al mundo, pero ni puede evitarlo ni tampoco hacerse claro por qué ha de ser así. Entonces, ¿está el mundo contra fray Luis o, por el contrario, es él quien se siente contra el mundo? Semejante sensación constante debe haber determinado en él esas reacciones de amor como de odio, de admiración como de desdén, de violencia como de mansedumbre. Y se explica perfectamente; lo que no podemos encontrar en él —ni jamás lo encontraremos— es que esté en el *justo medio*, en cierta razonable indiferencia con respecto al mundo, exterior o interior. Y esto es algo que sirve para explicar la magnitud de su obra, pues sólo un hombre en perpetuo *in extremis* podía pasar del tráfago de la vida del mundo a los éxtasis frecuentes de su prosa y su poesía. Bellamente, de modo certero, lo deja dicho De Onís en su Introducción a *De los nombres de Cristo:*

> La vida interior de fray Luis de León, que vemos a plena luz en el espejo de su obra literaria, no es algo contradictorio, ajeno a la vida exterior que conocemos; no podía serlo. Su vida interior es su verdadera vida: la integración de los dos aspectos que se han aparecido a muchos como irreconciliables; en ella la propensión a la lucha y el anhelo de paz se dan la mano, se engendran mutuamente, y el uno sin el otro carecerían de sentido. Y como ésta es una realidad profundamente humana, una vida individual, como la de fray Luis de León, en que se ha manifestado con caracteres extremados, atraerá siempre el interés de los hombres [5].

La constante inadecuación entre el hombre y el mundo jalona de tal manera la vida entera de fray Luis, que puede decirse que es como la «constante» de ésta. Unas veces la reacción es asperísima, otras de tono menor, hasta culminar, finalmente, en el sonado incidente de la acusación que le mantuvo durante cinco años en cruel *sub iudice*. En mayo de 1557 pronunció aquel sermón en latín en el cual denunció violentamente lo que consideraba (probablemente con razón) graves deficiencias de la vida religiosa, llegando al extremo de calificar a sus superiores de «sepulcros blanqueados», y a tal punto debe haber sido exagerado en su filípica que él mismo la llamó una «demasía de palabras» [6]. Mas ¿por qué hizo esto

---

[4] Fray Luis de León: *Obras completas castellanas,* prólogo y notas del padre Félix García, O. S. A., 3.ª edición, Biblioteca de Autores Cristianos, Madrid, 1959, pág. 890.
[5] F. de Onís: Introducción a *De los nombres de Cristo, op. cit.,* xxvii-xxviii.
[6] A. F. G. Bell: *Luis de León* (A Study of Spanish Renaissance), Oxford, at the Clarendon Press, 1925, pág. 102. El beato Alonso de Orozco, que asistió en calidad

7

fray Luis? ¿Sólo por exceso de celo religioso? Bien sabemos que no, como tampoco seguramente por atraerse cierta notoriedad, sino enconado por la persecución de que había venido siendo objeto durante dos años a causa de la defensa de un amigo. Fray Luis se nos muestra en este caso como un ser humano a quien «el mundo y sus monarquías» sí le interesaba, en diferentes sentidos, según fuese el caso. Mucho más llamativo es, a este respecto, ese otro incidente de fines de 1560, con motivo de habérsele excluido de la colación de grados por no tener aún cátedra en propiedad [7]. Fray Luis repuso a esto que habiendo obtenido su grado con anterioridad a la promulgación del estatuto correspondiente, no podía afectarle dicha disposición, y consiguió que se le reconociera su derecho. Entonces, ¿le atraía y seducía eficazmente el esplendor y la pompa del mundo, o le tenía sin cuidado todo esto, y, en consecuencia, se acogía a las delicias de esa vida interior tan cantada por él? Pues ¿qué más daba, después de todo, si se le negaba un derecho que si bien podía afectarle en lo mundanal, nada, en cambio, tenía que ver con la auténtica vida? Pero fray Luis amaba el mundo y sus contiendas, aunque esconda todo esto muy bien en sus escritos, como se ve perfectamente en cualquier incidente de esos tantos que matizan su inquieta existencia. Por ejemplo, una vez más, cuando obtuvo la cátedra de Santo Tomás a la que se oponía también un dominico [8]. Ocasión aprovechada por fray Luis para enderezar un discurso contra los dominicos en el cual hizo alusión a las herejías recientemente descubiertas

de Presidente al Capítulo *Pro eligendo provinciali,* calificó el discurso de fray Luis de «excesivo celo». El padre Angel C. Vega («Fray Luis de León», en *Historia general de las literaturas hispánicas,* bajo la dirección de don Guillermo Díaz Plaja, ed. Barna, S. A., Barcelona, 1951, tomo II, págs. 552-553) dice que, en efecto, es algo intemperante. Y admite que «la razón de dudar de su autenticidad es el tono en que está redactado, sumamente violento, y las cosas tan fuertes que dice, que se resiste uno a creer sean verdad». Y añade un poco después: «Creemos, sin embargo, que no hay nada que se oponga a su autenticidad.»

[7] *Ibid.,* pág. 104. La querella constante con los dominicos había llegado a ser casi lugar común en la vida académica de fray Luis. En 1565 tuvo lugar el sonado incidente con Bartolomé Medina a causa de la sustitución temporal de la cátedra de Prima del padre Mancio de Corpus Christi. Fray Luis optó, previos los trámites de ley, pero el Rector se negó a escucharlo y defendió a Medina. Fray Luis redactó escrito al Consejo Real, pero el Rector lo rompió públicamente, amenazando a fray Luis. Sin embargo, le oyeron en Madrid, y Felipe II mandó una orden terminante y la consiguiente durísima reprimenda al Rector. Fray Luis, además, consiguió del nuevo Rector, Portocarrero, que prohibiese a Medina tener explicaciones en su monasterio de San Esteban a la hora de Vísperas. Y le hizo pasar grandes apuros cuando sus ejercicios para la licenciatura. Como se ve, la agresividad de fray Luis no iba a la zaga de la de sus contrarios.

[8] En octubre de 1560 fray Luis compitió con fray Diego de Zúñiga a la cátedra de Santo Tomás y la ganó, pero, mortificado por la oposición de los dominicos, dice el padre Angel C. Vega *(op. cit.,* pág. 558) que «fray Luis se despachó a su gusto, aludiendo demasiado claramente a la herejía latente, descubierta en su seno, con el caso de Carranza, entonces preso, y más aún con el de fray Domingo de Rojas, quemado como hereje en Valladolid hacía apenas dos años».

en esa Orden. ¿Por qué no haber seguido mejor a «los pocos sabios que en el mundo han sido», pasando por alto, mucho más sintiéndose vencedor, tal o cual flaqueza del vencido? Hacer lo que hizo es simplemente, entonces como ahora y siempre, responder a la guerra con la guerra.

Por esto mismo, al seguir la accidentada carrera de fray Luis, llena de tantas vicisitudes, uno se pregunta si todo aquello que le ocurrió fue, como si dejésemos, accidental; o si, por el contrario, él fue el actor consciente y deliberado de sus infortunios. No es que niegue el derecho a fray Luis de luchar por la justicia, la equidad, la verdad, etc. Lo que ahora deseo señalar, por lo menos, es el contraste entre su interés en el mundo (que vemos en su vida) y ese afán de evasión que domina su prosa tanto como su poesía. De ahí que quien no conociese su vida, sino sólo su obra, fácilmente se imaginaría a fray Luis de éxtasis en éxtasis, totalmente abstraído del mundo. Pero su vida prueba perfectamente que amaba intensamente el peligro, que gustaba tal vez de correr el riesgo de lo inesperado. Así, por ejemplo, en esa ocasión en que un tal fray Diego Rodríguez (o de Zúñiga) descubre entre los papeles de fray Luis aquel tratado *(quodlibet)* que entonces éste preparaba para su grado doctoral. En dicho tratado se refería fray Luis a un libro italiano que le había enseñado Arias Montano [9] basado en los textos *Quomodo obscurantum est aurum, mutatus est color optimus* y *Ego non reputo homines iustos sed iustifico*, y que al final del texto mostraba algunos pasajes heréticos, que el suspicaz fray Diego llegó hasta sugerir que podrían haber sido interpolados por Arias Montano. Mas, dejando ya aquí este pequeño incidente (que fray Luis liquidó poniéndolo en manos de la Inquisición), debemos preguntar si de no haber sido por la indiscreta intromisión de fray Diego habría fray Luis dado cuenta a la Inquisición en la forma en que lo hizo. Porque si se trataba de algo herético y, sin embargo, fray Luis estaba de acuerdo con eso, desde el estricto punto de vista de la libertad de pensamiento, estaba en su perfecto derecho de mantener semejante heterodoxia. Pero si, por el contrario, tal como parece ser el caso de fray Luis, su ortodoxia era insospechable, hay que concluir entonces que en la posesión de ese material herético había algo así como el doble reto a la autoridad de la Iglesia y a su propia convicción católica. Repito, si realmente se trataba de algo

---

[9] El padre Angel C. Vega *(op. cit.,* pág. 558) dice que «el padre Blanco García sugiere que el libro en cuestión puede haber sido el *Tratado sutilísimo del beneficio de Jesucristo,* firmado por el monje italiano Dom Benedetto y atribuido a Juan de Valdés». Agrega el padre Vega que fray Luis «se ocupaba de este librito en un quolibeto que estaba redactando». Interesantísimo sería saber lo que a propósito del mencionado opúsculo pensaba el gran agustino. En cuanto a la denuncia del mismo, ya se sabe que no era contra Arias Montano, pero si éste se lo había enviado a fray Luis, es de pensar que no debió de haberle parecido del todo malo. Que lo herético no era añadidura de Arias Montano se puede suponer de su carta a fray Luis, quien se la mostró al celoso Zúñiga, aunque, por supuesto, no sabemos en qué términos estaba redactada.

herético. Y si insisto un tanto fatigosamente en la cuestión es porque ella pone de manifiesto esa tendencia de fray Luis a la disonancia con el mundo, que, sin duda, entablaba en él una feroz y sempiterna batalla con el sentimiento de humillación que, por otra parte, también le poseía. Se ve aquí perfectamente la disputa de la cabeza y el corazón, que tantos sinsabores le acarreó hasta el instante mismo de la muerte. De ahí, pues, los dos Luises, el de la querella del mundo (el que nos ofrece su vida) y el de las ansiosas y reiteradas protestas de evasión y de mansedumbre (el de la obra escrita).

Es también así como puede uno explicarse, siquiera sea relativamente, el incidente ya mucho más sonado de la traducción literal del *Cantar de los cantares;* incidente que viene a ser como la antesala de ese otro gran momento de su vida, el más crucial de todos, o sea, el de la acusación de herejía. Tal como reza el sexto cargo de los formulados contra él ante el tribunal de la Inquisición, había fray Luis desobedecido las rigurosas y terminantes disposiciones del Concilio de Trento al traducir *literalmente* al español el famoso poema bíblico [10]. Mas si fray Luis conocía perfectamente esa disposición prohibitiva —porque es indudable que debía ser así—, ¿por qué la desobedeció? Dejemos ahora a un lado la cuestión de si tenía derecho a obrar como lo hizo, desde el punto de vista técnico de la filología escrituraria, así como (tal cual lo arguyó muy bien) que puesto que cualquier palabra hebrea es susceptible de tener varios significados, entonces la versión española (en este caso) no tiene nada que ver con eso de lo «literal». Argumentación brillante y satisfactoria desde el punto de vista del escriturario y el humanista, pero que no casa en absoluto con la rigurosa obligación que le imponía el voto de obediencia y mucho más todavía el de humildad de que tanto se precia en sus obras. Se me dirá que fray Luis estaba obligado a luchar por los fueros de la verdad, pero aun en el caso de que ya él supiese qué es *la verdad* (en lo que sea), debemos preguntar si para él, que acataba la verdad depositada en el dogma, no venía a ser una prueba evidente de desacato ir en contra de la disposición del Concilio de Trento. ¿Que, como dijo en esa ocasión apoyándose en San Agustín y Santo Tomás, cualquier pasaje bíblico es susceptible de más de una interpretación? [11]. Inobjetable. Pero, volvemos a lo mismo, es decir, ¿por qué se puso enfrente nada menos que del Concilio de Trento?

Se trata, pues, en el caso de fray Luis de León, del hombre que adopta una actitud beligerante *sine die.* De ahí esa etapa decisiva de su vida que es el proceso a que se le sometió, durante cinco años, en la cárcel valliso-

---

[10] Según aparece consignado en la Sesión IV (8 de abril de 1546) del Concilio de Trento. Se trata del *Decretum de editione et usu sacrorum librorum,* que prohibía divulgar en lengua vernácula la Sagrada Escritura o comentarla *ad libitum* en ningún caso.

[11] A. F. G. Bell: *Luis de León, op. cit.,* pág. 147. Cf. la nota anterior.

letana de la Inquisición. Tal vez desde las lecciones sobre *De Fide* (del curso de 1567 a 1568) ya venía fray Luis haciéndose notar por su audacia en la interpretación y el comentario de los textos bíblicos[12]. Seguía por entonces en pie la batallona cuestión de la definitiva legitimidad de la *Vulgata*[13], que desde Valla y a través de Erasmo y otros, había dado tanto que hacer a los teólogos europeos durante el siglo XVI. Ya en 1568 (cuando todavia duraba el Concilio de Trento) fray Luis había dicho que ciertos pasajes de la *Vulgata* debían ser hechos *melius, aptius, clarius, significantius, conmodius, proprius*[14]. Y por eso lo que no tuvo por qué llegar a ser la batalla en que se convirtió después, alcanzó las proporciones que al fin tuvo. Me refiero, como es natural, al proyecto de traducción de la *Biblia de Vatable*[15], cuya primera edición española quería asegurarse el impresor de Salamanca Gaspar de Portonariis. De aquí surgió el grave incidente

---

[12] *Ibid.*, pág. 113. En el acto público de sus ejercicios de *Repeticiones* fray Luis escogió algunos puntos sobre las diferencias del Antiguo y el Nuevo Testamento y las indulgencias, «ambas cosas atrevidas y peligrosas en un agustino en los días de Lutero» (P. A. C. Vega, *op. cit.*, págs. 553-554). «Fray Luis manifestó cierta audacia en la elección y desarrollo del tema. En uno de sus quolibetos había sostenido, contrariamente a la opinión corriente, que el pan y el vino que ofreció Melquisedech a Abraham había sido un alimento más bien que un sacrificio, aunque en ello reconocía, desde luego, una figura o tipo del sacrificio eucarístico.» *(Op. cit.*, pág. 554.)

[13] La *Vulgata* es la versión latina de la Biblia que llevó a cabo casi por completo San Jerónimo y ha sido declarada la edición oficial *(auténtica)* de la Iglesia latina. La palabra *Vulgata* viene del latín *versio vulgata*, que significa la versión más difundida y la más popular. Esta palabra fue usada por los Antiguos Padres, sobre todo por San Jerónimo, para designar a la *Septuaginta* versión de la Biblia, lo mismo en su forma griega que en su traducción al latín que se llama comúnmente la «Antigua versión latina» *(Vetus latina)*. Pero cuando la versión de San Jerónimo sustituyó a esta *Vetus*, comenzó a ser conocida como la *Vulgata*. El Concilio de Trento decretó que de las varias versiones latinas de la Biblia que circulaban entonces, en 1546, la *Vulgata* de San Jerónimo sería la oficial *(pro autentica habeatur)*.

[14] A. F. G. Bell: *Luis de León, op. cit.*, pág. 113.

[15] Francois Vatable es un hebraísta francés del Renacimiento nacido probablemente a fines del siglo XV y muerto en 1547. Fue designado profesor de hebreo en el College de France por Francisco I, donde llevó a cabo brillantes comentarios sobre el Antiguo Testamento. Las notas exegéticas tomadas por sus alumnos fueron incorporadas a la edición de la Biblia de Roberto Estienne (1545). Aunque condenadas por la Sorbona y desautorizadas por el propio Vatable, dichas notas eran tan valiosas por su orientación filológica y su claro análisis, que se conservaron en la edición de Salamanca hecha por Portonariis, y en la que tomó parte fray Luis. A este respecto es interesante decir que la Junta encargada de la revisión del texto de Vatable para la mencionada edición salmantina aceptó el parecer de fray Luis, que fue el siguiente: «Que cuando los Santos en la declaración de un lugar están diferentes y la Iglesia no ha escogido más una parte que otra, el católico puede libremente allegarse al parecer de los Santos que más le agradare; mas cuando todos convienen en declarar un lugar de la misma manera, tal declaración se ha de tener por cierta y católica, mayormente en lo que tocan a las doctrinas de fe y costumbres. Pero no desechando tal declaración, sino teniéndola en el grado de veneración que he dicho, si se diera otro sentido, que sea católico y de sana doctrina, se puede el tal admitir, pero en grado de muy menor autoridad que el primero [...].» (P. A. C. Vega, *op. cit.*, pág. 561.)

que le costó a fray Luis cinco años de cárcel y una *casi* injustificada acusación. La lucha centróse, sobre todo, alrededor de fray Luis de León y León de Castro, entre quienes se interponía una feroz antipatía que (es posible al menos sospecharlo así) pudo haber llegado a rayar en odio. Que fray Luis (lo cual nada tiene de cristiano) despreciaba al pobre León de Castro, es indudable; en tanto que éste (tampoco nada cristianamente) le pagaba con la misma moneda. Tal vez ha sido fray Basilio Ponce de León (sobrino de Luis) quien los ha descrito mejor en las respectivas equivalencias de sus ánimos al referirse al *ingenium acre et capax* de Castro y al *ingenium capax, acre* de fray Luis[16]. En ambos, pues, la misma virtud negativa, es decir, la de la extrema aspereza, que es inequívoca señal de intransigencia frente a los demás.

Prescindo de los pormenores de este proceso, que el interesado puede encontrar fácilmente en la copiosa bibliografía al efecto, y me contraigo ahora a dos extremos que sí sirven para probar esa «fiereza» de fray Luis frente al mundo. Por una parte, su actitud hacia los enemigos, lo cual, si bien es perfectamente explicable en cuanto se refiere a la burda maquinación de que resultaba víctima, ya no lo es tanto con respecto a lo que de su amplísima comprensión —tal como debe uno suponerla al leer su obra— es posible esperar. Como dice muy bien su biógrafo Bell:

> El mismo, sin embargo, llegó a hacerse daño de dos maneras diferentes: una de ellas, la prolija defensa que compuso; la otra, la excesiva fiereza puesta en la denuncia de sus acusadores; y en ambos sentidos prolongó la prisión. La maquinaria de la Inquisición era lenta y pedante, y las penetrantes consideraciones de Luis de León, así como las listas de testigos que producía, mantuvieron al tribunal rechinando en varias direcciones laboriosamente. En cuanto a sus desahogos contra sus acusadores, los propios inquisidores podrían haberse preguntado que si tal era su actitud a la sombra de la Inquisición, qué podría haber ocurrido a la clara luz del día en Salamanca[17].

No quiero prejuzgar ni mucho menos regatearle a fray Luis el derecho a defenderse de sus enemigos (malvados unos, estúpidos otros), pero vuelvo una vez más a la cuestión de si a veces la *acritud* de fray Luis no borra casi completamente todo posible acatamiento del padecer terrenal. Así, dice (de algunos de sus acusadores) que León de Castro «carece de inteligencia, como lo comprueba cualquiera que hable dos veces con él»; que Medina es hombre del «celo más sagrado»; en tanto que Montoya «es conocido entre nosotros como un hombre que jamás dice la verdad a no ser por equivocación»[18]. Vemos cómo reluce aquí la más cortante ironía, en un caso; en otro, el sarcasmo, etc. Fray Luis, *hombre*, está, pues, luchando con hombres en el mundo; alejado completamente de toda «celes-

---

[16] A. F. G. Bell: *Luis de León, op. cit.*, pág. 114.
[17] *Ibid.*, págs. 150-151.
[18] *Ibid.*, pág. 153.

tialidad». Mas veamos ahora el otro extremo al cual he de referirme. Se trata de esa lucha sostenida por fray Luis durante largos años para asegurar su posición profesoral en la Universidad. Tan pronto regresa completamente rehabilitado y justamente en triunfo a Salamanca, se renueva la lucha entre él y los demás. El primer incidente tiene lugar cuando renuncia a su cátedra, de la que había venido ocupándose el benedicto García del Castillo, en favor de éste. ¿Magnanimidad? ¿Desprendimiento de lo terrenal? Veamos lo que a este respecto dice Bell:

> Tal vez no haya razón en pensar que, al hacer esto, daba fray Luis pruebas de especial magnanimidad. La cátedra y su dotación eran, propiamente dicho, algo que pertenecía a su convento y no a él; no tenía derecho a renunciar a ambas cosas y conforme estrictamente con su idea de la justicia, no lo habría hecho de no haber tenido la previa seguridad de que recibiría una nueva Cátedra de Teología, que era, en efecto, mucho más importante que la Cátedra de Durando [...] [19].

Es aquí donde nos vemos obligados a pensar si fray Luis no seguía conservando el mismo apego a las cosas del mundo a pesar de la durísima prueba por que acababa de pasar, al extremo de que —si es cierto lo que dice Bell— su aparente magnanimidad era, en realidad, un frío cálculo en el que entraban a la par en juego el interés económico y el afán de gloria. Y a este tenor fueron las sendas batallas, en las que se emplearon todos los medios —hasta los más ilícitos— para asegurar el éxito de fray Luis en las Cátedras de Filosofía Moral (1578) y Sagrada Escritura (1581) [20]. Uno se pregunta cómo es posible que este hombre, que escribió lo que escribió acerca del mundo y sus asechanzas, pudo siquiera admitir que en su apoyo se cometieran toda clase de transgresiones de la ley civil y sagrada. Porque, efectivamente, así fue, si es que los testimonios que se aducen no son falsos.

Mas no concluye aquí la historia de la tensión entre fray Luis y el mundo. Por eso no puede aceptarse como rigurosamente cierto eso que dice Bell de que al trasponer las rejas de la prisión, fray Luis hallase su *portus quietis*. ¡Todo lo contrario! Ahí está, para probarlo, esa nueva denuncia a la Inquisición, a consecuencia del partido que tomara fray Luis por el jesuita Prudencio de Sotomayor respecto de la doctrina de la predestinación [21]. Lo interesante en este caso es la razón que da el mismo fray Luis de por qué actuó así. Aunque no se sintió nunca muy bien predispuesto hacia los jesuitas, tomó el partido de Sotomayor (nos dice) «porque me pareció que los dominicos, en su hostilidad a los jesuitas, intentaban aplastarle, y también especialmente porque me parecía un gran absurdo con-

---

[19] A. F. G. Bell: *Luis de León, op. cit.*, pág. 163.
[20] *Ibid.*, pág. 170.
[21] *Ibid*, pág. 175.

denar la doctrina por herética» [22]. Mas cabe la sospecha de si en la defensa de ese alguien al que no se sentía muy afecto no influyó bastante su antipatía a los dominicos, a quienes debía los mayores sinsabores de su vida. Además, él mismo declaró el 31 de marzo de ese año y por escrito ante el Inquisidor de Salamanca «que la opinión defendida por el jesuita era una de suyo difícil y que contenía una apariencia de novedad y una sospecha de temeridad en cuanto a que difería de la doctrina escolástica ordinaria» [23]. Si como declaró uno de los testigos (fray Pedro de Aragón) la opinión de fray Luis respecto de la doctrina de la predestinación, en el caso de Sotomayor, era contraria a la que sustentaba en sus clases, no cabe sino esta conclusión: que más que un punto de doctrina fue realmente una cuestión personal (de antipatías y simpatías) lo que le movió a actuar como lo hizo en este caso.

Pero hay más a este respecto, y es la carta que el 15 de febrero de 1582 recibió fray Luis del celebrado agustino fray Lorenzo de Villavicencio, y que reza así:

> Muy reverendo Padre: Yo no estoy obligado a hacer esto y vuestra paternidad está muy seriamente obligado a considerar la advertencia que aquí le hago, pues creo que le concierne mucho más de lo que pueda decirle aquí. Desentiéndase de los asuntos de la Orden, aunque se encuentren en peor situación de la que presentan, dedíquese a su cátedra y déjese de echar sobre sí el remedio de las tiranías. No llame tirano a nadie y sepa que muchos frailes dicen públicamente que usted no hace el bien a nadie y fastidia a muchos, y que usted ha recibido beneficios de aquellos a quienes ataca ahora, conducta que ni es buena ni puede aprobar nadie. Y si desatiende este consejo, guarde esta carta para que, a su debido tiempo, pueda yo recordársela y decir que es usted mismo quien atrae los males sobre su cabeza. No crea que digo esto pensando solamente en el Padre Xuarez, sino también en otros muchos que se quejan más que él; y que Dios sea testigo de la intención con que le escribo esta carta, cuya reverenda persona quiera Dios guardar para su servicio [24].

¿Bienintencionada advertencia o pedante reprimenda? Depende, por supuesto, de varias cosas. Una de ellas las relaciones amistosas y, por consiguiente, de recíproca buena voluntad de fray Lorenzo y fray Luis.

[22] A. F. G. Bell: *Luis de León, op. cit.*, pág. 176.

[23] *Ibid.*, pág. 178.

[24] *Ibid.*, pág. 180. El padre agustino Pedro M. Vélez, en su obra titulada *Observaciones al libro de A. F. G. Bell sobre fray Luis de León* (El Escorial, Imprenta del Monasterio, Madrid, 1931, págs. 111-112), al comentar la carta del padre Villavicencio a fray Luis, califica a aquél de «oportunista, inquisidor» y de «espíritu áulico, rastrero y ambicioso». Y afirma que después de haber firmado (en 1572) las proposiciones de fray Luis sobre la *Vulgata*, en 1576, estando ya preso el gran agustino, aprueba con elogio una obra sobre la *Vulgata* del franciscano Ramos, calificador del Santo Oficio en los procesos de fray Luis y Gudiel y, además, elogia a León de Castro. ¿Quién tiene razón en este caso? De todos modos, bien puede la susodicha carta ser de alguna pertinencia.

Otra, la calidad del que aconseja, porque si, como se dice, fue hombre de celabradas virtudes, entre las cuales no resultaba escasa la del talento y la cultura, entonces la advertencia, amén de justificada, deja ver claramente cómo la pasión jugaba un papel decisivo en fray Luis. Así, al decir fray Lorenzo a fray Luis que se atuviese a su labor profesoral y no tratase de echárselas de debelador de tiranías, está apuntando a esa irreprimible tendencia de fray Luis de ocuparse demasiado con el mundo, y no ciertamente a desgana. Y si por desventura fuese cierto eso otro de que éste no hacía el bien a nadie y sí en cambio fastidiaba a muchos (esto último como consecuencia de su extremada susceptibilidad y su afilada ironía), tendríamos entonces, de lo vivo a lo pintado, el caso del hombre de quien tironeaba el mundo con demasiada fuerza y del que, en el contrapunto de su contricción (y éste es el genio de fray Luis), trataba de escapar constantemente a través de ese «desprecio» de lo terrenal, que reluce en su obra más que nada como un *desideratum*.

Fray Luis se revela *como quien es* al regresar triunfalmente a la Universidad de Salamanca inmediatamente después de su justa y merecida reivindicación. De creer en la exactitud del juicio de Bell, volvía a ocupar su lugar en el mundo como «un profesor con muchos enemigos, a quien no se había conseguido dominar en su habitual franqueza, decidido defensor del judío Grajal, audaz y hasta temerario en sus puntos de vista sobre doctrina; hombre de indomeñable espíritu que tras agotadores meses de encierro siguió señalando a la Inquisición cuál era el deber a seguir y exigiendo el castigo de sus acusadores...» [25]. Al leer cosas como éstas no puede uno menos que acordarse de aquellas palabras en el Gólgota: «¡Perdónales, Dios mío, que no saben lo que hacen!» Vuelve, pues, al mundo de donde había sido abrupta e injustamente desplazado, con el aire marcial del guerrero que, rehechas sus legiones, convierte en clamoroso triunfo la derrota. ¡Cómo debe haber recordado, al verse encabezando el desfile que al son de las trompetas recorría las calles de Salamanca, aquel lejanísimo sonar de otras trompetas anunciando el triunfo de David, su antepasado en la sombra milenaria del tiempo! Triunfo y retorno que le devolvían, no precisamente a la soledad silenciosa de una celda, sino a aquel permanente campo de Agramante de la Universidad. «Aquí la envidia y mentira — me tuvieron encerrado...» Cierto es que podía escribir —como lo hizo— semejante declaración, en todo y por todo ajustada a la verdad. Pero, después, ¿hizo bueno el propósito de los versos subsiguientes: «Dichoso el humilde estado — del sabio que se retira — de aqueste mundo malvado...»? Es difícil creerlo cuando uno toma nota del resto de su vida, tan polémica como antes del proceso que le costara tan dolorosa experiencia.

★

[25] A. F. G. Bell: *Luis de León, op. cit.*, págs. 160-161.

Para entender adecuadamente la obra de fray Luis es necesario atender primero a lo que, más o menos, pudiera llamarse su filogenia intelectual. Pues, en su caso, se trata de un humanista del Renacimiento, que, además, es español y, por añadidura, de la segunda mitad del siglo XVI. Veremos que estas distinciones en modo alguno resultan ociosas, habida cuenta de la intrínseca calidad de cada una de ellas. Fray Luis, indudablemente, es uno de los últimos humanistas que dio el Renacimiento, o sea, el hombre formado a la vez en letras sagradas y profanas, las que combina, no por azar ni capricho, sino porque la circunstancia espiritual de ese siglo así lo determina estrictamente. El *re-nacer* de la cultura antigua (griega como latina) en forma alguna podía suponer la abolición del sistema de ideas y creencias del mundo cristiano occidental. Muy por el contrario, ese descubrimiento de *lo clásico* viene a punto para reanimar y robustecer el orbe de la vida cristiana con sus diferentes aspectos; y por eso, cuando se examina con cuidado el largo y complicado proceso de la vida cultural *humanística* a través del siglo XVI, se ve cómo, en efecto, las letras gentiles renuevan y hasta cierto punto rehacen el orbe espiritual europeo. Todavía más, según se avanzaba en el descubrimiento de los valores de la cultura clásica, iba consiguientemente siendo menos posible prescindir de su aporte, como se comprueba al leer la obra de humanistas como Valla, Erasmo, Vives, Budé y otros [26]. Comparada esta labor con la de la Edad Media, se advierte que el efecto decisivo venía simultáneamente dado por: *a)* la hermenéutica a base de un aparato filológico cada vez más cabal y eficaz; *b)* por la interpretación de los contenidos mediante esa filología. Se trata, pues, de un cambio en la concepción del pensamiento cristiano, que, en lo fundamental de sí mismo, consistía en el retorno a las fuentes más primitivas posibles, es decir, los Testamentos Antiguo y Moderno y la Patrística. Mas, eso sí, la *ciencia filológica* había enseñado a los humanistas —al menos a algunos de ellos— que no se puede intentar explicación ni mucho menos interpretación alguna del pensamiento cristiano como no sea atendiendo cuidadosamente a la *letra;* porque si bien es cierto que ésta «mata», no lo es menos que su letalidad ha de ser tanto mayor cuanto mayor sea el *espíritu* que una letra no debidamente depurada induzca a encontrar en ella. Por consiguiente, en el Renacimiento la cultura es la simbiosis de paganismo y cristianismo. Pues indudablemente la cultura grecolatina ha ensanchado y complicado el angosto y estático mundo del cristianismo medieval, de tal modo, que el pensador cristiano del Renacimiento está obligado a conciliar gentilidad y cristianismo, buscando su inspiración, de alguna manera, en el paganismo de los clásicos [27]. Tal es, pues, el *drama* en que consiste el humanismo renacentista.

Por eso mismo es que fray Luis de León, casi al cabo de esa larga y

---

[26] *Vid.* cap. I, nota 15.

[27] Esto, por supuesto, ya se había hecho en la Edad Media. Santo Tomás, que se inspira en Aristóteles, es el caso más destacado en esa época.

prominente descendencia en el Renacimiento, tiene que adoptar y utilizar en su obra la concepción esencial del humanismo renacentista, ese *parti-pris* de la letra gentil y cristiana. Aprovechando una expresión de la jerga técnica contemporánea, digamos que se trata, en este caso, de algo así como un «marco de referencia» fundamental y por tanto incambiable, no importa *quién* ni *cuándo* (en el Renacimiento).

Pero, como decíamos al comienzo, fray Luis es un humanista *español*, o sea, que en su caso es preciso contar con todas esas peculiaridades que resultan de ser de esta o aquella nacionalidad. Piénsese, por ejemplo, en la diferencia entre Erasmo y Vives, o entre Moro y Melanchthon, etc. Al fin y al cabo, no se nace y se vive impunemente en determinado orbe racial, con todo lo demás que esto supone. Como español, fray Luis siente el mundo de manera peculiar, conforme con la *concepción general de la vida* típica en el español: la percepción de la realidad exterior, el sentimiento de la vida en sus diferentes manifestaciones, la tradición religiosa tanto como la profana (así como el grado en que éstas se interpenetran), etc., etc., son «estructuras» en las cuales, involuntariamente, se incrusta el alma de cada quién, y desde ellas reacciona, como si dijéramos, hasta cierto punto genéricamente. O no habría diferencia alguna posible entre un alemán y un chino, pongamos por caso. La «españolidad» de fray Luis (sin entrar ahora a comentar su «castellanidad») le caracteriza como un *humanista español del Renacimiento*.

Mas a todo eso se agrega, finalmente, su ubicación histórica en la segunda parte del siglo XVI, es decir, concretamente, en el ámbito de la Contrarreforma; que es, como sabemos, el precipitado inevitable de todo ese cruento proceso de la vida europea durante la primera parte del siglo XVI. Ser hombre de la Contrarreforma, pero no, por supuesto, cualquier hombre, sino de letras en grado eminente (como es el caso de fray Luis), supone un grave compromiso, ese *engagement* tan dramáticamente descrito en nuestros días. Comprometerse, no pese a esto o a aquello, sino pura y simplemente porque se es *hombre de letras* que, como tal, siente y piensa la realidad que circunscribe y ciñe, y cuyo acuerdo con ella sólo puede consistir en un permanente desacuerdo. Ese penoso trayecto mental que tan maravillosamente describe Platón en sus diálogos; impenitente procesión (teoría) que, como todas las que son realmente dramáticas, acontece «por dentro», y que es, en sustancia, la *entelequia* del pensador, es decir, su posibilidad de ser lo que es.

Fray Luis, por consiguiente, *piensa* y *siente* el mundo («su» mundo) desde esa triple dimensión de su realidad existencial, es decir, insertado a la vez en esos tres ángulos de lo renacentista, lo español y lo que es la Contrarreforma. Mas a causa de su filiación renacentista le vemos situado en la tradición del *revisionismo bíblico* que ocupa todo el siglo XVI. Está, pues, en su «momento», al cabo casi de esa línea en la que se encuentran Valla, Erasmo, Budé, Lefevre d'Etaples, Melanchthon y algunos más, para citar solamente ahora figuras de las más destacadas. Pues ya sabemos —y lo dijimos un poco antes— que la empresa en que consistió el revisionismo bíblico no tiene sólo ni fundamentalmente el carácter de piadosa devoción religiosa. Por el contrario, lo intelectual, bajo la especie de la crítica filológica, se impone decisivamente y con ello define de modo terminante la esencial diferencia entre el medievo y el Renacimiento. Pues no es necesario esforzarse demasiado en hacer patente la diferencia entre la teología medieval (escolástica) y la teología renacentista (escrituraria). Sin entrar ahora en demasiadas precisiones, es lo cierto que la teología escolástica se apoya, sobre todo, en lo rigurosamente *conceptual* de los textos sagrados y, además, en ese peculiar encadenamiento de un pensador al subsiguiente, de modo que, digámoslo así, el «comentario del comentario» (a veces admirable) va abstrayendo consecutivamente de la letra sagrada en sí misma, hasta que ésta viene a quedar prácticamente sustituida por la especulación indirecta de esa letra [28].

Contra esto endereza sus tiros el *revisionismo bíblico* del Renacimiento. Pues ahora se busca, de nuevo, el contacto directo con el texto de la Sagrada Escritura, tal como desde Lorenzo Valla queda establecido en el Renacimiento. Se explica que haya sido así, porque el regreso paulatino a la letra directa e inmediata de la Biblia se debe no solamente al espíritu de rigurosa subjetividad que se apodera del ser humano en el Renacimiento, sino también a esa penetración de la antigüedad clásica que experimenta Europa desde el siglo xv y que impulsa y predispone los espíritus cultos a la *exégesis filológica*, no tanto de concepto, como era peculiar en la Edad Media, como sí de la letra misma, a través de la cual se busca afanosamente el verdadero significado de lo bíblico.

Valla inició [29] ese camino que después siguió Erasmo, lo mismo que Vives, Budé, Lefevre d'Etaples, Lutero, Melanchthon y otros dioses mayores y menores de la ciencia escrituraria. Revisión que consiste, esencialmente, en apartarse del procedimiento y los propósitos de la Edad Media. De ahí la notoria diferencia entre la «especulación» de un Tomás, un Occam, etc., y la «filología» de un Valla, un Erasmo, etc. La teología medieval es rigurosamente *especulativa*, a tal punto que por eso mismo es casi inevitable su confusión frecuente con la filosofía. Tal vez no hay manera de separarlas estrictamente, como lo prueba la famosa expresión «*philosophia ancilla theologiae*». Pues esta servidumbre revela que, así y todo, lo filosófico se encontraba profundamente encajado en lo teológico. No está del todo descaminado Unamuno cuando habla de la inconciliabilidad del *teos* y la *logía*; pues, en efecto, si bien se apoyan y se refuerzan, lo hacen, eso sí, al precio de una adulteración de sus respectivas naturalezas. Lo cual, sea

---

[28] Basta con comparar, v. gr., a Tomás de Aquino, Abelardo, Ockam, etc., con Erasmo, Budé, fray Luis, etc. (Vives viene a ser un caso un poco diferente en algún aspecto de su obra.)

[29] *Vid.* cap. I, nota 15.

dicho de paso, explica ese progresivo e inevitable estancamiento a que se
vio finalmente conducida la teología medieval, que ya en el siglo XV era
un terreno árido sembrado de excesivas abstracciones y abstrusas logo-
maquias.

Durante el siglo XVI la lucha en el terreno religioso tiene lugar entre
el concepto *escolástico* de fe y el concepto *filológico* (escriturario). Santo
Tomás, Escoto, Occam, etc., *vs.* Valla, Erasmo, Lutero, etc. Filosofía *vs.*
Filología. La Escritura como «implicación» (Edad Media) frente a la
Escritura como «explicación» (Renacimiento). Digo esto porque no se me
oculta que al leer a Santo Tomás, a Occam, etc., se advierte pronto que
lo importante para ellos es lo que puede implicar o suponer el texto bíblico
a los efectos de elaborar un pensamiento que, en cuanto tal, se encuentra
más allá —en considerable medida— de la Sagrada Escritura misma. O, dicho de otro modo, que al leer a Santo Tomás o a Occam nos abruma ese
alarde (admirable, por supuesto) de la especulación del teólogo; que, no
obstante, nos deja fríos con respecto a la *piedad* íntima del texto bíblico
en sí mismo. Por lo que aquí vendría a punto, ya que hablamos de la diferencia entre Edad Media y Renacimiento, recordar aquello del Kempis:
«Más deseo sentir la contrición que saber definirla.» Y es que, con esto,
volvemos a la manoseada (pero permanente) cuestión de *razón* y *fe.* ¿Puede,
en efecto, la razón servir de fundamento a la fe? Por lo pronto, no nos
apresuremos a dar ninguna respuesta, porque la historia enseña que esto
serían penas de amor perdidas. ¿Acaso no se planta el Renacimiento frente a la Edad Media en este punto de las relaciones entre razón y fe, y se
decide, mírese como se quiera, por esta última? Lo hace, o a través del
florecimiento de la mística en llamativa forma, o mediante esa preferencia
por la exégesis filológica del texto bíblico que nos lleva directamente
a la entraña misma de la *pietas* cristiana. Pero, ya lo sabemos, no más
Sumas, ni *Digestos,* ni *Disputationes* [30], etc. Contra todo esto, como letra
más o menos muerta, se levanta cada vez más firmemente la ciencia escrituraria filológica en que, durante el Renacimiento, va a consistir, más o
menos, la teología.

Durante el Renacimiento la teología es, pues, ciencia escrituraria en

[30] El menosprecio de estas formas de manifestación del pensamiento medieval
llega a ser cosa corriente en el siglo XVI. Así, por ejemplo, en el ameno y humorístico
Vniaje a Turquía (¿Villalón?, ¿de Laguna?) hay unos pasajes dignos de reproducirse
aquí para ilustrar lo que se viene diciendo:
JUAN.—Esa es una discusión y muy antigua, particularmente en España, la que
sostenéis vosotros los médicos, con nuestros teólogos. Vosotros pretendéis saber más
filosofía, latín y griego que nosotros. Son cosas, seguramente, que nos importan poco,
pues sabemos lógica. ¿Por qué, pues, más latín y más griego?
PEDRO.—Os concedo que en ese punto tenéis mucha razón, pues para entender
los libros en que estudiáis apenas se necesitan las letras humanas.
JUAN.—¿Cuáles libros? ¿Santo Tomás, Scoto, los Gabriel y los demás escolásticos?
¿Halláis que es mala su teología?
PEDRO.—No por cierto; por el contrario, es muy santa y muy buena. Mas, por

un sentido más que nada *filológico*. Tan clara y definidamente lo es, que a esto precisamente se debe la enconada lucha entre los defensores de la tradición medieval y los innovadores de la hora; es decir, entre la supervivencia de la escolástica según lo había entendido la Edad Media, y la nueva idea de la ciencia bíblica. Es, pues, curioso que en el Renacimiento se puede hablar de «biblismo» en un sentido muy particular y llamativo, al oponerlo a la teología escolástica, que, por supuesto, surge también de la Sagrada Escritura. Pero «biblismo» es ahora, en el Renacimiento, otra manera de entender la ciencia escrituraria fundada sobre todo en la filología, de modo que el procedimiento preferido es ése de hacer hermenéutica filológica a partir, sobre todo, de la Sagrada Escritura y de la Patrística. Por tal motivo, referido el caso a fray Luis, está en lo cierto el Padre Angel Custodio Vega, cuando dice:

> Generalmente, cuando se habla en los círculos de estudios eclesiásticos de fray Luis como hombre de ciencia, se le suele considerar casi exclusivamente como escriturario. Pero es el hecho que en él el escriturario está sostenido y como potenciado por el teólogo, así como el teólogo lo está por el escriturario. Son éstas las funciones de su espíritu que no se las puede separar ni escindir, porque en tanto es un gran escriturario en cuanto que es un gran teólogo, y en tanto un gran teólogo en cuanto que es un gran escriturario [31].

Sin embargo, no creo que pueda aceptarse igualmente esa otra afirmación suya de que es la dualidad de teólogo y escriturario en fray Luis la que precisamente le distingue del resto de los «teólogos del siglo XVI salmantinos y no salmantinos» [32]. Porque, en alguna medida, o más bien refiriendo la cuestión a su esencia misma, esa *dualidad teológico-escrituraria* es la misma que advertimos en el Renacimiento en todas partes; quiero decir, cuando el que la tiene es hombre *del* Renacimiento «en espíritu y en verdad» de éste. ¿Acaso un teólogo como Melchor Cano, al diseñar su obra *De Locis Theologicis*, no está proponiendo en su clasificación gradativa del material teológico, más o menos lo mismo que hace fray Luis de León al establecer un criterio de selección que parte de los textos bíblicos

mi parte, yo prefiero la de Cristo, que es el Nuevo Testamento, que es, después de todo, lo positivo, sobre todo para los predicadores.
JUAN.—¿Y éstos no lo saben?
PEDRO.—Yo no sé; al menos no lo muestran mucho en el púlpito.
JUAN.—¿Cómo lo veis vos?
PEDRO.—Voy a decíroslo francamente: todos los sermones que se siguen en España —y Mátalascallando está aquí que no me dejará mentir—, son tan escolásticos que no se oye en cátedra otra cosa que: «Santo Tomás dice... en la distinción 143..., en la cuestión 26..., en el artículo 62, en la respuesta a tal réplica... Scoto en tal y tal cuestión opina lo contrario... Alejandro de Hales, Nicolás de Lyra, Juan Mayor, Cajetan, dicen esto y aquello...», cosas que el alma vulgar ama poco, y, según pienso, *menos aún aquellos que creen comprenderlo mejor.* (El subrayado es mío.)

[31] P. A. C. Vega: *Fray Luis de León, op. cit.,* pág. 588.
[32] *Ibid.*

como el «lugar natural» para toda bien fundada elaboración teológica?
Claro está que Cano no desecha nada en relación con el material de que
puede disponer la teología, pero su ordenada clasificación y el carácter
jerárquico, en cuanto a la autenticidad de las fuentes se refiere, tiene
mucho que ver con la hermenéutica filológica renacentista. Sin duda que,
por esto mismo, afirmó Menéndez Pelayo que Melchor Cano tiene más de
hombre del Renacimiento que de escolástico [33]. Pues, en una dada época,
son varios y diferentes los caminos que conducen al mismo propósito.
Y la filología escrituraria es el nervio de la teología en el siglo XVI. Fray
Luis está, pues, en esa línea que arranca de Valla y prosigue en Erasmo y
otros. A este respecto, nos dice lo siguiente el Padre Angel Custodio Vega:

> La palabra de Dios, no estudiada como *una mera disciplina mental, seca y
> descarnada,* sino con espíritu amoroso y santo, para sacar de ella el jugo que
> nutre el alma y renueva las inteligencias, descubriéndole los misterios de Dios
> y su vida en el hombre, que es el ápice de la más pura y divina teología [34].

La traducción castellana y literal del *Cantar de los Cantares* viene a
corroborar esas palabras suyas que se acaban de citar. Como cualquier
otro escriturario filólogo del Renacimiento, también fray Luis insiste y se
afana en extraer directamente del texto hebreo (en este caso) el significado
más preciso posible. Por eso mismo:

> Fray Luis, que no creía en la inspiración divina de los traductores de la Biblia
> [exactamente como pensaba Erasmo], aunque éstos fueran los Setenta o San
> Jerónimo, y que sabía lo difícil que es extraer el sentido de lengua tan oscura
> y pobre como es el hebreo, creía un deber del exégeta católico, cuya misión es
> dar a conocer el verdadero y literal sentido de la palabra de Dios, acudir al texto
> original y analizar una por una hasta sus letras y tildes, confrontar luego las
> múltiples traducciones, y con su ayuda derramar luz sobre luz y claridad sobre
> claridad [35].

---

[33] M. Menéndez Pelayo: *Obras completas,* 2.ª ed., Consejo Superior de Investigaciones Científicas, Madrid, 1947, *Historia de las ideas estéticas en España,* tomo II,
página 116, dice textualmente de Melchor Cano «que pasa por escolástico». Y aun sobre
el *pensamiento* cabría añadir que tampoco, al menos estrictamente, como lo prueba
este otro pasaje de Menéndez Pelayo tomado del propio Cano: «¿Quién podrá sufrir
aquellas disputas sobre los universales, sobre la analogía de nombres, sobre lo primero
conocido, sobre lo que llaman principio de *individuación,* sobre la distinción de la
cuantidad y la cosa cuanta, sobre lo máximo y lo mínimo, *sobre lo infinito,* sobre
las proporciones y grados, y otras seiscientas cosas a este tenor, de las cuales ni yo
mismo, con no ser de ingenio muy tardo, y con no haber dedicado poco tiempo y
diligencia a entenderlas, jamás he podido formarme idea clara? ¿Pero por qué he de
avergonzarme de no entenderlas, si tampoco las entendían los mismos que primero
las trataron?» *(Locis theologicis,* libro I, cap. VII.)
[34] P. A. C. Vega: *Fray Luis de León, op. cit.,* pág. 588.
[35] *Ibid.,* pág. 611.

Y aquí viene también a punto aquello que dijo a la Inquisición uno de los declarantes en el proceso de fray Luis: «Dijo que él [fray Luis] no quería saber más de Santo Tomás y los Santos y Soto y Cano, y no novedades» [36]. Descontado incluso hasta que sea cierto, esas palabras que se le atribuyen revelan de algún modo el propósito de fray Luis, o sea, el de no proseguir en la teología escolástica al modo tradicional, sino hacer justamente eso otro que el Renacimiento había impuesto.

Teología escrituraria, filológica, que, sin embargo, aunque acude rectamente a la letra, no se queda en ella, sino que la supera considerablemente al no concebirla como «disciplina mental» (según lo hace la teología escolástica), sino que extrae del texto, debidamente depurado, su verdadero espíritu —la consecuencia *religiosa* directa e inmediata, esa que rebota en el espíritu del lector—. Teología no tanto para *convencer* [37], como de sólito se muestra la escolástica, sino, por el contrario, para despertar el *sentimiento* en el lector. Teología destinada a hacer de la Sagrada Escritura algo así como una posesión común por igual a todos los hombres, en lugar de reducirse a ser patrimonio de los hombres doctos de la Iglesia. Sin embargo, esta actitud de fray Luis con respecto a la letra sacra le acarreó enemistades de las que tuvo que defenderse.

Las obras que dan a fray Luis justificada fama de pensador y de escritor son precisamente esas tres que compuso en español con los títulos de *Exposición del Cantar de los Cantares*, los *Nombres de Cristo* y la *Exposición del Libro de Job*. En realidad, en cuanto a la prosa se refiere, son las únicas mediante las cuales adquiere su alta reputación. Pero hay otro fray Luis, o sea, el profesor, el hombre que también escribe, pero no para el anónimo público lector, sino para el restringido auditorio de sus alum-

---

36 P. A. C. Vega: *Fray Luis de León, op. cit.*, pág. 588.

37 En los siglos XII y XIII se creía que el método de enseñanza *(modus docendi)* debía seguir el método de descubrimiento *(modus inveniendi)*. Así, se establecieron dos modos esenciales del método escolástico: la exposición *(lectio)* y la disputa *(disputatio)*, y aunque el primero era el más original y caracterizado, el otro era su fundamento: *Lectio autem est quasi fundamentum et substratorium requentium*. En cuanto a la *quaestio disputata* (disputa de una cuestión), parece haber surgido en el siglo XII de las diferentes interpretaciones de la Biblia llevadas a cabo por los Santos Padres. Primero se hacía la lectura del texto (generalmente en la mañana); un profesor proponía una cuestión y entonces uno de los estudiantes más adelantados debía responder a las preguntas y a las objeciones de los demás estudiantes (a esto es a lo que se llamaba *videtur quod non*). Luego el profesor resumía todo lo dicho, ofrecía su propio punto de vista *(determinatio)* y contestaba las objeciones más importantes. Más tarde se agregó el *quodlibet*, que eran disputas que dirigía una autoridad en materia teológica en algunas ocasiones especiales como durante la Semana Santa, sobre cualquier punto propuesto por alguno de los presentes *(de quodlibet ad voluntatem cuiuslibet)*.

nos [38]. Ahora bien, es imposible disociar al escritor del profesor porque, en apreciable medida, aquello que aparece en su obra en español es como reflejo de lo que el «*studiosus,* lento y calienta-libros» [39] nos revela, por otra parte, en los escritos al gran público. Porque fray Luis fue hombre de cátedra durante muchos años, concretamente de teología, dentro de la cual maduraba su espíritu y le permitía diseñar todo aquello que constituía su visión del mundo y sus anhelos, como es siempre el caso del escritor. Porque cuando se toma en serio esta profesión es porque toda nuestra circunstancia es un desafío constante que provoca esas reacciones que luego se manifiestan en la letra escrita. Y si bien fray Luis es un *teólogo,* no olvidemos que lo es al modo renacentista, es decir, doblado en filólogo. Por consiguiente, toda su exégesis teológica está hecha al hilo de su afán por descubrir el sentido profundo que subyace en la letra, para lo cual es preciso ir desde ésta (a través de ella) hasta el concepto que apresa y esconde el verdadero significado. Es, pues, muy probable que estando dotado, como lo estaba, de los conocimientos lingüísticos indispensables —y, por esto mismo, muy bien advertido de los riesgos del descuido de la «letra»—, fray Luis sintiera vivísimo interés, hasta se diría que violenta curiosidad, por darse *a sí mismo,* es decir, a través de su medio original y espontáneo de comunicación, que era la lengua española, el *preciso significado* de lo que atesora la Sagrada Escritura. Mas es también probable que comprendiera cuán difícil, tal vez imposible, debía resultar el esfuerzo para hallar el equivalente absoluto de lo que el texto original y el más primitivo de todos contenía a ese respecto. Pues al ser español, como le ocurría a fray Luis (nacido y educado primordialmente en esa lengua), en él no podía dejar de operar esa inevitable transferencia del texto semítico al español, porque éste era, como es natural, su centro último y definitivo, a donde, por lo mismo, referir todo cuanto se relacionase con las Escrituras. «Traducción literal»: pero, ¿se quiere algo que más linda-

---

[38] Para la cátedra que desempeñaba en Salamanca (en latín, por ser ésta una disposición rigurosa), fray Luis compuso varias obras, entre las que se cuentan las siguientes: *Explanatio in Cantica Canticorum* (Explicación del *Cantar de los Cantares),* sin duda alguna su mejor obra en latín; *In Abdiam* (Comentario sobre el profeta Abdías); *Epistola ad Galatas* (durante el curso de 1581, hoy perdida); *De utriusque agni, typici atque veri, inmolationis legitimo tempore* (Tratado sobre el tiempo de la inmolación del Cordero típico y el Cordero real), de un año antes de su muerte; *Epistola II ad Thesalonicenses* (en ella defiende la pluralidad de significados literales de la Escritura); Comentario al Cántico de Moisés *audite coeli quae loquor* y a los Salmos XVIII, XXXVI, LVII y LXVII; *De Incarnatione Verbi* (es el más extenso de sus trabajos en latín); *De Fide* (contiene la célebre lectura sobre la *Vulgata,* que dio lugar y comienzo al escándalo en que se vio envuelto fray Luis); *De Spe* (estudia, sobre todo, la posición intermedia de esta virtud entre las otras dos teologales); *De charitate; De praedestinatione* (que dio lugar al incidente del padre Prudencio de Montemayor); *De creatione rerum* (Sobre la creación de las cosas), inspirada en la doctrina agustiniano-platónica.

[39] Según frase de Ortega y Gasset. *Vid.* M. de Unamuno: *Obras completas,* 2.ª edición, Vergara, S. A., Barcelona, 1958, tomo III, pág. 722.

8

mente no diga nada? Porque, ¿existe acaso algo que sea eso mismo? Pues no vamos a conceder que el azar de tal o cual palabra con equivalente absoluto en otra lengua valga para admitir sin más que hay, en efecto, una posible y legítima traducción *literal*. Porque, ya se sabe, no se piensa con palabras, sino mediante estructuras sintácticas, de las cuales es que depende el sentido de los vocablos.

Por consiguiente, lo que debe haber tentado fuertemente a fray Luis, hasta el punto de desobedecer la disposición eclesiástica, es precisamente ese «asombro» de lo que resulta conscientemente ignorado al menos en sus últimas consecuencias. Dicho de otra manera: ¿cómo resultaría —tendría que resultar— ese texto hebreo al trasladarlo, no ya *desde* la página impresa que lo alberga hasta la cuartilla en blanco que allí aguardaba (pues no es ésta justamente la proeza), sino al tratar de desplazar todo ese mundo de pensamientos, convicciones y fantasías en que debió consistir una cultura ya milenaria, a ese otro mundo, entonces actual, que bullía condensadamente en el ámbito personal del traductor? Pues quien alguna vez haya *traducido* algo, dominado por el afán de revelarse a sí mismo el más remoto origen del texto a verter, sabe perfectamente de qué estoy hablando ahora, y le será mucho más fácil comprender el irresistible efecto que el reto intelectual de la traducción del *Cantar* debe haber producido en fray Luis.

Mas no descuidemos el detalle de que el traductor es, en este caso, un teólogo del siglo XVI, o sea, un hombre formado en la tradición filológica escrituraria y que, además, siente profundamente el drama de la Biblia [40]. ¡De toda ella! Ese drama que se condensa en la constante profecía del suceso de la *Encarnación* con todas sus consecuencias, terrenales y celestiales. La Biblia como vasta profecía, una que las resume a todas, es decir, la del establecimiento gradual del reino de Dios en la tierra desde la aparición del Hijo del Hombre y a través de esa conquista permanente que es la *Redención*. Profecía que atrae a fray Luis decisivamente, tal como lo vemos en los *Nombres de Cristo;* pero que, a su vez, está fuertemente relacionada con el *alegorismo* que recorre y domina toda la Sagrada Escritura. ¡Qué reto menos esquivable —diríamos ahora— éste de atender directamente a la letra para extraerle su profético significado, velado en la alegoría! Mas es justamente aquí donde yace una cuestión, difícil en grado sumo, que inmediatamente pasamos a examinar.

Se trata de lo siguiente: ¿qué quiere decirse cuando se nos dice que fray Luis de León hizo la versión «literal» del *Cantar de los Cantares?* Pues si la hizo, entonces, ¿para qué el comentario exegético? Por muy ociosa y hasta majadera que pueda parecer esta pregunta, es ahora de

---

[40] Sobre todo en relación con el drama de la Reforma, que, mírese como se quiera, era ya por entonces un hecho consumado. Fray Luis debe haber meditado profundamente acerca de esas peripecias del Cristianismo, de su complicada *historia*, que hace remontar hasta los remotos orígenes del pueblo judío.

todo punto atinente, porque si el lector hebreo de los tiempos en que aparece por primera vez el *Cantar* (como también el de otros tiempos) lo interpretaba en la forma *alegórica* en que lo hace fray Luis, al sustituir la letra por una dada «explicación», entonces, automáticamente, la lengua hebrea ha de estar más bien en la interpretación de fray Luis que en su traducción literal, con lo cual sale ésta sobrando. Pero es él mismo quien nos advierte que «los hebreos no tenían licencia para leer este libro y otros algunos de la ley los que fuesen menores de cuarenta años» [41]. Entonces, si el texto hebreo dice exactamente lo que reza en su equivalente en español, v. gr.: «Béseme de besos de su boca, porque buenos [son] tus amores más que el vino»; «Tus dos pechos como dos cabritos mellizos que pacen entre violetas»; «Tu ombligo como taza de luna, que no está vacía; tu vientre un montón de trigo cercado de violetas», etc., etc.; de ser así, como parece, entonces la «exposición» de fray Luis, como cualquiera de las otras que le preceden o le siguen, es puramente el resultado de una *voluntad de explicación* perfectamente posible y del todo legítima, acorde, por supuesto, con un punto de partida y una finalidad referidos ambos a la persona y la circunstancia del traductor. Porque esas expresiones a que me he referido un poco antes poseen también un significado directo, natural y espontáneo, que no es precisamente ese otro «alegórico» a que le fuerza, mírese como se quiera la cosa, toda interpretación. Que fray Luis parece haber estado muy bien percatado de esto que venimos diciendo se desprende de ciertas palabras suyas:

> Solamente trabajaré de declarar la corteza de la letra ansí llanamente, como si en este libro no hubiera otro mayor secreto del que muestran aquellas palabras desnudas y, al parecer, dichas y respondidas entre Salomón y su esposa: que será solamente declarar el sonido de ellas, y aquello en que está la fuerza de la comparación y del requiebro; que aunque es trabajo de menos quilates que el primero, no por eso carece de grandes dificultades, como luego veremos [42].

Es imposible, se dirá el lector, que en el texto sacro de las Escrituras pueda aparecer un poema donde se hacen claras e inequívocas manifestaciones de amor carnal. El único modo de salvar tamaña dificultad es acogerse al alegorismo de la Biblia. Mas he aquí la cuestión: el Renacimiento se enfrentó con este problema que suscitaba la triple interpretación a que había sido sometida la Biblia, es decir: la literal, la alegórica y la anagógica. Pues bien, la traducción literal del *Cantar*, de fray Luis, lleva una doble interpretación: *anagógica* (mística) y *alegórica* [43] (con carácter

---

[41] Fray Luis de León: *Exposición del Cantar de los cantares*, prólogo. Estas palabras se encuentran en la edición de Salamanca y en la mayor parte de los manuscritos.
[42] Fray Luis de León: *Obras completas castellanas, op. cit.*, pág. 63.
[43] Véase cap. II, nota 63. Hay una fuerte tendencia hoy día entre comentadores católicos a convenir con muchos de sus colegas protestantes (H. H. Rowley, W. Rudolph, etc.) que el sentido literal es el de ensalzar el amor y la felicidad entre un hombre y una mujer. Esto piensan J. P. Audet, A. Dubarle *(Jornadas bíblicas*, Lo-

profético). Y aquí puede estar la cuestión fundamental: al proceder a la versión literal incurría fray Luis en el filólogo escriturario típico del Renacimiento, mucho más que en teólogo. Como aquél, sentíase obligado (en la filiación humanística del Renacimiento) a compulsar la letra tratando de poner en lengua española el significado del texto hebreo, que no era, y ésta es la *magna quaestio,* la de la interpretación alegórico-anagógica propuesta por el traductor, ya que la idea fundamental de la unión de la Iglesia con Dios no es, que se sepa, aquélla propuesta a su vez por el texto hebreo [44]. Fray Luis, por tanto, al hacer la versión literal obraba (como puro humanista) atendiendo rigurosamente a la consigna del filólogo, no del teólogo. «¿Qué nos dice la *letra?*», he ahí la actitud del investigador que sabía —dada la tradición en que venía encajado— que el punto de partida estaba dado ahora por un *après* y no por un *avant la lettre.* Veámoslo en sus propias palabras a ese respecto, cuando dice:

> Lo que yo hago en esto son dos cosas: la una es volver en nuestra lengua palabra por palabra el texto de este libro; en la segunda declaro con brevedad, no cada palabra por sí, sino los pasos donde se ofrece alguna oscuridad en la letra, a fin de que quede claro su sentido, ansí en la corteza y sobrehaz, poniendo al principio el capítulo todo entero y después de él su declaración. Acerca de lo primero, procuré conformarme cuanto pude con el original hebreo, cotejando juntamente todas las traducciones griegas y latinas que de él hay, que son muchas, y pretendí que respondiese esta interpretación con el original, no sólo en las sentencias y palabras, sino aun en el concierto y aire de ellas, imitando sus figuras y maneras de hablar cuanto es posible a nuestra lengua, que a la verdad responde con la hebrea en muchas cosas [45].

Y todavía con mucha mayor conciencia de su responsabilidad como traductor, añade de esta guisa:

> El que traslada ha de ser fiel y cabal y, si fuere posible, contar las palabras, para dar otras tantas, y no más ni menos de la misma cualidad y condición y variedad de significaciones que las originales tienen, sin limitarlas a su propio sentido y parecer para que los que leyeren la traducción puedan entender toda la variedad de sentidos a que da ocasión el original, si se leyese, y queden libres para escoger de ellos el que mejor les pareciere. Que el extenderse diciendo, y el declarar copiosamente la razón que se entiende, y con guardar la sentencia que más agrada, jugar con las palabras, añadiendo y quitando a nuestra voluntad, eso quédese para el que declara, cuyo propio oficio es [...] [46].

vaina, 1963), M. van den Oudenrijn y otros. La comparación del libro con dos poemas de amor del Cercano Oriente antiguo, sobre todo Egipto, ofrece una común atmósfera y similaridad del tema.

[44] No puede serlo, al menos para los judíos, pues se trata de una *interpretación* cristiana en este caso.

[45] Fray Luis de León: *Obras completas castellanas, op. cit.,* pág. 65.

[46] *Ibid.*

Por supuesto que la posición de fray Luis como traductor no es exactamente así, es decir, que ni pone, ni quita, ni mucho menos supone, ya que se atiene a la letra en todo lo posible. En fin de cuentas, que no quiere saber nada de las «especulaciones» a costa del material traducido. Si estaba acaso pensando en las copiosas elaboraciones de la teología tradicional, aunque no podemos asegurarlo, nada, en cambio, impide sospecharlo [47].

Ahora bien, en el caso de la traducción del *Cantar*, la letra le revela al teólogo algo inadmisible, y es esa *naiveté* de la letra misma, que, por tanto, exige su adecuada interpretación, porque, aun en el caso de que no suscitara las imágenes de lo material que indudablemente suscita, por directa, sencilla e ingenua que resultara la evocación de esta letra, con vista al propósito primordial del cristianismo (futuridad y su consiguiente profetismo), tenía *eo ipso* que ser trasladada a otro ámbito que es justamente el de la «exposición» al modo como la lleva a cabo fray Luis.

El drama íntimo que tiene lugar en la persona de fray Luis cuando en la treintena de su vida traduce literalmente el *Cantar* y lo explica, es precisamente ése que acabamos de señalar y que proviene del conflicto entre el filólogo y el teólogo. Tiene, pues, toda la razón el Padre Vega cuando lo caracteriza por esa doble actividad. Porque, además, no olvidemos que es fray Luis no sólo un firme y devoto creyente, sino también (diríase que con la misma fuerza) un intelectual: un hombre de la tradición humanista del Renacimiento para quien la razón y la letra son tan indispensables como la fe y el espíritu. Sus amplios conocimientos de lo sagrado como de lo profano le impulsan a habérselas con tan riesgosa cuestión como es la del famoso *Cantar de los Cantares,* porque aquí puede satisfacer sus ansias humanísticas en el ámbito religioso: primor filológico en la letra del texto y satisfacción del fervor religioso en la exposición anagógica y alegórica de la letra, para cumplir así con el propósito de aumentar dialécticamente —al fin y al cabo se trata de un trabajo intelectual— la potencialidad de futuro y de profecía cristianas.

En los *Nombres de Cristo* se ve ante todo al profesor [48], desde el comienzo mismo, en esa metódica disposición con la cual inicia la larga *disertación* (que esto es realmente toda la obra) acerca de los *nombres* de *Cristo,* con una explicación que intenta, a la vez, aclarar y justificar la «realidad» del *nombre,* «que guiando el agua de su primer nacimiento,

---

[47] Pero, como ya dijimos un poco antes, fray Luis no lleva a cabo exactamente lo que ahora propone, pues, de ser así, ¿para qué, entonces, el comentario que él mismo hace?

[48] Lo prueba el hecho mismo de ser un *diálogo,* sus interlocutores y el papel de maestro que se asigna él.

tratemos qué cosa es esto que llamamos nombre, y qué oficio tiene, y por qué fin se introdujo, y en qué manera se suele poner [...]» [49].

A continuación hace fray Luis una invocación a Dios para que le permita hablar de El, tal como se propone hacerlo. Y esta invocación tiene un inconfundible acento agustiniano: «Porque, Señor, sin ti, ¿quién podría hablar como es justo de ti?» [50]. Y a seguidas desenvuelve fray Luis su teoría del nombre, de clara filiación nominalista [51], pues el nombre es siempre el sucedáneo de aquello a que se refiere, que tiene un *ser* en «el ser que le da nuestra boca y entendimiento», con lo cual nuestro sabio se inclina sensiblemente del lado nominalista, hacia aquello de los nombres como *flatus vocis*. Hay en fray Luis, con respecto al conocimiento, de donde dimana justamente la posibilidad de nombrar todas las cosas, una indudable influencia neoplatónica que se revela en la idea de la armonía de cada quién con los demás y de éstos con aquél. Armonía que el neoplatonismo hace residir en el *Uno* inefable y que San Agustín traslada a Dios. Y es así cómo los *conceptos* están en el entendimiento [52], sin estorbarse, es decir, no sujetos a ley alguna de impenetrabilidad, tal como le acontece a las *cosas,* en tanto que a la vez encuentran una admirable correspondencia con éstas a través de la palabra. Algo, pues, del poder de Dios se revela en el hombre mediante el *Verbo,* por cuyo intermedio la realidad se hace presente y patente al hombre. El alma viene a ser, pues, como el «lugar natural» de las cosas cuando convertidas en conceptos y palabras. Se diría que aquí fray Luis hace suya la idea aristotélica de que, «en cierto modo, el alma lo es todo» [53].

El *nombre,* pues, en el sentir de fray Luis, es el sustituto de la *imagen* de la cosa. Tiene, por consiguiente, un linaje o condición de tercería. Mas

[49] Fray Luis de León: *Obras completas castellanas, op. cit.,* pág. 395.

[50] Véase, por ejemplo, *Confesiones,* I, 1: «Pues ¿quién es el que no puede llamarte si ya no te conoce?» Y también en I, 2: «¿No sería mejor decir que yo no podría existir como no fuera en Ti, de quien todas las cosas proceden, por quien son todas las cosas, en quien están todas las cosas?»

[51] Le llamamos así porque fray Luis no sólo advierte que por *nombre* debe entenderse «la palabra breve que se sustituye por aquello de quien se dice», sino agrega que es, además, «aquello mismo que se nombra, no en el ser real y verdadero que ello tiene, sino en el ser que le da nuestra boca y entendimiento». Ahora bien, mientras lo primero es *realismo,* lo segundo ya es *nominalismo,* y la contradicción parece evidente siempre que nos movemos en el terreno de la concepción generalizada del realismo y el nominalismo. Paul Vignaux *(Dictionnaire de Theologie catholique,* tomo XI, artículo «nominalismo») dice que, en cuanto a la realidad como tal se refiere, no cabe oposición alguna entre *vox* y *res,* es decir, entre el nombre y la cosa nombrada. Así, la definición que fray Luis da del nombre resulta perfectamente comprensible desde el punto de vista nominalista.

[52] Los conceptos (o las ideas) son para San Agustín «formas principales», «razones estables e inmutables de las cosas», que están «contenidas en el intelecto divino» *(De divina quaestio,* LXXXIII), y que, según el designio de Dios, son trasladadas al ser humano para que sirvan de modelo.

[53] Aristóteles: *De anima,* 431 b, 8.

el nombre, rigurosamente como tal, es (tiene que ser) la cosa misma, porque la función o cometido del nombre es hacer presente lo que no está en nosotros:

> Mucho conviene que en el sonido, en la figura o verdaderamente en el origen y significación de aquello de donde nace, se avecine y asemeje a cuyo es, cuanto es posible avecinarse a una cosa de tomo y de ser, el sonido de una palabra [54].

Y aquí está precisamente el comienzo de la teoría de los *Nombres de Cristo*. Quiere decirse ahora que, según fray Luis, hay demasiadas veces en las que falta la debida y necesaria correspondencia del nombre con la cosa a que se refiere. Sin embargo, tal defectuosidad lingüística universal apenas se advierte en la lengua de las lenguas, es decir, en aquella en que Adán, bajo la inspiración de Dios, puso nombre a todas las cosas. Por consiguiente, es la Sagrada Escritura la que nos ofrece la más segura convicción de la adecuada concordancia de cosa y nombre. El nombre, pues, que procede de una especial significación de Dios, lleva consigo algo así como un «secreto particular que la cosa nombrada en sí tiene», dice fray Luis. La divina Escritura ofrece, pues, estas tres características que le vienen de ser designio de Dios: la semejanza de la palabra con el objeto a que se refiere; la coincidencia de sonido entre lo significado y lo significante; y también la figura de las letras que forman las palabras, que por ser, además, intercambiables, resultan ser la «imagen de la sencillez que hay en Dios, por una parte, y de la infinita muchedumbre de perfecciones que por otra tiene» [55]. Pero a estas alturas de su disertación, conviene fray Luis en que ha topado con una enorme dificultad, es a saber: si el nombre es como la *imagen* que reemplaza al objeto, ¿hay en realidad o concepto o palabra capaz de sustituir la realidad de Dios? Y si no es posible esto, ¿cómo decir que tiene un *nombre propio*? Pues, además, si Dios está en todo y en todos, no hay por qué dar a Dios un nombre, como hacemos con las cosas para «acercarlas» a nosotros. A esto contesta fray Luis diciendo que si bien Dios está en nosotros, no le vemos ni le oímos porque la defectuosidad de nuestra vida así lo determina inexorablemente. Tal vez se acuerda entonces de aquello de que «el que ve a Dios se muere» [56], y, por lo mismo, a Dios lo sentimos en su apelación a El, como hace el Salmista: «A ti clamo, ¡oh Yavé, mi roca!» [57].

Por otra parte, ¿cómo conciliar la finitud de la palabra que nombra a Dios con la infinitud de la perfección de Este? De todos modos, el nombre propio con que se designa a Dios está lejos de ser «cabal nombre», dice fray Luis, y así:

---

[54] Fray Luis de León: *Obras completas castellanas, op. cit.*, pág. 399.
[55] *Ibid.*, pág. 403.
[56] *Jueces*, XIII, 22; *Exodo*, XIX, 12; XXXIII, 20.
[57] *Salmos*, XXVIII, 1.

A Dios, si nosotros le ponemos nombre, nunca le pondremos un nombre entero y que le iguale, como tampoco le podemos entender como quien El es entera y perfectamente, porque lo que dice la boca es señal de lo que se entiende en el alma [...] [58].

Y esto último es lo que explica la variedad de apelativos que recibe Cristo, porque no es posible que la limitada capacidad de significación de una palabra diga todo lo que conviene a la infinita riqueza entitativa de Dios. Sin embargo, se podría apostillar aquí preguntando que si estos nombres aparecen en la Sagrada Escritura y —como dice fray Luis— convienen con la cosa, porque esos nombres los puso Dios, ¿por qué tantos, si, al proceder de El, debían haberse reducido a uno?

No vamos a ocuparnos en detalle del aspecto que se refiere a cada una de las denominaciones de Cristo, aun cuando, en su conjunto, dicho aspecto constituye la parte esencialmente *mística* [59] de la obra; que, por otra parte, es en donde se esconde y se asienta, a la vez, el problema humano de fray Luis, el drama de toda su vida como religioso y hombre de mundo. Porque es indudable —como se comprueba al acabar la lectura de esta obra— que fray Luis se confronta a sí mismo en estas páginas en las cuales, tomando como pretexto la onomástica cristológica, la cruda oposición de la vida material y la vida espiritual (en su caso celda y siglo), la *dramatis persona* del autor queda expuesta en la más clarividente de las autobiografías que jamás se haya escrito.

Fray Luis se propuso hacer una especie de historia epopéyica de la cristiandad [60] concebida como la inevitable continuación de lo que ya había sido iniciado en el pueblo judío, que sigue siendo así el pueblo elegido por Dios para ser el comienzo de la historia universal del futuro y para siempre. Pueblo escogido para el designio final de Dios, que se cumplirá íntegramente en tres tiempos, de los cuales ya se han cumplido dos: el primero, que ha consistido en la elección de Israel para comienzo de la epopeya del hombre; el segundo, al hacerse hombre en su Hijo, Cristo Jesús, para así redimir al hombre; el tercero, cuando el Juicio Final sea

---

[58] Fray Luis de León: *Obras completas castellanas, op. cit.,* págs. 405-406.

[59] Este es precisamente el motivo que determina toda esa onomástica cristológica, y el contenido intrínseco de esos «nombres» de Cristo se separa del resto de la obra, formado a su vez por otras consideraciones, bien teológicas, bien históricas, y hasta epistemológicas.

[60] Esta otra finalidad de la obra es precisamente la que nos deja ver a fray Luis como el *intelectual* preocupado con el destino de su época. Al hilo de estas consideraciones biblicoteológicas (vamos a decir así) se advierte claramente el deseo del autor de establecer el sistema de afirmaciones y negaciones que, con respecto a ese «destino», él —como hombre de pensamiento— se cree en la obligación de hacer. Pues no se olvide lo que la Reforma, al conmover a Europa como lo hizo, tenía que representar para el catolicismo; porque, además, apartándonos ahora de toda veleidad intelectual, ¿cómo negar que también la Reforma acarreaba una considerable porción negativa?

consumado. Redención que, en cuanto al pueblo judío se refiere, supone que acabará reconociendo a Cristo como el Mesías y aceptándolo como tal:

> Esto toca propiamente a los del pueblo judaico, que en el fin de los tiempos se han de reducir a la Iglesia; y reducidos, comenzarán a caminar por este nuestro *camino* con pasos largos, confesándole por Mesías [61].

Pueblo elegido que se rebela contra Dios, a pesar del particular privilegio de Dios hacia él. Y aun ahora —dice fray Luis— en que parece haberle abandonado, quiere, no obstante, salvarle de nuevo, lo cual se verificará cuando, «después de tantos rescates de Dios y de tantas y tan malas pagas de ellos, los tornará últimamente a librar; y libres y ayuntados a los demás libertados que están agora en la Iglesia, los pondrá en el camino de ella y los guiará derechamente por él» [62].

No nos hemos extendido hasta aquí en estas consideraciones acerca de la relación que mantiene el pueblo judío con el más importante designio de Dios —la redención del hombre—, simplemente por hacer una glosa de esta cuestión. La misma adquiere una singular significación en el pensamiento de fray Luis (en el caso de los *Nombres de Cristo)*, porque, como ya la crítica lo ha advertido, la insistencia de fray Luis en señalar la culpabilidad del pueblo hebreo con respecto al cristianismo es el modo de hacer resaltar su absoluta falta de simpatía hacia la actitud anticristiana de los judíos. O dicho de otra manera: repetir una y otra vez que ni era ni podría ser nunca *judaizante* [63]. Esto le importaba mucho, y de ahí su insistencia en la cuestión, si se tiene en cuenta que la base de la acusación que se le formula es precisamente la de la sospecha de «judaísmo», dados sus semíticos antecedentes [64]. Su afán de sincerarse en este caso, justificándose a la vez, se multiplica en aseveraciones diferentes (según el punto en cuestión), pero conducentes al mismo fin. Así, en el nombre *Monte* dice:

---

[61] Fray Luis de León: *Obras completas castellanas, op. cit.,* pág. 441.

[62] *Ibid.,* pág. 442.

[63] En la «Dedicatoria» del libro dice que el pueblo hebreo (antes como entonces), «por haber desde su primer principio comenzado a apartarse de Dios, prosiguiendo después en esta su primera dureza, y casi por años, volviéndose a Él, y tornándole luego a ofender, y amontonando a pecados pecados, *mereció ser autor de la mayor ofensa que se hizo jamás, que fue la muerte de Jesucristo».* He subrayado estas últimas palabras para que se vea que el rigor del comentario de fray Luis permite al menos suponer el secreto propósito de disolver toda sospecha de «judaísmo» con respecto a él.

[64] Es cierto que los tenía: «la trisabuela paterna de fray Luis, originaria de Quintanar de la Orden (foco cercano del judaísmo), doña Elvira, mujer de Alvar Fernández de León, era una conversa» [...] «Leonor de Villanueva, bisabuela paterna de fray Luis, y [...] Juana Rodríguez, hermana de aquélla [...], debieron comparecer en 1512, en una edad muy avanzada, ante un auto de fe realizado en Cuenca, donde les fueron confiscados todos los bienes, mientras ellas eran obligadas a reclusión perpetua y a llevar siempre el sambenito, esa vestimenta de oprobio, de color verdoso, que se imponía a los conversos, heréticos y relapsos.» (A. Guy: *Fray Luis de León,* trad. de J. Vaccaro, ed. Columba, B. A., 1963, pág. 13.)

MONTE *en el cual le plació a Dios morar en él, y cierto morará en él eternamente. Lo cual si no es de Jesucristo, de ningún otro se puede decir* [...] [65].

A la *idolatría* (el «becerro de oro») debe el pueblo judío el no haber conservado el privilegio de continuar la voluntad de Dios hasta el final:

Porque sabida cosa es, así como lo enseña San Pablo, que el haber desconocido a Cristo aquel pueblo, fue el medio por donde se hizo este trastrueque y traspaso, en que él quedó desechado y despojado de la religión verdadera y se pasó la posesión de ella a las gentes [66].

Y es así como, en el capítulo dedicado a tratar de Cristo como el *Hijo de Dios* (el nervio mismo de toda la obra), fray Luis asegura que la filialidad divina de Cristo se revela en esa misión que a él solo estaba encomendada de dar a conocer a Dios tan *completamente* como lo era el designio de Dios:

Porque él solo nos ha dado a conocer a su Padre, no solamente poniendo su noticia verdadera en nuestros entendimientos, sino también metiendo y asentando en nuestras almas con suma eficacia sus condiciones de Dios, y sus mañas, y su estilo y virtudes [67].

También en el capítulo de la denominación de *Amado* vuelve fray Luis, entre otras cuestiones, a la de la filialidad divina de Cristo que, por esto mismo, le convierte en el *único y verdadero* Mesías. Cristo, nos dice ahora fray Luis, ha tenido siempre amadores y los tendrá siempre, porque es y será de todos los tiempos: «Porque en todas las edades del siglo y en todos los años de él, y podemos decir que en todas sus horas, han nacido y vivido almas que entrañablemente le aman» [68].

Ya desde el capítulo dedicado a tratar de Cristo como *Padre del siglo futuro* comienzan a desgranarse las cuestiones teológicas. La primera de éstas se refiere a la difícil cuestión del *pecado original,* que viene a ser como la lucha entre el poder de Dios y el de Satán. Este se aprovecha, según fray Luis, de una limitación de Dios, es decir, la que consiste en no poder «por alguna manera volverse de lo que alguna vez pone» [69], y, de este modo, el diablo no sólo hace pecar al hombre (al primero), sino que, igualando en esto otro el poder de Dios (el poder creador), deposita en el hombre la semilla de todo pecado posible, para que «así naciesen todos culpados y aborrecibles a Dios, e inclinados a continuas y nuevas culpas, e inútiles todos para ser lo que Dios había ordenado que fuesen. Así lo

---

[65] Fray Luis de León: *Obras completas castellanas, op. cit.,* pág. 463.
[66] *Ibid.,* pág. 534.
[67] *Ibid.,* pág. 668.
[68] *Ibid.,* pág. 718.
[69] *Ibid.,* pág. 478.

pensó, y como lo pensó lo puso por obra»[70]. Mas ¿cómo sabemos exactamente que Dios no puede echarse atrás en lo que una vez decide hacer?
Además, un poco más adelante, parece como si fray Luis, al percatarse de
esta contradicción, dijese que si bien Dios pudo hacer otros hombres, exen-
tos de todo pecado, su linaje ya no sería el de Adán; con lo cual la afirmación de que Dios no puede volverse sobre sus propios actos queda, pues,
en pie. Y si bien la solución, según fray Luis, va a consistir en la *redención
del hombre caído,* ésta en nada elimina esa indudable consecuencia de la
limitación del poder de Dios, no sólo en relación consigo mismo[71], sino,
además, con respecto al demonio. Todavía más, es deliciosa esta otra ase-
veración de fray Luis tocante a la situación en que, con respecto al hombre,
había puesto a Dios el demonio: «fue necesario que usase Dios de nueva
y secreta forma de consejo [...]»[72]. Cabe preguntar: ¿por qué, frente
al demonio, si es Dios el único ser omnipotente, tuvo que valerse de ese
secreto? Ahora bien, si se dice que Dios había previsto y dispuesto la
caída del hombre a manos de Satán, entonces no hay nada que decir; pero
da la casualidad que no es precisamente así como lo plantea fray Luis.

Las contradicciones se multiplican con respecto a este punto. Así, por
ejemplo, al hablar del alma del primer hombre, dice fray Luis que

> la sustancia de la naturaleza del hombre, ella de sí y de su primer nacimiento
> es sustancia imperfecta, y como si dijésemos, comenzada a hacer; pero tal, que
> tiene libertad y voluntad para acabarse y figurarse del todo en la forma, o mala
> o buena, que más le pluguiera [...][73].

Sin embargo, poco después agrega:

> Dios cuando formó al primer hombre y formó en él a todos los que nacemos
> de él como en su simiente primera, porque le formó con sus manos solas, *y de las
> manos de Dios nunca sale cosa menos acabada o perfecta,* sobrepuso luego a la
> sustancia natural del hombre los dones de su gracia, y figuróle particularmente
> con su sobrenatural imagen y espíritu, y sacólo como si dijésemos de un golpe
> y de una vez acabado del todo y *divinamente acabado*[74].

¿Es, pues, el hombre perfecto o imperfecto al salir de las manos de
Dios? Pues si era perfecto, divinamente acabado, entonces, ¿por qué esa
imperfección, v. gr., de su *debilidad* frente al demonio?

---

[70] Fray Luis de León: *Obras completas castellanas, op. cit.,* pág. 479.
[71] Véase a este respecto cap. II, nota 61, y cap. III, nota 98.
[72] Fray Luis de León: *Obras completas castellanas, op. cit.,* pág. 480. Aquí fray
Luis cita unas palabras del sermón *In Nativitate Domini* del Papa San León I
(circa 400-461), quien ocupó el solio pontificio de 440 a 461 y combatió a maniqueos,
monofisitas y pelagianos. Se distinguió siempre por su predilección por la predicación.
El sermón citado es uno de los mejores que compuso.
[73] *Ibid.,* pág. 481.
[74] *Ibid.* (El subrayado es mío.)

Pero es claro que todo este planteamiento del pecado original y la redención del hombre (de la lucha entre el viejo y el nuevo Adán), tiene su propósito definido en fray Luis, cual es el de hacer la crítica de la actitud asumida por el luteranismo con respecto a dicha cuestión. Es así como nos dice que la *redención* «no es cosa de imaginación ni de respecto exterior, como dicen los que desatinan ahora; porque, si fuera así, no hiciera nacimiento nuevo, pues en realidad de verdad no ponía cosa alguna nueva en nuestra sustancia, antes de dejarla en su primera vejez» [75], y agrega «que aquesta nueva generación y el consejo de Dios acerca de ella, si se ordena todo junto y se declara y entiende bien, destruye las principales fuentes del error luterano y hace su falsedad manifiesta» [76]. Y vuelve contra el luteranismo al decir, también, que «ni con lo que fue hecho en nosotros en la persona de Cristo, con eso, sin más hacer ni entender en las nuestras, somos ya en ellas justos y salvos, como dicen los que desatinan agora» [77], de manera que no basta al hombre con el sacrificio de Cristo para asegurarse su eterna salvación, sino que ésta es, diríamos, obra de «los trabajos y los días».

Hay, pues, en los *Nombres de Cristo* toda una teología moderna, dinámica, enderezada a un fin que es el de probar cómo el catolicismo (el *to katholou*, o sea, la religión llamada a ser *universal)* consiste en la más extraordinaria epopeya que jamás pudiera tener lugar. Epopeya que se inicia con el pueblo hebreo, escogido por Dios con tal finalidad y que, al correr del tiempo, acabará integrándose en el cristianismo, que es como decir que se reintegrará en aquello de lo cual se apartó no obstante haber sido él mismo su comienzo. Porque el fin de los fines, o sea, el establecimiento del reino celestial en la tierra, trazado como está por Dios desde y por siempre jamás, ha de cumplirse, tal como se cumple, de modo paulatino [78]: primero fue el pueblo escogido para conocimiento y alabanza de Dios; después ha venido el Cristo, o sea, Dios mismo hecho carne para hacer posible la definitiva redención de todo mortal; finalmente, a la consumación de los siglos, será la apoteosis del Juicio Final. Es así como, por sus pasos contados, tendrá efecto el plan de Dios.

En los tiempos en que fray Luis escribe los *Nombres de Cristo* el cristianismo atraviesa uno de sus más sombríos momentos. Por una parte, la escisión gravísima que ha producido la Reforma; por otra parte, sobre todo en países como España, el judaísmo, a la defensiva, es sin duda otra grave amenaza, sin duda mucho mayor que la protestante, pues, al fin y al cabo, éste había surgido del catolicismo, por lo que le vinculaban a él

[75] Fray Luis de León: *Obras completas castellanas, op. cit.,* pág. 487.
[76] *Ibid.,* pág. 488.
[77] *Ibid.,* pág. 498.
[78] Cf. esto con lo que dice ahora el Concilio Vaticano II, sobre todo en relación con esta esencial «permanencia» de la Iglesia y con sus «cambios», así como con respecto a otros credos.

muchos motivos. Mas con respecto al judaísmo la cuestión no era —como en el caso del protestantismo— una cuestión de «forma», sino de «fondo». No hay ni puede haber (como jamás lo habrá) *acuerdo* posible, pues en ello le va su existencia entera a ambas religiones [79]. Pero el cristianismo procede directamente del judaísmo; es, pues, una parte de éste; y, por esto mismo, es que fray Luis sabe que no puede prescindir de tomar en cuenta ese origen. Pues es claro que, además de cierta indudable justificación de sí mismo que se advierte claramente en la obra, tratando de desvanecer toda posible sospecha de «judaísmo», como también su rechazo de la Reforma; además de todo esto, fray Luis centra su propósito en lo que pudiera llamarse *la justificación del catolicismo* mediante el desarrollo consecutivo de la idea de un cosmos presidido por esa armonía que sólo puede proceder de la justicia de Dios ejercida en el mundo y a través del hombre por medio del amor [80]. Justificación que se cifra y se compendia en *Cristo*, quien es desde siempre, o sea, desde el comienzo del mundo y del hombre; que ha venido anunciándose en todos esos nombres que recoge fray Luis y a la vez explica en su obra; el Cristo que, tal como lo declara cada uno de sus apelativos, es la suma de los designios y la unidad del poder de Dios. Pero éste quiere salvar al hombre mediante la fuerza incontrastable del amor [81]. Mas no el Dios de los ejércitos, impasible y cruel, que no salva al hombre con inagotable piedad, sino —al contrario de lo que creía Lutero— el Dios que es amor desde el comienzo mismo, y no solamente desde que se hizo Cristo [82]; y de este modo fray Luis recurre incansablemente al Antiguo Testamento para probar que, en efecto, Dios ha sido siempre Cristo, es decir, todo *El* amor y compasión para el hombre; de modo que la salvación de éste ya se encontraba dispuesta desde el comienzo, y por esto mismo es que fray Luis recurre a Isaías para probar cómo la obra de Dios «no es pelear con armas carnales contra los cuerpos, sino contra los vicios con armas de espíritu» [83].

---

[79] Esta discrepancia, hasta ahora (y por lo que se ve) insalvable, parece afirmarse nuevamente en las siguientes declaraciones del Concilio Vaticano II *(Constitución dogmática de la Iglesia*, II, 9): «Eligió [Dios] como pueblo suyo el pueblo de Israel, con quien estableció un pacto, y a quien instruyó gradualmente manifestándose a Sí mismo y sus divinos designios a través de su historia, y santificándolo para Sí. Pero todo esto lo realizó como *preparación* y *símbolo* del nuevo pacto perfecto que había de efectuarse en Cristo [...].» (El subrayado es mío.)

[80] La misma posición adoptada por Vives: el catolicismo visto renacentísticamente.

[81] El Dios que se hace carne y Hombre en Cristo Jesús, pero que es el mismo, en su amor al hombre, desde siempre jamás. Esta rigurosa «identidad» de Dios —vamos a decir así— la opone fray Luis al judaísmo tanto como al luteranismo. Pero el hombre, lo mismo en los tiempos bíblicos que en época de fray Luis que después, pelea con «armas carnales» en nombre de Dios.

[82] El Dios del Gólgota más bien que el del Sinaí. Cuestión ésta que Lutero se planteó desde el comienzo y que viene a ser como el punto de partida de su idea de la justificación por la fe.

[83] Fray Luis de León: *Obras completas castellanas, op. cit.*, pág. 526.

La redención del hombre es, pues, de manera indudable, la continuación de ese proceso iniciado en el pueblo hebreo, mas interrumpido por éste al negarse a admitir la divinidad de Cristo. Frente al «materialismo» hebreo levanta fray Luis su defensa y afirmación de la naturaleza espiritual de esa epopeya en que consiste el cristianismo y de la cual, quiéranlo o no, forman parte los judíos:

> ¿Qué puede calumniar aquí el judío, o qué armas le quedan con que pueda defender más su error? ¿Puede negar que pecó el primer hombre? ¿No estaban todos los hombres sujetos a muerte y a miseria, y como cautivos de sus pecados? ¿Negará que los demonios tiranizaban al mundo? ¿O dirá, por ventura, que no le tocaba al honor y bondad de Dios poner remedio en este mal y volver por su causa, y derrocar al demonio, y redimir al hombre y sacarle de una cárcel tan fiera? ¿O será menos hazaña y grandeza vencer este león, o menos digna de Dios, que poner en huida los escuadrones humanos y vencer los ejércitos de los hombres mortales? [84].

Palabras, estas últimas, que anticipan esa otra distinción en que va a insistir fray Luis, o sea la de la *ley* frente al *amor*, y que tan claramente separa el judaísmo del cristianismo.

Ha sido, pues, el *amor* el que ha operado ese cambio por el cual quedó abatida la al parecer incontrastable grandeza y el poderío paganos, repletos de fuerza material, pero que sucumben ante el demoledor empuje del *amor cristiano*. Porque al grito del infiel: «¡Matemos!», respondió el cristiano: «¡Muramos!», y esta maravillosa oposición es la que opera la muerte del paganismo y la vida triunfante del cristianismo [85].

Sí, en efecto, añade fray Luis, el mundo puede ser una *perfecta armonía* con sólo que todo él se encierre en Cristo, porque éste lleva consigo esa maravillosa combinación de entrañable humildad y mansedumbre con el más alto y universal saber y poder posibles. Y es aquí donde recordamos aquello que al comienzo de esta obra nos dice fray Luis acerca de que la armonía [86] del mundo reside en esa maravillosa coexistencia de cada parte con el todo y de éste con cada una de aquéllas, en natural y permanente equilibrio, logrado sólo por obra de un poder (el de Dios) que aúna en sí mismo todo y parte, grandeza y pequeñez, etc.

---

[84] Fray Luis de León: *Obras completas castellanas, op. cit.*, págs. 539-540.

[85] El profundo significado de la muerte, en el cristianismo, como cesión frente a la fuerza, a la materia que injustifica la vida eterna y hace miserable lo terrenal, es lo que fue que, paradójicamente, aquél pudiera llegar a triunfar como lo hizo.

[86] Taxativamene (aunque es cosa que repite a menudo en su obra), fray Luis dice al comienzo mismo («De los nombres en general»): «Consiste, pues, la perfección de las cosas...» *(op. cit.,* págs. 396-397.) Es el microcosmos platónico, que Plotino trasla-da, asimilándolo dentro de su peculiar mística, al neoplatonismo del cual viene a ser fundador. Es la armonía de las cosas en Dios, de San Agustín. Es también lo que el Renacimiento erige en *desiderata* de su concepción intelectual del universo y de la vida humana, tal como ejemplarmente lo propone, v. gr., León Hebreo. Es, en fin, de cuentas, ese «pío general de todas las cosas», al decir del mismo fray Luis.

Y es entonces cuando plantea fray Luis la cuestión del contraste y el conflicto entre *ley* y *amor* [87], del que ya hicimos breve mención anticipativa, pero que ahora vamos a presentar ampliamente. La ley es siempre el modo de ejercer el gobierno o el dominio de una cosa, sea ésta lo que sea. Mas como la ley ha de tender a «llevar a los hombres a lo bueno y apartarlos de lo que es malo» [88], aquélla puede ser o ley conforme a razón o ley conforme a voluntad; de ahí que mientras la primera consiste en mandamientos y reglas, la segunda es «una salud y cualidad celestial que sana la voluntad y repara en ella el gusto bueno perdido, y no sólo la sujeta, sino la amista y reconcilia con la razón» [89]. Tal es, pues, la diferencia que existe, podría decirse, entre lo mundanal y lo celestial, regidos, respectivamente, esto por la ley del amor y aquello por la de la razón. Y de ahí que «la primera se llama ley de mandamientos porque toda ella es mandar y vedar. La segunda es dicha ley de gracia y de amor porque no nos dice que hagamos esto o aquello, sino hácenos que amemos aquello mismo que debemos hacer» [90]. Y a este respecto cita fray Luis las palabras de San Juan: «La ley fue dada por Moisés, mas la gracia por Jesucristo» [91]. He ahí, pues, la diferencia esencial entre cristianismo y judaísmo. Aquél opera siempre en el interior del hombre, buscando constantemente su perfección por medio del amor, que a su vez predispone la voluntad a actuar en nombre de ese amor, que es amor de todo, sin distinción ni reservas con respecto a nada ni a nadie. Mientras la ley judaica se refiere más bien a lo exterior del hombre, y de ahí su indudable «fariseísmo», pues la ley está dada precisamente para establecer distinciones, señalar límites, crear niveles y tasar decisiones. Recuérdense, no más, las maravillosas palabras del *buen samaritano* y se tendrá, de una vez por todas, una clara y precisa noción de la esencial diferencia entre la ley mosaica y el amor cristiano.

Tal amor de cada quién a todo apareja la *paz*, que fray Luis define admirablemente «como el bien de todas las cosas universalmente» [92]. Ahora

---

[87] Se trata de la oposición, por una parte, a la «ley de la razón» (paganos), y, por otra, a la «razón de la ley» (hebreos); oposición en que se centra la justificación cósmica del cristianismo y que, a través del neoplatonismo, sostiene el Renacimiento.

[88] Fray Luis de León: *Obras completas castellanas*, op. cit., pág. 566.

[89] *Ibid.*, págs. 566-567.

[90] *Ibid.*, pág. 567.

[91] *Ibid.*, pág. 569.

[92] *Ibid.*, pág. 586. Pero resulta curiosa la definición que da fray Luis de la *paz*, identificándola con el afán de conseguir siempre el *bien*. «Porque si navega el mercader y si corre los mares, es por tener paz en su codicia que le solicita y guerra. Y el labrador en el sudor de su casa y rompiendo la tierra, busca paz, alejando de sí cuanto puede al enemigo duro de la pobreza. Y por la misma manera el que sigue el deleite, y el que anhela la honra, y el que brama por la venganza, y finalmente todos y todas las cosas buscan la paz en cada una de sus pretensiones. Porque o siguen algún bien que les falta o huyen algún mal que les enoja.» Concepto, por cierto, muy «hedonístico» de la *paz*.

bien, la paz supone el *sosiego* y el *orden*. Este es la armónica distribución de los innumerables componentes del todo (cada cosa en su lugar debido), sin trastrueques ni alteraciones infundadas; en tanto que el sosiego significa el acatamiento por parte de cada cosa de la jerarquía que le corresponde. Mas ¿dónde podría hallarse este orden y este sosiego, que ambos a una hacen la paz, sino precisamente en un todo constituido a base del amor cristiano? [93]. Puesto que ese todo es el conjunto de los seres humanos, que son los que pueden o no vivir en paz, en el amor cristiano, queda entonces el hombre referido a estas tres cosas: «lo primero, a Dios; lo segundo, a ese mismo hombre, considerando las partes diferentes que tiene y comparándolas entre sí, y lo tercero, a los demás hombres y gentes con quien vive y conversa» [94]. Maravillosa fórmula de reducción a la unidad, ¿de qué? Pues nada menos que de la heterogénea y heteróclita sociedad de los hombres, para alcanzar así lo que de ningún otro modo sería dable obtener, mucho menos por la *ley de razón*, puesto que ésta, ya lo sabemos, desatiende el todo y, particularizando, llega hasta minimizar. De ahí que fray Luis concluya diciendo:

> Así que cada una de estas tres paces es de mucha importancia. Las cuales, aunque parecen diferentes, tienen entre sí cierta conformidad y orden, y nacen de la una de ellas las otras por aquesta manera. Porque del estar uno concertado y bien compuesto dentro de sí, y del tener paz consigo mismo, no habiendo en él cosa rebelde que a la razón contradiga, nace, como de fuente, lo primero esta concordancia con Dios, y lo segundo el conservarse en amistad con los hombres [95].

Pues la sabiduría no está precisamente en el entendimiento (en la razón), sino en el corazón. Hallamos aquí un resón de aquellas palabras paulinas: «¿Dónde está el sabio? ¿Dónde el letrado? ¿Dónde el disputador de las cosas de este mundo? ¿No ha hecho Dios necedad la sabiduría de este mundo?» [96]. Lo fundamental, pues, no es el entendimiento, sino la *voluntad*, ya que, como dice fray Luis, a veces «muy bien se compadecen entendimiento claro y voluntad perversa» [97], así que para sanar la volun-

---

[93] Vuelve a asomar aquí la idea armonizante del neoplatonismo.
[94] Fray Luis de León: *Obras completas castellanas, op. cit.*, pág. 588.
[95] *Ibid.*, pág. 592.
[96] *Corintios*, I, 20.
[97] Fray Luis de León: *Obras completas castellanas, op. cit.*, pág. 598. En este punto, y como más o menos podría suponerse teniendo en cuenta las copiosas lecturas que sobre esta cuestión debió haber hecho fray Luis, la idea que aquí sustenta viene en cierto modo a confluir entre el «intelectualismo» de Santo Tomás y el «voluntarismo» de Escoto y Ockam. Recuérdese, por una parte, el carácter de entidad que no está obligada a querer «necesariamente», adjudicado a la voluntad por Santo Tomás, así como también que ésta es —según él— *appetitus intelectualis*, todo lo cual lleva al santo a afirmar aquello del *nihil volitum quin praecognitum*; en tanto que, por otra parte, para Escoto y sobre todo para Ockam la voluntad prevalece sobre el entendimiento *(nihil cognitum quin praevolitum)*. Por consiguiente, de manera esencial en Dios, y por reflejo en el hombre, mientras para Santo Tomás no cabe hablar de contradicción ni mucho menos de oposición entre *pensar* y *querer* el Bien, para Escoto

tad y ponerla toda ella al servicio del amor a todo es indispensable algo que sólo Dios puede dar, y esto es la *gracia*. Mas ¿qué es la gracia? El contraste de ella con la naturaleza permite captar su significado, pues «naturalmente» toda cosa creada es de *algún modo,* con sus accidentes o propiedades. Es, pues, aquello que puede ser (que es como decir lo que tiene que ser) y nada más. Pero como el hombre no es propiamente una cosa, o al menos, de serlo, lo es sólo en cierto modo y medida, algo falta necesariamente en él que no puede ser colmado por él mismo en aquello que de cosa posee. Y puesto que al hombre le separa y le distingue de su cosidad el hecho de tener un *alma,* y ésta es el reflejo de Dios, ocurre que la gracia viene a ser, según la certera expresión de fray Luis, «el alma del alma» [98]. Gracia que opera en la voluntad «no diciéndole lo que es bueno, sino inclinándola y enamorándola de ello» [99]. En fin de cuentas, frente a la ley hebrea (ley de razón, de coerción), la ley del amor (que, curiosamente, se convierte en amor a la ley y no en miedo a ella). No la ley que intimida, distancia y obliga, sino aquella otra que atrae, predispone y exalta la voluntad. Gracia que «como es semejanza de Dios, entrando en nuestra alma y prendiendo luego su fuerza en la voluntad de ella, la hace por participación, como de suyo es la de Dios, ley e inclinación y deseo de todo aquello que es justo y que es bueno» [100]. Y de aquí es de donde precisamente sale el verdadero sabio, ése que fray Luis ha cantado en inolvidables versos de todos conocidos; el *sabio* que es el hombre a quien alcanza de tal manera la gracia, que por esto mismo ya se siente en paz consigo mismo y con los otros, porque ya, antes, ha conseguido estar en absoluta paz con Dios. ¿Llegó fray Luis a disfrutar de esta paz suprema? Realmente, no, porque si bien el pasaje que vamos a transcribir a continuación revela el estado de su ánimo cuando se encontraba en la prisión, bien sabemos también que, traspuestas las puertas de ésta, su vida siguió librada al fragor del mundo. Es, pues, a lo sumo, ese pasaje la expresión de un *desideratum:*

> ¿Por ventura el deseo de los bienes de esta vida le solicitará, o el temor de los males de ella le romperá su reposo? ¿Alterarse ha con ambición de honras o con amor de riquezas; o con la afición de los ponzoñosos deleites desalentado, saldrá de sí mismo? ¿Cómo le turbará la pobreza al que de esta vida no quiere más de una estrecha pasada? ¿Cómo le inquietará con su hambre el grado alto de dignidades y honras al que huella sobre todo lo que se precia en el suelo? ¿Cómo la adversidad, la contradicción, las mudanzas diferentes y los golpes de la fortuna le podrán hacer mella al que a todos sus bienes los tiene seguros y en sí? [101].

y Ockam no sucede lo mismo. En cuanto a fray Luis, parece inclinarse aquí hacia la tesis voluntarista.

[98] Fray Luis de León: *Obras completas castellanas, op. cit.,* pág. 600.
[99] *Ibid.*
[100] *Ibid.,* pág. 601.
[101] *Ibid.,* pág. 603.

Baste con lo transcrito para que podamos preguntarnos si, *efectivamente*, era fray Luis tal como pudiera pensarse que se describe a sí mismo en ese pasaje. ¿Acaso no le inquietó más de una vez la «ambición de honras» o le mordió el hambre del «grado alto de dignidades»? Pero ya lo hemos dicho: probablemente la fuerza de inspiración de fray Luis se deba a ese constante conflicto entre lo que desea y lo que tiene, en punto a perfección espiritual.

Hay otra cuestión que es para fray Luis de capital importancia. Me refiero ahora a ésa que consiste en dejar claramente establecido que Cristo es el auténtico *Mesías*, es decir, el único y el definitivo. Pues si se tiene en cuenta que aquí reside no sólo la cuestión histórica [102] de la muerte de Cristo, condenado como sabemos por adjudicarse un falso mesianismo (según los judíos); sino, además, que esa negativa persiste y persistirá, puesto que su desaparición incorporaría automáticamente el pueblo hebreo al cristianismo; habida cuenta de ambos extremos, se comprende fácilmente que fray Luis haya dedicado más tiempo a tratar de este punto que de ningún otro de los que aparecen en los *Nombres de Cristo*.

En primer lugar, tal como se apresura a decirlo fray Luis, este nombre de *Cristo*, que anunciaba al Mesías definitivo (al Hijo de Dios), se encuentra diseminado en las Escrituras desde el comienzo: «Pues digo que este nombre de Hijo se le dan a Cristo las divinas letras en muchos lugares. Y es tan común nombre suyo en ellas, que por esta causa cuasi no lo echamos de ver cuando las leemos, con ser cosa de misterio y digna de ser advertida» [103]. Pero fray Luis, en plan de teólogo, va a defender la legitimidad mesiánica, única y definitiva, de Cristo apoyándose en el misterio de la *Santísima Trinidad*; con lo cual, como es natural, interpone la indispensable distancia entre el mesianismo judío y el mesianismo cristiano.

Comienza fray Luis por proponerse la cuestión de cómo es posible que sea Cristo la persona divina que recibe el nombre de *Hijo*, cuando resulta que el Espíritu Santo, puesto que también procede del Padre, debía ser también considerado como su Hijo. Y si bien fray Luis admite que se trata de un misterio, es decir, de algo reservado a la fe, va, no obstante, a tratar de explicarlo. La filiación *sensu strictu* exige —según fray Luis— que se cumplan estas cuatro condiciones: que el hijo sea de la misma sustancia de su progenitor; que, sustancialmente, le sea igual y semejante del todo; que sea así su semejanza por el hecho de nacer; que pueda sustituir a su padre, representándole y dándole a conocer. Propiedades o condiciones que se dan plenamente en Cristo con referencia a Dios, su Padre. Pero es claro que todo esto no bastaría a probar que es Cristo el verdadero y

<hr />

[102] Como se sabe, el Concilio Vaticano II exoneró al pueblo judío de toda responsabilidad en la muerte de Cristo, más allá de ese *momento* en que tuvo lugar dicho suceso. Pero esto no supone que el pueblo hebreo puede convertir —ni lo hará probablemente nunca— esa «absolución» en una «disolución».

[103] Fray Luis de León: *Obras completas castellanas, op. cit.*, pág. 664.

único hijo de Dios, porque la analogía no se extiende hasta el punto de demostrar que, por ella misma, ha de resultar Cristo el Hijo de Dios. Falta algo, y eso que falta es lo que de *divino* tiene Cristo.

Pero la *filialidad* de Cristo es de tal naturaleza que no admite semejanza ni tampoco reiteración en otro ser creado, ya que sólo él cumple exactamente las condiciones de una auténtica filialidad; es decir, que el hijo sea de la misma sustancia del padre y en ésta resulte igual y semejante a su progenitor, porque el hecho del nacimiento así lo determine, y que sea capaz de representar al padre en ausencia de éste y ostentar siempre su debida representación para, de este modo, comunicar al Padre con todos.

Pero, por otra parte, dícenos fray Luis que si bien en el Cristo «concurren en sólo él todas las propiedades de hijo que he dicho, y que en ninguno otro concurren»[104], no es menos cierto que, «según la otra parte nuestra que en sí tiene, [ya] *que no es de la sustancia de Dios*, mas, como Marcelo ayer decía, parécese mucho a Dios [...]»[105]. Hasta aquí siente uno que fray Luis se ve cercado por una petición de principio, consistente en no haber logrado probar lo que propone, es decir, que de sí y por sí se demuestre que es Cristo el Hijo de Dios, pues si algo hay en él «*que no es de la sustancia de Dios*» (textuales palabras de fray Luis), entonces toda su sustancia no es exactamente toda ella divina. Que lo es, como a renglón seguido postula fray Luis, porque Dios puso en él «infinitos tesoros de celestiales y divinísimos bienes»[106], esto más bien se refiere a lo accidental y no a la sustancia misma. Como lo prueba el propio fray Luis al decir que Cristo *se parece* mucho a Dios y «es casi otro él», a causa de esos ya mencionados divinos bienes que en él depositó Dios.

De aquí pasa fray Luis a enumerar y describir con lujo de argumentación las diferentes maneras que tiene Cristo de nacer, con lo cual (propuestamente o no) le sale al paso a toda posible «historicidad»[107] de Cristo. Este nace «eternamente del Padre», pero, además, nace temporalmente de la Virgen, de modo que, al hacerse temporal lo eterno, esto último se hace también posible para el hombre, quien entonces puede llegar hasta la eternidad a través del puente que Cristo le tiende, o mejor todavía, que él mismo representa. Mas luego vuelve a nacer Cristo en la Resurrección, recobrando para él la vida eterna de donde procede, y por esto mismo es que renace en la consagración de la *hostia*, sacramento que es como un nuevo nacimiento de Cristo en el hombre, santificado y renovado por él.

Mas con respecto al problema de la relación entre las tres personas de la Santísima Trinidad, la argumentación de fray Luis es bastante débil, pues establece que la relación del Padre con el Hijo y el Espíritu Santo

---

104 Fray Luis de León: *Obras completas castellanas, op. cit.*, pág. 667.
105 *Ibid.*
106 *Ibid.*
107 Esta, por supuesto, al modo positivista, v. gr., Renán.

es respectivamente la de una *imagen* y una *inclinación*, de modo que mientras el Hijo, por ser imagen del Padre, «es igual a El y Dios como El» [108], la *inclinación* en que consiste el Espíritu Santo es como la «actitud» que Dios adopta hacia la creación; algo así como una amorosa y benevolente predisposición que, por esto mismo, ya no es Dios en cuanto tal. Mas, con todo, queda a veces como la impresión de cierta «relatividad» del Hijo y del Espíritu Santo con respecto al Padre, como al decir fray Luis que «esta única naturaleza divina está en el Padre como fuente y original, y en el Hijo como retrato de sí misma, y en el Espíritu como en inclinación hacia sí» [109].

Mas donde convence fray Luis de modo eminente es en las páginas en que nos describe, apelando a admirables metáforas y analogías, el modo cómo actúa lo espiritual en lo material; por ejemplo, al referirse al modo como en Cristo quedan perfectamente separados alma y cuerpo, lo divino y lo terrenal, al nacer del vientre de la Virgen, porque «lo que en este nacimiento se hizo, todo ello es nuevo, no visto antes ni imaginado que podía ser visto, porque en él nace Dios hecho hombre» [110]. De tal manera, dícenos fray Luis, «que no dejó de ser Dios ni mezcló con la naturaleza del hombre la naturaleza divina suya» [111]. ¿Explicación? Jamás podríamos obtenerla, pues se trata de algo que es de por sí el *misterio*. «El cómo se hizo, esto es de las cosas que no se pueden decir. Porque las maneras ocultas por donde sabe Dios aplicar su virtud para los efectos que quiere, ¿quién los sabe entender? Bien dice San Agustín que en estas cosas y en las que son como éstas, la manera y la razón del hecho es el infinito poder del que lo hace» [112]. Y de igual modo acontece con la resurrección de Cristo, que tiene efecto por el poder de Dios, que une el espíritu de nuevo a la materia y así reproduce la vida.

Cristo es el *Amor*, es decir, que lo es, a un tiempo, como (digamos así) aquello que puede amarlo todo y a la vez ser amado de todos. Es la condición esencial de *inagotable* que su divinidad le confiere, pues si todo es, de alguna manera, *amable*, es porque en todo es posible encontrar el amor, y esto sólo en Cristo puede ser hallado; y, recíprocamente, todos pueden amarle a él porque él es precisamente esa absoluta totalidad del Amor en sí mismo, al cual, entonces, necesariamente ha de volverse todo afán amoroso. Amar a Cristo es, por consiguiente, amar el mundo, es decir, toda la creación en lo que ésta tiene de *divino*, en cuanto es esa *explicatio Dei* [113] de que habla, entre otros, el Cusano. Fray Luis dice:

[108] Fray Luis de León: *Obras completas castellanas, op. cit.*, pág. 676.
[109] *Ibid.*, pág. 677.
[110] *Ibid.*, pág. 681.
[111] *Ibid.*
[112] *Ibid.*, págs. 683-684.
[113] Nicolás de Cusa (1401-1464), Cardenal de la Iglesia, es curiosamente un pensador (a la vez teólogo y filósofo) que aparece situado en el límite entre la Edad Media y el Renacimiento. Según *el Cusano*, el hombre, a los efectos del conocimiento, dis-

Que es decir que el amor que tienen sus amadores con Cristo no es un simple querer ni una sola ni ordinaria afición, sino un querer que abraza en sí todo lo que es bien querer, y una virtud que atesora en sí juntas las riquezas de las virtudes, y un entendimiento que se extiende por todo el hombre y le enciende en sus llamas [114].

Puro amor que —viene a decir fray Luis— sólo puede hallarse en el *amor puro* a Cristo, que es, recíprocamente, el que a su vez El despierta en el hombre al amarle tal como lo hace, sin reservas, sin limitaciones ni distinciones de ninguna clase.

Cuestión que tiende a ser polémica —si nos atenemos a la dialéctica misma de fray Luis—, es la que se desarrolla al comienzo del capítulo sobre el nombre de *Jesús*. Vayamos despacio para ver si damos o con la realidad o con la apariencia de dicha contradicción. Dícenos fray Luis:

> Así que, pues Jesús es nombre propio de Cristo, y nombre que se le puso Dios por la boca del ángel, por la misma razón *no es como los demás nombres, que le significan por partes*, sino como ninguno de los demás, que dice todo de El, y que es como una figura suya, que nos pone en los ojos su naturaleza y sus obras, que es todo lo que hay y se puede considerar en las cosas [115].

Pero a renglón seguido nos dice fray Luis que así como Cristo tiene dos naturalezas, tiene dos nombres propios, de los cuales uno corresponde a la divina naturaleza que la engendra y el otro a la humana; y agrega que el apelativo para la divina es *Verbo* o *palabra,* en tanto que para la humana es *Jesús.* Mas aquí viene nuestra pregunta: si hay dos nombres para las dos naturalezas, ¿cómo, entonces, el nombre *Jesús,* si se aplica a la naturaleza humana, puede englobar todo lo predicable de Cristo?

Jesús —dice fray Luis— es el derivado de *Jehosuah,* que «tiene todas las letras de que se compone el nombre de Dios», aunque no puede pronunciarse, pero, en cambio, sí lo puede ser el de *Jesús,* que en este nombre, «por razón de dos letras que se le añaden, tiene pronunciación clara y sonido formado y significación entendida, para que acontezca en el nombre lo mismo que pasó en Cristo» [116]. El cual, como tal nombre, significa salvación o salud, conforme con lo dicho por el ángel *(Lucas,* I, 31). *Cristo Jesús* supone, pues, todos los demás apelativos que se le dan porque de

---

pone de los sentidos, la razón, el intelecto o razón especulativa y la contemplación intuitiva. Esta última lleva el alma hasta la presencia de Dios y le permite aprehender la «unidad de los contrarios» (Dios mismo), que es la verdad misma. Por eso Dios es la posibilidad de todo y la realidad de cuanto es o existe. El mundo es, pues, la manifestación de Dios (teofanía), como dice Cusa. El hombre es, además, un microcosmos (imagen de lo divino) que refleja en sí mismo el macrocosmos. Idea esta última que Leibniz aprovecha para su *Monadología.*

[114] Fray Luis de León: *Obras completas castellanas, op. cit.,* págs. 726-727.
[115] *Ibid.,* pág. 734. (El subrayado es mío.)
[116] *Ibid.,* pág. 742.

esa totalidad de ser *esposo* y *rey, príncipe de paz, monte, camino,* etc., etc., es que le viene al hombre la posibilidad de su salvación, puesto que al obrar Cristo Jesús como todas esas cosas que amparan sus diferentes patronímicos, asegura nuestra salud, vale decir nuestra efectiva salvación.

Y por esto último es también Cristo el *Cordero,* pues, como dice el Bautista, «lleva sobre sí los pecados del mundo», eliminados los cuales se produce automáticamente la salud. Es la mansedumbre la que determina en Cristo la decisión de afrontar el pecado del género humano; mas es también inocencia y pureza: lo primero, porque su sacrificio es absolutamente desinteresado y en nada obligado en cuanto al hombre por quien lo hace. Lo segundo, es decir, la pureza, no puede en modo alguno faltar en Cristo porque viene a ser como la garantía de la absoluta perfección. Pues ¿qué es lo más puro sino aquello que cumple a la par con la ley divina y con esa otra que su propio modo de ser le impone? De aquí que nos diga fray Luis:

> [...] y eso mismo es la verdad de las cosas, decir cada uno con lo que es y responder el ser con las obras, y lo que Dios manda, eso amar, y porque de ello se contenta, lo manda, y al que es el ser mismo, ninguna cosa le es más agradable (o conforme a lo que con su ser responde), que es lo verdadero y lo cierto, porque lo falso y engañoso no es; por manera que la pureza es verdad de ser y de ley, y la verdad es lo que más agrada al que es puro ser [117].

Pocos libros sagrados podrían haberse prestado tanto como el de Job para satisfacer diferentes aspectos de la personalidad de fray Luis —el hombre entre cielo y tierra, angélico y demoníaco, ansioso de paz y presto siempre a la guerra; el hombre, en fin, hecho de soberbias y humildades, a quien, de muy relativo modo, escoge Dios (como antes escogiera a su otro siervo Job) para hacer expiar en él también ese básico pecado de la *condición humana* [118]. Pues cómo no iba fray Luis a sentirse atraído por la enigmática naturaleza de un libro tan singular, ése donde se examina nada menos que el problema de la justicia de Dios. ¿Fue justo Dios con Job al escogerle como el objeto donde probar que el varón justo lo es sin pecado? ¿Puede, de paso, resultar que a veces Dios abandona al hombre para probarle decisivamente en su fe? Pero, además, se trata de un libro tan *humano,* es decir, de ése en que dialogan cinco hombres que no

---

[117] Fray Luis de León: *Obras completas castellanas, op. cit.,* págs. 778-779. Aquí fray Luis adopta la idea agustiniana de que el mal es la ausencia del bien.

[118] No sé si ya se ha hablado de esto en el caso de Job. Pues, en efecto, ¿qué otro caso pudiera citarse en que la humana naturaleza haya sido puesta a prueba, lo mismo en sus virtudes que en sus flaquezas, como resulta haberlo sido Job? De cierto modo —se diría— Dios, al someter a prueba al Diablo, deja ver hasta dónde el *hombre* puede ser, realmente, todo lo que puede y no puede ser.

hablan *con* Dios tanto como entre sí mismos, aunque justamente *acerca de* Dios. ¿Ha habido jamás, ni antes ni después, semejante «tribunal de Dios»?

Sin lugar a dudas que el carácter polémico del libro debe haber atraído a fray Luis desde el comienzo, a él, que fue tan gran polemista, puesto que el *Libro de Job* se presta a maravillas, como probablemente ningún otro de la Biblia, para plantear, polémicamente, la gran cuestión de la justicia divina, esa misma que fray Luis quiere encontrar en la tierra, pero a través de sí mismo, es decir, en su constante lucha con el mundo; y que, a la postre, debía someterlo a él mismo a una prueba que él se empeña en asemejar a la de Job, aun cuando la diferencia es notoria, porque, en cierto modo, con la destemplanza de su ánimo y las innegables ambiciones terrenales que padeció, queda, por esto mismo, a considerable distancia de su antepasado Job.

El *Libro de Job*, sin embargo, poniendo aparte los diferentes motivos de sufrimiento en fray Luis y en Job, es una expresión completamente *histórica* [119], real, de algo que, al menos en sus exteriores manifestaciones, suele suceder entre los hombres, es decir, el caso de alguien a quien se envidia por su posición social y con quien se ensañan los demás al verlo ya caído. Job, rico, respetado (no sólo a causa de sus riquezas, mas también debido a ellas), vese de pronto reducido a la nada: sin amigos, sin familia, solitario y enfermo, y, lo que es más doloroso, incomprendido y escarnecido. ¿Acaso no fue también este el caso de fray Luis? Pues él también se vio sometido, en cuanto a sus relaciones con el mundo se refiere, a la misma penosa situación. Y en medio de toda esta tribulación que, por lo mismo (por ser *tribulación*), es más moral que material, el poeta lo mismo que el varón justo se ven aún acosados por el mundo, o sea, que éste acude a su encuentro a pedirles cuentas, a exigirles descargos que satisfagan (¡oh, necia humanidad!) no al afligido, sino a los que, amigos como enemigos, siguen empeñados en recordarles la miseria material de la mundanidad, tan exactamente como se lo recordaba a Job la lacería de su cuerpo. Esto, pues, es decir, el no poder dejar de *contar con* el mundo; todavía más, el tener que valerse de él para la defensa como para la queja, acercan a fray Luis a Job, y de ahí la singular atracción que este libro debió ejercer en él. Pues aunque comenzado poco antes de su prisión, está fuera de toda duda que los capítulos 24 a 32 deben haberse compuesto durante la etapa del cautiverio, en tanto que —según lo ha dejado dicho él mismo— el resto de la obra fue redactado del año 1580

---

[119] Aun cuando, como dice el Padre Félix García (Fray Luis de León: *Obras completas castellanas, op. cit.*, pág. 816): «El problema del *Libro de Job* sigue, como en los tiempos de fray Luis, sin ser resuelto.» «Del autor del libro nada podemos decir —escriben Nácar-Colunga en la traducción de la Biblia—, sino que era un altísimo poeta. De su época, algo nos indica la comparación con Jeremías y con algunos salmos en que se expone el mismo problema. El *Libro de Job* sería posterior a esos otros escritos; del tiempo, por tanto, de la cautividad o inmediatamente posterior a ella.»

al 1591. La aludida *Exposición del libro de Job* contiene, como ya veremos, muchas reflexiones, a veces amarguísimas, que no son sino el reflejo del drama de fray Luis en el drama de Job. Incluso hasta cuando aproxima, sin duda demasiado, la oscura melancolía de Job, que es más bien accidental, a su propia nativa constitución melancólica de donde dimana en buena parte el problema humano de fray Luis. Es, pues, esta obra suya a modo de un *contrapunto* de su vida con aquella otra que él encuentra y descubre en el varón justo de la Sacra Escritura.

Pero, además, debe haber atraído a fray Luis el indudable carácter filosófico del *Libro de Job*. Pues basta con mencionar ahora, muy de pasada, esas enormes cuestiones del *saber* del hombre, de su *poder* aquí en la tierra, como así mismo de la *sabiduría* y, sobre todo, de la *justicia* de Dios. ¿Por qué castiga Dios a Job? Como sabemos, para probarlo frente a las asechanzas del demonio. ¿Se puede perder todo en este mundo y, no obstante, seguir completamente adherido a Dios? No creo que haya otra cuestión tan violenta como ésta entre las que pueden proponerse al hombre. Pues si alguien, como es el caso de Job, era *varón justo,* es decir, que su conducta se adaptaba en todo y por todo a lo que normalmente podemos exigir de un ser humano que es miembro de la sociedad, ¿cómo no había de extrañarse, impacientándose a la vez, de que Dios le castigase como le castigaba? Pero ¿acaso está obligado el hombre a saber lo que sabe Dios? Quiero decir, si es que no hay un límite a partir del cual dude el hombre de la justicia de Dios. Ya se sabe que, en términos estrictos, el hombre *no debe* dudar de la justicia divina, porque, tal como se dice, sus decisiones son insondables, pero que no deba dudar no significa que *no pueda* dudar. Entonces, y es algo que fray Luis dibuja levemente a veces en sus comentarios, el hombre tiene al menos el derecho de examinar el modo como Dios le trata, es decir, la forma que adopta la conducta divina con respecto al hombre. Y todo esto es *filosofía,* es decir, cosa de puertas adentro del hombre y que éste lleva a cabo como un modo de consolarse, tal cual lo dejara dicho Boecio en sus *Consolaciones* [120]. Pero filosofar ya no es la fe, sino un estado anterior, si se quiere, y fray Luis filosofa, es decir, no se entrega sin más a la cabal resignación, sino que a lo largo de su *Comentario* nos da razones de por qué hacen los hombres lo que hacen, bueno y malo, en vez de acatar desde el principio y para siempre la voluntad de Dios. Pero fray Luis no era un santo, como no lo fue tampoco Job. Que a las veces ambos fueran *justos* no quiere decir que hubieran abolido el mundo, porque, estrictamente, ni uno ni otro tenían consigo

---

[120] Cf. *De consolatione philosophiae,* donde Boecio establece el contraste entre los bienes terrenales y los de la vida eterna. Es en esta última donde el hombre encuentra no sólo la divina ciencia, sino además la Providencia. Sólo aquí puede hallarse aquello que es realmente *interminabilis vitae total simul et perfecta possesio* (la completa posesión entera, simultánea y perfecta de una vida interminable).

aquello que, v. gr., hace de Francisco de Asís un *Santo*, es decir, la humildad del amor en el amor a lo humilde, por siempre y jamás.

Finalmente, debe haber atraído a fray Luis el carácter *dialogal* del *Libro de Job*; sobre todo porque este diálogo, casi siempre vivísimo, se presenta en forma polémica recurrente en la que Job y sus amigos atacan y contraatacan; todo lo cual debe haber atraído y hasta complacido a fray Luis, no sólo por la eminente condición *dialéctica* de dicho libro sagrado (no hay otro que se le iguale en eso), sino, además, porque en su propia vida, sobre todo en su labor docente, debió haber sido fray Luis, justamente por su naturaleza propensa a lo polémico, un formidable dialéctico. En esto debe haber consistido su gran predicamento entre los alumnos que en grupos numerosos llenaban sus aulas, pues esto de la polémica se revela también (tratándose de un temperamento bilioso en una mente genial como la de fray Luis) en la exposición del pensamiento ajeno; y, sin lugar a dudas, muchas de las suspicacias y de las habladurías contra él deben haberse originado en esa brillantez dialéctica con que su natural propensión polémica debió haber desenvuelto la labor de clase.

Mas hay algo más que debe ser dicho para cerrar estas observaciones preliminares sobre la *Exposición del libro de Job*, y es el efecto que su lectura produce en el lector de ahora. La obra, sin lugar a dudas, es bastante desigual en su contenido y se resiente de una penosa erudición que obliga a pasar en volandas muchas páginas. En lo cual se advierte un notable contraste con la gracia y frescura que poseen los *Nombres de Cristo* [121]. Es claro que hay una profundidad en la *Exposición* que se mantiene constantemente, sobre todo cuando fray Luis examina esas decisivas cuestiones que mencionamos poco antes. Pues como la tarea suponía nada menos que *explicar* lo más minuciosamente posible cada uno de los versículos que componen el *Libro de Job*, esto apareja una inevitable farragosidad que resta belleza a la obra en su conjunto. Pero si prescindimos de todo eso, que es lo que está llamado a hacer el lector inteligente, y nos atenemos a las profundas reflexiones, unas filosóficas, psicológicas o éticas otras, que abundan en la obra, es indiscutible que el libro es tan atrayente como el de los *Nombres de Cristo*.

Y es preciso preguntar ahora si la *Exposición del libro de Job* es una obra autobiográfica. Pudiera decirse que sí en dos diferentes respectos. Por una parte porque, como ya dijimos, fray Luis encuentra en el *Libro de Job* algo así como una satisfactoria respuesta a sus problemas en el mundo. No se descuide el detalle de que mucho antes de que acometiera su trabajo

---

[121] En su «Introducción» a esta obra de fray Luis de León *(Obras completas castellanas, op. cit.*, pág. 793), dice el padre Félix García: «En su redacción y estilo se pueden precisar diversos períodos bien definidos. Entre sus capítulos iniciales, más próximos a la manera pintoresca y vivaz de los comentarios al *Cantar de los cantares,* escritos posiblemente de 1570 a 1572, y los capítulos terminales, rematados en vísperas de su muerte, 1591, existe una notable diferencia de tono, de pensamiento y de estilo.»

de la *Exposición,* que es obra que dedica a la religiosa Ana de Jesús[122], ya había hecho fray Luis una traducción literal del *Libro de Job.* Se diría que éste es como el espejo en el cual se refleja su alma, que estaba constituida —como ocurre con todo mortal— por ciertas características notas. Mas, por otra parte, fray Luis tuvo la desafortunada oportunidad de verse realmente espejado en la desdicha de Job y en consecuencia saber cómo es el mundo en semejante situación, y hasta quizá preguntarse si acaso no estaría Dios probándolo del modo como hizo con Job. Por eso digo que lo de «autobiográfico» debe ser tomado en dos sentidos diferentes, pero complementarios entre sí. Pues fray Luis debe haber sentido singular atracción por un libro tan abismático como el de Job, el cual, como ya hemos dicho, propone cuestiones gravísimas, de esas que rebasan todo humano entendimiento; pero que en el mencionado texto ni se abandonan así sin más a la tranquila creencia, ni tampoco se deja absorber por esa «poesía» que abunda en la Biblia. Antes al contrario, el *Libro de Job* es tanto una polémica de los hombres entre sí como de éstos con Dios. Y si a todo eso se agrega esa otra circunstancia penosa de su vida que le permitió, al menos en cierto modo, verse en la situación de Job, tener, diríamos, una *vivencia* de aquello y no una mera noción intelectual, ello prueba hasta qué punto dicho sacro libro tiene que haber sido de todas sus más íntimas y caras preferencias.

¿Dónde está, pues, lo autobiográfico de fray Luis en su *Exposición?* Como muy bien ha dicho el padre Félix García, «a partir del capítulo XXXII parece que se mitiga la viveza de las alusiones»[123], lo cual indica que, como es fácil comprobarlo, hasta ese momento fray Luis se siente profundamente implicado en el drama de Job. Por lo pronto, fray Luis hace ciertas confesiones de su propio modo de ser que permiten al biógrafo tener una idea bastante clara de por qué el genial agustino fue la víctima, más bien, de su propio temperamento que del mundo como tal. En una ocasión, al hablar del caso de Job, dícenos así:

> Porque su enfermedad, por ser de apostemas y llagas, era a lo que se entiende de humor melancólico; y ansí, por una parte, los apostemas doliendo, y por otra la melancolía negra y corrompida asiendo del corazón y espantándole, hacían guerra al varón santo. Porque a la verdad, en las enfermedades que son de este humor, son increíbles las tristezas y los recelos y las imágenes de temor que se ofrecen a los ojos del que padece; que sabido es lo que el padre de los médicos dice, 'que la melancolía, a los que fatiga, los hace tristes y muy temerosos, y de ánimo vil'. Y otro médico muy señalado: 'Unos —dice— temen a sus más amigos; otros

---

[122] Religiosa que continuó la obra de su Superiora y compañera, Santa Teresa de Avila. Nació en Medina del Campo en 1545 y murió en 1621. Pero no es cierto que fray Luis redactase esta obra a solicitud de dicha religiosa, pues cuando ésta le pidió que explicara el *Libro de Job* ya fray Luis había compuesto treinta y cinco capítulos.

[123] Véase la «Introducción» a que se hace referencia en la nota [121], en la obra también allí citada, **págs. 797-798.**

se espantan de cualquier hombre que sea; éste no osa salir a la luz; aquél busca lo oscuro y lóbrego; otro lo teme y lo huye; algunos se espantan del vino y del agua y de todo aquello que es líquido; y como la melancolía sea de muchas diferencias, pero en todas es común y general el hacer tristeza y temor; que todos los melancólicos se muestran ceñudos y tristes, y no pueden muchas veces dar de su tristeza razón, y casi todos los mismos temen y se recelan de lo que no merece ser recelado' [124].

¿Era fray Luis así? No cabe duda de que en ese largo párrafo que acaba de transcribirse se dibuja con bastante precisión su propia personalidad, a la que debió tantos contratiempos en su vida y la cual debió aparecérsele con aún mayor nitidez en los momentos de gran tribulación. La defensa que hace de Job tiene mucho que ver con su propio modo de ser tanto como con la desgracia que llegó a acontecerle. «Porque el saber uno su razón y el ver que no se la creen ni le vale, cría en él agonía, de la cual nace deseo vivo y de fuego, de hallar medios eficaces para ser creído y válido; y desea que lo imposible, si es útil para sacar a luz su remedio y verdad, se hiciere posible» [125]. Esto, como se sabe, es lo que lo lleva a extremar su defensa, a veces, a causa de la vehemencia de sus descargos, en perjuicio de sí mismo. Fray Luis, pues, a veces un tanto subconscientemente, se aproxima en sí mismo a Job, en quien quiere ver a un hombre de su misma condición anímica, esa melancólica personalidad suya, aunque ya se sabe que en Job la melancolía es más bien una consecuencia de sus desventuras sin cuento.

¿Creía, pues, fray Luis que sus desdichas podían asemejarse a las de Job? Esto tanto puede aceptarse como no, porque lo mismo puede haber estado fray Luis exponiendo simplemente el caso de Job como atribuyéndose a sí mismo, por comparación, un castigo semejante al que impuso Dios a Job. Así, cuando en la Dedicatoria dice:

Una: *No siempre castiga Dios en esta vida a los pecadores, ni son pecadores todos los que Dios en ella aflige.*

Otra: *Yo no he pecado de manera qnue merezca el mal que padezco* [126],

es preciso preguntar con quién está fray Luis en este caso, si con Job o con sus amigos, pues bien se ve que al coincidir con Job en el humano derecho de éste, en medio de sus dolores, de «ponerse con Dios a juicio», toma el partido del varón justo. Y si queremos sutilizar aún más en este punto, bien podremos hacerlo meditando acerca de estas conclusiones a que llega fray Luis en la Dedicatoria:

---

124 Fray Luis de León: *Obras completas castellanas, op. cit.,* pág. 890.
125 *Ibid.,* pág. 888.
126 *Ibid.,* pág. 817.

Job reconoce su exceso luego, y humíllase. Y Dios, que sabía su sencillez y bondad y que había defendido con verdad su inocencia, no se enoja con él, y enójase con sus tres amigos porque hablaron mal en tres cosas: una, que impusieron a Job que era malo; otra, que Dios no azota aquí sino a solos los malos; la tercera, que de estas dos mentiras quisieron sacar defensa de la justicia divina, como si Dios no pudiera quedar por justo, si quedaba Job por bueno, o si no se valiera de apoyos tan flacos y tan falsos [127].

Sí, pero hay que seguir preguntando, con impertinente ingenuidad, si también fray Luis resultaba ser tan *sencillo* y tan *bondadoso* como parece que lo fue Job. Y resulta que muchos detalles de su biografía lo describen como exactamente lo contrario, lo cual no empece que haya sido amante de la justicia y de la verdad y hasta el paladín de ambas causas en más de una ocasión.

Y prosigue fray Luis aludiendo a sí mismo al referirse a las maldiciones de Job, que él justifica con aquello de que quienes censuran a Job por no haber sido del todo paciente y resignado, «nunca hicieron experiencia de lo que la adversidad se siente ni de lo que duele el trabajo» [128]. Como también se diría autobiográfico ese otro pasaje en el cual describe el aumento de la desdicha de Job al no poder convencer a los demás de que padece sin culpa y «que su sentimiento y las demostraciones que de él hace quejándose, y cuanto contra su nacimiento y su ventura triste ha maldicho, si se coteja y se pesa fielmente con el mal que padece, y con la calamidad que le aflige y le mueve a decirlo, es mucho menos lo que dice de lo que su trabajo merece que diga» [129]. Mas fray Luis sabe que el mundo no se justifica en sí mismo, y por ser a causa de la voluntad divina, de ésta tiene que depender en todo y por todo. Se trata, como vemos, del problema de una *teodicea* implícita siempre, de algún modo, en el caso del hombre y el mundo, es decir, el problema de saber en qué consiste la justicia de Dios. Nada mejor, por consiguiente, que una constante *praeparatio mortis*, la cual acude constantemente a los puntos de la pluma de fray Luis, sea de un modo, sea de otro, v. gr., cuando dice: «Porque el deleite de lo que aquí se goza, ¿qué es? Mucho menos dulce, sin comparación, que amarga y dolorosa la pena que de él se granjea, y no llega con gran parte a lo que después atormenta» [130]. ¿Mas la justicia divina ha de consistir siempre en el castigo, tal como lo postulan los amigos de Job? Entonces, si Dios castiga a Job, a los ojos de los mortales debe parecer que lo hace porque Job es indudablemente malo, aunque él mismo no lo sepa. Mas si Dios no castiga faltas en Job, sino sólo le somete a una especialísima prueba, ¿ello es o no es *justo*? Fray Luis sutiliza acerca de esta cuestión y para «justificar» a Dios, habla en estos términos: Elifaz arguye que el hombre no

[127] Fray Luis de León: *Obras completas castellanas, op. cit.*, pág. 818.
[128] *Ibid.*, pág. 844.
[129] *Ibid.*, pág. 888.
[130] *Ibid.*, pág. 854.

puede ser más justo que Dios, lo cual se comprueba, o bien comparando al hombre con Dios, o bien en el juicio divino del ser humano. Mas, en ambos casos, el hombre ha de ser necesariamente *menos justo* que Dios, lo cual no supone que sea pecador. Pues Dios puede o comparar a los hombres con Él o considerarlos en sí mismos, y en este último caso, como seres humanos, pueden ser justos. De ahí que todo el capítulo IV esté dedicado a indagar si acaso es posible conocer los verdaderos designios de Dios. Mas la justicia divina con respecto al hombre no es su *voluntad*, que va más allá de todo. Pero aquí está la cuestión, que sin duda atrajo a fray Luis poderosamente: ésa de que, sin culpa, se puede ser afligido por Dios. ¿Por qué padece un niño el mal que no merece? ¿Por qué ha de ser violada la doncella que jamás dio motivo para ello? De donde las dolidas palabras de fray Luis al glosar el versículo 6 del capítulo IV, que pone en boca de Job: «Que yo no vine a esta desventura por caso, ni es mal que mi suerte me le acarrea, ni son cosas forjadas por el juicio ni por la enemistad de los hombres; todo ello es rayo venido del cielo y cosa propia de su mano y aljaba»[131].

Pero Job es humano, tal como lo era así mismo fray Luis, y de ahí que se pregunte, espantado, a dónde va a parar todo eso de su desdicha. En otras palabras, aquí, en la tierra, ¿puede cualquiera vivir solamente de eso que llama Job «ensanchar el corazón», como si dijéramos, vivir desde uno mismo, en la más rigurosa interioridad? Pues al fallar todo, familia, amigos, confianza en la sociedad en general, etc., ¿qué hacer o qué esperar? Pero ¿no fue también éste el caso de fray Luis? Y así es probable que haya releído con emoción estas palabras suyas, si es que no las escribió en medio de su desdicha:

¿Pues qué? ¿No es verdad que me calumniáis, como digo, y que ponéis vuestro estudio en torcer mis palabras por desobligaros de mí? Cierto es verdad: vuestro intento es buscar en mis dichos ocasión de reprehenderme; fingís en mí culpa por salir vosotros de deuda[132].

Y como si se tratara de su propio caso, vuelve a hablar del de Job en los términos siguientes:

Como diciendo, tornad a la disputa, respondedme a lo que dijere, y si queréis, o justificar vuestra razón o conocer la que hay en la mía, no tenga parte la pasión en nuestra disputa, búsquese la verdad solamente, no me torzáis las palabras, no os ceguéis a mis voces obstinadamente, sino *guardadme justicia*[133],

es decir, esa misma justicia que con todo derecho reclamaba para sí mismo fray Luis.

Pues *en Dios vivimos, nos movemos y somos*[134], como dice San Pablo.

[131] Fray Luis de León: *Obras completas castellanas, op. cit.*, pág. 889.
[132] *Ibid.*, pág. 897.
[133] *Ibid.*, pág. 898. (El subrayado es mío.)
[134] *Hechos de los Apóstoles*, XVII, 25.

Y vivir en Dios es sentirse uno a veces tironeado por El, aun en medio de las dichas y el goce de la vida, para saber que está siempre «mirando sobre ellos [los hombres] siempre y a todas horas con ojos despiertos y sin perder ningún punto»[135]. Esta es, pues, la doble justicia de Dios para con el hombre, en sus cuidados para con él y en ese ser siempre estricto y riguroso con él. Pues fuera de Dios no hay nada, por lo que «es justo y es necesario que caigan los que no le tienen por fundamento y apoyo»[136]. La divina justicia es incomprensible para el hombre, y esta es la lección que Job da a sus amigos. Pues, dice fray Luis, «sin ser Dios injusto, podía él [Job] ser inocente y afligido»[137]. Hasta qué punto atrajo a fray Luis esta abismal cuestión es cosa que jamás podría saberse, pero no hay duda de que le atrajo, si nos atenemos al gusto con que discurre largamente acerca de este punto. ¿Pensó alguna vez que él también había sido elegido por Dios para semejante prueba? Mas, si así lo pensó, ¿no se detuvo a meditar igualmente en lo que su conducta hacia los demás debió haber influido en la adversidad que le tocó padecer? O, de modo más claro, ¿fue pura prueba del Cielo o pura maquinación de sus enemigos, algunos de los cuales él se los había granjeado por culpa de sí mismo? Es decir, que si aquellos lo fueron solamente por *motivos intelectuales*. ¿Se puede contar con el mundo? Bien sabemos que no, tan exactamente como que, pese a todo, no podemos desasirnos completamente de él a menos que estemos dispuestos a realizar quién sabe cuán enorme sacrificio, en el caso de que el mundo nos sea indispensable de alguna manera, sea la que sea. Pero bien sabemos que fray Luis jamás se desentendió del mundo, por lo que no creo que, en puridad de verdad, pudiera aplicarle a Job ni tampoco aplicarse a sí mismo las siguientes palabras suyas:

> Pero aunque es verdad que el hombre no se entiende a sí mismo, y que pensará a las veces ser justo y estará reo y culpado, todavía se engañan mucho estos amigos de Job, y Job tiene mayor fundamento para afirmarse inocente que ellos para porfiar a culparle. Porque él tenía el testimonio de su consciencia, que, aunque algunas veces falta, y aunque no nos hace ciertos del todo, pero al fin es grande y valiente argumento; mas ellos no tenían otra mayor razón que los trabajos que padecía, la cual era flaca y engañosa razón, porque de ordinario los justos e inocentes y amigos de Dios son en esta vida los más trabajados, como dice San Pablo[138].

Pues tanto el uno como el otro no deben haber sido tan justos e inocentes como parece desprenderse del comentario de fray Luis. Porque, además, ¿es que alguna vez ha sabido nadie en qué consiste eso de ser

---

[135] Fray Luis de León: *Obras completas castellanas, op. cit.*, pág. 911.
[136] *Ibid.*, pág. 919.
[137] *Ibid.*, pág. 931.
[138] *Ibid.*, pág. 950. *(Corintios, I, 15-19.)*

estrictamente *justo e inocente?* De fray Luis, a juzgar por ciertos detalles
de su biografía, ya sabemos que no; en cuanto a Job, solamente podemos
hacer una cosa, y es aceptar el testimonio de lo escrito al respecto, aunque,
como es cosa ya probada, el libro de Job es tal vez el más problemático
de todos los de la Biblia. El propio fray Luis asevera que «el estilo poético
y la mucha antigüedad de la lengua y del libro le hacen muy oscuro en
no pocos lugares» [139].

Mas triste cosa es verse uno sospechado de todos, en especial de aquellos
a quienes se tenía en mayor confianza y estima; y fray Luis, como Job,
supo de esa desalentadora prueba de la flaqueza de los amigos. Tal vez por
esto mismo es que exclama:

> Porque es muy justa la razón que tiene Job para mostrarse enfadado; que
> además de ser desapiadada manera, a un afligido, en lugar de condolerse con él,
> denostarle, aun en razón de disputa, era disparate lo que decían y tornaban a
> decir tantas veces, sin jamás llegar al propósito [140].

¡Qué autobiográficas estas últimas palabras y cómo ponen de manifiesto la situación de fray Luis al verse envuelto en el proceso que llegó
hasta amenazar su vida! ¡Qué podía quedarle, entonces, sino Dios mismo,
y si es El quien le ataca es a la vez el único que podría defenderle!

> Que como dijo el mal oficio que sus amigos le hacían, acrecentándole sus
> miserias con obligarle a la consideración y a la plática de ellas, dice agora, ya
> que le compelen a esto, que es defender contra su mal su inocencia y probar
> que a su castigo no responde en él culpa, quisiera tratarlo, no con ellos, sino
> con Dios, que sabe lo cierto, como pusiera aparte su grandeza Dios y se quisiera
> allanar con él en razón [141].

Pues la miseria humana es de tal naturaleza, que por lo regular se
allana a aquel lado donde prevalece la fuerza, a aquellos que «andan a viva
quien vence». Mas tal vez si todo esto ocurre a causa de la *necedad* de los
hombres, quienes a la incomprensión añaden el ensañamiento con el caído.
¿Dónde está, pues, en este mundo el amor de semejante a semejante? ¿Dónde podría estar mejor y más a punto sino en el momento de la desdicha?
Pero casi nunca es así como sucede:

> Decís que yerro y me engaño; yo quiero que sea como vosotros decís; mas
> pregunto si es justo por eso que en el estado en que estoy os engrandezcáis contra
> mí y razonéis sobre mi denuesto; esto es, que levantéis bandera contra un mi-
> serable y le baldonéis en la cara y le deis en rostro con sus pecados [142].

---

[139] Fray Luis de León: *Obras completas castellanas, op. cit.,* pág. 816.
[140] *Ibid.,* pág. 999.
[141] *Ibid.,* pág. 1011.
[142] *Ibid.,* pág. 1025.

Y qué decir de los enemigos, si hasta los que se llaman amigos, o al menos por esto se tienen, se vuelven de espaldas. Fray Luis debe haber resentido profundamente, no sólo la defección del amigo, sino el gozo a cara descubierta del enemigo que tramó su desdicha: «Mucho duele en la adversidad faltar los amigos, mas no duele menos ver también lo que los enemigos se gozan» [143]. Como igualmente se duele de esa necedad disfrazada de santidad, que no es sino falaz o al menos estúpida santurronería: «Y es fuerte cosa un necio que presume de santo, que todo le escandaliza y en todo halla a su parecer que reñir» [144]. Finalmente el dolor de verse caído, cuando ya, con talento, esfuerzo y suma dignidad se ha alcanzado la merecida posición en la sociedad: «Y el que todos conocen y ven puesto en grado alto, si cae, siente más su caída, porque es más la afrenta y tiene amigos que se duelan y enemigos que se bañen en gozo, y todo le acarrea mayor dolor, la pena de los unos y el placer de los otros» [145]. ¿Se quiere, además, algo que pueda aludir más directamente a fray Luis mismo? Lo cual produce en el caído esos terribles estados de ánimo en los que, a veces, llega hasta dudar de Dios: «Porque demás de la soledad y desamparo que siente grandísimo, la parte del sentido flaca envía imaginaciones aborrecibles a la alma, que le son de increíble tormento, unas veces desesperando de Dios y otras teniéndose por olvidado de El, y otras sintiendo menos bien de su piedad y clemencia [...]» [146]. Todavía más: ¿podríamos asimilar a fray Luis estas palabras con las cuales se refiere él a Job:

> Que aunque la buena conciencia en las caídas de esta vida y en los trabajos y penas consuela, mas también aflige por otra parte el padecer y el no saber la causa por qué se padece; el saber uno de sí que era digno de premio, y el verse como malo desechado y hollado; el haber servido a la virtud, y el salir burlada, a lo que al presente parece, su confianza? [147].

Y hay entonces que preguntarse si acaso se sentía fray Luis completamente inocente de todo cuanto llegó a ocurrirle. Esto, al menos, se desprende de esas palabras que aparecen en el versículo 4 del capítulo 32:

> Y con razón se enojó de ellos por esto; porque es propio de gente a quien la pasión ciega faltarles los ojos y el discurso de razón para ver las razones que hay para condenar lo que oyen, y perseverar con todo eso en el juicio de condenallo, sin saber decir la causa por qué lo condenan; como testificando contra sí mismos que condenan, porque desean condenar, y no porque hallan causa que lo merezca [148].

[143] Fray Luis de León: *Obras completas castellanas*, op. cit., pág. 1028.
[144] *Ibid.*, pág. 1056.
[145] *Ibid.*, pág. 1072.
[146] *Ibid.*, pág. 1130.
[147] *Ibid.*, págs. 1136-1137.
[148] *Ibid.*, pág. 1154.

Mas la vida es constante contrapunto del dolor al placer y de éste a aquél, y fray Luis, como antes Job, llega a corroborarlo a expensas de su propia experiencia. ¡Cómo no iba a saberlo, todavía más, a sentirlo con una profunda convicción, si lo había experimentado en sí mismo! De donde estas bellas y justísimas palabras suyas al respecto:

> Y es ordinario en Dios, cuando nos quiere hacer algunas grandes mercedes y antes que nos las haga, tentarnos primero con apreturas y sequedades por muchas razones: una, para ansí nos hacer más puros y mejor dispuestos para lo que ha de venir; otra, para renovar en nosotros el conocimiento de lo poco que somos sin El, de manera que su memoria reciente no consienta al regalo, que luego viene, nos desvanezca; y la tercera, para que el pasar de lo amargo a lo dulce, y de la tristeza de la sequedad a la suavidad de la anchura, y del frío helado al calor amoroso, avive el sentido del bien en nosotros y haga más acendrado deleite [...] [149].

Mas hay algo terrible en este libro de Job, la máxima lección que el hombre puede extraer de él, y es esta: ¿de qué le vale la «ciencia» (el saber) al hombre, ni siquiera para «justificar» a Dios? No hay otro recurso que el de gloriarle inacabablemente, acatando y callando siempre, que en esto consiste el creer, la verdadera y única fe. Mas, si es así, ¿para qué *teologías?* ¿De qué le valió a Job clamar a Dios, preguntarle por la razón de su mal, si era o no justo el castigo a que se le sometía? Como así mismo de nada valió el que sus amigos, cuestión aparte la de la estrechez de sus juicios, se propusieran «explicarse» lo acontecido a Job. Pues ¿*quién* es el hombre y *qué* es, para que alterque con Dios? [150]. ¿Qué duda había, debía haber, para que, en faltando los hombres, acudiese Dios a su siervo, y que, puesta la justicia en balanza, El habría de tomar su defensa y siendo contra Dios sus amigos, éste se pondría con Job contra ellos? Todo esto, se dirá, es de un obligado carácter hipotético, porque ¿acaso está obligado el hombre a saber los designios de Dios? Lo más que cabría en este caso, ya lo sabemos, es callar, acatar y creer. Mas, entonces, repito, ¿para qué *teologías,* es decir, intentos de interpretación de lo que el hombre *supone* (y sólo esto) que *debe ser* la voluntad de Dios respecto de él? Job, en efecto, es culpable de una sola cosa, es decir, de no callar y callar siempre. Mas esto último significa no rebelarse en modo alguno, o sea, no defenderse, sino aceptar mansa y resignadamente: «Es la voluntad de Dios.» Ahora bien: ¿hizo tal cosa fray Luis? Bien sabemos que no; que, por el contrario, lejos de acatar, *callada* y *resignadamente,* la divina voluntad, habló, gritó, clamó, vituperó, etc., etc. Lo mismo que hizo Job en un momento dado, es cierto, pero al menos fray Luis tenía la advertencia del antecedente de Job, y debía saber cuál era el camino a seguir. Y si admite que Job

---

[149] Fray Luis de León: *Obras completas castellanas, op. cit.,* pág. 1222.
[150] Como dice San Pablo *(Romanos,* IX, 20): «Mas, antes, oh hombre, ¿quién eres tú para que alterques con tu Dios?»

no fue justo en su demasía de palabras, o sea, en no resignarse completamente desde el comienzo mismo, entonces, ¿por qué no actuó en su caso del modo que viene a ser consecuente con su propio criterio acerca de la inutilidad de rebelarse, no importa la circunstancia de que se trate?

¿Debe, pues, el hombre callar siempre, aceptando, así sin más, que todo, bueno o malo, de Dios nos viene? Conforme con el espíritu del libro de Job, así es como debe ser:

> Que tus palabras demostradoras de tu saber y poder excesivo, no solamente me demuestran eso, mas hicieron de mi poco y mal hablar en mí entera evidencia. Pues siendo yo tal y conociendo de Ti y de mí quiénes somos, tu saber y mi grande ignorancia, las entrañas de tu piedad y mi osadía atrevida no seré loco más, ni añadiré a lo que tengo dicho palabra; mudo soy y quiero ser mudo [151].

Así habla Job a Dios al final casi de su terrenal odisea, como quien está convencido de la inutilidad y hasta de la necedad de no callar y aceptar *sine die*. Fray Luis lo concede y lo admite, mas volvemos a lo mismo: ¿cómo saber, efectivamente, que debe ser así tal como lo reconoce Job en esas palabras que acaban de transcribirse? Hay que llegar a la conclusión de que sólo la fe simple, esa que hinche el grano de mostaza y hace mudarse al monte, es la que puede dar la respuesta. Esta es la voluntad de Dios, por sobre todas las cosas, respecto del hombre, mucho más si nos atenemos a las siguientes palabras de fray Luis:

> Pues ansí lo vemos aquí, en que ordena Dios que ruegue e interceda Job por aquellos mismos que de amigos se le habían vuelto enemigos e ingratos, y quiere que tome de ellos esta santa venganza, trayéndoselos a los pies tan humillados, que los que poco antes se tenían por justos y defensores de la honra de Dios, y a él le pregonaban pecador y blasfemo, agora se condenen a sí, y a él le confiesen por justo, y deseen su intercesión para con Dios y la rueguen [152].

En fin de cuentas, estamos frente a un libro de los más polémicos a la vez que de una oscura profundidad, ambiguo en muchas ocasiones y digno de la inmensa e imperecedera fama de que goza. Pues, sin dejar de ser sacro, es al mismo tiempo de una audacia filosófica como pocas veces se ha visto en letra sagrada. Por consiguiente, tuvo que seducir a fray Luis el *escriturario*, el intelectual, a la vez polemista y dialéctico. Pues ¡qué reto a la inteligencia del hombre y al mismo tiempo qué impresionante llamado a la esencial humildad desde la cual y sólo desde ella es posible avizorarse todo con espíritu de eternidad! Mucho deben haber seducido a fray Luis las polaridades que pululan en este libro, tales como las de razón y fe, terrenalidad y divinidad, el problema del *justo* vs., el del *escogido*

[151] Fray Luis de León: *Obras completas castellanas, op. cit.,* págs. 1257.
[152] *Ibid.,* pág. 1281.

por Dios, etc., etc. Además, desde el estricto punto de vista de una absoluta fe en Dios, ¿qué hacer con el mundo? Imaginemos a fray Luis en uno de esos momentos de lucha y de vértigo, con motivo, por ejemplo, de una provisión de cátedra, o trincado con alguien a causa de un cierto criterio de interpretación teológica, o etc. Imaginémoslo, digo, en ese instante, recordando a la vez ciertas esenciales peculiaridades de ésas que el libro de Job nos ofrece cual súbitos destellos que ciegan completamente. ¿Qué decidir en ese caso? ¿Era lo *justo* ganar la cátedra *a toda costa* [153], aunque esto supusiera ciertas transigencias terrenales reñidas con la justicia de Dios? Porque, en fin de cuentas, se trata siempre de lo mismo: ¿cómo atinar, en el mundo, con la voluntad de Dios? Hay un camino, ya lo dijimos, pero no siempre es posible vivir rigurosamente esa «vida retirada» de que el poeta y filósofo habló en tan bellos versos.

Pero fray Luis, repetimos ahora, no era un santo, sino un intelectual, es decir, aquel hombre a quien el mundo se le «re-presenta», o sea, que se le da mentalmente. Pues ahí está, para comprobarlo, su enorme labor, tanto de cátedra (disertación) como de escritor, para convenir que, en efecto, lo intelectual pesaba en él decisivamente. Y es así como le vemos presentar constantemente lo divino a través de lo humano, en una permanente referencia al mundo. ¡*San* Luis de León! Creo que esto no ocurrirá jamás. Sí, en cambio, el Maestro, el sabio, el filósofo, el altísimo poeta. En fin de cuentas, el hombre atraído por el abismo del misterio, ante el cual se detiene siempre, mas no en éxtasis, sino reflexivamente.

---

[153] Véase el comentario a que se refiere la nota 134 de este mismo capítulo.

SEGUNDA PARTE

INTRODUCCION

Pasamos ahora a examinar otra de esas manifestaciones de la historia de la cultura europea —es decir, el Barroco— de la que todos hablan y, sin embargo, nadie sabe a ciencia cierta qué es. Parafraseando a Voltaire («el clásico es el hombre de quien todos hablan y a quien nadie ha leído»), podría decirse que es el Barroco, no ya como época, sino hasta como *concepto*, algo tan comentado, tan llevado y traído, como apenas conocido en lo que real e intrínsecamente pueda ser. Tal vez quepa decir de él lo que ocurre con la famosa *ecuación de las ondas*, del físico Schrödinger (1925): que «se hacen cálculos con ella, y, sabiéndola manejar, se obtienen resultados que armonizan con la experiencia, pero nadie la entiende» [1].

Y es que hasta en su patronímico el Barroco es evasivo, azaroso y hasta si se quiere un poco absurdo. ¿Qué pensar, entonces, ya no sólo del vocablo (motivo de tantas discusiones), sino aún más, de su concepto y del encaje de éste en la realidad a la cual alude? Pues, sin duda alguna, si la palabra *Barroco* intenta designar una peculiar modalidad de la cultura europea en un dado momento de su historia, exactamente como puede no acertar con lo que se propone, tampoco puede desacertar completamente, y es en este *medias res*, en esa fluida consistencia, en donde radica la cuestión. Por consiguiente, he ahí la cosa misma ante nosotros: ¿es *barroco* todo eso que suele llamarse así? Y si es algo, o sea, sólo una parte, y no todo, entonces, ¿cómo lo sabemos? Y si, por otra parte, no es nada de ese todo, también, ¿cómo lo sabemos? Pues, finalmente, ¿por qué sigue tercamente adherido el vocablo *barroco* a lo presuntamente barroco?

Mas procedamos metódicamente. Por lo pronto hay algo que antecede al Barroco y, por supuesto, no lo es. Se me dirá que los límites del Barroco, como los de cualquier período histórico, son fluidos e imprecisos. Esto, por supuesto, nadie tiene que contármelo. Pero si hay algo que *antecede* al Barroco, quiere decir que no es, en sí mismo, el Barroco. Luego aun procediendo con una clara conciencia de que hay algo así como una espe-

---

[1] Erwin Schrodinger (1887-1961) es el famoso físico alemán autor de la *ecuación de las ondas*, que tanto ha influido en el campo de la teoría de los cuantos. Se ha dicho que llegó a descubrir dicha ecuación (en 1925) mediante «una intuición genial incomprensible [...] La ecuación de Schrodinger es una típica fórmula mágica: se hacen cálculos con ella, y, sabiéndola manejar, se obtienen resultados que armonizan con la experiencia, pero nadie la entiende». (Ch. Thirring: *Crisis y reconstrucción de las ciencias exactas,* ed. de la Universidad de La Plata, B. A., 1940, pág. 84.)

cie de «no man's land» (especie de protocosa) entre Renacimiento y Barroco, es preciso admitir que éste se presenta como una época en la cual *la cultura* adopta formas de expresión diferentes de las que muestra el Renacimiento. Cuándo, dónde y cómo empieza a operarse esa diferenciación, es algo de que vamos a ocuparnos inmediatamente.

Pero, primero, es conveniente que digamos algo acerca de lo que se ha venido entendiendo por *Barroco* [2]. Hemos visto que el vocablo designa algo insólito, teratológico, exactamente como le sucede a la perla irregular a la que la palabra directamente se refiere. Retengamos, pues, esta nota inicial de *anormalidad,* que parece serle esencial al Barroco. Mas, he ahí la cuestión: ¿anormal con respecto a qué? En 1887 el historiador de arquitectura Cornelius Gurlitt [3] decía que el Barroco era el estilo que tendía a unos exaltados modos de expresión de las formas clásicas renacentistas. Precisando esta observación, en 1888 Heinrich Wölfflin nos da lo que parece haberse convertido en la definición por excelencia, pese a cuantos reparos se le hayan puesto. Me refiero a esa idea suya de que el Barroco es como el paso desde formas lineales hasta otras más libres, pictóricas y recargadas. «Su centro nervioso está en un anhelo de infinito, en la sensación de algo tremendo, poderoso e inconcebible, en una especie de intoxicación por el deseo de perderse en los abismos de lo eterno» [4]. Y recordemos ahora la famosa polaridad Renacimiento-Barroco de Wölfflin:

carácter lineal	——	carácter pictórico
superficialidad	——	profundidad
forma cerrada	——	forma abierta
unidad	——	pluralidad
claridad	——	oscuridad

Todo lo cual se condensa en las siguientes palabras de Wölfflin:

Es indudablemente un nuevo ideal de vida ese que nos habla desde el Barroco italiano, y aunque hemos puesto a la arquitectura en primer lugar, como la más expresiva encarnación de ese ideal, los pintores y escultores contemporáneos dicen lo mismo en sus respectivos lenguajes, y quienquiera que trate de reducir las bases psíquicas del estilo a principios abstractos, hallará probablemente aquí la palabra decisiva más acabadamente que entre los arquitectos. La relación de lo individual con el mundo ha cambiado, se ha abierto un nuevo dominio de las emociones y el espíritu aspira a la disolución en la sublimidad de lo descomunal, de lo infinito. «Emoción y movimiento a toda costa», así formula el *Cicerone* la naturaleza de este arte [5].

---

[2] No hay nada absolutamente seguro acerca del verdadero origen de esta palabra, pero es bastante probable que provenga o bien del nombre dado por los portugueses a las perlas de forma irregular *(pérolas barrocas),* o bien del silogismo escolástico llamado «baroko».

[3] Cornelius Gurlitt: *Geschichte des Barokstils in Italien,* Stuttgart, 1887, págs. 7-19.

[4] H. Hatzfeld: *Estudios sobre el barroco,* ed. Gredos, Madrid, 1966, cap. I.

[5] H. Woelfflin: *Principles of Art History* (trad. de M. D. Hottinger), Dover Publications, Inc., New York, s. a., pág. 4.

Si admitimos que, en términos generales, esta es la *esencia* del Barroco, y no hay por qué no hacerlo así, queda por proponer otra cuestión no menos importante, y es si como *estilo* es el Barroco un fenómeno común a las más adelantadas naciones europeas en el siglo XVII (España, Francia, Inglaterra, Italia, Países Bajos, Alemania). A pesar de todos los forcejeos y las discusiones al respecto, por ejemplo, que si el Barroco nació en España o en Italia; que si el Barroco francés no es más que el clasicismo de la época de Luis XIV; que si Miguel Angel es el padre del Barroco formal y San Ignacio de Loyola el padre del espíritu del Barroco (en el sentido de un «Contrarrenacimiento»); a pesar de estas y otras discusiones, hoy se acepta que «El Barroco significa algo común a todas las literaturas europeas y ha de ser valorado por medios comparativos» [6]. Y quien dice a la literatura dice lo mismo respecto de la cultura en general.

Mas hay otro punto que debemos mencionar inmediatamente, porque está relacionado con otra de las interpretaciones del Barroco que más validez posee actualmente. Me refiero, en primer lugar, a la tesis de Augusto Schmarsow acerca de que el Barroco es «el contraste entre el intento y la realización; entre lo alto y lo bajo, entre lo interior y lo externo, con todas las variantes posibles en el espacio y en el tiempo» [7]. Mas, en segundo lugar, ¿qué puede ser todo esto sino algo que, certeramente, apunta el historiador español de arte Enrique Lafuente Ferrari, al decir que el Barroco es la continuación del proceso del espíritu de la Edad Media, interrumpido por el Renacimiento? «El Barroco —dice— no fue un echarse a perder del arte clásico, sino la espontánea reacción del arte occidental, que trata de reanudar la continuidad de su propio devenir.» Y añade: «Esta nueva sensibilidad deja de lado el artificial mundo platónico de los humanistas para plantearse de nuevo los eternos y angustiosos problemas del hombre, y, en primer lugar, los de su salvación, su responsabilidad y su miseria [...] por su dramática intuición de lo concreto humano» [8].

De estas atinadas palabras quiero retener solamente ahora esas de *angustia, salvación, responsabilidad* e *intuición*. Me basta con esto, pues tiene mucho —¡pero mucho!— que ver con lo que va a ser la filosofía del Barroco, es decir, con el idealismo racionalista a partir de Descartes y hasta llegar a Kant, pero excluido éste. Recuérdese la extraña dualidad de Descartes: el hombre que prescinde de Dios en el comienzo de su obra, pero lo requiere urgentemente para salir de nuevo al mundo; el hombre que intenta hacer del hombre una máquina, pero acude a Loreto en devota peregrinación. Y así también Pascal. Mas, como lo ha probado suficientemente Gilson, todo el pensamiento moderno en sus comienzos hunde sus raíces en el espíritu europeo medieval. He ahí, pues, en términos genera-

---

[6] H. Hatzfeld: *Estudios sobre el barroco, op. cit.*, pág. 48.

[7] A. Schmarsow: *Baroko und Rokoko*, Leipzig, 1897, págs. 52 y 123.

[8] E. Lafuente Ferrari: *Ensayo preliminar de Werner Weisbach. El barroco, arte de la contrarreforma*, Madrid, Calpe, 1942, págs. 33-36.

les, el espíritu del Barroco. Con sus indudables características nacionales, con anticipaciones o retrasos respecto de los diferentes países entre sí; con todo lo que, en fin, se le quiera parcelar en este o en aquel sentido, no cabe duda de que existió un movimiento que en contraste con su antecesor (el Renacimiento) y su sucesor (el Rococó), es en sí mismo autónomo en la medida en que, históricamente, se puede hablar de autonomía de la cultura.

Y es aquí donde debemos regresar a aquella cuestión ya mencionada al comienzo, es decir, a la de esa fluida sucesividad por la cual se pasa desde el Renacimiento hasta el Barroco. Pues no cabe duda de que el uno procede del otro, pero he ahí el problema: ¿en qué momento empieza el Renacimiento a «hacerse» Barroco? ¿Qué manifestaciones del proceso cultural de este último nos advierten que el Renacimiento va dejando de ser aquello que es para convertirse en otra cosa? Esto, en sí mismo, supone nada menos saber *dónde* y *cómo* se inicia ese cambio. Y es justamente aquí, en este punto, donde el problema de lo que sea el Barroco vuelve a enredarse y a dar pábulo a interminables polémicas, hasta llegar a veces a dar que pensar si acaso no se está discutiendo sobre algo inexistente. Una de las conclusiones más atinadas con respecto al *status nascens* del Barroco es, sin duda, la que ofrece el crítico alemán Helmuth Hatzfeld en sus *Estudios sobre el Barroco*. Como se trata de un libro excepcionalmente erudito debemos, por lo mismo, atenernos a él con alguna precaución, pues el autor incurre algunas veces en ciertas *generalizaciones* que da como incuestionablemente fundadas, pero basándolas en casos particulares, que por muy representativos y hasta excelsos que sean, no bastan a dar sólido apoyo a tales generalizaciones[9].

Pero, con todo, de lo que no cabe duda es de que intenta presentar el proceso que desde el Renacimiento lleva al Barroco mediante una articulación de diferentes procesos que, sin embargo, vienen a ser partos del mismo todo. Así, pues, Renacimiento, Manierismo, Barroco y Barroquismo se enlazan y separan entre sí, se asemejan y se distinguen unos de otros. De esta manera, el tránsito desde el Renacimiento hasta el Barroco se verifica a través de una «anormalización» del primero (de un «ismo»), que es justamente el *Manierismo;* del mismo modo que entre Barroco y Rococó se extiende ese trecho que el autor llama *Barroquismo* (otro «ismo», es decir, otra deformación).

Pero ¿no hemos quedado en que el Barroco es una *deformación?* Si es así, tiene entonces poco sentido hablar de «deformaciones» que le preceden y le subsiguen. Mas la contradicción es tal vez más aparente que real, pues dimana de algo sobre lo que es preciso detenerse con sumo cuidado, y es el Renacimiento mismo. Pues ¿qué viene a ser éste en la historia de Europa sino algo ajeno a la vida europea como tal, al espíritu que

[9] Cf. H. Hatzfeld: *Estudios sobre el barroco, op. cit.*, págs. 72-73.

la anima? ¿Acaso no es «deformación» (en alguna medida también) la Edad Media, como lo han sido así mismo el Barroco, el Rococó, el Romanticismo y el Surrealismo? Porque el Renacimiento europeo, en lo que tiene de tal, consistió en una especie de «regreso» a lo que jamás puede volver a ser, porque el tiempo es irreversible. Pues ¿cómo se podía volver a ser «pagano» (griego o latino) al cabo de más de mil años de vida cristiana y otras cosas? El Renacimiento es, por consiguiente, una realidad fundada en cierta «imitación» que, por lo mismo, denuncia el carácter superimpuesto y artificioso de esa realidad. Paradójicamente, pues, resulta que la «naturalidad» y la «sencillez» renacentistas son adquiridas y no innatas, reflejo de otro mundo histórico y otra vida espiritual (la clásica y pagana), y que, por el contrario, las llamadas «artificiosidades» y «complicaciones» barrocas resultan ser expresiones mucho más adecuadas del alma europea. Por eso tiene toda la razón Lafuente Ferrari al decir que, espiritualmente, el Barroco empalma con la misma Edad Media.

Desde luego que se ve perfectamente a veces cómo el Renacimiento va cosido a puntada gruesa al espíritu —al fin y al cabo insobornable— del hombre europeo cristiano. Conceptos como los de «naturaleza», «amor», «armonía», «equilibrio» y otros muchos se ofrecen cual parches encajados en una concepción del mundo que, como la llamada *renacentista*, no es sino la expresión histórica de un mundo (el medieval) que entre los siglos XV y XVI se vio de pronto invadido por algo a la vez súbito y extraño, y de lo que va deshaciéndose poco a poco.

Por eso el *Manierismo* es justamente la culminación de ese amaneramiento en que consiste toda la cultura renacentista. ¿O se quiere mayor amaneramiento del que fácilmente sorprendemos en la literatura renacentista? ¿Cómo negar que lo hay en esa artificiosidad de una consagración a la «naturaleza», que no sigue dócilmente sus formas, tomándolas directamente de la realidad, sino inspirándose para ello en el riguroso «naturismo» de la cultura clásica? La devoción al pensamiento grecolatino y sus consiguientes conmovedoras imitaciones, sea la literatura, sea la filosofía, sean las artes plásticas, etc., se hace estableciendo un patrón que muy poco o nada tiene que ver con el verdadero espíritu pagano. Me refiero a ese «equilibrio», a esa *sofrosyne*, tan llevada y traída por el renacentista, pero de la que difícilmente disfrutó el pagano. Es claro que ya hoy estamos de vuelta de todo eso gracias a hombres como Lessing, Nietzsche y otros. Al pagano le servía toda esa *adaequatio intellectus et rei*, toda esa soñada armonía (la *República* de Platón, la *Lógica* de Aristóteles) para sofrenar los excesos del espíritu, oponiendo teóricamente Apolo a Dionisos. Pero el renacentista europeo se viste con esos atavíos (que eran ocultamientos del drama de su época) y construye toda una cultura puramente convencional. La Europa feudal, gótica y cristiana vieja se engalana con estatuas, pórticos, literaturas y filosofías desenterradas y, por lo mismo, con olor a cadaverina. Y esta pose tiene dos tiempos, de los cuales uno es el Renacimiento y el otro el Manierismo. Y a través de éste —exageración del primero— marcha Europa a su propio reencuentro.

Mas ¿cómo podríamos ver en qué consiste realmente todo esto, en cuanto proceso histórico, sino precisamente a través de las diferentes manifestaciones de la cultura, entre las cuales se cuenta, por supuesto, el lenguaje? El Barroco también se vale del lenguaje para apresar y expresar el estado íntimo del hombre, porque es quizá para esto el instrumento *ad-hoc*. Ya se sabe que artes tales como la pintura, la escultura y la arquitectura hacen lo mismo y que tocante al Barroco desempeñan un decisivo cometido. Como sucede siempre, también durante el Barroco el lenguaje presenta las mismas complicaciones que hallamos en las restantes manifestaciones de la cultura de esa época, o sea, que en el lenguaje sorprendemos también esas notas, características del Barroco, de la «imprecisión», la «indefinición» y la «inconclusividad», en contraste con la sencillez, la claridad y el carácter lineal que Wölfflin le asigna a la cultura renacentista. Mas cuando se habla de «deformación» de la realidad a través del lenguaje, ¿se está, acaso, diciendo algo con sentido? Pues, en primer lugar, ¿qué es la *realidad*? Y, en segundo término, ¿cómo separarla por completo de esa otra realidad (si es acaso alguna «otra») que es el espíritu del hombre? Nada más ligero, entonces, que decir que en Gracián predomina la *ingeniosidad*. ¿Es que no es todo el Renacimiento un vasto juego de «ingeniosidades»?

Pues aquí topamos con un problema descomunal, es, a saber, si el lenguaje *deforma* la realidad. Si es así, ¿cómo podemos saberlo? O, al revés, ¿la *informa*, o sea, que la crea? Pero, en ese caso, ¿no habría también en la deformación una nueva formación, o sea, una nueva creación? Pues, por otra parte, bien pudiese ser que el Barroco, al «deformar» la realidad, no hiciese otra cosa que devolverle la forma que tuvo antes del Renacimiento. Porque téngase ahora en cuenta que siempre que se habla del carácter acendradamente religioso de la cultura barroca en contraste con la del Renacimiento, es preciso referirse al afán de vida interior, al sentimiento de desengaño del mundo, a la desconfianza ante la naturaleza, etc., etc. Aquí podría hablarse, es claro que con gran reserva, de cierto parecido entre Barroco y Edad Media, y digo así porque entre ambos levanta su mole el Renacimiento, a lo cual se debe que el Barroco, no obstante todo lo que le acerca a la Edad Media, lleva consigo, como heredero inmediato del Renacimiento, muchas cosas que a éste le acercan y que, además, le hacen enfilar hacia un más allá de él que es siempre progresivo y nunca regresivo.

Tres aspectos diferentes, pero orgánicamente relacionados entre sí, presenta el fenómeno de la cultura barroca, es decir, los del arte plástico, la literatura y el pensamiento especulativo. Se trata, como sucede con cualquier otra manifestación de la cultura europea (Edad Media, Renacimiento o la que sea) de esa peculiar conjugación de los *modos de expresión fun-*

damentales de dicha cultura, incluyendo en ésta, por supuesto, el antecedente grecolatino. Pero ¿qué puede significar la coexistencia de tales modos de expresión, sino que ninguno de ellos, *de hecho,* parece haber sido suficiente por sí mismo? O dicho de otro modo, que el europeo ha tenido que expresarse apelando a tres maneras diferentes, pero concurrentes al mismo fin y, por tanto, complementarias entre sí. Ahora bien, la realidad que le es consustancial y que el europeo acierta a expresar de los tres modos diferentes ya apuntados, resulta que es cristiana y, por esto mismo, se encuentra regida por lo que tal vez sea la determinación más importante de ella, es decir, su *interioridad.* Se dirá que si acaso no conoció el griego la vida interior. Pues ¿Sócrates y su *nosce te ipsum?* Sin embargo, el interiorismo pagano, en el caso de que haya existido, vendría a ser más bien un interiorismo «finitista», o sea, que en él no hay ni angustia, ni pecado ni profecía; en tanto que esas tres notas (provenientes del judaísmo) edifican la cosmovisión cristiana.

Pero el cristianismo, una vez que se apodera de Europa, pasa a ser inevitablemente algo más que una religión, o sea, que acaba convirtiéndose en forma de *vida histórica* autónoma que, entre otras cosas, contiene a la religión cristiana. Los bárbaros que allá por el siglo V acampan a orillas del Danubio o del Tíber, o que se extienden por los Campos Cataláunicos, etc., se mezclan con la civilización romana y sus antecedentes (donde los hubo) griegos y fenicios. Y de este violento choque va a salir, siglos después, todo eso que se llama *arte gótico, teología* y *literatura medieval.* Las formas de expresión de la cultura de un ser humano al cual se puede designar con los términos de *cristiano europeo:* el hombre en quien las notas ya apuntadas de la angustia, el pecado y la profecía se advierten constantemente. Pues quien arranque del Génesis y concluya en los Evangelios no puede evitar esas características. Para el cristiano la vida es un milagro perpetuo (de menos que de *nada* nos hizo Dios, porque previa a la nada estaba su voluntad de creación y el poder de hacerlo). Y por eso mismo es la vida (auténticamente concebida) una angustia esencial («temor y temblor», como dice Kierkegaard) [10], o, con palabras de Heidegger, «la potencia de la Nada y la potencia del existir» [11]. De ahí que la vida sea profecía (lo que va a ocurrir), especie de tránsito desde un *terminus ad quem* hasta un *terminus a quo;* o dicho en la jerga contemporánea, que la vida es «histórica». Finalmente, es el hombre un pecador

[10] Es el título de una de las obras del filósofo danés Soeren Kierkegaard, publicada por primera vez en 1843. En ella nos propone la difícil cuestión de la primacía de la fe sobre la ética o viceversa, y para esto se vale del conocido pasaje bíblico del frustrado sacrificio de Isaac por Abraham *(Génesis,* 22). También aparece dicha cuestión en *Estadios en el camino de la vida* (1845) al referirse al tercero de ellos, o sea el religioso. Por cierto que San Pablo *(Corintios,* I, 2) dice de este modo: «Y me presenté a vosotros en debilidad, temor y mucho temblor.»

[11] Cf. Martin Heidegger: *Was ist Metaphysik,* 1929. Traducción española de Xavier Zubiri: *¿Qué es metafísica?*

(el *pecador original)* y por eso, como dice San Pablo, lo contrario del pecado no es la virtud, sino la fe. Hay una salvación posible porque el hombre es justamente el pecador. Y preguntemos si acaso fue así el griego, si lo fue el romano. Bien sabemos que no. Es, pues, este hombre *europeo* y *cristiano* un espécimen humano de quien tiran a la vez lo terrenal y lo divino en forma peculiarísima. El hombre referido siempre a lo uno como a lo otro, tratando de encontrar un cierto equilibrio, lo cual se echa a ver a medida que avanza y se desarrolla la cultura medieval. Piénsese, a este respecto, en *De divisione naturae*, de Scoto Eriúgena; en *De itinerarium mentis in Deum*, de San Buenaventura; en la *Suma teológica*, de Aquino, y como remate en la *Divina Comedia* [12]. En suma, tensión y acuerdo. Y de pronto, en ese orbe espiritual —un «de pronto» siempre relativo y algo convencional— el Renacimiento. Se me dirá que éste empieza ya a manifestarse desde las postrimerías del siglo XIV, pero ¿acaso esto anula lo que tiene el Renacimiento de «cuerpo extraño» en la vida europea? Pues, a este respecto, es necesario tener en cuenta la diferencia entre la aventura renacentista de humanistas, artistas, hombres de ciencia, etc., o sea, la «alta cultura», y esa otra vida cotidiana y popular que debió haber seguido siendo, en punto a creencias, costumbres y cambios, más o menos medieval.

Sea, pues, como fuese, el Renacimiento tiene que haber sido indudablemente diferente de la Edad Media, o no sería posible hablar de ambos como de dos sucesos distintos entre sí. Que el Renacimiento supone la Edad Media, que la lleva consigo, en cierta parte esencial y permanente de esta última, es algo de que no cabe dudar, y a lo cual se debe la *tensión opositiva* entre Renacimiento y Barroco. Pues sería del todo punto superficial decir que si la cultura renacentista pasa a ser barroca ello se debe al Concilio de Trento, o al hecho religioso-político de la Contrarreforma, o etc. Ni mucho menos a que el europeo decide un buen día, así de pronto, dejar de escribir como León Hebreo, o Castiglione, o fray Luis de León; o de pintar, como Leonardo o Miguel Angel, y se pone a hacerlo como Góngora o Velázquez.

Tiene que haber habido, pues, en consecuencia, una tensión opositiva latente que hace cambiar gradualmente el espíritu del hombre europeo y —¡cosa curiosa!— le lleva a parecerse llamativamente a lo que había sido el espíritu del hombre medieval. Mas nótese que algunas de las características del espíritu del medievo reaparecen en el Barroco. Así, por ejemplo, el afán de evasión, el sentimiento de lo infinito o inacabable, el gusto por

---

[12] En estas obras es claramente perceptible el proceso evolutivo del pensamiento en la Edad Media. La obra de Juan Scoto Eriúgena, *De divisione naturae*, aparece en el siglo IX y es el primer intento de explicar filosóficamente los dogmas teológicos. Del *Itinerarium mentis in Deum* ya nos hemos ocupado en la nota 6 del cap. I, Primera parte. De la *Suma Teológica* de Tomás de Aquino baste con decir ahora que el tema fundamental es el de la regulación de las relaciones entre la fe y la razón. Mientras que la *Divina Comedia* viene a ser, hasta cierto punto, la poetización de las ideas de Santo Tomás.

la complicación (recuérdese ahora los famosos «bestiarios» de la Edad Media que proliferan en gárgolas, ábsides, jambas, rosetones, etc.), y la indudable sensación de movimiento típica, sobre todo, del gótico, con el cual se completa y se define el espíritu medieval, pero que tampoco falta en los primeros siglos de la Edad Media. Basta con pensar en las catedrales de Rouen, Chartres, Colonia, Salisbury, etc. Pero esas características medievales ya mencionadas, si bien reaparecen en el Barroco, no pueden hacerlo impunemente, porque entre una y otra época se interpone el Renacimiento y no, por supuesto, sin consecuencias. Y de éstas la más acusada es, sin duda, la de la pérdida de la «ingenuidad» que domina al mundo medieval. Por consiguiente, después del «refinamiento» renacentista, es inevitable suponer unas tremendas segundas intenciones (una dramática *arrière pensée*) en el afán de evasión, el sentimiento de infinitud o inacabamiento, y el gusto por la complicación que muestra ahora el Barroco. Pues la autonomía del europeo desde el Renacimiento y la experiencia dramática que aquélla representa [13], imponen al hombre barroco cierto «virtuosismo» que es, a la vez, expresión de la clara conciencia de su capacidad para manejar las formas de expresión *desde dentro* de sí mismo, aunque sin perder jamás de vista que él es el *artífice*. A diferencia del medieval, que creaba para Dios (en el más auténtico *ad Maiorem Dei Gloriam*), el hombre barroco, tras la descomunal experiencia de la individualización renacentista, crea para sí mismo. A San Buenaventura no le tuvo jamás en cuenta si *él* era quien creaba; a Gracián, en cambio, también religioso, le interesa sobre todo su *métier;* o sea, que dista mucho de sentirse simple intermediario entre el mundo y Dios. Pues para el hombre barroco *Dios* y el *mundo* se han recogido dentro de él y tiran con la misma fuerza. Este es el drama íntimo del Barroco —el *idealismo subjetivo*—, comparado con el cual resulta un juego de niños el idealismo renacentista.

Ahora sí que la procesión va de veras por dentro; pero como tampoco ahora puede el hombre vivir sin el mundo, y en alguna forma a éste tiene que bailarle el agua, resulta que la vida interior es a la vez *complicación,* pero no la *naïve* complicación medieval que se denuncia fuertemente en el carácter hierático de la piedra, el lienzo o el pensamiento, sino esa otra complicación por la que viene a ser el mundo, a un mismo tiempo e inevitablemente, atracción y repulsión, abismo y vértigo; y tal vez a esto se deba que el Barroco sea esa azorante antinomia de *concisión* y *dispersión*. Y para expresar esta antinomia, en el orden del pensamiento, es indispensable que el lenguaje adquiera *valor esencial,* de donde resulta que ahora, en el Barroco, de intermediario entre el pensamiento y la realidad pasa a ser el lenguaje el creador de ambos simultáneamente. Este es precisamente el «juego» en que, por lo regular, la crítica se empeña en hacer consistir el lenguaje en el Barroco. Y sin duda que es esa la impresión

---

[13] Experiencia que consiste, sobre todo, en un *subjetivismo* bastante riguroso, pero que, por supuesto, no es como el *idealismo subjetivo* del Barroco.

que produce al verlo desde afuera, como «preciosismo», o como «eufuismo», o como «marinismo», o como el «culteranismo» y el «conceptismo» [14]. O sea, como si fuese simples *divertimenti*, ingeniosidades, pero aquí si que no se podría decir que *le jeu ne vaut pas la chandelle*, porque decir tal cosa, y se ha dicho muchas veces, es tomar el rábano por las hojas.

Por lo pronto todas esas formas de expresión (esos «ismos») se revelan en el «juego del lenguaje», pero éste, a su vez, debe ser considerado solamente como la *forma exterior* de algo que interiormente le ocurre al escritor. La pregunta, pues, bien podría ser ésta: ¿por qué entre los siglos XVI y XVII el hombre europeo escribe de ese modo rebuscado, afectado, con un «estilo resultante de la petrificación de una manera, más allá de sus límites significativos»? [15]. Sin duda porque esta «bella maniera» —según la expresión de Vassari— supone la crisis de una cultura, y de ahí que se pueda hablar, en este caso, de «estilos de incertidumbre».

Pero he aquí otra grave cuestión, ¿*incertidumbre* de qué? Pues el estilo del lenguaje ha cambiado tantas veces en la historia de la cultura europea, que llamar ahora «incertidumbre» a la peculiar situación espiritual por la cual atraviesa el europeo desde más o menos 1560 hasta 1700, no ayuda mucho a resolver la cuestión. Sin embargo, esa específica incertidumbre a que acabo de referirme es cierta y está ahí, en su correspondiente lugar histórico, pese a todo. Mas, entonces, ¿qué parece haberse propuesto el europeo con ese lenguaje que, a la ligera, se llama «superficial», «rebuscado», «amanerado», etc.?

Por lo pronto, o sea, visto *desde afuera*, ese lenguaje se presenta como *afán de evasión* (exactamente de qué, no lo sabe nadie). Pues manieristas, preciosistas, eufuistas, culteranistas y conceptistas apelan a lo que se ha dado en llamar «artificiosidad», aunque no realmente de la *palabra*, pues ésta, en sí, jamás es artificiosa, sino a la que posee la realidad a la que la palabra se refiere [16]. Si el poeta italiano Marino llama al pájaro «átomo sonante» o «aliento vestido de plumas»; si el poeta D'Urfé se refiere a una butaca como «la commodité de la conversation», o llama a la escoba «l'instrument de la proprieté»; si, en fin, dando en cierto sentido la clave de este proceso de pensamiento, nos dice Gracián que se sirve «la agudeza de los tropos y figuras retóricas como de instrumentos para exprimir cultamente sus conceptos» [17]; si, en fin, todos los escritores prefieren dar ahora esos rodeos, es porque ahora, desde el manierismo hasta el barro-

---

[14] Porque, seguramente, no se le suele ver como manifestaciones de la *evolución del pensamiento*.

[15] J. C. Cirlot: *Diccionario de los ismos*, 2.ª ed., ed. Argos, Barcelona, 1956, página 236. Desde luego que se refiere al «manierismo», pero se puede hacer extensivo a todo el Barroco.

[16] Por supuesto que una vez convertida en realidad *por* la palabra.

[17] B. Gracián: *Obras completas*, ed. de A. del Hoyo, ed. Aguilar, Madrid, 1960, pág. 235. (*Agudeza y arte de ingenio*, Discurso I.)

quismo —pasando, por supuesto, por el Barroco—, no se acude directamente a la realidad exterior, al mundo sensorial y perceptual, que es tanto
el mundo externo como el interno (aunque el renacentista va descubriendo
esta dualidad complementaria poco a poco, hasta que Descartes da la gran
campanada en el siglo XVII); no se acude, pues, *directamente* al mundo,
sino que, por el contrario, se intenta evitarlo en todo lo posible, creando,
como veremos después que lo hace Góngora, una realidad de «soslayo»,
vista en esguince, *pre-sentida* más bien que *sentida*, simulada, especie de
Welt als Ob que dirían los alemanes. Es, pues, en este descomunal escorzo
donde el europeo, desde el manierismo hasta el barroquismo, intenta sorprender a la realidad. El mundo, como quiere Pascal, en perpetuo contraste
—*miracle et néant, ange et bete, le néant capable de Dieu*, etc.

Veamos a este respecto, a guisa de ejemplo, sendos modos de presentar
la Naturaleza un renacentista (Garcilaso) y un barroco (Góngora). Dícenos
el primero:

> Cerca del Tajo en soledad amena
> de verdes sauces hay una espesura,
> toda de hiedra revestida y llena,
> que por el tronco va hasta el altura,
> y así la teje arriba y encadena,
> que el sol no halla paso a la verdura;
> el agua baña el prado con sonido
> alegrando la vista y el oído [...] [18].

En tanto que el segundo:

> Donde espumoso el mar siciliano
> el pie argenta de plata al Lilibeo,
> bóveda o de las fraguas de Vulcano,
> o tumba de los huesos de Tifeo,
> pálidas señas cenizoso un llano
> —cuando no del sacrílego deseo—
> del rudo oficio da. Allí una alta roca
> mordaza es a una gruta de su boca [...] [19].

La diferencia salta a la vista. ¿Qué hace Góngora? Pues, simplemente,
da un «rodeo» en vez de ir directamente a la realidad como lo hace Garcilaso. ¿Por qué, si ambos se refieren al mundo exterior, necesita Góngora
«esconder» las cosas, despistarlas, «disfrazarlas»? ¿Es acaso que hace esto?
Porque no hay ni más belleza ni más precisión en su lenguaje del que
hay en el de Garcilaso, pero, eso sí, tampoco menos. Si dijese ahora que
se debe a que ni Garcilaso puede *ser* Góngora, ni éste aquél, con semejante gedeónica respuesta daríamos, aun sin saberlo del todo, en el mismísi-

---

[18] G. de la Vega: *Egloga Segunda.*
[19] L. de Góngora: *Fábula de Polifemo y Galatea.*

mo clavo. Pues así como, individualmente, no puede nadie dejar de ser *lo que es* ni *como* es, tampoco, en el orden colectivo, en cuanto parte de una dada época, puede dejar de ser *lo* que es ni *como* es. Todo lo cual conduce irremisiblemente a una final cuestión que, cosa curiosa, es también la inicial, es decir, ¿por qué el hombre barroco se expresa en la forma en que lo hace? Pregunta que no se elude apelando a exterioridades —que si las «influencias», que si se trata del tránsito gradual de unas formas a otras, que si el hipérbaton, o la «ingeniosidad», etc., etc.—. Pues hacer esto es quedarse irremisiblemente en el exterior de la cuestión, en su mera presentación formal. La tarea es nada menos que la siguiente: llegar a saber por qué el hombre barroco *piensa* del modo en que lo hace para después escribir tal como lo muestra en sus escritos.

Pero el Barroco tiene, indudablemente, su filosofía, y ésta, a su vez, sólo puede ser aquélla que vemos en los pensadores de esa época. Desde luego que tampoco en el caso del Barroco (considerado como una determinada *época)* es posible afirmar así sin más que «sus» filósofos son, digamos, Descartes, Leibniz, Spinoza, Malebranche, Locke, etc. Pero tampoco se puede negar que estos filósofos pertenecen a la época barroca, a menos que nos quedemos sin ninguno. Convengamos, pues, en que esos son los filósofos del Barroco, pero, entonces, ¿cuáles son las notas que nos permiten establecer cierta comunidad entre ellos?

Por lo pronto, todos convienen en ser *racionalistas.* Se dice que el hombre renacentista confiaba demasiado en sus propias posibilidades como ser humano, en tanto que el hombre barroco desconfía, no tanto de sí mismo, como sí de la realidad circunstante que le envuelve y apresa constantemente. Sólo así es posible explicarse esa aparente contradicción entre el pesimismo antropológico y el optimismo metafísico que exhibe la filosofía barroca. Pues ¿cómo es posible que mientras las artes plásticas, la literatura, la música y hasta las manifestaciones de la fe presentan frecuentemente esas notas de evasión, complicación, inestabilidad, dinamismo, etc., la filosofía barroca propiamente dicha se nos muestra en cada uno de sus expositores con todo el despliegue de una estructura acabada, cerrada en sus partes, vale decir como un *sistema?* Descartes, por ejemplo, lleva a la filosofía la *metodicidad* de la ciencia, a base de orden, claridad y desarrollo lógico realmente impresionantes. Y esto mismo, aumentado, lo vemos en Spinoza como así mismo en Leibniz o Locke, etc. ¿Cómo es, pues, posible que una tan racional disposición se acuerde con esas otras características barrocas ya mencionadas?

Lo que sucede, a mi modo de ver, es que el Barroco es un «desorden ordenado», y por eso, en el fondo, no resulta difícil descubrir la relación que existe entre la racional disposición de la filosofía barroca, por una parte, y la evasión, complicación, inestabilidad, dinamismo, etc., del orbe barroco en general, por la otra. Pues, en este caso, la procesión también anda por dentro; quiero decir con esto que si seguimos atentamente la peripecia íntima de cada uno de esos filósofos barrocos, la que aparece revestida fuertemente de un exterior rígidamente arquitecturizado, descubriremos que ellos también resultan, en fin de cuentas, evasivos, complicados, inestables, dinámicos, etc.

Quien haya estudiado suficientemente la filosofía europea moderna sabe bien que hay tres jalones o momentos decisivos, los cuales son, respectivamente, Descartes, Leibniz y Kant, pues lo que inicia el primero, lo desarrolla el segundo sin llegar a completarlo, y esto último es ya tarea reservada al genio de Kant. La idea fundamental que nos interesa retener y destacar aquí, con respecto a la *Weltanschauung* barroca, es justamente esa de Descartes (su descubridor) de que si bien el mundo es esencialmente problemático, es menester, sin embargo, aceptarlo así como es, pero no desde el mundo como tal, sino desde *el hombre*. Evasión, sí, lo mismo que complicación e inestabilidad, etc., ofrece Descartes en su filosófica tesitura frente al mundo. Pero el hombre, que no es nada, puede ser y en efecto lo es todo, ya que depende de cómo se mire la cosa. Lo que nos propone Descartes es algo que Galileo efectúa igualmente en la ciencia, y es exactamente lo contrario de lo que solía hacer el medieval. Este solía «ver» el mundo de frente, mientras el moderno se dispone a verlo oblicuamente, en una suerte de constante esguince. Por esto es que Galileo, por ejemplo, se desentiende de averiguar *qué* es el movimiento, y se aplica a averiguar *cómo* es que se produce. Esta es, pues, la forma de «evasión» que practica siempre el moderno, y que más bien consiste en simular que se huye del mundo, que se le deserta, cuando de lo que en realidad se trata es de una «retirada estratégica», que permite adoptar la posición desde la cual es posible contraatacar. De ahí que esa simulada evasión conlleve las otras inmediatas consecuencias de la «complicación», es decir, esos incontables *rodeos* de que se vale el moderno para afrontar su *tesis* sobre el mundo (piénsese no más en Spinoza, Bossuet, Malebranche, etc.); y de ahí también la «inestabilidad» (compárese cualquiera de estos pensamientos con el de Santo Tomás —antes— y el de Kant, Hegel o Comte —después—); como también el «dinamismo» (geometría analítica, cálculo infinitesimal, mecánica celeste, etc.).

El hombre, pues, lo es *todo*, pero a la vez resulta ser *nada*. Depende, entonces, de cómo se le contemple. Dentro del mundo y por esto mismo frente a frente de él no es nada, ni lo ha sido jamás, ni podrá serlo nunca. Planteada así la cuestión, cabe sólo un riguroso y definitivo *contemptu*. Pero al hombre le pasa algo que no le sucede al mundo, y es que sabe de éste, en tanto que el mundo ignora que el hombre *es*. El universo puede aplastarlo y de hecho siempre lo aplasta, sea de golpe o paulatinamente, porque es el peso del mundo, esa «gravedad» suya de que estamos hechos, la que de algún modo nos aplasta siempre. Y si el hombre puede *librarse* del mundo, si en efecto es capaz de hacerlo, es porque el hombre es un *ser pensante*. «Así que toda nuestra dignidad consiste en pensar. De esto nos hemos de preciar, y no del bulto que hacemos o del tiempo que vivimos» [20].

Esta tesis cartesiana, que Pascal hace suya, la perfecciona Leibniz metódicamente, porque como resulta que el hombre no es la única criatura animada, es menester descubrirle algún privilegio a este tenor. Y Leibniz lo lleva a cabo en su idea de la *apercepción* (el percibir que se percibe), que culmina, como se sabe, en la teoría husserliana de la conciencia como despliegue de «horizontes». Ahora sí, ya a partir de Leibniz, es posible comprobar que el hombre está a la vez *dentro* y *fuera* del mundo; que si bien, en cierto modo y medida, es su prisionero (como lo es el animal), y de ahí que resulte solamente una especie de prolongación del medio, por otra parte es su señor, porque la *aperceptibilidad* le rescata del universo y le pone más allá de éste. Pero tal privilegio hace del hombre, inevitablemente, un ser desconfiado y por eso mismo evasivo, que al poder (y tener que) viajar constantemente desde sí mismo hasta el mundo ha de hacerlo empleando infinitos circunloquios, valerse de incontables rodeos (ésta es la complicación). ¿Y cómo se puede ser viajero *ad perpetuam* a menos que uno sea establemente inestable y, por lo mismo, dinámico?

Vemos, pues, que es posible descubrir cierto acuerdo, alguna congruencia entre esas notas del Barroco en general y la filosofía barroca en particular, ya que ésta, al fin y al cabo, no es más que una parte de aquél.

Otro detalle de extraordinaria importancia en el Barroco es el del *espacio*. En contraste con la idea o la noción que el alma antigua tenía del espacio (como algo estático, dado de inmediato ante nosotros), el alma del hombre occidental concibe el espacio como *realidad absoluta*, a la vez presente y latente, real y virtual, en potencia y en acto. Como dice Spengler, a quien sigo en este pensamiento, para el alma *fáustica* «el conjunto de la realidad verdadera es el espacio puro, activo» [21]. Lo cual quiere decir, para expresarlo ahora sencillamente, que el espacio se mueve siempre, necesariamente, y de ahí que ya Descartes preludie en la geometría analítica lo que poco después harán magistralmente Leibniz y Newton con el cálculo infinitesimal. No hay, pues, tanta diferencia entre el *dinamismo* (esa especie de «carácter danzante») de la pintura, la arquitectura y la música barrocas, y el *dinamismo* que matemática y física presentan en esa misma época.

Espacialismo *a outrance* que descubrimos bajo la especie del movimiento que le es correlativo en la pintura de Velázquez, como en la poesía de Góngora y en la prosa de Gracián. Todo se mueve, porque como todo es espacio, en cuanto *realidad concebida*, las cosas, que son ahora «pensadas», «imaginadas», pueden estar en todas partes, es decir, no sólo ocupando cualquier porción de esa absolutidad que es el espacio, sino moviéndose

---

[20] B. Pascal: *Pensées*. Collection internationale, Doubleday and Co., New York, 1961, Sección VI («Los filósofos»), 347.

[21] O. Spengler: *La decadencia de Occidente*, Primera parte, V, ii.

a la vez indefinidamente, ¿hacia dónde? Pues se diría que hacia cualquier parte, que es como decir que hacia toda posible de ellas. ¿Por qué se mueven las figuras en el lienzo, o en el grupo escultórico, o en el despliegue arquitectónico, como así mismo se hace móvil el poema o la prosa? Porque ellas surgen de otra realidad que les resulta sustantiva, es decir, la dinámica realidad del hombre mismo, exactamente como está la masa en el espacio, obligada a un desplazamiento *sine die*. El hombre, pues, se desplaza constantemente *(sive mentis)* en ese espacio absoluto que para él resulta ser el mundo, el cual, visto desde la mente, es el mundo de los mundos.

Por consiguiente, por ser así el hombre moderno, ése a quien podemos calificar de *barroco,* ya, por esto mismo, confronta una situación peculiar que le separa de su inmediato antecesor el renacentista. Es claro que al hablar así lo hacemos de un modo bastante relativo, porque entre renacentista y barroco no puede haber, en verdad, tanta separación. Pero como, más o menos, hay siempre un hombre «renacentista» y otro «barroco» —sea esto como sea—, resulta que son diferentes de alguna manera; y así, mientras el renacentista no se concibe a sí mismo ni tampoco concibe el mundo como lo hace el barroco, este último confronta la peculiar necesidad de referirse él mismo a otra cosa que no sea él mismo, es decir, en este caso, a esa realidad evasiva, compleja, inestable y dinámica ya mencionada. Este es, pues, el hombre que busca la justificación de sí mismo a través de algo que ya no puede ser el mundo (como le acontecía al renacentista), y, entonces, la explicación que busca la encuentra en Dios, pero no *teológicamente,* como es el caso del hombre de la Edad Media, sino en la forma de una *teodicea,* es decir, de la justicia de Dios. ¡Curiosa diferencia! Porque al moderno parece no bastarle ni tampoco convencerle del todo la teología, hasta el punto de que, cuando la hace, ésta se parece bastante a la teodicea. Mas cabe preguntar que por qué teodicea y no teología, y habría que contestar que porque el paso por el Renacimiento supone un hecho consumado que impide al moderno volverse completamente atrás, puesto que nadie puede desandar el camino de la historia. Mas el hombre barroco, a diferencia del renacentista, ni se entrega completamente al mundo, como lo hizo el renacentista, ni se propone evadirlo completamente (como el medieval), sino que asume una peculiar posición que consiste en «descontar» el mundo para, a renglón seguido, volver a «contar con» él. Y si es cierto eso que se dice de que la teología no la hace el hombre, sino Dios, entonces la *explicación* del mundo, hecha *desde* el hombre, no puede ser rigurosamente teológica, sino algo entre teológico y metafísico, y esto es lo que cree hallar el moderno al recurrir a la teodicea [22].

---

[22] Ya a partir de Descartes, quien introduce a Dios en su filosofía a fin de salvar la realidad exterior, comienza el reinado de la *teodicea.* Pues no se olvide que es ahora la «bondad» de Dios la que hace que el conocimiento sea posible.

CAPITULO I

1. DIEGO SAAVEDRA FAJARDO

Creo que una adecuada interpretación de la persona y la obra de don Diego Saavedra Fajardo sería la de situarlo entre Quevedo y Gracián, pues creo que es en este contraste donde la figura del autor de las *Empresas* adquiere adecuada significación. Porque, a no dudarlo, de Quevedo posee la «ansiedad» y de Gracián la «contención». Combinando admirablemente ambas cosas, Saavedra Fajardo nos ofrece, tanto en la forma como en el contenido de su obra, el propósito exacto de lo que quiso ser, de lo que realmente fue, hasta el límite en que toda vida humana acaba realizándose de acuerdo con las circunstancias en que el vivir siempre consiste.

Henos, pues, aquí frente a Saavedra Fajardo, el escritor y diplomático. Pero ¿acaso fue estas dos cosas tan realmente cada una de ellas como exteriormente corren ambas paralelas en su vida y su obra? Ya que habría que detenerse a meditar sobre las imposiciones que cierta parte de la vida juega en cada destino individual. ¿Acaso no tenía que influir y hasta decidir, en la vida de Saavedra Fajardo, la cuasi apodíctica realidad de «Iglesia, mar o Casa Real»? Pues tal vez el autor de las *Empresas* se vio como obligado a seguir uno de esos caminos y escogió aquel en el cual el libro sigue muy de cerca al portafolio.

No pretendo forzar la imaginación hasta irme, presa de mis buenos deseos, por las avenidas del infierno. No. Pero me parece ver en Saavedra Fajardo un intelectual neto, de fibra (típico representante del siglo XVII), que, además, es diplomático, o sea, que —*modus vivendi*— se ve obligado a distraerse en otros menesteres. Pero veamos... Al comienzo mismo de sus palabras *Al lector* (en las *Empresas)* habla de la «trabajosa ociosidad» que es su vida como diplomático ¡Y qué significativas esas dos palabras respecto de lo que late en la intimidad del intelectual Saavedra Fajardo! El reproche típico y constante del que siente que el tiempo (la vida) se esfuma *velis nolis* en aquello que no resulta, como se desea, rendimiento del espíritu. Que la vida va siendo, por obra de las circunstancias, todo apariencia, vano erre que erre. La queja, sutilmente implícita, sólo puede tener una explicación, y es que a Saavedra Fajardo no le basta con ser diplomático. Pues se puede ser esto, solamente, ya en serio (como lo fue, en efecto, nuestro autor), ya frívolamente, al modo como muchas veces resulta ser. Pero Saavedra Fajardo nos produce la impresión de que quiere otra cosa que él siente como anterior y más valiosa que el ajetreo de las

cancillerías, y esto otro, ¿qué puede ser, en su caso, sino *lo intelectual?*
Pues, en fin de cuentas, para probarlo está ahí el saldo de su condición
de pensador y escritor. Saavedra Fajardo ocupa cuarenta años de su vida
en la diplomacia, prestando relevantes servicios a la patria, pero en el
interim, como si no fuese nada, este hombre singular escribe siete libros
(que son los que se conservan), uno de los cuales es el de las *Empresas;*
pero debemos añadir a éstos otros tres no conservados, y si dejamos res-
quicio para los que se le atribuyen, todavía dos más; todo lo cual haría
un total de doce [1]. Desde 1612 comienza su labor intelectual, que ya será
incesante casi hasta su muerte en 1648. O sea, que durante no menos de
treinta y seis años estuvo la pluma marchando al compás del portafolio.
Vida trabajada la del intelectual Saavedra Fajardo, por lo trabajosa de
otros menesteres, pues nos hace saber que se pasaba los días «escribiendo
en las posadas lo que había discurrido entre mí por el camino, cuando la
correspondencia ordinaria de despachos con el rey nuestro señor y con sus
ministros, y los demás negocios públicos que estaban a mi cargo, daban
algún espacio de tiempo» [2]. Habría que apostillar aquí: ¡pues bien que
el pensador, para quien el tedio del camino físico era oportunidad para
el itinerario mental, sabía agenciárselas para disponer del espacio de tiempo que le permitiese llevar al papel sus pensamientos! Y así es posible
imaginárselo —cuando se sabe lo que es sacar tiempo de donde no lo
hay—, aprovechando el que otros de su propia profesión diplomática apro-
vecharían, sin duda, en la intriga o el ocasional galanteo, para consagrarse
al trabajo intelectual. Finalmente, esa reflexión que aparece ya mediado
el prólogo, en donde el escritor nos previene de que «toda la obra está
compuesta de sentencias y máximas de Estado, porque éstas son las piedras
con que se levantan los edificios políticos» [3]. ¿Será cierto eso, o se trata
de un natural deseo del *intelectual* Saavedra Fajardo? En su caso, pensemos que es más bien esto último. Porque semejantes expresiones le filian
todavía más como aquello que, ante todo, parece ser: un intelectual.

Saavedra Fajardo nos ofrece, en consecuencia, no solamente todo
aquello presumible en él como *intelectual,* es decir, el hecho de haber estado
«amarrado al duro banco» de la brega del pensamiento durante más de

---

[1] Obras publicadas: *Introducción a la política y razón de Estado del Rey Católico,
Don Fernando* (1631); *Idea de un príncipe político cristiano representado en cien em-
presas* (1640); *Corona gótica, castellana y austriaca* (1646); *República literaria* (1655);
Locuras de Europa (1748); *Apuntamientos* (para sus *Empresas);* *Poesías varias; Epistolario* (1620-1645). No conservadas: Dos libros (sin nombre de autor) que Saavedra
Fajardo cita en una carta de 19 de febrero de 1643; Carta de un holandés a otro
ministro de Flandes; *Suspiros de Francia* (escritos en Madrid entre 1642 y 1643);
Carta de un francés a otro del Parlamento de París; Tratados de ligas y confedera-
ciones, guerras y movimientos en Italia (de 1600 a 1640).

[2] D. Saavedra Fajardo: *Obras completas,* ed. a cargo de A. González Palencia,
Madrid, ed. Aguilar, 1946, pág. 166.

[3] *Ibid.,* pág. 167.

siete lustros, sino también, en consecuencia, el resultado neto de esa incesante labor. Y de ésta es menester destacar, como ejemplares muestras, la *República literaria* y la *Idea de un príncipe político-cristiano representada en cien empresas.* Ambas constituyen todo lo que hay de esencial en el pensamiento de Saavedra Fajardo y, por esto mismo, le sitúan entre los escritores españoles del siglo XVII.

Pero acabamos de decirlo —y con ello nos comprometemos gravemente—: «escritor español del siglo XVII». ¿Cuáles son, pues, las notas que le filian de tal? Ya que no parece haber sido Saavedra Fajardo ni conceptista, ni mucho menos culterano. Entonces, ¿qué es?

La crítica, no sin cierto disimulado gozo, señala que es un escritor «clásico», queriendo decir con esto que su lenguaje es a la vez claro y sencillo, con serena mesura y gran copia de buen sentido. Pero, entonces, si esto es cierto, ¿dónde vienen a quedar Gracián y Quevedo, no digamos el Góngora de las *Soledades* y el *Polifemo?* Dejemos a un lado este lugar ya común de la crítica *ad usum delphini* y notemos que, por ejemplo, Mayáns y Ciscar, al hacer la edición de la *República literaria,* se vio obligado —según confiesa— a suprimir muchos «gentilismos». Y éstos, se me ocurre preguntar ahora, ¿qué pueden querer significar sino esas vueltas y revueltas, esos mil entresijos por donde la sutileza conceptual de Saavedra Fajardo parece fluir sin descanso? Menéndez y Pelayo acierta una vez más al decir:

En lo que más se aventajó Saavedra, y es, a mi modo de ver, prueba indudable de que hubiese descollado mucho más en las obras de pura inventiva que en el magisterio político (ocupación cándida de muchos varones ilustres de entonces) es en la fuerza plástica que logra dar a sus ficciones [4].

De lo transcrito de Menéndez y Pelayo nos interesa retener sólo las palabras finales: es cierto que Saavedra Fajardo tiene todo un estilo acusadamente «alegórico», hecho a base de conceptos que se cruzan y entrecruzan constantemente, en una especie de indefinida referencia de unos a otros, dando el resultado de eso que muy bien ha llamado *Azorín* «sutiles artificios de apariencia inocente». Y por lo mismo añade que, en el caso de Saavedra Fajardo, «nos hallamos en presencia de uno de los más sagaces e independientes pensadores de nuestro acervo clásico» [5].

[4] M. Menéndez Pelayo: *Historia de las ideas estéticas en España,* Consejo Superior de Investigaciones Científicas, Madrid, 1947, II, cap. 10.
[5] *Azorín: Obras completas,* IV, ed. Aguilar, Madrid, 1948, pág. 316 («De Granada a Castelar»).

*

Y pasemos ahora al examen de aquellas dos obras que ya calificamos de las más representativas del pensamiento de Saavedra Fajardo. Comencemos por la *República literaria,* por ser la primera cronológicamente. Y es curioso que este pequeño tratado (el más breve de cuantos compuso el autor) abunda en manifestaciones de puro corte *conceptista.* Y a este respecto se puede traer a colación lo dicho por Menéndez y Pelayo respecto del juicio que Góngora le merece a Saavedra Fajardo:

> [...] derrama aplausos hasta sobre las monstruosidades del *Polifemo* y de las *Soledades,* en frases que por lo conceptuosas cuadran bien por la materia alabada: «Tal vez tropezó por falta de luz en su *Polifemo,* pero ganó pasos de gloria. Si se perdió en sus *Soledades,* se halló después tanto más estimado, cuanto con más cuidado le buscaron los ingenios y explicaron sus agudezas» [6].

Palabras (las de Saavedra Fajardo) que recuerdan vagamente a Gracián y tironean un si es no es hacia Quevedo.

La primera edición de esta obra no apareció hasta mucho después de la muerte del autor, en 1655. Y aunque tuvo imitadores (la *Republica jurisconsultorum,* del napolitano Januario; las *Exequias de la lengua castellana,* de Forner, y la *Derrota de los pedantes,* de Moratín), ninguno consigue emparejársele. Mas la obra de Saavedra Fajardo prosigue la tradición clásica del XVII tal como puede verse en los preceptistas Cascales, Robles y otros. El lenguaje es mucho más sencillo del que se ofrece en las *Empresas,* tal vez porque las cuestiones tratadas allí no rebasan nunca el nivel de la crítica literaria o de la simple historia.

Mas vámonos ya sin más demora a la obra por la que resulta realmente conocido Saavedra Fajardo, o sea, a la *Idea de un príncipe político-cristiano en cien empresas,* que parece ser la natural consecuencia de esos tanteos iniciales advertibles en el opúsculo *Introducción a la política y razón de Estado, del Rey Católico Don Fernando.* Las *Empresas* (como se les suele llamar) aparecen editadas por primera vez en Munich en 1640 (imprenta de Nicolao Enrico).

El primer punto a examinar ahora es el que alude a lo de *Empresas,* o sea, a la utilización de un procedimiento ya bastante manoseado y que consistía en pintar un emblema (tal como podemos verlo en la obra de Saavedra Fajardo) y desarrollar luego por escrito las ideas que semejante alegoría supone. Para dar un ejemplo de esto, nada mejor que acudir a la sexagésima *empresa* de Saavedra Fajardo, donde el autor desarrolla la idea contenida en el emblema de una flecha que apunta hacia arriba, y

---

[6] M. Menéndez Pelayo: *Historia de las ideas estéticas en España, op. cit.,* II, cap. 10.

cuyo lema dice: «O subir o bajar.» Para explicar esta alegoría, oigamos al autor:

> La saeta impelida del arco, o sube o baja, sin suspenderse en el aire; seme-jante al tiempo presente, tan imperceptible que se puede dudar si antes dejó de ser que llegase, o como los ángulos en el círculo, que pasa el agudo a ser obtuso sin tocar en el recto. El primer punto de la consistencia de la saeta lo es de su declinación. Lo que más sube, más cerca está de su caída. En llegando las cosas a su último estado, han de volver a bajar sin detenerse [7].

Libros de este género, antecesores del de Saavedra Fajardo, pululaban por toda Europa en el siglo XVI, v. gr., los *Emblemas,* de Alciato (1548); *Las empresas nobles e ingeniosas de diferentes príncipes,* de Ludovico Dol-ce (1565); los *Emblemata,* de Hadriano Junio (1565); los *Chretiennes emblemes,* de Montenay (1571), etc., etc. Por cierto que es del Tasso la defi-nición más breve y completa del propósito perseguido por las *empresas:* para él, éstas son «una expresión o bien una significación del concepto del ánimo, que se hace por medio de imágenes semejantes y apropiadas». Desde luego que —según ha podido probarse— este género se inspira en el simbolismo de las flores y los bestiarios medievales.

Las *Empresas* de Saavedra Fajardo, en su caso particular, están muy atadas a la *función relacionante* que el concepto posee en el siglo XVII. Están muy lejos de ser una expresión de conceptismo en su forma (o sea, en lo exterior), pero en el desarrollo complicativo de sus ideas, en las vuel-tas y revueltas a que el escritor somete su pensamiento, no hay duda de que éste, por lo menos, roza el propósito conceptista. Así, v. gr.:

> Nace el valor, no se adquiere; calidad intrínseca es del alma, que se infunde con ella y obra luego. Aun el seno materno fue campo de batalla a dos hermanos valerosos; el más atrevido, si no pudo adelantar el cuerpo, rompió brioso las ligaduras, y adelantó el brazo, pensando ganar el mayorazgo [...] [8].

> Unos mismos son los cristales y unas mismas las cosas; pero está la diferencia en que por la una parte pasan las especies o los rayos visuales del centro a la circunferencia, con que se van esparciendo y multiplicando, y se antojan mayores los cuerpos, y de la otra pasan de la circunferencia al centro, y llegan disminuidos: tanta manera hay de mirar de esta o de aquella manera las cosas [...] [9].

> Dudoso es el curso de la culebra, torciéndose a una parte y a otra con tal incer-tidumbre, que aun su mismo cuerpo no sabe por dónde le ha de llevar la cabeza; señala el movimiento a una parte, y le hace a la contraria, sin que dejen huella sus pasos ni se conozca la intención de su viaje [...] [10].

> Aun trasladado el escorpión en el cielo, y colocado entre sus constelaciones, no pierde su malicia [...] [11].

[7] D. Saavedra Fajardo: *Obras completas, op. cit.,* pág. 477.
[8] *Ibid.,* pág. 169.
[9] *Ibid.,* pág. 198.
[10] *Ibid.,* pág. 370.
[11] *Ibid.,* pág. 424.

Se me dirá que muchas de estas expresiones están o inspiradas o tomadas a préstamo de la Biblia o de los clásicos, pero es así mismo cierto que Saavedra Fajardo las adoba a su gusto y sazón, presentándolas con ese carácter un tanto críptico que es precisamente el que las acerca (sólo esto) al conceptismo. Pero es innegable el constante rodeo en la expresión, un cierto gusto por la complicación, que es probablemente lo que hace que algunos críticos se resistan a darle categoría literaria elevada a las *Empresas* de Saavedra Fajardo.

Hay, finalmente, otro aspecto que debe tratarse ahora, y es el que se refiere a la *densidad filosófica* de esta obra. Y si acaso no estuvo en su intención —al menos claramente— componer un tratado de filosofía de la política, el resultado obtenido es el mismo. Pues si algo llama la atención desde el comienzo es precisamente el tono profundamente meditativo, y si no queremos exagerar, digamos que es, al menos, rigurosamente reflexivo. El autor recurre a los antiguos (la Biblia, Aristóteles, Tácito, Séneca, etc.), pero desde ellos ya comienza a mostrar su propio pensamiento. Comprende que la sabiduría es inevitablemente «antigua», algo así como el *fiat* al que no se puede escapar, pero esto no quiere decir que la circunstancia de su tiempo sea despreciable en modo alguno. Por eso dice:

> Me he valido de ejemplos antiguos y modernos: de aquéllos por la autoridad, y de éstos porque persuaden más eficazmente, y también porque, habiendo pasado poco tiempo, está menos alterado el estado de las cosas, y con menor peligro se pueden imitar o con mayor acierto formar por ellos un juicio político y advertido, siendo éste el más seguro aprovechamiento de la historia [...] [12].

Y como está persuadido de que su obra ha de ser, en todos respectos, obra *teórica*, es decir, creación reflexiva del espíritu, pone estas otras palabras que revelan su convencimiento de que es el espíritu y no la materia el que determina el curso de la historia:

> Toda la obra está compuesta de sentencias y máximas de Estado, porque éstas son las piedras con que se levantan los edificios políticos. No van sueltas, sino atadas al discurso y aplicadas al caso, por huir del peligro de los preceptos universales [13].

La Naturaleza antes que la Sociedad

Las *Empresas* de don Diego Saavedra Fajardo se refieren principalmente, como se advierte desde el comienzo, a la *sociedad*, ésta es realmente su tema. Cómo es la sociedad, cómo debe ser, qué gobierno debe regirla,

[12] D. Saavedra Fajardo: *Obras completas, op. cit.*, pág. 168.
[13] *Ibid.*, págs. 167-168.

y, por supuesto, quién es la persona a quien ese mandato está encomendado, que no es otro sino el Príncipe (en el sentido del primero y principal entre los hombres que componen la sociedad). Pero hay algo de novedad que advertimos desde el comienzo, y es que antes que la idea de sociedad hace aparecer Saavedra Fajardo la idea de *naturaleza*. Esa novedad, por supuesto, no es tan nueva en el caso de Saavedra Fajardo, pero sí con relación al siglo XVII, pues aunque la cuestión se viene ventilando desde el XVI (con los renacentistas), sin embargo, es en la decimoséptima centuria cuando adquiere un carácter peculiar, que es el de oponerla a la Divinidad. Pues no descuidemos el detalle de que es a partir del siglo XVII cuando, *efectivamente*, comienza el europeo a desentenderse de la teología (cuyo sucedáneo es ahora la teodicea) y de los últimos remanentes del teocratismo medieval, cuyo hálito aún respira el hombre del Renacimiento.

Naturaleza significa ahora que el destino del hombre depende en gran parte de él mismo; que, en lo sucesivo, es preciso avanzar «a Dios rogando y con el mazo dando», y ese «mazo» ¿qué puede ser sino la realidad misma en que se halla inmerso el hombre? En otras palabras, que si bien existe un libre albedrío, a la vez es necesario contar con cierto determinismo. Es, ni más ni menos, el conflicto en que se sume Descartes, quien prescinde de Dios al comienzo del *Discurso* («yo reverenciaba como el que más la teología...») [14] y, no obstante, acaba metiendo a Dios en sus especulaciones como el poder o la fuerza capaz de sacarlo a él (a Descartes) del determinismo en que se resuelve el *Discurso*. Es también el conflicto spinoziano: «ordo et connexio rerum eadem est ac ordo et connexio idearum» [15]. El de Leibniz, en fin, buscando en la *armonia preestabilitas* [16] de Dios y Naturaleza un acuerdo, algo así como un pacto. El «deísmo» de Locke, etc.

La milenaria estructura teocrática y teológica del catolicismo *(to katholou)*, de lo universal, la «monarquía universal» de Dante [17], se estremece

---

[14] R. Descartes: *Discurso del método*, Parte I.

[15] B. de Spinoza: *Etica*, Parte segunda, proposición VII.

[16] La *armonia preestabilitas* (armonía preestablecida) es el criterio de Leibniz según el cual existe una necesaria vinculación entre todas las partes del universo. *Armonía*, por cuanto la correspondencia entre esas partes se efectúa por ley; *preestablecida*, puesto que es nada menos que Dios quien ha determinado de antemano y para siempre el modo en que esa correspondencia debe tener lugar. De aquí procede el famoso optimismo de Leibniz que provocó la burla de Voltaire.

[17] Dante Alighieri (1265-1321) puede ser considerado como el máximo exponente poético del sobrenaturalismo, tal como aparece en la *Divina Comedia*, donde hallan cabida las ideas teológico-filosóficas de Santo Tomás de Aquino. Aun cuando es evidente que hay señaladas diferencias, no puede objetarse que ambas concepciones medievales tienen ciertas ideas en común, tal como la preeminencia de la teología, el uso de símbolos, la organización de la realidad en esferas cuyo centro fundamental es Dios.

Sobre un fondo que dibuja claramente el papel providencial de la historia se alza el tratado sobre la monarquía *(De Monarchia)*. El libro I defiende la necesidad de autoridad imperial, mientras el III dice que la humanidad se encamina a la realización de dos fines básicos: conseguir la perfección terrenal o política *(quod per terrestre paradisum significatur)* mediante el Emperador, y la perfección espiritual *(quod per coeleste*

cada vez más, cada vez más se agrieta y amenaza hacerse añicos. Porque esa estructura es algo inmóvil, quietista en sus propósitos, y ya para entonces irremediablemente obsoleta, en tanto que la vida es constante renovación, cambio incesante, infinita mutación. Y es justamente aquí, en este contraste, en donde se aloja el conflicto para Saavedra Fajardo. Este hombre parece saber mucho más de lo que dice, y de ahí sus constantes rodeos, sus interminables circunloquios, sus indudables contradicciones, el abundante uso de las adversativas («si», «pero», «aunque», etc.). Mas se diría que lo que este hombre sabe supone un saber a la vez explícito e implícito. Llamo saber «implícito» a ese formado por lo más sutil y sustancial de la época, especie de anteconocimiento, o sea, el subsuelo metafísico de determinada época. Se diría que muchas de las cosas que dice Saavedra Fajardo no están dichas porque de ellas tenga clarísima conciencia, sino porque un cierto estado de ánimo, *tácito*, le impele a decirlas. Y de ahí sus contradicciones, sus titubeos, esos repetidos circunloquios de su obra en general.

Sabe, pues, Saavedra Fajardo (o tal vez mejor «consabe») que desde entonces —en el XVII— la Naturaleza está desempeñando un decisivo cometido en el destino del hombre y, por lo mismo, de la sociedad. Tan decisivo, que acarrea, en el orden externo, la famosa abjuración de Galileo y ya antes había llevado a la hoguera a Giordano Bruno por aquello de «da causa, principio y uno» [18]. Que esa idea de la Naturaleza motiva el *Leviathan* de Hobbes y produce en Calderón el dramático juego de equívocos que es *La vida es sueño*. Pero, preguntemos, ¿qué puede ser todo esto sino el problema de *libre albedrío* frente a *determinismo?* En esa vasta superficie que limitan ambas oposiciones se juega el destino de Europa hasta nuestros días.

Saavedra Fajardo hace descansar, pues, la idea de la sociedad en una previa idea de la Naturaleza, y tal cosa significa que él *siente* que es preciso entenderla de modo diferente a como se le venía concibiendo. Que la Naturaleza, es decir, el mundo exterior, pesa decisivamente en lo humano, como que es parte de esto último, y tiene también que pesar en la sociedad. Pues el hombre ha «descubierto» el mundo y ya no puede dejar de contar con él. Y es precisamente aquí donde entra en juego algo que desde el siglo XVII ha sido decisivo para el destino de Europa —me refiero ahora a la diferencia entre magia y ciencia, pues mientras la primera puede ser fácilmente desechada por su carácter ilógico y sus efectos incomprobables, la ciencia, en cambio, satisface a la razón humana, porque su decir es comprobable. Por tanto, el mundo no es sólo engaño ni debe bastar

---

paradisum significatur). Ambos, pues, Iglesia y Estado, están dispuestos para un mismo fin, de modo que no hay dependencia del uno con respecto al otro.

[18] Porque, poniendo aparte las menudas causas que llevan a la retractación de uno y la quema de otro, es indudable que el pensamiento de Bruno y Galileo constituía una nueva amenaza al ya agrietado edificio teocrático-teológico de la sociedad medieval.

con desplegar, frente a él, un *contemptu* más o menos enérgico, sino que el mundo, la Naturaleza, es una porción decisiva de nosotros mismos, que nos «importa», en el riguroso sentido original del vocablo, o sea, que lo llevamos con nosotros mismos. Por consiguiente; todo eso que se presenta como azar, fortuna, acaso o lo que sea, es siempre manifestación del mundo, de la Naturaleza, la cual es, irrevocablemente, *determinista*. Entonces el hombre, la sociedad, ¿cómo son? Veamos lo que a este respecto dice Saavedra Fajardo. En la *Empresa* XXX aparece ya planteada la cuestión: «La mayor prudencia se confunde, tal vez, en lo más claro, y juega con los negocios el *acaso*, incluso en aquel eterno decreto de la divina Providencia» [19]. O sea que la Naturaleza pone su parte, y la vida del hombre está sujeta, *ne varietur*, a las «predisposiciones» del mundo exterior. Y aunque un poco más adelante, en la *Empresa* XXXVI, trate de paliar lo dicho, diciendo ahora: «Alguna fuerza tienen los acasos; pero los hacemos mayores o menores, según nos gobernamos en ellos» [20], nada importa, pues la convicción en la *necesidad* de lo natural (o sea, su inevitabilidad) es fuerte en Saavedra Fajardo. Pero ¿no estamos acaso, por entonces, en el siglo XVII, y no había escrito Descartes estas sentenciosas palabras: «Mi tercera máxima fue procurar siempre vencerme a sí mismo antes que a la fortuna y alterar mis deseos antes que el orden del mundo [...]»? [21].

El pensador que es Saavedra Fajardo se mueve, pues, entre el determinismo y el libre albedrío, tema caro a los europeos del XVII. El mundo se revela ahora, como nunca hasta entonces, ancho, profundo, complicado e indiscernible —el *infinito* pavoroso de que habla Pascal en sus *Pensamientos*—, y, por esto mismo, el ser humano avanza como entre tinieblas y casi a ciegas. Ahora bien: ese mundo que pone espanto en el hombre, esa Naturaleza compuesta de poderosas e ignoradas fuerzas que despiertan «heroico furor», al decir de Bruno, es parte del propio ser humano. Así es como nos lo hace saber, un sí es no es melancólicamente, Saavedra Fajardo en la *Empresa* XXXVIII:

> Fundó la Naturaleza esta república de las cosas, este imperio de los mixtos, de quien tiene el cetro; y para establecerlo más firme y seguro, se dejó amar tanto de ellos, que, aunque entre sí contrarios los elementos, le asistiesen, uniéndose para su conservación [22].

Sí, en efecto, para Saavedra Fajardo, hombre de la cepa moderna del siglo XVII, decir *Naturaleza* es lo mismo que decir congruencia de lo divino y lo terrenal, pero con cierto énfasis en esto último, porque el autor de las *Empresas* está convencido de antemano de que el hombre pertenece tanto a la Divinidad como al mundo. Con Pascal suscribe aquellas palabras

---

[19] D. Saavedra Fajardo: *Obras completas, op. cit.*, pág. 310.
[20] *Ibid.*, pág. 336.
[21] R. Descartes: *Discurso del método*, Parte III.
[22] D. Saavedra Fajardo: *Obras completas, op. cit.*, pág. 341.

que tan bien definen el determinismo implícito en ese azar reiterado, a la vez insistente, en que para el hombre moderno parece consistir toda realidad:

> La naturaleza recomienza siempre las mismas cosas, los años, los días, las horas; los espacios como los números son, del comienzo al fin, seguidos unos de otros. Es así como se crea una especie de infinitud y eternidad. No es que nada de eso sea infinito y eterno, sino que esos seres terminados se multiplican incesantemente [...] [23].

Esto mismo parece perseguir el pensamiento de Saavedra Fajardo, es decir, la infinitud en la reiteración, el *corsi e ricorsi* [24] del italiano Vico que ya está en el aire; es decir, una suerte de tejer y destejer que se ofrece, curiosamente, como una especie de azar determinista o de determinismo azaroso. He ahí, pues, a puntada gruesa, el cañamazo ideológico de la sociedad en Saavedra Fajardo.

★

La Sociedad y sus problemas

Hay, pues, un misterio en el mundo, y ese misterio es el mundo mismo. Y la sociedad no es sino ese mundo haciéndose más y más visible, es decir, el *hombre*. Mas veamos cómo piensa Saavedra Fajardo que actúa el hombre en el mundo. Según nos dice, el hombre busca un acuerdo, un cierto estado de compromiso entre libertad y fatalidad, y así (en la *Empresa* LXXXVIII) dice de este modo: «Parte somos, y no pequeña, de las cosas. Aunque se dispusieron sin nosotros, se hicieron con nosotros», y agrega, como para remachar su idea: «No podemos romper aquella tela de los sucesos tejida en los telares de la eternidad; pero pudimos concurrir a tejerla» [25]. Moraleja: estamos determinados, pero en las múltiples particularidades de nuestra previa determinación, es posible que actuemos más o menos libremente.

Y es aquí donde, pese a sus claras y enérgicas protestas de antimaquiavelismo, Saavedra Fajardo se nos aparece más o menos de acuerdo con el fatalismo histórico-social que preside el pensamiento del agudo secretario florentino. Recuérdese ahora el capítulo XXV de *El príncipe*, en el cual Maquiavelo nos habla de esa «mediación» que en la vida del hombre ejercen la libertad y la fatalidad (libre albedrío y determinismo). Como si dijéramos que tenemos media vida librada el azar, en tanto que de la otra

---

[23] B. Pascal: *Pensées*, Collection Internationale, Doubleday and Co., New York, 1961, Sección II («Miseria del hombre sin Dios»), 121.

[24] Giovanni Battista Vico (1668-1744). En su obra *Principi di una scienza nuova d'intorno a la commune natura delle nazioni* (1725), libro V, se halla la teoría del *corsi e ricorsi*.

[25] D. Saavedra Fajardo: *Obras completas, op. cit.*, pág. 615.

mitad podemos disponer como nos plazca. Pero ¿cómo saber, en el caso
de que sea posible, cuál de esas mitades es plena posesión nuestra, es
decir, aquélla a la que puede aplicarse aquello de *regit et corrige?* También el XI Primor de Gracián así lo establece: «Todo móvil inestable tiene
aumento y declinación... Gran providencia es saber prevenir la infalible
declinación de una inquieta rueda» [26]. De parecido modo hace decir Calderón a Segismundo aquello de «A reinar, fortuna, vamos...» Pero, en fin
de cuentas, ¿qué es lo que hay en el fondo de esta temática predilecta de
los hombres del XVII sino la teoría de la *primera* y la *segunda* causa? Dios
(causa primera) nos crea y deja en posesión de nuestros actos (en suma,
de nuestro destino), y tras éste, para configurarlo, viene la segunda causa
(la Naturaleza, en sus infinitas múltiples manifestaciones).

Es de ese conflicto entre primera y segunda causa, que es como decir
de libre albedrío y determinismo, de donde proviene todo ese vasto juego
de sutilezas en que se resuelven las *Empresas* de Saavedra Fajardo. Pues
aunque riguroso católico, fiel a la tradición de la realeza y, por consiguiente, a la del «derecho divino» de los reyes, es también hijo de su tiempo;
por consiguiente, quieras que no, le vemos admitiendo, más o menos subconscientemente, el punto de vista fundamental de Maquiavelo. ¿Que cómo
lo sabemos? Basta con acudir a un par de pasajes de su obra, que resultan
comprobatorios de lo que se acaba de decir. Veamos, pues. No importa que
en la *Empresa* XLIII escriba que «impío y feroz es el intento de Maquiavelo, que forma a su príncipe con otro supuesto, o naturaleza de león o de
raposa, para que lo que no pudiese alcanzar con la razón alcance con la
fuerza y el engaño» [27]. Nada de esto importa, digo, cuando vemos que un
poco más adelante —en la misma *Empresa*— manifiesta lo siguiente:
«Necia sería la ingenuidad que descubriese el corazón, y peligroso el imperio sin el recato. Decir siempre la verdad sería peligrosa sencillez, siendo
el silencio el principal instrumento de reinar» [28]. Pero aquí topamos con
la dificultad: ¿cuándo debe decirse la verdad?, ¿cuándo callarla? ¿Acaso
no se halla condicionada, como *verdad*, a las circunstancias que determinan
la marcha de los negocios públicos? Claramente lo vio Maquiavelo, al dejar instituido en su famosa *raggione d'Stato* que no siempre la conveniencia de la verdad es la verdad de lo conveniente. Y Saavedra Fajardo se
enreda más y más en la madeja de sus elaboraciones, muchas veces contradictorias y, tal vez por esto mismo, se ve obligado a ser archisutil:
«La misma experiencia dictará los casos en que ha de usar el Príncipe de
estas artes, cuando reconociese que la malicia y doblez de los que tratan
con él obliga a ellas» [29]. Pero volvemos inevitablemente a lo mismo: las
«razones de Estado» ¿son las mismas del corazón humano? Bien sabemos

---

[26] B. Gracián: *El héroe*, «Primor» XI.
[27] D. Saavedra Fajardo: *Obras completas, op. cit.*, pág 365.
[28] *Ibid.*, pág. 368.
[29] *Ibid.*

que no. He ahí la cosa. O sea que hay una indiscutible «virtualidad ética» en el maquiavelismo.

La profunda experiencia de su vida diplomática, el acervo de sus lecturas y el ambiente espiritual de su tiempo hacen del pensamiento de Saavedra Fajardo algo sutilmente contradictorio. «Aun en las virtudes hay peligro: estén todas en el ánimo del Príncipe, pero no siempre en ejercicio. La conveniencia pública le ha de dictar el uso de ellas, el cómo y el cuándo.» Y es inevitable volver a preguntar si acaso no huele todo esto a *maquiavelismo*. Pues ¿qué es la «conveniencia pública»? ¿Qué es el hombre *en sociedad?* ¿Y acaso puede dejar de ser como es, considerado como *ente social?* En este sentido, dentro de una amplísima perspectiva de lo social mismo, llega a veces Saavedra Fajardo a un pesimismo del mejor cuño maquiavélico, v. gr.: «En el caso de las virtudes que tienen su ejercicio en el bien ajeno, como la generosidad y la misericordia, se suele peligrar o padecer, porque no corresponde a ellas el premio de los príncipes ni el agradecimiento y buena correspondencia de los amigos y los parientes» [30]. Sí, con efecto; bien claro lo ve Saavedra Fajardo, y este sentimiento de pesimismo con respecto al *hombre en sociedad* pugna siempre con sus propósitos admonitorios y de sana exhortación. Porque el hombre, dentro de la sociedad, es un mal irremediable, pero ¿acaso es posible vivir fuera de ella? Esto lo ha planteado también Unamuno en su ensayo titulado *La agonía del cristianismo,* en donde se pregunta si puede un cristiano vivir realmente en sociedad; si se puede, a una, ser cristiano y mundano. Pues, entonces, ¿qué del «mi reino no es de este mundo» y del «dad al César lo que es del César»? Grave conflicto, sin duda alguna, para el católico, hombre de Estado y pensador Saavedra Fajardo.

Pero el autor de las *Empresas* sigue afirmando su punto de vista «ortodoxo» (llamémosle así) en abierto contraste con su idea de la Naturaleza y, por consiguiente, con su tendencia al determinismo y hasta al pesimismo que a veces destilan sus palabras. La solución que propone Saavedra Fajardo para salvar esa contradicción se acuesta un poco del lado de San Agustín:

> Quien dispuso las causas antevió los efectos, y los dejó correr sujetos a su obediencia. Al que quiso preservó del peligro, al otro permitió que en él obrase libremente; si en aquél hubo gracia o parte de mérito, en éste hubo justicia. Envuelta en la ruina de los casos cae nuestra voluntad; y siendo árbitro aquel Alfarero de toda esta masa de lo criado, pudo romper cuando pudo sus vasos, y labrar uno para ostentación y gloria y otro para vituperio [31].

O sea que no importa cuánto pueda obrar en nosotros el azar, el mundo, lo que sea; por encima de todo se alza la voluntad de Dios y su omnipotencia, pues dice Saavedra Fajardo:

---

[30] D. Saavedra Fajardo: *Obras completas, op. cit.,* pág. 387.
[31] *Ibid.,* pág. 615.

En la constitución *ab aeterno* de los imperios, de sus crecimientos, mudanzas o ruinas, tuvo presentes el supremo Gobernador de los orbes nuestro valor, nuestra virtud o nuestro descuido, imprudencia o tiranía; y con esta presciencia dispuso el orden eterno de las cosas en conformidad del movimiento y ejecución de nuestra elección, sin haberla violentado, porque como no violenta nuestra voluntad quien por discurso alcanza sus operaciones, así tampoco el que las antevió con su inmensa sabiduría [32].

Es así como combina Saavedra Fajardo —muy en la sazón del siglo XVII— la causa primera con las causas secundarias —libertad con fatalidad, Dios y mundo, en una palabra—. Y es que, repito, estamos ya para entonces en la aventura de la *teodicea,* el *deísmo,* etc. En una palabra, en el comienzo de ese proceso por el cual —según Paul Hazard— va quedando Dios relegado a quién sabe qué impenetrable e infinita lejanía.

He ahí, pues, a Saavedra Fajardo. El hombre de dos mundos, uno que tramonta (el orbe teológico y teocrático) y el otro que entonces recién comienza (el de la concepción del mundo como algo no accidental, sino consustancial con el hombre mismo). Un mundo nuevo que comenzó siendo Naturaleza directa y espontánea (el mundo renacentista), pero que ha ido avanzando hasta convertirse en algo que es capaz de oponerse con éxito al viejo orden de cosas, es decir, el mundo como *kosmos noetós,* o sea, como un mundo «pensado»; ese que paulatinamente se convierte en *sistema de relaciones,* cada vez más vasto, entre el hombre y la Naturaleza. El mundo que en la época en que Saavedra Fajardo escribe las *Empresas* ha entrado en abierta pugna con el teocrático mundo medieval. Y es probable que a esto sea a lo que se deba el conflicto en que se encuentra Saavedra Fajardo, mentalmente a horcajadas sobre ambos mundos, y que se revela en esa inagotable copia de sutileza de que se vale para evadir las contradicciones, para redondear todo aquello que presenta constantemente agudas aristas que pinchan y cortan. Visto desde el exterior del mismo el libro de las *Empresas* es todo candor en su sano propósito exhortativo, en su diligente notariesca propedéutica. Pero cuando se le contempla por dentro, en las estupendas sutilezas del contexto, es uno de los libros medulares del siglo XVII y probablemente no sólo en España. Pues vemos expuesto allí el pensamiento de alguien que se siente en conflicto consigo mismo. Y de ahí que la conjunción del «fuera» y «dentro» del libro ofrezca esa ansiedad y contención de que ya se habló al comienzo de este trabajo. Quizá si la «empresa» en que estas *Empresas* consisten esté más o menos condensada en aquello que propone Saavedra Fajardo bajo el lema de una de aquéllas (la LXXXV), es decir, *Consilia media fugienda,* porque si bien Saavedra Fajardo parece proponer lo que dicho lema reza, o sea, que debe huirse de toda solución de compromiso o término medio, tal cosa está lejos de ser siempre e inevitablemente así para el autor.

[32] D. Saavedra Fajardo: *Obras completas, op. cit.,* pág. 615.

2. BALTASAR GRACIAN

La desconfianza frente a la Naturaleza

Allá por 1818 un filósofo alemán —Arturo Schopenhauer— concluía premiosamente un libro que habría de causar gran conmoción en su tiempo, es decir, *El mundo como voluntad y representación*. Mas la importancia de esta obra y el estrépito causado se deben a que, en medio del optimismo lógico-metafísico de Hegel y del auge del determinismo mecanicista, *El mundo como voluntad y representación* venía a continuar una tradición aparentemente interrumpida en el pensamiento europeo, ya que seguía fluyendo subterráneamente. Pues con el determinismo de la Naturaleza, que el europeo descubre en el siglo XVII, se podía ser o pesimista u optimista. La Naturaleza atrae e intimida, es aliada o enemiga, es virtud o pecado, es ilusión o realidad, es verdad o falsedad; en fin, como lo suscribe melancólicamente otro pensador germano (Schelling), frente a ella se encuentra el hombre, siempre e inevitablemente, *in medias res*.

Se podía, pues —se pudo y así se hizo—, desde el XVII ser optimista o pesimista. Lo primero lo fue Kant, lo fue Hegel, lo fueron todos los mecanicistas y empiristas. Lo segundo —o sea, pesimista— lo fue Pascal, lo fue Kierkegaard, lo fue Schopenhauer, lo fue Nietzsche. Mas veamos ahora cómo formula Schopenhauer su *pesimismo*. Lo diré del modo más breve posible. Toda la realidad, vale decir la Naturaleza, se nos da o como *inteligencia* o como *voluntad*. Pero la Naturaleza es inconsistente, engañosa, de manera que ningún conocimiento de ella es válido. Al ser humano le queda entonces un solo recurso, y este es el de su voluntad, fuerza irracional que constituye el impulso de vivir; decir *voluntad* es decir querer vivir (sea como sea), pero la vida jamás es algo completo y definitivo. Por consiguiente, el placer de vivir conduce al dolor de vivir. La voluntad, en el hombre, es, pues, ante todo, constante afán de vivir, un perpetuo deseo de satisfacer los apetitos vitales. Mas he aquí lo decisivo: vivir es algo que se realiza en el mundo, contando constantemente con éste, o no hay vida. Y por eso el afán de vivir (que es como contar con el mundo) convierte la voluntad individual en egoísmo. De aquí nacen todos los males que padece el hombre; mas, por si fuera poco todo esto, casi siempre el hombre desconoce el carácter esencialmente insatisfactorio e irracional del impulso volitivo —esta es su permanente ignorancia, su necedad o sandez—. Entonces, ¿cómo escapar a estas consecuencias? Sólo cuando la voluntad ha llegado a tener cabal conciencia de sí misma es que puede renunciar a ser lo que es, resignándose, adoptando el más riguroso ascetismo; en una palabra, reduciéndose a la pura nada. La voluntad, que empieza queriéndolo todo, concluye en la nada por el camino de la renuncia a tener algo.

Todo esto, sin embargo, dista mucho de ser simple y sencillo en sus orígenes intelectuales, pues es del intelecto de donde procede. Pensar así, como lo hace Schopenhauer, supone tener una peculiar idea de la Naturaleza, del mundo, y esta idea sólo admite una palabra para expresarla: *desconfianza*. El enigma del mundo es diabólico, puesto que a la vez atrae e intimida, motiva nuestro aprecio y nuestra repulsa («¡lástima grande que no sea verdad tanta belleza!»), o lo que es lo mismo, que descubrimos que no es oro todo lo que en él brilla, pero no por eso deja de haber oro. Esto es lo que le sucede a Schopenhauer, es decir, que se siente a la vez atraído y repelido por el mundo, por la Naturaleza, porque tal vez ha logrado entrever su último fondo, ese sustrato al que por igual pertenecen el hombre y el mundo. Y por eso, en una curiosa configuración de pensamiento, en un *modus dicendi* que llama poderosamente la atención al lector entendido, *El mundo como voluntad y representación* es, ante todo y sobre todo, un vigoroso juego conceptual.

Pero Schopenhauer había aprendido muy bien esto último, no precisamente de sus maestros alemanes, sino en alguien que fue su eminente preceptor, su inspirador en ese juego de los conceptos. Me refiero —porque es ya hora de decirlo— al jesuita español Baltasar Gracián. En carta a su amigo Keil, el 16 de abril de 1832, dice: «Mi escritor preferido es este *filósofo* Gracián. He leído todas sus obras. Su *Criticón* es para mí uno de los mejores libros del mundo.» Pero el contacto con la obra de Gracián, el efecto que causó en el filósofo germano y hasta la adhesión que muestra por él, se revelan en palabras como éstas, al decir —refiriéndose al *Criticon*— que era «quizá la más grande y la más bella alegoría que había sido escrita jamás». Y agrega:

Conozco tres obras alegóricas de largo aliento: la primera declara y expone sus intenciones; es el incomparable *Criticón*, de Baltasar Gracián; compónese de un amplio y rico tejido de alegorías entrelazadas entre sí, plenas de sentido; es como un ropaje transparente que encubre verdades morales y que les comunica la más sorprendente evidencia intuitiva, al mismo tiempo que el autor nos sorprende por su fecundidad de invención. Las otras dos obras están más embozadas: son *Don Quijote y Gulliver en Liliput* [1].

[1] A. Schopenhauer: *El mundo como voluntad y representación*, Libro II, 50. Cinco veces se refiere Schopenhauer a Gracián en esta obra suya. La primera de ellas cuando nos habla de la importancia alegórica de la obra del escritor aragonés. Schopenhauer era opuesto a la aceptación de la alegoría en las artes pictóricas y plásticas, pero concedía que aquélla opera perfectamente en la poesía y en general en lo que él llama «artes retóricas», que, según piensa, incluye también a la filosofía. Y entonces es cuando dice lo que expresa el texto a que se refiere esta nota.

En otra ocasión (Suplemento al Libro Segundo, 2.ª parte, cap. VII) dice que sólo aquel que conoce intuitivamente la verdadera naturaleza de los hombres tal como éstos son generalmente, y comprende la individualidad de la persona que tiene ante sí, sabrá cómo tratar con ella correctamente y con certeza. Y agrega: «Otra persona puede saber

Pero hay más todavía. Schopenhauer, como se sabe, es traductor (aunque no el primero) del *Oráculo manual*, labor que llevó a cabo entre 1831 y 1832, aunque no se publicó esta traducción hasta 1862.

Notemos, por lo pronto, que se trata de una cuestión sumamente importante, es decir, que un filósofo de la talla de Schopenhauer, dotado de vasta cultura y de una sólida formación filosófica, adopta como paradigma de su pensamiento ¿al escritor?, no, al *pensador* español Baltasar Gracián. Bastaría ya esto para acabar con esa maniática reiteración, de manual a manual, de crítico a crítico, de que Gracián es un escritor «ingeniosísimo», a quien, como pensador, se le puede perdonar la vida. En fin, el feliz creador de arabescos mentales, de juegos de agua más o menos irisables, y pare usted de contar. Cabe preguntar si acaso han entendido jamás los críticos españoles a Gracián. Porque, en realidad, ¿han intentado, en serio, alguna vez meterse dentro de él?

Hay, pues, un punto de contacto efectivo entre Schopenhauer y Gracián. No lo invento yo, sino que lo declara el filósofo tedesco. Y «a confesión de parte...» Que la filosofía de Gracián es española y del siglo XVII, en tanto que la de Schopenhauer es alemana y corresponde al siglo XIX, esto creo que nadie tiene que venir a contármelo. Pero recuérdese lo dicho un poco antes acerca de esa tradición del pesimismo metafísico que fluye soterrada en Europa y que desde Gracián empalma nada menos que con Schopenhauer. Pesimismo, repito, que tiene mucho que ver con ese juego conceptual de Gracián que deslumbra y fascina a Schopenhauer. ¡Y cuidado que éste es un escritor de sobria y concisa expresión, dotado del extraño poder de lo que yo llamaría elegante economía de palabra! Sin embargo, es capaz de ver que ese sistema de alegorías, en que consiste la obra de Gracián, tiene plenitud de sentido, o sea que concuerda perfectamente con

de memoria las trescientas máximas de sabiduría de Gracián, pero esto no la protegera de estúpidos impulsos y errores, si carece del conocimiento intuitivo.»

En el mismo Suplemento, pero esta vez en el capítulo XIX, nos habla Schopenhauer de que la ecuanimidad, la compostura y la presencia de ánimo son los mejores remedios contra peligros y enemigos, de modo que el conocimiento adecuado de las circunstancias y las relaciones es nuestra defensa y arma en el conflicto con los sucesos y la gente. Y añade: «Baltasar Gracián dice: 'Es la pasión enemiga declarada de la cordura.'»

También en el susodicho Suplemento dice que es preciso tener en cuenta los méritos y defectos de la voluntad y del intelecto, para saber bien cómo se relacionan entre sí. La historia y la experiencia tienen que ser lo mismo, pues muchas veces a una gran calidad mental no corresponde un gran carácter. Y agrega: «No creo que Baltasar Gracián está en lo cierto al decir *(El discreto*, pág. 406): *No hay simple que no sea malicioso;* aunque él tiene a su favor el refrán español: *Nunca la necedad anduvo sin malicia.»*

Finalmente (Suplemento al Libro Cuarto, cap. 46), al hablar de la *vanidad y sufrimientos de la vida,* luego de citar en su apoyo a Homero, Teognis, Eurípides, Plinio, Byron, etc., dice: «Baltasar Gracián pone también ante nuestros ojos la miseria de nuestra existencia, con los colores más sombríos, en *El criticón,* Parte primera, *Crisi* 5, al comienzo, y al final de la *Crisi* 7, donde presenta detalladamente la vida como una farsa trágica.»

la realidad a la cual se refiere, y además, está dotado de «la más sorprendente evidencia intuitiva». Pero ¿qué quieren decir estas últimas palabras? Pues que Gracián no piensa *en* el mundo (es decir, acerca de él), sino que piensa *el mundo*. En esto consiste la intuición. En el jesuita aragonés el concepto toca a la intuición; la mente se identifica con la realidad exterior. Apurando un poco las cosas, que todo el pensamiento de Gracián es extrañamente «oracular», es decir, adivinatorio.

He debido apelar, pues, a la autoridad de Schopenhauer para apoyarme en lo que considero esencial en la obra de Gracián, es decir, su *pensamiento,* la estructura conceptual en que consiste. Dejo a los críticos literarios todas esas zarandajas del «conceptismo» gracianesco, de sus «ingeniosidades» y demás tonterías. El autor de *El Criticón* es un pensador del siglo XVII, y si nadie ha descubierto esto, a excepción de Schopenhauer, es porque no se ha ido más allá de la superficie de su lenguaje. Pero lo que falta por hacer es precisamente esa inspección que su pensamiento exige, no de idea a idea (al modo ingenuo de los «masoretas»), sino de las «estructuras» que tan bien discernió Schopenhauer al leer a Gracián. En fin, que sin un propósito filosófico de parte del lector, no entrega Gracián el caudal noético oculto en su lenguaje.

★

Gracián, la Naturaleza y el mundo

La Naturaleza es el vasto escenario en que se desarrolla el drama completo de la obra gracianesca, y este drama tiene un solo actor, que es el propio Gracián. Pero esa Naturaleza se da en él, puesto que es hombre del siglo XVII, entendida como mundo, como *universo inteligible,* del que es menester dar cumplida cuenta. ¡Qué envite el del Universo! —piensa seguramente Gracián—, pues jamás nos permite «hacernos» completamente como hombres, como seres humanos, lo que sí es dable al irracional y a la planta. Conocer, que es adueñarse del mundo —que a su vez ya nos posee a nosotros—, es algo que vamos realizando a medida que nos vamos desengañando, convenciéndonos de la nihilidad de todo. ¿Acaso tiene el hombre ese privilegio de los demás seres de estar ya hecho de una vez y para siempre? «¡Oh, vida! ¡No habías de comenzar, pero ya que comenzaste no habías de acabar! No hay cosa más deseada ni más frágil que tú eres, y el que una vez te pierde, tarde te recupera: desde hoy te estimaría como a perdida. Madrastra se mostró la Naturaleza con el hombre, pues lo que le quitó de conocimiento al nacer, le restituye al morir [...] [2].

[2] B. Gracián: *Obras completas,* ed. al cuidado de A. del Hoyo, ed. Aguilar, Madrid, 1960, pág. 520. *(El criticón,* Parte primera, *Crisi* 1.)

He ahí, entonces, el verdadero drama cósmico del hombre: conocer es dominar, pero también es ser dominado —es la inevitable contrapartida de la Naturaleza, del Universo, con respecto al hombre—. El animal, la planta, no tiene ese problema, pues es siempre una prolongación de la Naturaleza, y de ahí su automática relación con ella, sin tensiones ni desafíos. Andrenio, en la Crisis I, lo deja perfectamente establecido:

> Pero lo que más me atormentaba era ver que aquellos brutos, mis compañeros, con extraña ligereza trepaban por aquellas enhiestas paredes, entrando y saliendo libremente, siempre que querían, y que para mí fuesen inaccesibles, sintiendo con igual ponderación que aquel gran don de la libertad a mí solo se me negase [3].

Tal es la diferencia entre Naturaleza y Mundo, según la aguda observación de Gracián. El hombre se ve obligado a convertir la Naturaleza en Mundo, en «Universo», y esto sólo se consigue haciéndolo *inteligible;* pero la voluntad que a esto se endereza no consigue sino volverse contra el hombre mismo, deshaciéndolo inexorablemente: «Todo cuanto inventó la industria humana ha sido perniciosamente fatal y en daño de sí misma» [4]. En suma, que el hombre se apodera del mundo para, irónicamente, quedar desprovisto de todo poder. Gracián advierte esto último con suma claridad y por eso toda su obra, que es como decir toda su vida, se mueve entre las dos grandes fuerzas de la *voluntad* y el *entendimiento.* Mas ¿por qué asombrarse de semejante cosa si, en fin de cuentas, ése es el problema fundamental del hombre moderno? Repásese la historia del pensamiento europeo en la Edad Moderna y se verá que es así como digo. ¿No se habla, acaso, del «voluntarismo» implícito en el idealismo de los Tiempos Modernos? El Mundo, la Naturaleza, se ha convertido en irresistible atractivo para el ser humano; tanto más cuanto que ahora puede darse el lujo el hombre de verle las costuras al Universo, de «interpretarlo» (el *ars inveniendi* de que habla Descartes, la «mente concipio» de Galileo, el consejo que da Bacon, a la vez la fórmula precisa: «natura enim non nisi parendo vincitur»). Hay que descubrir el mundo, pero no directamente, como pensaba o creía el renacentista, sino a través del laberinto del pensamiento. Como asevera Schopenhauer, quien se inspira para ello en Gracián, es el «estado contemplativo» el que nos saca, nos libera de los torcedores de la voluntad. El ser humano debe llegar a comprender que el mundo «pensando» es realmente el único mundo vivible, pues como el hombre no es ni pura mente (Dios) ni puro impulso (lo irracional), tiene que vivir entonces sometido a ese afán de la voluntad que produce el mal en el mundo y causa la infelicidad. Hay una palabra que lo encierra todo para ser feliz, o al menos para escapar a las asechanzas de la Naturaleza —que son muchas y constantes—, esa palabra es *contención.*

[3] B. Gracián: *Obras completas,* pág. 524.
[4] *Ibid.,* pág. 520.

Y a este jesuita accidental le interesa demasiado el mundo, como lo prueba su misma obra, que de pía tiene muy poco. No en balde ese puro clérigo que era entonces el General de la Compañía de Jesús, Godwin Nickel, se muestra severísimo con Gracián, pues muy lejos estuvo éste siempre de someterse a la regla básica de su Orden, es decir, *perinde ac cadaver*. Hay que tener muchas ganas de decir lo contrario de la verdad para afirmar que la mayoría de las obras de Gracián tienen acento religioso, empezando por los títulos de sus libros: *El héroe, El político Don Fernando el Católico*, el *Oráculo manual, El discreto, Agudeza y arte de ingenio, El Criticón*. Pues sólo escribe un pequeño tratado que sí puede calificarse de religioso, o sea, *El comulgatorio*, especie de propedéutica para el acto de la comunión, pero que intelectual y literariamente nada añade a la fama de Gracián. Que su pensamiento es «profano», creo que nadie podría negarlo en serio; y por eso el General de la Compañía expresa «cuán merecidas tenía [Gracián] las penitencias que se le han impuesto por haber impreso sin licencia aquellos libros y por haber faltado al precepto de santa obediencia que se le había puesto [...]» [5].

Pero volvamos a las obras suyas que tan claramente revelan la atracción que el mundo ejercía en él. *El hombre en el mundo*, tal parece ser la divisa gracianesca. Ahora bien: estar en el mundo significa, a la vez, estar a favor y en contra del mundo. De ahí que la figura humana por excelencia ha de ser el *héroe*. Mas he aquí lo curioso, que este heroísmo consiste en la voluntad de ganar para perder lo que se gana. Se trata, en suma, del hombre que se vence a sí mismo. La ganancia ha de ser al cabo pérdida porque el heroísmo de vivir supone vencer consecutivamente los impulsos en que consiste la voluntad hasta reducirlos al entendimiento de nosotros mismos, a eso que Gracián llama «cifrar la voluntad», es decir, velarla, retenerla, ocultarla —en síntesis, *contenerse*—. Es, pues, menester «reservarse», que en esto en gran parte (aunque no sea todo) consiste el heroísmo a la Gracián. «Sólo un gran conocimiento, favorecido de una gran práctica, llega a saber los precios de las perfecciones. Y donde el discreto no puede lisamente votar, no se arroje; deténgase, no descubra antes la falta propia que la sobra extraña» [6], dice en el Primor V. Y agrega en el X: «Atienda, pues, el discreto, a ladearse y, en el juego de este triunfo, sepa encartarse y desencartarse con ganancia» [7].

Juego de sutilezas ha de ser, pues, la vida. El mundo es siempre *enigmático*, por lo que obliga a la cautela, puesto que toda situación en la cual nos encontremos supone la solución del enigma en que dicha situación consiste, pero la solución jamás podría aclarar el enigma del todo. Por eso es indispensable jugar con dos cartas a la vez, mostrar dos caras; de

---

[5] Carta al P. Piquer, Provincial de Aragón, de 10 de junio de 1658.
[6] B. Gracián: *Obras completas, op. cit.*, pág. 14. (*El héroe*, Primor V.)
[7] *Ibid.*, pág. 21. (*El héroe*, Primor X.)

donde la necesidad de dos «agudezas», una de *perspicacia*, otra de *artificio*; pues mientras la primera se propone dar con las más difíciles verdades hasta hallar la verdad por excelencia; la segunda sirve para cubrir, ¿qué? Pues todo cuanto, una vez descubierto, ha de ser expresado mediante un rodeo: he ahí la «hermosura verbal» a que se refiere Gracián. Y así prosigue el pensador aragonés en el resto de su obra, que iremos examinando de ahora en adelante. «Menester es adivinar, y más en desengaños [...] Las verdades que más importan vienen siempre a medio decir [...]» [8], apunta sentenciosamente en el capítulo VIII de *El discreto*. Y añade: «Poco es el entender, menester es a veces adivinar», en la Máxima XXV del *Oráculo manual*. Mas ¿para qué seguir en esta enumeración, si ella sería interminable?

Se me podría decir que en la obra de Gracián —al modo de Saavedra Fajardo— todo aparece como revestido de un espeso follaje de exhortaciones a la virtud, de llamadas a la piedad, etc. Pero nada de esto me interesa gran cosa. Pues lo que me atrae en Gracián es el *punto crítico* de su obra en general, que ahora me atrevo a reducir a tres cuestiones: *desconfianza, sutileza, contención*. Todo esto presentado a lo largo de esas laberínticas galerías interiores que cautivaron a un hombre como Schopenhauer. Desfilar por ellas será la tarea que emprenderemos en lo adelante.

★

Contrapunto de la obra de Gracián

Para entender a Gracián es necesario adoptar un procedimiento a la vez cauteloso y lento. Sólo así es posible avanzar con alguna seguridad por entre las complicaciones de su pensamiento. Pues si jamás ha habido un modo de pensar retorcido más y más en sí mismo, por consiguiente *barroco*, ése sin duda es el de Gracián.

Una técnica tal vez no ineficaz sería, en este caso, algo así como la contrapuntística, establecida a base del contraste entre dos grupos de sus obras: uno formado por *El héroe*, *El Político Don Fernando el Católico* y *El discreto*. En tanto que el otro vendría a quedar constituido por *Agudeza y arte de ingenio*, el *Oráculo manual* y *El Criticón* (su obra maestra). Esta dicotomía y su consiguiente contrapunto responde perfectamente al hecho de que el pensamiento gracianesco parece acomodarse de ese modo, es, a saber: de una parte, aquello que más ostensiblemente se relaciona con la *Sociedad*; de la otra, todo lo que en su pensamiento se refiere más íntimamente al ser humano. Pero con esto no pretendo decir que puede operarse en su obra una separación efectiva de esas dos partes, porque

---

[8] B. Gracián: *Obras completas, op. cit.*, pág. 97. *(El discreto*, cap. VIII, y también en *Oráculo manual*, Máxima XXV.)

Naturaleza y hombre son para Gracián como el anverso y el reverso de una misma y sola realidad. Mas desde el momento en que él mismo, en sus escritos, adopta cierta metodicidad en el tratamiento de esas cuestiones fundamentales, nosotros no estamos impedidos de hacer algo parecido.

El *héroe*, desde sus mismos comienzos, parece ser la piedra de toque. Al lector le previene, en la breve advertencia que le dirige, que en esa obra suya encontrará «una, no política, ni aun económica, *sino una razón de Estado de ti mismo*» [9]. Es decir, que la nota subjetiva es fuerte ya desde el comienzo; el prevalecimiento del yo íntimo sobre la circunstancia que le contiene y conforma, según sea el caso. La primera nota distintiva del «heroísmo» ha de ser la *cautela*, la veladura de lo interior; en una palabra, la *desconfianza*: «Sea esta la primera destreza en el arte de ser entendidos; medir el lugar con su artificio. Gran treta es ostentarse al conocimiento, pero no a la comprensión» [10]. ¿Se quiere más claro? Y aquí habría que preguntar si se trata de cinismo o de una convicción profunda de que es así como debe ser. Vuelvo a lo ya más que machacado en estas notas: es que se trata del siglo XVII, de su actitud ante el cosmos, de su juego de atracción y desconfianza, etc. De aquí la inevitable necesidad de «cifrar la voluntad», es decir, expresarla en símbolos, jamás tal como ella es, porque, además, ¿cómo frente al enigma que el mundo siempre nos propone vamos a poder desnudar lo que no es desnudable? Que fuese el mundo claro, terso, lineal e ingenuo, y la voluntad, que es la contrapartida de ese mundo (de esa Naturaleza), se mostraría igualmente cándida, es decir, sin obligadas segundas intenciones. Pero ¿qué?, ¿acaso no es también la ciencia moderna un constante rodeo, un movimiento de flanco para sorprender a la Naturaleza misma? Para demostrar la realidad matemática del movimiento debió apelar Galileo a las leyes del plano inclinado. Sólo así pudo llegar a saber en qué consiste el movimiento de los cuerpos, prescindiendo de la actitud ingenua que preguntaba: «¿*qué* es el movimiento?», y conformándose con saber *cómo* se produce. Y vuelvo a decir si no es esto, acaso, una manera de «cifrar la voluntad».

A este *entendimiento* en que se funda todo el «saber que» y el «atenerse a» de la Edad Moderna (justamente desde los comienzos del siglo XVII), se refiere Gracián constantemente, pues si algo ha de haber en el hombre como esencial quehacer de su vida, es precisamente ese velar la voluntad, disimularla, *conteniéndola* mediante el entendimiento. El juego resulta curiosísimo: hay que querer el mundo sin quererlo, en una disposición semejante a la que nos produce alguien a quien admiramos, pero no estimamos. Pues, al fin y al cabo, estamos en el mundo, somos parte de él y, por tanto, ¿dónde podríamos *estar* si no es precisamente en ese mundo, en esa Naturaleza que nos contiene y domina en cierto modo? Por eso dice jus-

---

[9] B. Gracián: *Obras completas, op. cit.*, pág. 6. *(El héroe, «Al lector».)* (El subrayado es mío.)
[10] *Ibid. (El héroe, Primor I.)*

tamente Gracián: «Es lo mejor de lo visible el hombre, y en él el entendimiento, luego sus victorias las mayores» [11]. Por consiguiente, como el *héroe* es el ser que ha de operar en el aspecto más visible del mundo, o sea, en la *sociedad*, y ésta en su máxima complicación es *vida política*, dícenos de esta manera el agudo aragonés:

> Señaló pródigamente la filosofía dos potencias al acordarse y al entender. Súfranle a la política con más derecho introducir división entre el juicio y el ingenio, entre la sindéresis y la agudeza [12].

Acordarse y entender. Lo primero en el sentido originario del concepto: *cor, cordis*, lo que viene del corazón, es decir, lo emocional, o, si se quiere, el irracional impulso en que la voluntad consiste. El contraste y la interacción de voluntad y entendimiento, aplicados ambos al menester humano donde mayores resultan las complicaciones, lo enigmático e imprevisible. Y ya por aquí asoma su faz el autor de *El Príncipe.* No sé si Gracián había leído a Maquiavelo, lo cual es muy probable, pero de lo que no cabe duda es de su *tácita* adhesión a las ideas del florentino, no obstante aquella diatriba en contra suya que vemos en la VII Crisis de la primera parte de *El Criticón* [13]. Mas no debemos apresurarnos en esto, porque el «maquiavelismo» de Gracián proviene más bien de su personal convicción en que es necesario sentir siempre *desconfianza* frente a la Naturaleza, frente al mundo, y por esto mismo lo maquiavélico se encuentra en él más bien en la actitud defensiva, cautelosa, en ese constante jugar con dos cartas a la vez, como lo predica incansablemente. De ahí que sea menester mucha sutileza, casi siempre excesiva, hasta llegar tal vez a suponer en vez de constatar, como cuando dice: «Procure, pues, el varón prudente halagar el gusto y atraerle sin violencias de despotiquez, a medirse con las fuerzas, y, reconocida una vez la prenda relevante, empléela felizmente» [14]. Si bien; pero notemos que Gracián, como de consuno, emplea ese lenguaje sibilino que no es ya que se puede, sino que casi obliga al lector a sospechar segundas intenciones, pues ¿qué quiere decir todo eso de «medirse con las fuerzas» y «empléela felizmente»? Algo parecido le dice Maquiavelo a Lorenzo de Médicis: «Téngase muy en cuenta que a los hombres se les debe ganar o anularlos, porque de las pequeñas ofensas se vengan, pero de las

---

[11] B. Gracián: *Obras completas, op. cit.,* pág. 9. (*El héroe,* Primor III.)
[12] *Ibid.*
[13] *Ibid.,* pág. 583. (*El Criticón,* Parte primera, Crisi II.) Dice textualmente: «¿Quién piensas tú que es este valiente embustero? Este es un falso político llamado el Maquiavelo, que quiere dar a beber sus falsos aforismos a los ignorantes. ¿No ves cómo ellos se los tragan, pareciéndoles muy plausibles y verdaderos? Y bien examinados, no son otro que una confitada inmundicia de vicios y de pecados: razones, no de Estado, sino de establo [...]»
[14] *Ibid.,* pág. 20. (*El héroe,* Primor IX.)

grandes no pueden» [15]. Hay, sin duda, una llamativa semejanza entre uno y otro propósito, pues se trata, en ambos casos, de atraer y poner al servicio propio a aquel a quien se desea dominar. Por diferentes caminos, la meta propuesta es siempre la misma.

El Político Don Fernando el Católico también permite espigar en ocasiones esos comentarios gracianescos en los cuales, de lo vivo a lo pintado, aparece su sempiterna actitud de recelo y desconfianza frente al mundo. Por consiguiente, en este pequeño ensayo propuesto como elogio de un monarca español, lo de menos es todo aquello que tiene que ver con la persona y la obra del gobernante en cuestión. Si así fuese, apenas tendría importancia. Pero como puede advertirse a medida que se lee, Gracián toma como pretexto el tema un tanto panegirista para volver una y otra vez a su pensamiento fundamental. Y sólo cuando se tiene esto en cuenta es que se entiende tal como se debe el pensamiento de Gracián. De ahí que siembre a voleo, aquí y allá, esas pequeñas simientes que encierran las tres notas de la desconfianza, la sutileza y la contención en que consiste, según ya dijimos, el *punto crítico* de su obra en general. He aquí una muestra de esa simiente: «Tiene la astucia su propio modo de fundar, que fue valerse siempre de la ocasión» [16]. O sea que, maquiavélicamente (¿por qué negarlo?), el jesuita aragonés propone una regla práctica que se afianza en la teoría del vivir mismo, cuando a este vivir, a este estar en el mundo, le contemplamos, se diría, «desde afuera». Y es por eso por lo que dice también: «El riesgo grande, la experiencia ninguna.» ¡Pues claro está! ¿Cómo se puede echar a andar por el mundo, así sin más, o sea, de frente, como Don Quijote con los molinos de viento, como no sea porque nada nos previene del riesgo constante e inminente en que la Naturaleza, el mundo, se constituye para el hombre? Es preciso, pues, vivir como quien nada entre dos aguas, fluctuando de un extremo (el positivo) al otro (el negativo) del mundo: «Aprobarlo todo suele ser ignorancia; reprobarlo todo, malicia» [17].

El discreto completa y cierra, por decir así, la línea política en que se mueve el pensamiento de Gracián. Aquí podría preguntarse por la razón que hace que lo incluyamos en el grupo de sus obras de carácter político. Pero antes de contestar a esta pregunta es indispensable aclarar primero en qué consiste el pensamiento político de Baltasar Gracián, es decir, su idea de la *política*. Pues él jamás fue hombre de Estado, ni político, ni siquiera realmente cortesano (esto último sólo brevemente y a desgana). La política —o tal vez mejor, «lo político»— es un aspecto necesario de la Sociedad. Se diría (con Gracián) que el hombre, puesto que ha de estar situado en esa complejidad que es el mundo, no puede escapar a cierta

---

[15] N. Maquiavelo: *El príncipe*, ed. de la Universidad de Puerto Rico, Revista de Occidente, Madrid, 1955, cap. III.

[16] B. Gracián: *Obras completas, op. cit.*, págs. 40. (*El político Don Fernando el Católico.*)

[17] *Ibid.*, pág. 44.

imposición de éste, que consiste en obligarlo a ser «social» —el *zoon politikón* de Aristóteles—, y ser eso, social, supone cierta forma de conducta que si bien, vista en lo más concreto de sí, es justamente *lo político,* cuando se le desmesura hasta extenderla a su máxima generalidad, se revela entonces como la insoslayable actitud del hombre frente al mundo, frente a ese sempiterno enigma de atracciones y repulsiones. De ahí, pues, el asombroso parecido entre la «sociabilidad» y la «política», como lo descubre admirablemente *El cortesano* de Castiglione [18] Mas ser sociable, como ser igualmente político, supone siempre la *desconfianza,* un estar, instintivamente, «a la defensiva», lo cual supone también un modo de actuar, por parte del hombre, basado precisamente en la *sutileza* y la *contención.* Ahora bien: estas últimas no son nunca sino el fondo íntimo en que reposa la desconfianza, pero jamás se ofrecen cual exteriores manifestaciones de dicho íntimo fondo. Para operar en la superficie, a nombre y título de la sutileza y la contención, surgen, como sus legales apoderados, el *genio* y el *ingenio.* Que de esto último no tiene Gracián la menor duda, vese en palabras como las siguientes:

> Estos dos son los ejes del lucimiento discreto; la Naturaleza los alterna y el arte los realza. Es el hombre aquel célebre Microcosmos, y el alma su firmamento. Hermanados el genio y el ingenio, en verificación de Atlante y de Alcides, aseguran el brillar, por lo dichoso y lo lúcido, a todo el resto de prendas.
>
> El uno sin el otro fue en muchos felicidad a medias, acusando la envidia o el descuido de la suerte.
>
> Plausible fue siempre lo entendido, pero infeliz sin el realce de una agradable genial inclinación; y, al contrario, la misma especiosidad del genio hace más censurable la falta de ingenio [19].

He ahí, en síntesis, al *Discreto,* es decir, al hombre tal como debe ser en donde forzosamente tiene que estar, o sea, en sociedad. Sin armarse de estas armas la lucha con el mundo es desigual y en contra del hombre, pues la vida de éste ha de consistir, a la vez, en «comprender» y en «recurrir a»; como si dijéramos, en atinar cómo es el mundo y mantenerse a la defensiva. Podría preguntarse aquí: si ya posee el hombre el genio, ¿a qué el ingenio? ¡Ah!, Gracián, hombre del XVII, no las tiene todas consigo jamás, de suerte que por dentro le va «su» procesión. Remacha, pues, su idea al respecto diciendo: «Un sentido que nos falte nos priva de una gran porción de la vida y deja como manco el ánimo. ¿Qué será faltar en muchos un grado en el concebir y una ventaja en el discurrir, que son diferentes eminencias?» [20].

---

[18] «Política», por supuesto, en el sentido que tiene también para Gracián, es decir, como «sociabilidad» refinada que le permite al «cortesano» ser el hombre que a la vez se interesa y actúa en los negocios públicos.

[19] B. Gracián: *Obras completas, op. cit.,* pág. 78. *(El discreto,* I.)

[20] *Ibid.,* pág. 79.

Concebir, discurrir, o lo que es lo mismo, genio e ingenio, con los cuales puede el hombre encaminar sus pasos por el *totum revolutum* de la sociedad, en interminable controversia de *ser* y *apariencia;* pero tanto ésta como aquél tampoco son conceptos absolutos para Gracián, sino que están dotados de la misma fluidez que hallamos en todos los objetos de su pensamiento. Por lo mismo afirma que «importa mucho la templanza, atendiendo a no enfadar por lo atrevido, ni deslucirse por lo desanimado; no ocupe el temor, de modo que no acierte a parecer, ni la audacia se haga sobresalir»[21]. En fin de cuentas, tal como lo propone esta fórmula suya que se acaba de citar, que no asomen demasiado ni el *ser* ni el *parecer.* Como si dijéramos, que no parezcamos lo que somos a causa de ser (socialmente) aquello que parecemos. En esto radica la verdadera fuerza, aquella que se ejerce veladamente, sometiendo el impulso al entendimiento, porque, en fin, como ya se ha apuntado alguna vez, para Gracián el hombre no es ni pura mente ni puro impulso.

Más triunfos le consiguió a Hércules su discreción que su valor; más plausible le hicieron las brillantes cadenillas de su boca que la formidable clava de su mano; con ésta rendía monstruos, con aquéllas aprisionaba entendidos, condenándolos a la dulce suspensión de su elocuencia, y, al fin, se le rindieron al tebano más discreto que valiente[22].

Mas *entendimiento* que es señal de *sutileza,* y ésta, a su vez, consiste en cierta definida indefinibilidad, digamos así, que permite la feliz conjugación del ser y la apariencia: «Grandes hombres los indefinibles por su grande pluralidad de perfecciones que repite a infinidad. Otros hay tan limitados, que luego se les sabe el gusto, o para prevenirlo o para lisonjearlo, que ni se extiende ni se difunde»[23]. Y así llegamos, por fin, al momento en que Gracián nos revela muy a las claras cómo ha de ser ese «parecer», ese ser y no ser del todo, en qué debe consistir el *Discreto:*

Ningún realce pide ser menos afectado que la ostentación, y perece siempre de este achaque, porque está muy al canto de la vanidad, y ésta del desprecio. Ha de ser muy templada y muy de la ocasión, que es aún más necesaria la templanza del ánimo que la del cuerpo; va en ésta la vida material, y la moral en aquélla, que aun los yerros los dora la templanza.

A veces consiste más la ostentación en una elocuencia muda, en un mostrar las eminencias al descuido; y tal vez un prudente disimulo es plausible alarde del valor, que aquel esconder los méritos es un verdadero pregonarlo, porque aquella misma privación pica más en lo vivo a la curiosidad[24].

---

[21] B. Gracián: *Obras completas, op. cit.,* pág. 82. *(El discreto,* II.)
[22] *Ibid.,* págs. 89-90. *(El discreto,* V.)
[23] *Ibid.,* pág. 96. *(El discreto,* VII.)
[24] *Ibid.,* pág. 112. *(El discreto,* XIII.)

Hasta aquí tal parece como si el escritor quisiera exhortar gravemente a una «autenticidad» de lo humano. Pero veamos lo que expresa a continuación:

> Válese, pues, de este arte con felicidad y se realza más con el artificio, gran treta suya no descubrirse toda de una vez, sino ir por brújula pintando su perfección y siempre adelantándola, que un realce sea llamado de otro mayor, y el aplauso de una prenda, nueva expectación de la otra, y lo mismo en las hazañas, manteniendo siempre el aplauso y cebando la admiración [25].

Pero ¿es que, necesariamente, ha de ser así? Se diría que so capa de la leve mordacidad del apólogo que lo encubre, Gracián concede que la Naturaleza, el mundo, juega su parte determinista en el hombre (como en todo) y le impone lo que ni aun la razón podría anular:

> Mas, viniendo ya a nuestro punto, digo, y lo siento así, que sería una imposible violencia concederle al Pavón la hermosura y negarle el alarde. Ni aun la naturaleza sabia vendrá en ello, que sería condenar su providencia, y contra su fuerza no hay preceptos, donde no tercie la política razón, y aun entonces, lo que la horca destierra con su miedo, la Naturaleza lo revoca en potencia [26].

¡Anjá! ¿De modo que, también para el caso del *Discreto*, ser y parecer han de darse con igual legítima propiedad, porque así está dispuesto por la naturaleza de la cosa misma? ¡Cómo chocan, fiera, aunque sordamente, en Gracián eso que llamaríamos respectivamente, de manera inadecuada y provisional, libre albedrío y determinismo! Pues es de esto de lo que en definitiva se trata. Qué importa que una y otra vez y hasta ciento hable en contra de la ostentación, de la vanidad, de las «apariencias», si, a pesar de ello, le vemos admitir *a fortiori* la irrecusable realidad de lo que censura y menosprecia.

Mas Gracián está persuadido —¿cómo no iba a estarlo?— de que el fiel de lo humano, su punto de equilibrio, es la capacidad del hombre para atinar con la distinción entre realidad y apariencia, entre verdad y falsedad, pero, se diría, para quedar siempre fluctuando entre ambas, a la defensiva. No es que demos justamente con lo que las cosas puedan ser, sino que hemos de esforzarnos por mantener claramente la distinción. Por eso al hablar del hombre *juicioso* y *notante* escribe:

> Distingue luego entre realidad y apariencia, que la buena capacidad se ha de señorear de los objetos, no los objetos de ella, así en el conocer como en el querer. Hay zahoríes de entendimiento que miran por dentro de las cosas, no paran en la superficie vulgar, no se satisfacen de la exterioridad, ni se pagan de todo aquello que reluce; sírveles su critiquez de inteligente contraste para distinguir lo falso de lo verdadero [27].

[25] B. Gracián: *Obras completas, op. cit.,* pág. 112. *(El discreto,* XIII.)
[26] *Ibid.,* pág. 113. *(El discreto,* XIII.)
[27] *Ibid.,* págs. 127-128. *(El discreto,* XIX.)

Pero la *contención* de Gracián (eje de su vida) se sobrepone a todo lo demás, y por eso, un poco después, le vemos paliando la anterior exigencia, al decir de esta guisa:

> Gran felicidad es la libertad de juicio, que no la tiranizan ni la ignorancia común ni la afición especial; toda es de la verdad, aunque tal vez por seguridad y por afecto la quiere introducir al sagrado de su interior, guardando su secreto para sí [28].

Inalienable Gracián, decimos al llegar a este punto, pues su obra en general (también, por supuesto, *El discreto*) permite ver claramente la tensión de su pensamiento, justo a causa de las ideas que del mundo y del hombre posee el pensador. El «héroe», como el «discreto», ha de conjugar en su personalidad el ser y el parecer, la franqueza y la reserva, el impulso y la contención. Para Gracián no hay duda de que la «heroicidad» consiste, ante todo, en ser *hombre*, y ser esto supone estar en el mundo, más concretamente, en la sociedad. Pero el «discreto» es el complemento del «héroe»; como si dijéramos que el héroe es el hombre visto desde afuera, en tanto que el discreto lo es contemplado desde adentro. Pero se completan y se refuerzan, de manera que *discreción* y *heroísmo* son las versiones gracianescas del ser humano surgido del único lugar de donde podría emerger, o sea, el mundo, y situado en éste para ser sometido constantemente a lo que en el hombre hay de mundo y de humano. En fin, todo esto viene a resultar algo así como autobiografía, la cual nos revela a Gracián en lo que probablemente fue el *desideratum* de su vida. Y por lo mismo, con el clásico tal vez podríamos decirle: *Mutato nomine, de te — fabula narratur* [29].

La idea del hombre en Gracián

La división que propuse un poco antes, al hablar de la obra de Gracián (de una parte, *El héroe, El Político Don Fernando el Católico* y *El discreto;* de la otra, *Agudeza y arte de ingenio,* el *Oráculo manual* y *El Criticón),* tiene, por supuesto, sólo un puro valor metódico. Pues recuérdese que el primer grupo queda asignado al tema de la Sociedad y la Política, en tanto que el segundo corresponde más bien al problema de *lo humano* visto en su dimensión más profunda. Pero, tal como cuidé de advertirlo entonces y lo reitero ahora, semejante división o agrupamiento de la obra de Gracián no puede hacerse, en realidad, en el fondo de la misma, porque el jesuita aragonés jamás disuelve del todo las relaciones que com-

---

[28] B. Gracián: *Obras completas, op. cit.,* pág. 130.
[29] Horacio: *Arte poética, Epístola a los Pisones.*

plican al hombre con el mundo. Pero tampoco es menos cierto que en las obras de que vamos a ocuparnos ahora se advierte una mayor concentración en el problema del hombre, de lo humano en sí mismo: es en ellas donde esa nota fuertemente *subjetiva* a la cual ya nos hemos referido se muestra con el máximo rigor. Tratemos, pues, de señalarla del modo más preciso posible.

Comencemos por donde, en este caso, debemos realmente hacerlo, o sea, por los títulos dados a esas obras: *Agudeza y arte de ingenio, Oráculo manual, El Criticón*. ¿No se ve aquí ya la nota fuertemente subjetiva? Se trata ahora de lo rigurosamente *humano*, del «sujeto» concebido como aquello que se opone o mejor se contrapone a lo que no es él, que jamás podría serlo, es decir, el *objeto* («ob-jectum»); pues ¿qué puede ser eso necesariamente oponible al objeto, al mundo en derredor, a lo que rodea y envuelve al hombre, sino precisamente lo «subjetivo» en cuanto *conciencia*, o sea, percatación de lo que no es uno (el sujeto), sino lo otro (el objeto)? Hay, pues, en ese segundo grupo ya mencionado nada menos que todo un *excursus*, un peregrinaje por un campo tan cultivado por los pensadores del XVII y el XVIII. Me refiero al problema del *conocimiento*. Y téngase presente, pues viene ahora muy a punto, la importancia dada por Gracián al *entendimiento*, el cual, en muy amplio sentido, es la clave de toda su obra.

Pues no me cansaré de decirlo; porque es un hombre del siglo XVII (hombre moderno) y por eso mismo un *intelectual*, es que Gracián intenta ver el mundo, la realidad que le contiene y conforma, bajo la especie de lo intelectual, es decir, a través de ese mágico cristal que —desde el siglo XVII— viene siendo el *entendimiento* para el europeo. El mundo se ofrece a través de ese dispositivo de un modo como no se había ofrecido antes. Y lo más interesante a este respecto es que la relación *sujeto-objeto*, *hombre-mundo*, se presenta de una manera como jamás lo había sido hasta entonces. Pues el hombre de la antigüedad clásica, lo mismo que el medieval, había sabido de la diferencia entre lo subjetivo y lo objetivo, como así mismo del contraste entre realidad y apariencia, pero, no obstante, estuvieron dominados por el mundo exterior, por lo objetivo. Recuérdese la frase consabida: «adaequatio intellectus et rei». El renacentista, por su parte, genera un escepticismo riguroso (Montaigne, Charron, Sánchez, Agrippa, etc.), pero se siente fuertemente atraído por la Naturaleza, a cuyo encantamiento cede. Mas el hombre del XVII acepta y no acepta el mundo, pacta con él, pero sin entregas incondicionales, sino que le «contempla» con mirada de esguince, de reojo, tal como sucede cuando se mira a alguien a quien se desea observar y al mismo tiempo se quiere pasar desapercibido. La voz cantante la da Descartes con la *duda metódica*, o sea, con la cautela. Hay que ser escéptico, pero con método, de manera que es preciso desconfiar por igual del mundo y del hombre para llegar. finalmente, a un acuerdo, a cierto estado de compromiso. Y Gracián atina maravillosamente con el problema —se trata de tener, a la vez, *genio* e *ingenio,* es decir, saber «conocer» y «discurrir», o, como se diría en la jerga de hoy, «saber qué» y «atenerse a». Claramente lo había dejado establecido Descartes en el *Discurso:* si las ideas que tengo, por irrecusables que sean —es decir, indudables—, no están cargadas, grávidas de realidad exterior, para nada sirven. Lo cual quiere decir que la realidad en la cual se insertan a la vez el sujeto y el objeto es penetración del hombre en el mundo y de éste en aquél. Todo esto explica perfectamente el título de ciertas obras de Gracián. Así, cuando escribe su *Agudeza y arte de ingenio,* lo que menos debe interesar es precisamente esa «antología» en que la obra consiste. Pasemos ahora por alto si es una especie de preceptiva literaria o teoría de la literatura. Exteriormente es todo eso, pero, repito, su verdadero valor no está allí. Notemos que, en cambio, al pensador le interesa escribir largo y tendido sobre la «agudeza» y el «ingenio», cuestiones que encontramos constantemente en su obra, que muy a menudo acuden a los puntos de su pluma. Pero ahora, en la obra suya a que nos venimos refiriendo, les dedica el más voluminoso de sus trabajos, después de *El Criticón.* Se diría que Gracián ha encontrado el motivo que más le impulsa a pensar y a escribir, es decir, el pensamiento de por qué se debe ser «agudo» y, por consiguiente, de la importancia de la «agudeza». Mas, veamos, ¿acaso no importa mucho más ser «profundo», «meditativo», etc.? Pues la *agudeza* es casi exactamente lo contrario de la profundidad. ¿Se podría decir que Platón es «agudo», o que lo son San Agustín o Pascal? Incidentalmente, sí; pero lo que atrae y vale del pensamiento de estos hombres es justamente la hondura que posee. Se ve aquí, pues, con respecto a Gracián, una curiosa paradoja, pues él, que es un profundo pensador, ama intensamente la «agudeza», esa feliz disposición, especie de difícil facilidad con la cual se urde algo, inventamos alguna cosa, nos las ingeniamos; algo así como darse traza para causar cierto efecto en los demás. He ahí la «agudeza».

Pero ésta, en Gracián, se encuentra íntimamente vinculada al *concepto,* lo cual determina que aquélla sobrepase su limitada condición nativa y adquiera una importancia que, a primera vista, sería insospechable. Con lo que hemos tocado fondo en el pensamiento de Gracián, o sea que se trata de algo realmente profundo, decisivo, o sea del *arte de lo conceptual.* La agudeza, en el jesuita aragonés, resulta, pues, el pretexto para otra cosa, es como el medio que lleva al fin. En suma, se trata del problema de las *operaciones del pensamiento* en sus más complicados entresijos, en su función fundamentante de la realidad conocible. La *agudeza* es, pues, simple cobertura; debajo yace el pensamiento como tal, que la agudeza ayuda a manifestar. Porque a Gracián le interesa mucho más el *modo del decir* (las mentales complicaciones del pensamiento) que lo dicho en sí mismo. Es demasiado profundo este aragonés para resultar simplemente «agudo».

La agudeza, en el caso de Gracián, viene a ser como la manifestación de su velada intranquilidad, de esa contenida ansiedad que bulle en toda la obra. Se diría que este hombre ha descubierto, si bien de modo intuitivo, las inmensas posibilidades de complicación del *pensar*, en cuyas aguas, tranquilas en la superficie, mas agitadas en lo profundo, navega incansable el jesuita aragonés. El pensar, en efecto, es actividad sin término posible, y esta riqueza inagotable suya proviene de su capacidad «complicativa», sin la cual no sería nada. De la nativa complicabilidad del pensar se alimenta el pensamiento, exactamente como de éste vive aquél. He ahí la razón por la cual *Agudeza y arte de ingenio* concluye por donde probablemente debía haber empezado, es decir, por la exposición de las cuatro causas de *agudeza:* el ingenio, la materia, el ejemplar y el arte. A vueltas de una larguísima elaboración del concepto de agudeza, que es en lo que viene a consistir el libro, parece como si el autor topara al fin con lo que desde el comienzo buscaba. En el *ingenio* se aloja, según nuestro pensador, la actividad pensante, esa que hila el pensamiento (la *nóesis* de los *noemas*, como dice Husserl). La causa eficiente de la agudeza es el «ingenio» —afirma Gracián—, de tal modo que, «ayudado de las demás, intenta excesos y consigue prodigios, mucho mejor si fuere inventivo y fecundo; es perenne manantial de conceptos y un continuo mineral de sutilezas» [30]. He ahí, pues, al pensar, es decir, a la actividad creadora del pensamiento. Pero esa actividad necesita algo en qué ejercerse, un objeto, y éste es la *materia*, el «fundamento del discurrir», que da pie a la «sutileza». Por eso dice Gracián que «Están ya en los objetos mismos las agudezas objetivas, especialmente los misterios, reparos, crisis, si se obró con ellas; llega y levanta la caza el ingenio» [31]. Tenemos, pues, ya el pensar y los pensamientos, siendo éstos el acicate o estímulo para que el pensar devane sin cesar sus cada vez más complicados hilos. Y si bien esa «materia» puede presentarse como lo ya hecho, por consiguiente, cual modelo de imitación (y en esto consiste la tercera causa), es en la cuarta (el *arte)* donde remata admirablemente esa intuición gracianesca de la creatividad complicativa del pensar. Dice así:

Es el arte cuarta y moderna causa de la sutileza. Celebre la poesía la fuente de su monte, blasone la agudeza la fuente de su mente. Corone al juicio el arte de prudencia, lauree al ingenio el arte de agudeza [...] [32].

Nótese el contraste (mediante el juego de palabras) entre poesía y agudeza, pues ésta es la que tiene su origen en la mente, ya que mientras el Parnaso (monte de la poesía) es como una sucesión de imitaciones —según

---

[30] B. Gracián: *Obras completas, op. cit.*, pág. 512. (*Agudeza y arte de ingenio*, discurso 63.)

[31] *Ibíd.*, pág. 513.

[32] *Ibíd.*, pág. 514.

Gracián—, el pensar es siempre algo en comienzo, *in status nascendi.* Y, por si fuese poco, eso otro de que mientras al juicio corresponde la prudencia, al ingenio (o sea, a la más rigurosa creación mental) debe corresponderle la agudeza.

He ahí, pues, de qué curiosa manera, yendo nada menos que al final mismo del libro, ya sabemos en qué consiste la *agudeza,* tal vez mejor, «cómo» es. Pero debemos averiguar también por qué Gracián la emplea como si fuese el recurso esencial de su pensamiento. Para esto es necesario recordar su condición de hombre *barroco,* o sea, del siglo XVII. En medio de sus inagotables juegos de palabras, de su afición al retruécano, etc., hallamos muchas observaciones que hacen el texto valioso por lo que ellas implican. Así, v. gr., cuando dice: «Eran los conceptos hijos más del esfuerzo de la mente que del artificio, pero grandes [...]» [33], con lo cual establece la distinción entre el pensamiento «normalmente» pensado, es decir, en su directa relación con el objeto al cual se refiere; y el pensamiento «creado» mediante un deliberado proceso complicativo, el cual opera de dentro a fuera, y que en vez de adaptarse a su objeto, más bien lo inventa. Que Gracián está convencido de que el pensamiento, para que sea realmente lo que es, debe ser así, lo vemos en estas palabras suyas:

> Hállanse gustos tan felices, tan cebados en la delicadeza, tan hechos a las delicias del concepto, que no pasan otro que sutileza. Son cuerpos vivos sus obras, con alma conceptuosa, que los otros son cadáveres que yacen en sepulcros de polvo, comidos de polilla [34].

Y remacha su anterior afirmación con esta otra:

> Entendimiento sin agudeza ni conceptos es sol sin luz, sin rayos, y cuantos brillan en las celestes lumbreras son materiales con los del ingenio [35].

Sí, no hay duda de que para Gracián el pensamiento tiene ese fuerte carácter «subjetivo» que le acuerda la Edad Moderna. Pensar es *crear,* inventar, el *ars inveniendi* que Descartes propone cual la fórmula por excelencia para el conocimiento y dominio de la realidad, que ha de ser, en cierta medida, el resultado de la actividad pensante. Es así como lo cree Gracián:

> Pero esta conformidad, o simpatía entre los conceptos y el ingenio, en alguna perfección se funda, en algún sutilísimo artificio, que es la causa radical de que se conforme la agudeza y desdiga tanto el entendimiento su contraria; y ése es el verdadero constitutivo del concepto [36].

[33] B. Gracián: *Obras completas, op. cit.,* pág. 235. *(Agudeza,* etc., discurso 1.)
[34] *Ibid.,* pág. 236.
[35] *Ibid.,* págs. 236-237.
[36] *Ibid.,* pág. 238. *(Agudeza,* etc., discurso 2.)

La función asignada al *concepto* (de acuerdo con Gracián) no es la de referirse al objeto, sino a las *relaciones* que mantienen entre sí los distintos objetos. Esto prueba cuán importante es para Gracián la «estructura complicativa» (en progreso incesante) de que está hecha toda la realidad. Así pues, ¿dónde pararse? En rigor de verdad, en ninguna parte; lo cual supone un proceso de complicaciones y complejidades cada vez más extenso e intenso. Y la agudeza, entonces, viene a ser como la posibilidad inagotable de tejer ese paño que es la realidad misma y que el pensamiento no puede conocer si no es, paradójicamente, complicándose cada vez más.

> De suerte que se puede definir el concepto: Es un acto del entendimiento que exprime la correspondencia que se halla entre los objetos. La misma consonancia o correlación artificiosa exprimida es la sutileza objetiva [37].

La complicación del pensamiento de Gracián, precisamente porque se refiere al pensamiento en general, es de tal calibre que se aprecia claramente en su clasificación de los modos de la agudeza. Esta puede ser: de *perspicacia;* de *artificio* (que se subdivide, a la vez, en *de concepto* y *verbal); de acción* (también subdividible en de *correspondencia* y *conformidad* y de *contrariedad* o *discordia); pura; mixta* (que comprende la de *artificio menor* —incompleta—) y la de *artificio mayor* o *compuesta.* Pero la de artificio menor puede ser, a su vez, de *correlación,* de *ponderación juiciosa,* de *raciocinación* y de *intención.*

Mas tampoco para ahí la cosa, pues en su enumeración de las agudezas habla Gracián de las de *improporción* y *disonancia, por ponderación misteriosa, por ponderación de dificultad, por semejanza, por paridad conceptuosa, por exageración, paradoja, crítica y maliciosa, nominal, por paranomasia y retruécano, por rara ingeniosa ilación, enigmática,* de *contradicción* y *repugnancia,* etc. O sea que tenemos otras trece maneras de presentarse la agudeza, número adicional que, sin embargo, tampoco agota la totalidad de las que propone Gracián.

Que él sabe muy bien hasta qué punto la realidad es de suyo complicada, puesto que esta complicación depende del pensar, y éste —ya lo hemos dicho— es inagotable, lo declara en el pasaje siguiente:

> Vuélvese a dividir la agudeza incompleta en sus géneros y modos y redúcese a cuatro, como raíces, fuentes del conceptuar. La primera es de correlación y conveniencia de un término a otro, y aquí entran las proporciones, improporciones, semejanzas, paridades, alusiones, etc. La segunda es de ponderación juiciosa sutil, y a ésta se reducen crisis, paradojas, exageraciones, sentencias, desempeños, etc. La tercera es de raciocinación, y a ésta pertenecen los misterios, reparos, ilaciones, pruebas, etc. La cuarta es de invención, y comprende las ficciones, estratagemas, invenciones en acción y dicho, etc. Que todas se van declarando en los discursos siguientes [38].

[37] B. Gracián: *Obras completas, op. cit.,* pág. 240.
[38] *Ibid.,* pág. 245. *(Agudeza,* etc., discurso 3.)

Mas es en el *Discurso* LI donde Gracián, al fin, declara el motivo profundo que le hace adherir a la *agudeza* como la forma por excelencia del pensamiento. Pues no se descuide el detalle de que *Agudeza y arte de ingenio* es un libro en donde aparecen confrontados constantemente el pensar (la agudeza) y el concepto (el pensamiento). Son tan prolijas las consideraciones, tan dilatadas, cuando habla de la agudeza y el concepto, que es imposible dar siquiera una esquemática idea de todo cuanto expresa al respecto. Pero hay un punto que resulta de la máxima importancia y es el que alude a la defensa de todo eso que él llama genéricamente *agudeza:*

> Destino al más juicioso examen aquella gran cuestión, que ya en la praxi, los príncipes de la sutileza decidieron. ¿Cuál sea más perfecto empleo del ingenio, la agudeza libre o la ajustada a un discurso? La suelta es aquélla en la cual aunque se levanten tres y cuatro y muchos asuntos de un sujeto, ya en encomio, ya en ponderación, pero no se unen unos con otros, sino que libremente se levantan y sin correlación se discurren [...] [39].

Y añade:

> Un ingenio anómalo siempre fue mayor, porque se deja llevar del connatural ímpetu en el discurrir y de la valentía en el sutilizar, que el atarse a la prolijidad de un discurso y a la dependencia de una traza, le embaraza y le limita [40].

Atrevámonos ahora a tanto como a hacer a la agudeza equivalente de la intuición (hablo de la llamada intuición «espiritual») y veremos que así queda, en Gracián, contrapuesta al discurso, o sea, al razonamiento. No otra cosa es lo que da a entender el pasaje antes mencionado. Ahora bien, no podemos zafarnos de ninguno de los dos, o sea que la agudeza (intuición) —algo así como *adivinación*— requiere del concepto, y éste, por su parte, no expresa la realidad sino cuando la intuición (la agudeza) lo llena y anima. Llego entonces hasta preguntar: ¿se habrá adelantado aquí (por supuesto que de modo muy suyo) el jesuita aragonés a aquello de Kant de que los conceptos sin las intuiciones resultan vacíos y las intuiciones sin los conceptos son ciegas? [41]. Quede esto sólo como mera sospecha, leve presunción. Pero es incuestionable que Gracián dedica toda su vida, que es como decir toda su obra, a trincarse en esa lucha entre agudeza y concepto, tratando de salir a una claridad que para su época era quizá demasiado prematura.

---

[39] B. Gracián: *Obras completas, op. cit.,* pág. 457. *(Agudeza,* etc., discurso 51.)
[40] *Ibid.,* pág. 459.
[41] Recuérdese aquello que dice Kant: *Gedanken ohne Inhalt sind leer, Anschauungen ohne Begriff sind blin* («Pensamientos sin contenidos, son vacíos; intuiciones sin conceptos, son ciegas»). E. Kant: *Kritik der reinen Vernunft* (al cuidado de Benno Erdmann), 5.ª ed., Druck und Verlag Georg Reimer, Berlín, 1900, pág. 77.

Dejémosle aquí, pues hacer más inteligible su pensamiento supone, ante todo, una lectura morosa y reiterada. Hay demasiados enigmas en su decir, lo cual quizá da pie a sospechar que quién sabe qué subconsciente riqueza es la que pugnaba por aflorar en la consciente manifestación escrita de su pensamiento.

★

La «precaución» como esencia de la vida

Nada más interesante y aleccionador que comprobar, a través de la Historia, cómo el hombre ha adoptado tal o cual postura radical ante el mundo, según la época que le ha tocado vivir. Vemos que unas veces ha sido romántico; otras, racionalista empedernido, escéptico o creyente, según el caso. Pues bien: el hombre del siglo XVII es, por excelencia, el hombre «desconfiado». Pero desconfianza que jamás llegó a ser o pesimista o escéptica, y así es cómo (curiosamente) mientras el renacentista es, de alguna manera, *escéptico*, el hombre moderno, ese que comienza a actuar en el mundo desde el XVII, resulta ser precavido, desconfiado. Cree, acepta, pero sin entregas incondicionales a nada ni a nadie; para este hombre la realidad es atracción y repulsión, apetito y desgana, estímulo y desazón. El *enigma* que le propone el mundo es demasiado seductor como para desentenderse de él, pero también demasiado intimidante como para dejarse dominar por él. Pues el hombre del siglo XVII sabe que el mundo es un perpetuo descubrimiento, especie de *aletheia* inagotable. Todo lo cual explica esa «aventura del pensamiento» desde entonces y hasta ahora. La tónica de esos tiempos, desde sus mismos comienzos, está en Descartes y en Bacon, y se reduce a una sola palabra: *cautela*, es decir, precaución. Hay que vivir *en* el mundo, esto es indudable, pero no necesariamente *con* el mundo. Cautela que se expresa de tantos modos diferentes que sería imposible precisarla ahora en el caso de los diferentes pensadores europeos del siglo XVII. Y si digo de este siglo es porque ya, en el XVIII, estará el hombre tan poseído de la confianza en sí mismo, en el poder de la razón para resolverlo todo, que la cautela anterior se disuelve en un optimismo metafísico sin pareja en la historia de Occidente hasta nuestros días.

Baltasar Gracián ofrece esta curiosa característica en toda su obra, pero de modo sistemático en ese breve tratado conocido con el nombre de *Oráculo manual y Arte de prudencia*, que viene a ser algo así como una antología de su pensamiento fundamental; obra de prieta selección de sus ideas más importantes y, por consiguiente, decisivas con respecto a la Naturaleza, al mundo, en fin, a la realidad que le contiene y conforma. Gran acierto el de su generoso mecenas don Vincencio Juan de Lastanosa al presentar este opúsculo ante el público por la primera vez y el cual viene a ser como el autorretrato espiritual del autor. Pues se puede estar completamente con el mundo, o en resuelta oposición con éste, o también *in medias res,* y esta última posición es la que adopta Gracián. Ni mundano a secas, como tampoco ese «asceta» que pretenden imponernos algunos de sus biógrafos, sino el hombre para quien el mundo es constante reto, insoslayable provocación. Pues Gracián ha descubierto —y ésta es la gracia de su ingenio— que el universo, toda la realidad, es potencial complicación, de la cual depende justamente lo real de la realidad. Hay, pues, una delicia del pensar que consiste en una progresiva complicación mediante la cual, al inventar el mundo lo conocemos y es así como podemos dominarlo. Como ya he dicho, Gracián cree que el concepto no es tanto referencia a un objeto como a las relaciones de los objetos entre sí. De manera que según se agranda el universo, a causa de esa «complicación» en que el pensar lo convierte, mayor resulta ser la seguridad para el hombre. Se trata, pues, de perderse más y más en las infinitas posibles combinaciones de ese pensar que «inventa» el mundo. Seguridad ahora es sinónimo de complejidad, y a través de esa malla cada vez más tupida avanza el hombre del siglo XVII. Baste con recordar la geometría analítica descubierta por Descartes, el cálculo infinitesimal de Leibniz y Newton, y la filosofía de Hume (esencia de lo problemático). Cautela y complicación, complejidad creciente y precaución inagotable. El hombre al acecho, siempre en un recodo de la realidad, asido a sí mismo. Sólo cuando este hombre haya conseguido fabricarse un seguro refugio, una sólida estructura extraída del pensar, es que volverá a sentirse bastante tranquilo con respecto a sí mismo. Tal cosa sucede en el siglo XVIII.

No descubrir el flanco, tal parece ser la consigna de Gracián. Guardarse de todo y de todos, pero no por simple egoísmo, sino porque no hacerlo sería lo más insensato que darse pueda. Pues el *sentido* de la realidad, vale decir su significado y su justificación, se aloja en esa complicación progresiva que hace que el universo sea justamente lo que indica su nombre, es decir, «uni-verso», *pluribus et unum;* y si todo está en uno exactamente como cada cosa ha de estar en todo [42], entonces, ¿cómo puede haber algo completo, cerrado en sí mismo, acabado y sencillo, dado que concluye? Por el contrario, nada muestra jamás la totalidad de su ser, nada se ofrece de una vez por todas, sino que todo se resuelve en ese parecer que se es, o en ser aquello que parece: «Las cosas no pasan por lo que son, sino por lo que parecen» [43], expresa Gracián en la Máxima CXXX del *Oráculo manual,* y la cual viene a ser como su regla de oro, tal como lo manifiesta casi al comienzo de esta obra suya:

---

[42] Basta con recordar ahora, y sin exigirnos a nosotros mismos mayores precisiones, el interesante ejemplo que ofrece el cálculo integral, descubierto a la vez por Leibniz y Newton.

[43] B. Gracián: *Obras completas, op. cit.,* 186. (*Oráculo manual,* 130).

La admiración de la novedad es estimación de los aciertos. El jugar a juego descubierto, ni es de utilidad ni de gusto. El no declararse luego suspende, y más donde la sublimidad del empleo da objeto a la universal expectación, amaga misterio en todo y con su misma arcanidad provoca la veneración; aun en el darse a entender se ha de huir la llaneza, así como ni en el trato se ha de permitir el interior a todos. Es el recatado silencio sagrado de la cordura. La resolución declarada nunca fue estimada; antes se permite a la censura, y si se saliese azar, será dos veces infeliz. Imítese, pues, el proceder divino para estar a la mira y al desvelo [44].

Y como si fuese poco, casi a continuación agrega estas otras palabras que vienen a confirmar cuán poseído está Gracián de lo que dice:

Hacer depender. Ni hace el numen el que lo dora, sino el que lo adora. El sagaz más quiere necesitados de sí que agradecidos [45].

¿Habría leído Gracián *Las pasiones del alma,* de Descartes? Probablemente no, pero su actitud a este respecto es muy semejante a la que adopta el francés. La misma que Spinoza logra redondear en frase que ha hecho fortuna: *Non ridere, non lugere, neque detestari, sed comprehendere.* Sí, en efecto, sólo el entendimiento y nada más que éste.

Hombre inapasionable, prenda de la mayor alteza de ánimo; su misma superioridad le redime de la sujeción a peregrinas vulgares impresiones. No hay mayor señorío que el de sí mismo, de sus afectos, que llega a ser triunfo del albedrío; y cuando la pasión ocupare lo personal, no se atreva al oficio, y menos cuanto fuere más: culto modo de ahorrar disgustos y aun de atajar para la reputación [46].

Reflexiones que recuerdan aquellas otras de Pascal, contemporáneo suyo:

Cuando a veces pienso en las diferentes cosas que agitan a los hombres, los peligros y las penas a que se exponen [...], hallo que su infelicidad proviene sólo de que no saben mantenerse en reposo [...] Quien desee vivir bien, si es capaz de permanecer en sí mismo con placer, no intentará cruzar los mares o tomar parte en el sitio de una ciudad [47].

Por eso —por cierto que muy curiosamente— la vida es ahora *dinámica,* pero no en lo exterior de sí misma, sino en lo que ella tiene de máxima interioridad. El movimiento no es ahora del cuerpo, ni de los sentidos, ni de esos impulsos a los cuales llamamos ahora «psíquicos». El combate con

---

[44] B. Gracián: *Obras completas, op. cit.,* pág. 151. *(Oráculo manual, 3.)*
[45] *Ibid.,* pág. 152. *(Oráculo manual, 5.)*
[46] *Ibid.,* pág. 153. *(Oráculo manual, 8.)*
[47] B. Pascal: *Pensées,* Collection Internationale, Doubleday and Co., New York, 1961, Sección II («Miseria del hombre sin Dios»), 139.

el mundo se libra calladamente, en contención, acecho y cautela. El *modus operandi,* tal como lo propone Gracián, es estupendo:

> Milicia es la vida del hombre contra la malicia del hombre; pelea la sagacidad con estratagemas de intención. Nunca obrar lo que indica: apunta, sí, para deslumbrar: amaga al aire con destreza y ejecuta en la impensada realidad, atenta siempre a desmentir. Echa una intención para asegurarse de la émula atención, y revuelve luego contra ella, venciendo por lo inesperado. Pero la penetrante inteligencia la previene con atenciones, la acecha con reflejos; entiende siempre lo contrario de lo que quiere que entienda, y conoce luego cualquier intentar de falso: deja pasar toda primera intención, y está en espera de la segunda, y aun a la tercera. Auméntase la simulación al ver alcanzado su artificio, y pretende engañar con la misma verdad. Muda de juego, por mudar de treta, y hace artificio del no artificio, fundando su astucia en la mayor candidez. Acude la observación, entendiendo su perspicacia, y descubre las tinieblas revestidas de la luz; descifra la intención más solapada cuanto más sencilla [48].

Es así, pues, como hay que enfrentar el mundo. Nada de hacerse ilusiones con él, pues su enigmaticidad es precisamente la enemiga nuestra. Por tanto:

> *Variar de tenor en el obrar,* no siempre de un modo para deslumbrar la atención, y más si emula. No siempre de primera intención, que le cogerán la uniformidad, previniéndole y aun frustrándole las acciones. Fácil es de matar al vuelo el ave que le tiene seguido, no así la que le tuerce. Ni siempre de segunda intención, que le entenderán a dos veces la treta. Está a la espera de la malicia; gran sutileza es menester para desmentirla: nunca juega el tahúr la pieza que el contrario presume, y menos la que desea [49].

Y aquí viene ahora la pregunta decisiva. ¿Está Gracián a favor o en contra de todo esto? En rigor de verdad, no es posible descubrir el verdadero fondo de su pensamiento, pues éste es siempre de una *sutilísima ambigüedad.* Unas veces da la impresión de estar en contra de esa cínica cautela, pero otras no queda más remedio que admitir que la prohija, v. gr.:

> *Hallarle su torcedor a cada uno.* Es el arte de mover voluntades; más consiste en destreza que en resolución un saber por dónde se le ha de entrar a cada uno. No hay voluntad sin especial afición, y diferentes, según la variedad de los gustos. Todos son idólatras, unos de la estimación, otros del interés y los más del deleite; la maña está en conocer estos ídolos para el motivar; conociéndole a cada uno su eficaz impulso, es como tener la llave del querer ajeno. Hase de ir al primer móvil, que no siempre es el supremo; las más veces es el ínfimo, porque son más en el mundo los desordenados que los subordinados. Hásele de prevenir el genio primero, tocarle el verbo, después cargarle con la afición, que infaliblemente dará mate al albedrío [50].

---

[48] B. Gracián: *Obras completas, op. cit.,* pág. 154. *(Oráculo manual,* 13.)
[49] *Ibid.,* pág. 156. *(Oráculo manual,* 17.)
[50] *Ibid.,* pág. 158. *(Oráculo manual,* 26.)

Pero no; no es cinismo —al menos a secas—, ni tampoco craso egoísmo lo que mueve a Gracián a escribir de esa manera, aunque en ocasiones como esta lo parezca: «Altérnense la calidez de la serpiente con la candidez de la paloma» [51], sino, más bien, la *precaución*, que es como el resorte de su vida, algo así cual la exigencia de un *noli foras ire, in te ipsum redi*, como cuando dice:

> *En nada vulgar.* No en el gusto. ¡Oh, gran sabio el que se descontentaba de que sus cosas agradasen a los muchos! Hartazgos de aplauso común no satisfacen a los discretos. Son algunos tan camaleones de la popularidad que ponen su fruición, no en las mareas suavísimas de Apolo, sino en el aliento vulgar. Ni en el entendimiento, no se pague de los milagros del vulgo, que no pasan de espantaignorantes, cuando desengañando la advertencia singular [52].

Pero hay otro aspecto del *Oráculo manual* que probablemente también le interesó a Schopenhauer, a juzgar por ciertas alusiones que hace a Gracián en *El mundo como voluntad y representación*, y es el que se refiere al problema de las relaciones entre el entendimiento y la voluntad, eje de toda la obra del filósofo alemán, pues del contrapunto de aquellas dos depende toda la imponente interpretación de la realidad, del mundo, según la lleva a cabo Schopenhauer. Y, como ya se ha dicho, también Gracián finca lo esencial de su pensamiento en semejante contrapunto. Su cautela, toda su infinita *precaución*, se manifiesta a través de ese juego de recíprocas «contenciones» entre el entendimiento y la voluntad. Atreverse, pero no del todo; aspirar al mundo, pero siempre a medias. En fin de cuentas, ambición y mesura, envite y soslayo. En definitiva, algo muy parecido a lo que Schopenhauer propone cuando dice que la voluntad ha de ir cediendo ante el entendimiento, trocándose en éste paulatinamente.

Mas vuelvo a preguntar si tal cosa, en el español como en el teutón, es obra del egoísmo, o peor aún, do la cobardía; o si es acaso expresión de un cinismo refinado. No creo que sea exactamente nada de esto, aunque no deja de haber alguna relación, pues en Gracián, como en Schopenhauer, la actitud ante la realidad es siempre una de indudable *cautela metafísica*, ya que no se trata de desconfiar de estas o aquellas cosas, sino que la desconfianza es *total*, y lo es porque el mundo se ofrece como potencial complicación infinita, de la cual —he ahí la cuestión— depende mi propia realidad en cuanto ser pensante. Si yo no pensase impenitentemente, el mundo no sería nada para mí, pero yo tampoco sería nada para él, de modo que yo me aniquilaría en un dos por tres. Mas al pensar en el mundo, que es como inventarlo para conocerlo, descubro cada vez más las posibilidades de sus asechanzas, de su constante potencial peligro, y de ahí, entonces, que obligado a dejarme atraer por el mundo y a la vez necesitado de cuidarme

---

[51] B. Gracián: *Obras completas, op. cit.*, pág. 215. (*Oráculo manual*, 243.)
[52] *Ibid.*, págs. 158-159. (*Oráculo manual*, 28.)

de él, sólo un «arte de prudencia», basado en el contrapunto de voluntad y entendimiento, me permite *ser* lo que he de ser, es decir, *el hombre en el mundo.* Mi salvación, al revés de la empresa de Teseo, no consiste en seguir *un* camino, sino en trazar muchos y confundirlos entre sí. El laberinto, pues, lejos de ser problema, es justamente lo contrario, o sea, la solución. Semejante sabiduría, porque lo es, podemos espigarla en diversos pasajes del *Oráculo manual,* y de ahí lo acertado del título. Veamos, por ejemplo:

> *Conocer las cosas en su punto, en su sazón, y saberlas lograr.* Las obras de la Naturaleza todas llegan al complemento de su perfección; hasta allí fueron ganando; desde allí, perdiendo. Las del arte, raras son las que llegan al no poderse mejorar. Es eminencia de un buen gusto gozar de cada cosa en su complemento; no todos pueden, ni los que pueden saben. Hasta en los frutos del entendimiento hay ese punto de madurez; importa conocerla para la estimación y el ejercicio [53].

¿Se quiere algo tan profundo como ese contraste de naturaleza y obra humana? *Ars longa, vita brevis,* ¿no es así? Lo natural jamás deviene, ni se complica, o sea que carece de entraña dramática, mientras que lo «obrado», lo humano, es inesquivablemente perfectible, no perfecto. De ahí su necesaria complejidad inagotable. ¿Cuándo ha concluido la *Apología* de Sócrates, o el *Quijote,* o *Hamlet?* Gracián, muy consciente de todo esto, repite en el *Oráculo* algo ya dicho en *El Discreto* (III), y es que hay que saberse contener, aguardar, porque la mejor carta jamás está ya en la mesa:

> *Hombre de espera,* arguye gran corazón con ensanches de sufrimiento: nunca apresurarse ni apasionarse. Sea uno primero señor de sí, y lo será después de los otros. Hase de caminar por los espacios del tiempo al centro de la ocasión. La detención prudente sazona los aciertos y madura los secretos. La muleta del tiempo es más obradora que la acerada clava de Hércules. El mismo Dios no castiga con bastón, sino con razón. Gran decir: «el tiempo y yo, a otros dos». La misma fortuna premia el esperar con la grandeza del galardón [54].

Nunca apresurarse ni apasionarse, porque, en cierto modo, yo soy esa realidad que me alberga, y si he de crearla, de inventarla, a fin de conocerla y dominarla, fuerza es que yo aguarde el momento en que realidad y conocimiento se entrecrucen. «El tiempo y yo, a otros dos», efectivamente, y ese mundo, cuya ocasión tal o cual acecho, vendrá en su momento, o sea, cuando la aludida conjunción se produzca, no antes ni después, y la sabiduría está en acertar.

La voluntad, pues, regida cada vez más por el entendimiento o, como dice Schopenhauer, el tránsito gradual desde la voluntad hasta el entendimiento; o como dice Gracián: «No puede uno ser señor de sí si primero

---

[53] B. Gracián: *Obras completas, op. cit.,* págs. 161-162. *(Oráculo manual,* 39.)
[54] *Ibid.,* pág. 166. *(Oráculo manual,* 55. Cf. *El discreto,* II.)

no se comprende» [55]. Entendimiento que, al final, disuelve completamente la voluntad en él, convirtiéndola a sí propio absolutamente. Único modo de que disponemos para escapar al dolor de vivir.

> *De la gran sindéresis:* es el trono de la razón, base de la prudencia, que en fe de ella cuesta poco acertar. Es suerte del cielo y la más deseada por primera y por mejor. La primera pieza del arnés, con tal urgencia, que ninguna otra que le falte a un hombre le domina falto. Nótase más su menos. Todas las acciones de la vida dependen de su influencia, y todos solicitan la calificación, que todo ha de ser con seso. Consiste en una connatural propensión a todo lo más conforme a razón, casándose siempre con lo más acertado [56].

Función primaria y primordial ha de ser, pues, en el hombre, la del pensamiento. ¡Qué consecuencias para el futuro inmediato del mundo occidental, pues basta recordar la embriaguez racionalista del siglo XVIII y el positivismo cientificista del siglo XIX! Pensar es construir, éste es conocer, y el conocimiento, a su vez, significa el dominio del mundo. «*Science, d'ou prevision; prevision, d'ou action*», anota Comte en su *Curso de filosofía positiva.* Gracián, se diría que lo anticipa en doscientos años:

> *Pensar anticipado.* Hoy para mañana, y aun para muchos días. La mayor providencia es tener horas de ella; para prevenidos no hay acasos, ni para apercibidos, aprietos. No se ha de aguardar el discurrir para el ahogo, y ha de ir de antemano; prevenga con la madurez del reconsejo el punto más crudo. Es la almohada sibila muda, y el dormir sobre los puntos vale más que el desvelarse debajo de ellos. Algunos obran y después piensan; aquello más es buscar excusas que consecuencias; otros, ni antes ni después. Toda la vida ha de ser pensar para acertar el rumbo; el reconsejo y prudencia dan arbitrio de vivir anticipado [57].

Para conseguir todo eso, pues, cautela y más cautela. Distancia, objetividad o impasibilidad: he alí los ingredientes de la fórmula con la cual, según Gracián, se puede llevar a cabo la hazaña de vivir, porque no se trata de otra cosa.

> *Nunca obrar apasionado:* todo lo errará. No obre por sí quien no está en sí, y la pasión siempre destierra la razón. Sustituya, entonces, un tercero prudente, que lo será, si desapasionado. Siempre ven más los que miran que los que juegan, porque no se apasionan. En conociéndose alterado, toque a retirar la cordura, porque no acabe de encendérsele la sangre, que todo lo ejecutará sangriento, y en pocos días dará materia para muchos días de confusión suya y de murmuración ajena [58].

---

[55] B. Gracián: *Obras completas, op. cit.,* pág. 176. *(Oráculo manual,* 89.)
[56] *Ibid.,* pág. 177. *(Oráculo manual,* 96.)
[57] *Ibid.,* pág. 192. *(Oráculo manual,* 151.)
[58] *Ibid.,* pág. 225. *(Oráculo manual,* 285.)

Proteico libro el del *Oráculo manual*. Se comprende que fascinase a un hombre como Schopenhauer, prototipo a su vez del hombre desconfiado. Al leerlo produce la impresión de que el autor es un tanto escéptico y hasta pesimista, pero ambas cosas del modo peculiar como los hombres de su tiempo conciben la realidad, el mundo; en fin, la Naturaleza. Es el *tono vital* de esos hombres, como sucede con cada época. El *Oráculo* es, pues, algo así como un «libro de horas», por su indudable profunda sabiduría, por ese *saber del alma* afanosamente buscado por Sócrates en los problemas y no en las soluciones. Es, en fin de cuentas, un libro que impresiona, o sea que deja en el lector una huella perdurable, tal como debió ocurrirle a Schopenhauer.

★

«El Criticón» o el problema del «robinsonismo» intelectual

Durante la segunda parte del siglo XII un filósofo árabe (natural de Andalucía), Ibn Tofail, compuso una especie de novela filosófica llamada *El Viviente, hijo del Vigilante*, que desde 1671, en su inicial edición bilingüe latino-árabe, se conoce con el nombre de *El filósofo autodidacto* [59]. Obra de la cual se han dado diferentes interpretaciones con respecto a lo que puede ser su idea fundamental, y por eso, aunque su autor comienza estableciendo el contraste entre la filosofía mística y la filosofía especulativa (algo parecido a lo que llamaríamos hoy *intuición* y *discurso*), hay otra cosa que sí debe interesarnos ahora del libro de Ibn Tofail, y es precisamente la cuestión del «robinsonismo» intelectual, es decir, si es posible acaso que un ser humano desprovisto de todo contacto con la sociedad, la civilización y la cultura, llegue a tener una concepción científica y filosófica del mundo extrayéndola exclusivamente de sí mismo. La cuestión propuesta es, pues, la siguiente: ¿está el saber en el hombre, o le viene de fuera?

Hasta aquí Ibn Tofail en lo que de su libro nos interesa retener por el momento. Mas seguramente que ya estará preguntándose el lector qué tiene que ver todo esto con *El Criticón*. Pues bien: Gracián utiliza el mismo

---

[59] Ibn Tofail (antes de 1110-1185), conocido también con otros nombres (entre ellos el de Abentofail), es un árabe español que ejerció la medicina en Granada, a las órdenes del Sultán, y murió en Marruecos. Fue discípulo de Algazel, Avicena y Avempace, de quien tomó (haciéndola suya) la idea de que el entendimiento humano está unido a Dios siempre que, según él lo entiende, haya una absoluta soledad. Y esto es lo que nos presenta en el *Viviente, hijo del vigilante* o *El filósofo autodidacto*. Esta obra fue traducida al hebreo y comentada por Moisés de Narbona en 1349. La primera versión latina la hizo Eduard Pococke, Oxford, 1671. En español hay dos: *El filósofo autodidacto de Abentofail*, Zaragoza, 1900, por Francisco Pons Boigues, prólogo de Menéndez Pelayo. Y la de Angel González Palencia, *El filósofo autodidacto*, 1934, hecha sobre la edición de León Gauthier, Argelia, 1900.

recurso de Ibn Tofail, o sea, el del «Robinson absoluto» que acaba encontrándose con un náufrago. Hayy ben Yakdhan y el santo que arriba a su isla son los equivalentes de Andrenio y Critilo respectivamente. Y justo a partir de ese contraste entre lo innato y lo adquirido se desenvuelve *El Criticón*, pues Gracián lo deja claramente sentado desde el comienzo: Critilo enseña a hablar a Andrenio, que ha sido criado por una bestia, pero, una vez que es capaz de comunicarse *conceptualmente* con él, discurre de este modo:

> A los principios no sentía tanto aquel penoso encerramiento; antes con las interiores tinieblas del ánimo desmentía las exteriores del cuerpo y con la falta de conocimiento disimulaba la carencia de la luz, si bien algunas veces brujuleaba unas confusas vislumbres, que dispensaba el cielo a tiempos por lo más alto de aquella infausta caverna [60].

Y hay que preguntar si acaso, metafóricamente, no se trata de «vislumbres» más bien de lo interior que de lo exterior. Pero es más importante lo que sigue, y es cuando Andrenio dice que

> llegando a cierto término de creer y de vivir, me salteó de repente un extraordinario ímpetu de conocimiento, un tan grande golpe de luz y de advertencia, que, revolviendo sobre mí, comencé a reconocerme, haciendo una y otra reflexión sobre mi propio ser. «¿Qué es esto?», decía. «¿Soy o no soy?» Pero, pues vivo, pues conozco y advierto, ser tengo. Mas si soy, ¿quién soy yo? ¿Quién me ha dado este ser y para qué me lo ha dado? Para estar aquí metido, ¡grande infelicidad sería! ¿Soy bruto como éstos? Pero no, que observo entre ellos y entre mí palpables diferencias [...] [61].

Pero ¿es posible que un ser completamente primitivo razone de esa manera? Ya sabemos que no es posible, pero Gracián parece inclinarse fuertemente a creerlo, como lo prueba el pasaje que se acaba de citar. Se trata de que con sólo el *entendimiento* se puede crear el mundo, y a mayor abundamiento véase esto otro:

> Una cosa puedo asegurarte [dice Andrenio]: que con que imaginé muchas veces y de mil modos lo que habría acá afuera, el modo, la disposición, la traza, el sitio, la variedad y la máquina de cosas, según lo que yo había concebido, jamás di en el modo ni atiné con el orden, variedad y grandeza de esta gran fábrica, que vemos y admiramos [62].

Claro está, no se puede tener una idea completa del mundo, pues éste es infinito e inagotable, pero, en cambio, se puede disponer desde el co-

---

[60] B. Gracián: *Obras completas, op. cit.*, pág. 523. (*El criticón*, I, 1.)
[61] *Ibid.*, págs. 523-524. (*El criticón*, I, 1.)
[62] *Ibid.*, págs. 524-525. (*El criticón*, I, 1.)

mienzo, es decir, desde uno mismo, de la capacidad de componer y recomponer ese universo pensado (inventado) que es el único de que realmente dispone el hombre. Por eso Andrenio puede «imaginar» formas, relaciones, organizaciones, etc., a las cuales se ajusta siempre la realidad de alguna manera. O sea que en él se aloja, por el hecho de tratarse del *hombre*, la innata capacidad de pensar, o sea, el *entendimiento*. Convicción tan decisiva en Gracián que le hace decir a Critilo:

—¡Qué mucho —dijo Critilo—, pues, si aunque todos los entendimientos de los hombres que ha habido ni habrá, se juntaran a trazar esta gran máquina del mundo y se les consultara cómo había de ser, jamás pudieran atinar a disponerla! [63].

Porque, a tenor de la *capacidad complicativa* que le asigna Gracián al pensar, el universo jamás podría ser pensado «del todo», ni en la plural totalidad de sus infinitas partes, ni tampoco en la totalidad de una de esas solas partes. Pero el mundo surge del *pensar*, porque el hombre, no importa cuál sea su estado o condición, «inaugura» el universo a partir de sí mismo. Esta es la pretensión del hombre del XVII, tal como se ve apotegmáticamente en Descartes, quien siente gran desdén por todo lo que la Historia y la tradición proporcionan. Como lo hace igualmente Bacon, dotado de riguroso afán innovador. Como también le alcanza a Leibniz, al reducirse a la idea de la *mónada*, que es punto de partida de toda realidad, pero, ¡qué casualidad!, esa mónada carece de ventanas o salidas al exterior *(sans fenêtres)*.

Andrenio, pues, el absoluto Robinson, ha sido capaz de «entender» —y muy sutilmente por cierto— la realidad que le envuelve, o sea, de convertirla en universo, en mundo inteligible. Así, al preguntarle Critilo: «¿Cuál fue el sentimiento de tu *admirado espíritu* aquella primera vez que llegaste a descubrir, a ver, a gozar y admirar este plausible teatro del Universo?» [64], responde Andrenio: «Luego que el Supremo Artífice tuvo acabada esta gran fábrica del Mundo, dicen trató de repartirla, alojando en sus estancias sus vivientes...» [65]. Pero, entonces, ¿tiene ya Andrenio *a nativitate* una concepción del mundo? De ser así, no es una cualquiera, a semejanza de los seres humanos primitivos, sino depurada, tal cual se desprende de este pasaje en donde —según Andrenio— Dios dialoga con las criaturas: «Pero entiendo, ¡oh hombre! —aquí hablando con él—, que esto ha de ser *con la mente*, no con el vientre» [66]. Y para confirmar su idea al respecto apela Gracián a la alegoría que consiste en presentarnos a Andrenio salvado casi por milagro de perecer en un cataclismo geológico,

---

[63] B. Gracián: *Obras completas, op. cit.*, pág. 525. *(El criticón, I, 1.)*
[64] *Ibid.*
[65] *Ibid., (El criticón, I, 2.)*
[66] *Ibid.*, pág. 526. *(El criticón, I, 2.)* (El subrayado es mío.)

para renacer (es exactamente así) a una vida en la cual el entendimiento, el pensar, es todo:

> Reconocí luego quebrantada mi penosa cárcel y fue tan indecible mi conten-
> to, que al punto comencé a desenterrarme, para nacer de nuevo a todo un mundo,
> en una bien patente ventana, que señoreaba todo aquel espacioso y alegrísimo
> hemisferio. Fui acercándome dudosamente a ella, violentando mis deseos, pero,
> ya asegurado, llegué a asomarme del todo a aquel rasgado balcón del ver y del
> vivir. Tendí la vista aquella vez primera por este gran teatro de tierra y cielo [67].

A todo lo cual asiente Critilo, diciendo a su vez:

> Entramos todos en el mundo con los ojos del ánimo cerrados y, cuando los
> abrimos al conocimiento, ya la costumbre de ver las cosas, por maravillosas que
> sean, no dejan lugar a la admiración. Por esto los varones sabios se valieron siem-
> pre de la reflexión, imaginándose llegar de nuevo al mundo, reparando en sus
> prodigios, que cada cosa lo es, admirando sus perfecciones y filosofando artificio-
> samente [68].

Hasta aquí, en el comienzo mismo de *El Criticón*, llega la tesis fundamental en que consiste la obra. Se trata, pues, de la defensa de la primacía
del intelecto sobre los sentidos; de afirmar la innata disposición humana
para construir el mundo transformando en Universo *(kosmos noetós)*,
la Naturaleza toda, en una infinita tarea especulativa.

La *Naturaleza*... ¡Cómo se ve cuán hijo de su tiempo es Gracián: la
realidad exterior, el mundo que le contiene y le conforma, le atrae con
esa peculiar seducción que ejerce en los hombres del XVII! «Condición
tiene de linda la varia naturaleza, pues quiere ser atendida y celebrada.
Imprimió para ello en nuestros ánimos una viva propensión de escudriñar
sus puntuales efectos» [69]. Sí, no hay duda de que esa es la tarea del hombre moderno —*observar, comprobar*—. La Naturaleza se considera entonces como ese libro de que habla Galileo, todo compuesto de símbolos de
cuya adecuada interpretación depende el verdadero disfrute de aquélla.
«En este centro de hermosas variedades, nunca de mí imaginado, me hallé
de repente, dando más pasos con el espíritu que con el cuerpo [...]» [70]. Y
hasta ese sentido «pragmático» del saber y de toda actividad por parte del
hombre, incipiente en el XVII, pero ya definido y rotundo en el XVIII
(v. gr., el concepto de lo «bello-útil»), lo manifiesta Gracián al poner en boca
de Critilo este consejo a Andrenio: «Mas no seas tú uno de aquellos que
frecuentan cada año las florestas atentos no más que a recrear los materiales sentidos, sin emplear el alma en la más sublime contemplación» [71].

---

[67] B. Gracián: *Obras completas, op. cit.*, págs. 526-527. *(El criticón, I, 1.)*
[68] *Ibid.*, pág. 527. *(El criticón, I, 2.)*
[69] *Ibid.*, pág. 531. *(El criticón, I, 3.)*
[70] *Ibid.*, pág. 532.
[71] *Ibid.*, pág. 533.

(Recuérdese, a este respecto, la «moral del sentimiento» del conde de Shaftesbury, ligada a la noción de la belleza y el goce estético.) O sea, el retorno a la trilogía de la Verdad, la Belleza y el Bien, ¡tan intelectual!, y de la cual beneficia asombrosamente el siglo XVIII con sus numerosas *Artes poéticas.*

Mas al volverse «mundo» la Naturaleza se hace enemiga del hombre. Pues decir mundo es como decir complicación en que entran a la par el libre albedrío y el determinismo, las dos potencias que rigen la conducta humana, no importa de cuántos modos diferentes, pero siempre así. De ahí que al llegar a tierra civilizada, o sea, cuando la Naturaleza (sin dejar de serlo del todo) se disfraza de mundo, o sea, cuando actúa en ella —y con ella— el hombre, Critilo previene así a su amigo:

> Advierte, Andrenio, que ya estamos entre enemigos y ya es tiempo de abrir los ojos: ya es menester vivir alerta. Procura de ir con cautela en el ver, en el oír y mucho más en el hablar. Oye a todos y de ninguno te fíes. Tendrás a todos por amigos, pero guardarte has de todos como de enemigos [72].

Por eso, desde la cuarta hasta la séptima *Crisis*, Gracián se dedica a describir las imperfecciones del hombre y las asechanzas del mundo. Contra todo eso queda sólo el recurso de siempre: *cautela.* «Buen ánimo contra la inconstante fortuna, buena naturaleza contra la rigurosa ley, buen arte contra la imperfecta naturaleza y *buen entendimiento para todo*» [73]. Pero su confianza inquebrantable en el poder del entendimiento le lleva a oponer éste constantemente a la maldad e imperfección del mundo:

> —Ocupa el entendimiento —dijo Artemia— el más puro y sublime retrete, que aun en lo material fue aventajado, como mayorazgo de las potencias, rey y señor de las acciones de la vida, que allí se remonta, alcanza, penetra, sutiliza, discurre, atiende y entiende [...] [74].

Y ya desde aquí hasta el final de la primera parte *El Criticón* prosigue enumerando los defectos y vicios del mundo: lisonja, malicia, necedad, locura, avaricia, placeres corporales, engaños, celestinaje, gula, dipsomanía, mezquino interés, etc., aun cuando no falten a veces ejemplos de lo contrario, bien en personas, bien en cosas. Pero no hay duda de que el tono general es más bien de rigurosa precaución reflexiva, sin duda desconfiado.

La segunda parte de *El Criticón*, vista desde afuera de sí misma, es un glosario de heterogéneas experiencias de la vida del propio Gracián. Tiene esta parte, pues, un fuerte sabor autobiográfico, ya que por esas páginas desfilan personas y sucesos muy vinculados al jesuita aragonés.

[72] B. Gracián: *Obras completas, op. cit.,* pág. 542. *(El criticón,* I, 4.)
[73] *Ibid.,* págs. 586-587. *(El criticón,* I, 8.)
[74] *Ibid.,* pág. 598. *(El criticón,* I, 9.)

Pero cuando uno se adentra en ese interior más profundo que posee *El Criticón*, se advierte en seguida que sigue siendo, como en general toda la obra de Gracián, el espejo de la íntima e irrecusable personalidad de su autor. Y ésta, lo hemos dicho ya más de una vez, consiste esencialmente en su típica actitud de hombre del siglo XVII, es decir, la del hombre consciente de que si bien el mundo es inevitable, no por eso deja de ser motivo de desconfianza. Muchas son las cosas que atraen, pero las excede el número de las desconfiables, y aun las que por su positiva condición parece que debieran retenerse ha de ser todo lo contrario. El mundo es sólo aceptable, digamos *concebible*, desde el encastillamiento de esa rigurosa intimidad que roza constantemente el solipsismo. De ahí que ni siquiera el «museo del discreto», o sea, el sitio por excelencia para morar un espíritu como el de Gracián, satisface del todo a éste, según se concluye de un breve diálogo entre Andrenio y un inesperado interlocutor:

—Hombre o prodigio, ¿quién eres?
Y él prontamente:
—Ayer, nada; hoy, poco más, y mañana, menos.
—¿Cómo menos?
—Sí; que a veces más valiera no haber sido.
—¿De dónde vienes?
—De la nada.
—¿Y dónde vas?
—Al todo [75].

¿Dónde asentar, pues, con toda convicción, que es como decir con toda seguridad? Pues parece haber solamente un paraje constituido por la más rigurosa idealidad, y es el del entendimiento, ese «palacio», como lo llama Gracián, que «campeaba, sin poderse esconder, en una clarísima eminencia, señoreando cuanto hay» [76]. ¿Y cómo era este palacio? «Pues era su arquitectura extremo del artificio y de la belleza, engolfado en luces y a todas ellas, que para recibirlas bien, a más de ser diáfanas sus paredes y toda su materia, tenían muchas claraboyas, balcones, rasgados y ventanas patentes. Todo era luz y todo claridad» [77].

He ahí, pues, el único sitio en donde morar plácida y seguramente. Desde semejante atalaya es posible ejercitarse en el arte de la cautela, que es como decir en el de la distancia, la objetividad y la impasibilidad. Pues desde afuera, en su permanente tremolina, el mundo es ficción de ficciones, aparato escénico, utilería y tramoya. De ahí la enorme dificultad que a la Virtud le opone el «milagro de la apariencia», eso que certeramente llama Gracián «virtud holgada, bondad al uso», y lo cual explica, que, bien que

---

[75] B. Gracián: *Obras completas, op. cit.*, pág. 709. (*El criticón*, II, 4.)
[76] *Ibid.*, pág. 712. (El subrayado es mío.)
[77] *Ibid.*

referida a algo particular, pueda extenderse al mundo en general la siguiente reflexión de nuestro pensador:

> [...] y aun con capa de lastimarse, está aquél murmurando de todo; con capa de corregir se venga el otro; con capa de disimular permite éste que todo se relaje; con capa de necesidad hay quien se regala y está bien gordo; con capa de justicia es el juez un sanguinario; con capa de celo todo lo malea el envidioso; con capa de galantería anda la otra libertada[78].

Pero la vida transcurre, irremediablemente, y a la sazón y madurez de la existencia humana sobreviene la etapa de la disolución. ¡Cuán a punto resultan ahora las palabras de ese pasaje de la *Crisis* I de la segunda parte, donde alguien responde a otro que habla del tiempo: «Vos le hacéis y él os deshace»[79]. Por eso comienza la tercera parte de *El Criticón* de un modo muy parecido a los *Sueños* quevedinos, es decir, como esa pestilente almoneda a donde van a parar en definitiva los grandes y los pequeños, los poderosos y los humildes, en fin, todos. *Pulvis eri et pulvis reverteris...* Donosamente, pero a la vez con gravedad, requiere al hombre viejo para que se olvide de todo menos de una cosa, y ésta es *olvidar*. De ahí que sea la verdad obra más bien de la senectud, cuando la dilatada experiencia de vivir, que es como ir prescindiendo cada vez más de todo cuanto el mundo nos propone, nos descubre el secreto de muchas cosas que hasta entonces parecían incomprensibles. La Verdad está grávida del Tiempo: he ahí a quien la hace concebir a fin de que su parto lo sea de cosas bien raras. Por eso la vida humana es un ir descubriendo «monstruosidades», una de las cuales está al comienzo de la vida, y es el Engaño; mientras hay otra que se halla a su final, y es el Desengaño. Y esto es así porque nada puede ser más absurdo que la Vida misma, puesto que si supiésemos desde el comienzo a qué atenernos, la conclusión sería muy diferente: «Ahora me confirmo en que todo el mundo anda al revés, y todo cuanto hay en él es a la trocada»[80]. Pero en buena parte todo esto es consecuencia de la inevitable condición humana de ver para saber, y jamás al revés:

> Nada es cuanto se ha dicho con lo que queda por decir. Y creedme, que todo cuanto hay escrito en todas las artes y ciencias no ha sido más que sacar una gota de agua del océano del saber. ¡Bueno estuviera el mundo, si ya los ingenios hubieran agotado la industria, la invención y la sabiduría! No sólo no han llegado las cosas al colmo de su perfección, pero ni aun a la mitad de lo que pueden subir[81].

Y, por consiguiente, por mucho que se viva,

---

[78] B. Gracián: *Obras completas, op. cit.*, págs. 754-755. *(El criticón,* II, 7.)
[79] *Ibid.,* págs. 674. *(El criticón,* II, 1.)
[80] *Ibid.,* pág. 892. *(El criticón,* III, 5.)
[81] *Ibid.,* pág. 896.

¿qué arte puede ser esa tuya, qué habilidad que sobrepuje al ver con cien ojos, al oír con cien orejas, al obrar con cien manos, proceder con dos rostros, doblando la atención al adivinar cuánto ha de ser y al descifrar un mundo entero? [82].

Convencidamente, insiste Gracián en decirle al hombre: «Piense, medite, cave, ahonde y pondere, vuelva una y otra vez a repensar las cosas [...], viviendo del reconsejo muy a lo racional y discursivo [...]» [83]. Pues el mundo es «cueva de la nada» [84], y por lo mismo

no hay ni desdicha, ni felicidad o infelicidad, sino *prudencia* e *imprudencia*, digo que toda la felicidad humana consiste en tener prudencia, y la desventura en no tenerla [85].

He ahí la regla de oro de la filosofía de Gracián, que proviene rigurosamente de su concepción del mundo, según ha sido expuesta en estas notas. El *pensar* entendido como el descubrimiento de la inagotable complicación de la realidad, y dentro de ésta el hombre, al acecho, armado de su *cautela,* que encierra en sí esas tres notas de la distancia, la objetividad y la impasibilidad. Y a esto se debe que hayamos comenzado por referirnos a algo que bien pudiera servir de tema general a la obra total de Gracián, es decir, *la desconfianza frente a la Naturaleza.* Es esto lo que justamente le caracteriza como un típico representante del siglo XVII, o sea, como hombre «moderno»; ese hombre de los albores de la modernidad que pronto acaba bifurcándose en dos paralelas direcciones ya mencionadas, una la del optimismo, la otra la del pesimismo. Y lo cual sirve para explicar por qué en el siglo XIX haya quien, como Schopenhauer, sea capaz de acoger gozosamente a Gracián y coincidir con él en ciertos puntos fundamentales de su filosofía. Por eso he querido que en estas notas, es claro que demasiado esquemáticas, se vea a Gracián a la luz de ciertas ideas básicas de su época. En suma, su *pensamiento* y no otra cosa.

[82] B. Gracián: *Obras completas, op. cit.,* pág. 896.
[83] *Ibid.,* pág. 906. *(El criticón,* III, 6.)
[84] *Ibid.,* pág. 952. *(El criticón,* III, 9.)
[85] *Ibid.,* págs. 958-959. (El subrayado es mío.)

CAPITULO II

FRANCISCO DE QUEVEDO VILLEGAS

Entre las características más acusadas del Barroco español tal vez la *desmesura* es una de las más acusables entre todas ellas. En el campo del pensamiento y de la literatura se advierte perfectamente que es así como lo decimos. Pensemos en Lope de Vega, explosivo, detonante, genialmente «teatral»; en el Góngora del *Polifemo* y las *Soledades*, obra poética sin posible equivalente con el resto de la poesía española; en el Quevedo de los *Sueños* y *El Buscón*; en el Calderón de autos y dramas como *La vida es sueño* y *El mágico prodigioso*; en Gracián, en fin, desconcertante hasta el punto de que todavía se le desconoce en su verdadera significación. Y de este mismo modo todo lo que, de alguna manera, pertenece al Barroco español —el plateresco y Churriguera, la Compañía de Jesús, Velázquez—; en fin, todo. En esta general tendencia hacia la desmesura aparecen, sin embargo, con destacado relieve, Góngora y Quevedo. Pues dinamismo y complicación (la esencia del Barroco en general) se manifiestan en ambos escritores de un modo que no es posible encontrarlo exactamente igual en los demás de esta época.

La afirmación antedicha se sostiene por sí misma siempre que no nos apartemos de esas dos notas esenciales del Barroco en general; de esta manera, en lo que a España se refiere (como una parte del proceso de la cultura europea en el siglo XVII), hay también un «destino metafísico» que se cumple taxativamente desde el punto de vista del Barroco, y sus máximos expositores son precisamente Góngora y Quevedo. Pues apartándonos ahora de sus consiguientes peculiaridades españolas, tratando de verles en lo que a la esencia del Barroco en general se refiere, es indiscutible que Góngora y Quevedo aparecen en la historia española del siglo XVII como para que se cumpliera cabalmente ese aludido destino metafísico. Con semejante expresión quiero dar a entender algo que los hombres hacen sin saber ellos jamás perfectamente qué es lo que hacen, ni cómo y por qué lo hacen así. ¿Supo alguna vez Góngora que era barroco? ¿Acaso pudo saberlo Quevedo? Lo sabemos nosotros ahora, desde la perspectiva histórica que nos permite —hasta cierto punto— discernir las causas (a veces muy complejas) por las cuales los hombres de una época se conducen en la forma que les es sólito hacerlo. Así, pues, cuando vemos que se nos dice lo siguiente:

[...] En la España del siglo XVI Quevedo hubiera podido ser muchas cosas: hombre de acción como Cortés, poeta cortesano como Garcilaso, filósofo como Vives, teólogo y humanista como Juan de Valdés, o un gran diplomático como Hurtado de Mendoza. Quizá su espíritu hubiera logrado en la prosa y la poesía el armonioso equilibrio de Fray Luis de León, el poeta a quien más admiraba. En la España del siglo XVII Quevedo fue todas estas cosas, pero sin equilibrio, desorbitadamente [...] [1],

sólo cabe pensar que de haber sido todo eso (que en forma alguna fue) entonces jamás habría podido ser el Quevedo que conocemos. Pues Quevedo es precisamente Quevedo porque es hombre del XVII, del Barroco; no al modo de los hombres del siglo XVI, como tampoco éstos hubieran podido ser hombres del XVII [2]. Y cuando digo que, particularmente, de modo irreiterable, Quevedo es hombre *barroco*, ya esto mismo, en su caso singularísimo, le supone tan orgánicamente vinculado al espíritu del Barroco, que éste —como es también el caso de Góngora— se apodera del autor del *Buscón* para expresarse en toda la plenitud de su potencia como realidad viviente y conformadora. Ahora bien: cuando examinamos el carácter barroco de la obra de Quevedo, advertimos en seguida que ese carácter reside más bien en su *prosa*. Y esto, por lo pronto, le separa decisivamente de Góngora (exclusivamente *poeta*). Es cierto que la obra poética de Quevedo es, en muy apreciable medida, de gran calidad, o sea, que es también un gran poeta. Pero en forma alguna es posible hacerla equivalente de su obra en prosa, mucho menos desde el punto de vista barroco.

Una época, digamos así, se propone siempre realizar algo, dar fe de su presencia en el mundo. Pero adviértase que no es la época la que crea todo eso que, después, en la perspectiva histórica, suele denominarse «creación de la época». Por ésta —v. gr., el Barroco— hay que entender más bien el resultado de la actividad creadora de los seres humanos que la integran. Pero no se trata de un proyecto, de un programa, de una consiguiente actividad creadora que sea algo deliberado, propuesto, absolutamente consciente; o sea, que los artistas y escritores (como los del Barroco) no se proponen «crear» una época, exactamente como alguien puede proponerse edificar una casa o tomar el desayuno. Se trata, pues, de cierta sutilísima *interrelación* de hombre y mundo —el hombre se encuentra en un mundo, en determinada estructura social que, por lo mismo, es siempre fluida, dinámica, de incesante cambio—; y, en consecuencia, el hombre va a ser *creado* por su época, que a su vez, en cierto modo, es creada por él. En esa inevitable «coloidalidad» de lo histórico vienen a resultar el hombre y la época dos porciones orgánicamente complementarias entre sí. Y, por supuesto, siempre hay un contado número de seres humanos a los que toca el privilegio de realizarse en la historia realizándola a ella. Tal es el caso de Quevedo.

---

[1] A. del Río: *Historia de la literatura española*, Holt, Rinehart and Winston, New York, 1963, tomo I, pág. 409.

[2] Véase, en este caso, lo que ya se ha dicho sobre la diferencia entre Renacimiento y Barroco.

Dos problemas interesantes nos propone el *caso* Quevedo, es decir, uno, el de la relación entre percepción e imagen; otro, el de la relación entre pensamiento y afectividad. Pues, sin duda alguna, para comprender la peculiarísima psicología de Quevedo es indispensable revisar, siquiera someramente, esas relaciones a la altura a que ambas se hallan en nuestros días.

Las más recientes conquistas de la psicología demuestran que la relación entre la imagen y la percepción es tal vez el punto capital en la cuestión de lo que puede ser la *conciencia*. Se trata de lo siguiente: como ya se sabe, hay tanto una conciencia de los objetos reales como otra de los objetos imaginarios; pero si bien esta segunda conciencia (imaginante) es libre en relación con toda realidad particular (con todo objeto real), no es posible, en cambio, separarla completamente de la conciencia que está en el mundo. O sea, que no hay, no puede haber una imaginación absolutamente *gratuita*, de modo que todo cuanto se imagina ha de contener necesariamente alguna referencia al mundo perceptual. Pero he aquí lo más interesante —aplicado en este caso a Quevedo—, tal obligada vinculación apenas reduce la inmensa posibilidad de construcción de un mundo que, si bien *alude* a lo real, puede, en cambio, tal como sucede a menudo, desbordarlo creativamente. Por consiguiente, el hombre parte siempre de su mundo perceptual, y este mundo, el de las «cosas», es por esencia un mundo de *relaciones*. Toda cosa no sólo mantiene relaciones infinitas con las demás, sino que los elementos que la constituyen a ella también mantienen relaciones entre sí infinitamente. «De aquí —como dice Sartre— lo *desbordante* que hay en el mundo de las «cosas»: siempre, en cada instante, hay infinitamente más que no podemos ver; para agotar las riquezas de mi percepción actual, sería necesario un tiempo infinito» [3].

Apliquemos esto ahora al caso de Quevedo: ¿no será tal vez que el escritor ha sido capaz de captar en la realidad más, mucho más, de lo que de sólito hace el ser humano? Luego, al trasladar esa hipertrófica riqueza desde el mundo perceptual al campo de la imaginación, ¿qué puede tener de extraño que Quevedo haya sido capaz de construir un mundo de imágenes abigarrado, mas siempre siempre referido al otro perceptual?

Relacionemos ahora todo esto con el caso del pensamiento y la afectividad. Está ya más que demostrada la relación esencial entre pensamiento y estados afectivos. Admitimos ya hoy día que una alegría, una angustia, una melancolía son conciencias, con lo cual, dicho sea de paso, se ha abolido la teoría del fundamento fisiológico de la emoción (James). El sentimiento es también el pensamiento de algo que se desea alcanzar o que nos afecta de algún modo y se manifiesta en la conciencia reflexiva como conciencia de semejante sentimiento. Y si traemos esto ahora a colación es por lo que tiene que ver con esa afirmación nuestra de que, en el caso de

[3] J.-P. Sartre: *Lo imaginario*, trad. de M. Samana, ed. Losada, B. A., 1964, pág. 19.

Quevedo, se trata del escritor que «siente» más que «piensa». Todo lo cual es perfectamente explicable gracias a esas aclaraciones que nos proporciona la psicología contemporánea. Es posible, pues, que haya un escritor para quien la función pensante se produce a través de una vigorosa y constante afectividad; para quien el sentimiento es *conciencia* de ese sentimiento. Este es, probablemente, el caso de Quevedo.

Henos aquí frente al escritor Quevedo, ante la incógnita que es siempre, de un modo u otro, la obra de un gran escritor. Quisiera penetrar en ella de una manera que no es acostumbrada en la crítica literaria, atada de antemano a ciertos prejuicios, a tal o a cual cliché, entre los cuales se mueve casi siempre maniáticamente esa crítica. Pretendo adoptar, por consiguiente, para la mejor comprensión posible de Quevedo, el propósito fundamental de la fenomenología, es decir, el de atenerse a la cosa misma, con el mínimo de supuestos, de preconceptos sobre Quevedo, los cuales, ya sabemos, sobreabundan. Verlo desde dentro de sí mismo, que es como decir desde el interior de su obra, en vez de «estudiarlo» partiendo del exterior —las influencias que han obrado en el escritor, su situación en el mundo, su formación cultural, etc., etc.—. No negaré que todo esto a más de útil es necesario, pero sí diré que entorpece la verdadera visión del escritor, quien, por otra parte, sólo puede ser «descubierto» en su obra misma. Se me dirá: «Pero ¿cómo es posible esto? ¿Cómo saber lo que es realmente Quevedo sin acudir a esas exterioridades que acabo de mencionar? Pues desde ahora me atrevo a responder que no hay más Quevedo que el que yace oculto en el enigma de su propia obra. Porque, ante todo, ¿hay por ventura otro siquiera parecido a él? Bien sabemos que no lo hay, pues como sucede con toda figura excepcional del pensamiento y de la literatura, Quevedo muestra que es más, pero mucho más, todo aquello que lo separa de sus contemporáneos (no digamos del resto de los escritores españoles de todos los tiempos) que cuanto puede aproximarlo a ellos. ¿A cuál de los escritores españoles del siglo XVI o del XVII se «parece» Quevedo? Por supuesto que a ninguno. La *desmesura* típica de los hombres del Barroco español alcanza en Quevedo unas proporciones que jamás podrían descubrirse en ninguno de los otros de su tiempo. Desmesura que se ofrece en él de modo muy particular, por lo que muy bien pudiera ser algo que en gran medida corresponde a la persona del escritor, o sea, que hay todo un *mundo* intrínsecamente privativo de la persona en la que se aloja el *escritor* Quevedo. Universo construido por él de acuerdo con su peculiar disposición psíquica, mediante la cual el autor del *Buscón* percibe y expresa todo aquello que la realidad le ofrece como estímulo. De ahí que un poco antes, aunque haya podido parecer majadería, tuviera que detenerme en ciertas precisiones acerca de las indudables relaciones existentes entre percepción e imagen, así como también en las que se dan entre el pensamiento y la afectividad.

Pues Quevedo es un ser humano, y ya se sabe que no hay jamás dos de éstos que sean exactamente iguales, de modo que la «singularidad» del gran satírico español nos obliga a examinar su personalidad con referencia a su obra en total si queremos llegar a comprender por qué hace lo que hace. De aquí que sea, entonces, indispensable preguntar: ¿qué otro escritor entre el XVI y el XVII es siquiera llamativamente parecido a Quevedo? Ni aun esos sus pariguales de Gracián, Góngora y Calderón. Pues si bien ellos son también desmesurados, dicha desmesura se particulariza, se individualiza según el *modus operandi* y el resultado neto de la obra de cada uno. Pues la riqueza ornamental de Calderón o la enigmática sutileza de Gracián tiene muy poco que ver con la «desmesura» de Quevedo. Por consiguiente, el mismo mundo que todos ellos perciben, en el que viven y actúan, no es, sin embargo, tan «el mismo», puesto que cada uno lo construye según su capacidad percepto-noético-afectiva (permítaseme llamarla así), que resulta en cada caso distinta. Se trata, pues, de diferentes manifestaciones dentro del estilo de una época, en este caso el Barroco. Por consiguiente, Quevedo es un caso particular, y como quiera que se mire la cosa requiere un tratamiento particular, que debe comenzar por el hombre mismo, por esa figura patizamba, un sí es no es cargada de espaldas, con achaques de bizquera; condiciones determinantes de su típica manera de reaccionar frente a la realidad [4]. El mundo de Quevedo es en considerable medida el mundo que él mismo se fabrica, justamente para verlo entonces desde aquél. Por consiguiente, lejos de haber una «descripción» de ese mundo (más o menos objetiva), lo que hay es una *anécdota*. Pues en Quevedo no hay jamás algo así como un lente fotográfico, sino un pincel, y su pintura, pudiera decirse, es a la manera de los expresionistas.

De ahí que el examen de su obra haya de comenzar forzosamente por el *humor*. Y lo primero que advertimos es la absoluta exclusividad de este humor, absolutamente quevedino.

Se ha dicho y se sigue diciendo que fue Quevedo un hombre de *humor*, pero yo no creo que lo haya sido realmente, aun cuando éste aparece constantemente en su obra, unas veces rebosante y otras latente, pero siempre como *expresión literaria* (forma o, tal vez mejor, resultado o consecuencia de un dado *métier*). No; jamás fue Quevedo hombre de humor, del mismo modo que tampoco lo fueron hombres como Baudelaire y Nietzsche. No confundamos las cosas ni nos dejemos sorprender por las apariencias. Quevedo, como ellos, es un hombre que está siempre en contra del mundo, de modo total y compacto. Más que pesimismo lo que hay en él es «fastidio»,

---

[4] «Era de buena estatura; el cabello negro, limpio y algo encrespado; la cabeza ancha y bien repartida; blanco el rostro; larga y espaciosa la frente [...] Tenía las narices grandes y gruesas, y los ojos muy vivos y rasgados, pero tan corto de vista que llevaba anteojos continuamente. Fue abultado de cuerpo, de hombros derribados y robustos, de brazos flacos, pero bien hechos y galanos; cojo y lisiado de ambos pies, que los tenía torcidos hacia adentro.» (A. Fernández Guerra: *Obras completas de don Francisco de Quevedo y Villegas*, Biblioteca de Autores Andaluces, Sevilla, 1897-1907).

pero, eso sí, *a nativitate*, y no, como es sólito decir, el resultado de una dada situación en la que le tocó vivir. Cuando se lee a Quevedo con el debido cuidado se advierte el fondo general en que descansa ese «fastidio», que, pudiera decirse, no es metódico, sino sistemático. De ahí que su *desilusión* del mundo no se contrae sólo a España, sino que abarca la totalidad de la realidad. ¿Pruebas? Tal vez baste con advertir que sus primeros escritos [5], por lo menos la mayor parte de éstos, lejos de referirse a España en particular, se refieren a ciertas características de los seres humanos en general, quienes se muestran despreciables e indignos de conmiseración. A los dieciocho años de edad (si las investigaciones no yerran este punto) ya aparece Quevedo frente al mundo como alguien completamente desilusionado, hastiado de antemano, a quien lo negativo de la realidad puede atraer y mover su voluntad hasta el extremo de llevarle a escribir las cosas que entonces escribe. Los hombres —dice— pueden ser o necios, o majaderos, o modorros, y también, en el mejor de los casos (tal como lo vemos en la *Premática* de 1600), resultan ser esos seres absurdos y deficientes al punto de que hasta el modo de expresión de que se valen es ésa recortada en su contenido, toscamente «circunloquial» según Quevedo, de los excesos paremiológicos. Lo cual no significa que en el caso de que se consiga la enmienda de este defecto (lo cual equivale a una mayor copia de buen sentido) vaya por eso a mejorar decisivamente el pobre género humano. Al final de este trabajo suyo dice Quevedo:

> Con esta suma de recordación estará más tratable la gente, si huyen estos modos de decir, de suerte que no den nota de su mudanza de lenguaje, para lo cual damos dos meses de dispensación y para que mejor aprendan a huirlos: quedando con esto los discretos más, y los necios, aunque no dejen de serlo, enmendados algo [...] [6].

Hay, pues, *discretos*, pero es tanto lo que repite y machaca Quevedo en la conducta de los que no lo son y extiende y multiplica la variedad de sus manifestaciones de tantas maneras, que llega uno a pensar si para él la discreción es algo casi inencontrable. Y así prosigue la escéptica y desolada profesión de fe en el género humano con esas agudas y salerosas reflexiones como son las que titula *Desposorios entre el casar y la juventud* y (adviértase la misma preocupación) el *Origen y definición de la necedad*. Se diría —hay que decirlo ahora mismo— que esto de la *necedad* es obsesión en Quevedo. Pero ¿de dónde sale esa Necedad cuyo origen y definición pretende darnos el escritor? Pues nada menos que de la unión o ayuntamiento

---

[5] Tenemos: *Genealogía de los modorros* (¿escrita en 1597?), publicada en 1852; *Capitulaciones matrimoniales* (¿escrita en 1600?), publicada en 1845; *Pragmática que este año de 1600 se ordenó por ciertas personas deseosas del bien común. Origen y definición de la necedad* (de 1598, según A. Marín).

[6] F. de Quevedo: *Obras completas*, ed. Aguilar, Madrid, 1961, tomo I, pág. 61. (*Premática* de 1600.)

del «Confiado de sí mismo» (como si dijésemos, vana presunción o cándida estupidez) y la «Porfía». Como vemos, son varias las maneras como puede producirse la necedad, y de ahí la asombrosa multiplicidad y cantidad de dicha necedad. Finalmente (prescindo ahora del orden cronológico) hay que tener en cuenta las *Premáticas y aranceles generales,* escrito que, en cierto modo, completa y redondea la preocupación de Quevedo por este aspecto de la realidad humana que él califica (es claro que muy ampliamente) de *necedad.* Mas este trabajo supone otra cosa que no aparece tan claramente dibujada en los otros que se refieren a la misma cuestión, y es la definitiva consecuencia del ridículo en que incurren inevitablemente todos los necios. Pues tan ridículo viene a resultar el que habla solo consigo mismo en la calle, que el que se ladea en el juego de bolos como si con esto fuese a conseguir que haga lo mismo la bola, o el que camina siempre sin apartarse de la misma hilera de baldosas, o etc. Pero este ridículo ¿de dónde proviene?, ¿por qué se muestra, no como algo infrecuente, sino, por el contrario, consuetudinario y común? Yo diría que se trata —para Quevedo— del *absurdo* en cuanto que es éste la sustancia misma de la realidad. Por consiguiente, de algo inevitable.

Ahora bien, de este absurdo nace, como por derivación, la categoría del *ridículo,* ¿Y qué no es ridículo para Quevedo? Esto es lo que, probablemente, explicaría mejor que nada su preferencia por el sarcasmo. El ridículo, pues, viene a ser como el absurdo ya concretado en personas, cosas y situaciones, por lo que, en consecuencia, no hay persona, cosa o situación que no pueda ser, de alguna manera, ridícula. Lo que hay que hacer es buscarle el costado *ad hoc.* Piénsese, por ejemplo, en el caso del profesor, sea éste quien sea. ¿Acaso no resulta este espécimen, visto en cierta mirada de reojo, siempre el homúnculo que se esfuerza patéticamente por aparecer «superior» a los alumnos, y no por que lo quiera, sino porque tiene que ser así? ¿No hay, por ventura, en sus palabras, en sus gestos, más o menos la farsa implícita en todo *magister dixit?* Y es claro que esto tiene sus grados, desde el que en todo momento gravita *ex-cathedra* hacia el ridículo, pero logra contenerse más o menos, hasta el que (con gravedad digna de la pulla quevedina) cree que tiene en las manos el Santo Grial de la verdad absoluta. Pero, de un modo o de otro, potencial o actualmente, se está en lo absurdo y por lo mismo (desde una determinada situación concreta) en el ridículo.

Mas así como es el absurdo el subsuelo en el cual toda realidad se apoya, el ridículo viene a ser el modo directo e inmediato de advertir el absurdo del mundo. A esto se debe que mientras el ridículo hace reír, el absurdo, en cambio, cuando se le capta, produce un sentimiento de profundo malestar, de enorme desazón, de cabal injustificación de sí mismo. Nos sentimos como si no fuésemos necesarios en ningún sentido, tal cual si estuviésemos de más en el mundo. Que nuestra existencia es «gratuita». Y esto es lo que quizá explique la feroz acrimonia de Quevedo, que nada escape indemne a su diatriba, con que expresa la desolación de su cósmico «desencanto». Porque, sin duda alguna, el ser humano necesita estar más o menos «encantado» por el mundo, seducido y atraído por éste, para hallar que la realidad en la cual vive es digna de ser tomada en cuenta. Pero, al modo de Baudelaire, Dostoiewsky y Nietzsche, el escritor Quevedo experimenta el *furor del universo,* su «batahola», y, en consecuencia, desde su posición de *contemplador* que *siente* el mundo (por tanto, no contemplación desinteresada, si acaso esto es posible), Quevedo percibe su cotidiana realidad como si fuese algo que siempre fluye y refluye entre lo concreto del ridículo y lo metafísico del absurdo. Equivale, pues, a constatar que hay que hacer el ridículo porque la absurdidad del mundo así lo impone. Mas tratemos de mirar a través de ese *maelstrom* de lo ridículo y lo absurdo y —si persistimos en ello— llegaremos a descubrir que se presenta como visión grotesca; un poco al modo de esa «comedia humana» de la cual Balzac nos ha dado solamente una parte. Si la realidad exterior, ésa en la cual vivimos, nos movemos y somos, fuese lo único ridículo, quedaría el consuelo de encontrarle quizá un trasfondo, un subsuelo de «seriedad» (tal como muchas veces se piensa que debe ser), pero se diría que Quevedo no cree que esto último sea posible. Pues si somos ridículos es porque la realidad de suyo es *absurda* y, por lo mismo, *inexplicable.* Dejemos esto (diríase que lo dice Quevedo) a los seres humanos más absurdos de todos los ridículos, es decir, a los optimistas. Para nuestro escritor, todo intento de «explicar» es irse por la tangente, tratar inútilmente de reducir la absurda *pluralidad* del universo a un centro común; en fin, tratar de que sea (como mundo) concéntrico y centrípeto. Vano empeño, diría Quevedo.

Por consiguiente, parece como si el *contemptu* mundanal de Quevedo no dejara nada a salvo. Todo es *desengaño,* por consiguiente, nada vale nada. Ahora bien: todo esto, lejos de ser puro virtuosismo del escritor, es, por el contrario, la ácida reacción que en él produce el mundo. Me inclino a creer esto último, y por eso mismo es que ahora prescindo de esas concretas y particulares manifestaciones que se refieren ora a su tiempo *(Premáticas del desengaño contra los poetas güeros),* ora a cuestiones relacionadas con la vida privada del autor (muy probablemente la *Carta a una monja),* así como no he de incluir tampoco ahora aquí las *Epístolas del caballero de la tenaza,* ejercicio de aplicación literaria a un tema más que manoseado entonces y antes. Mas queda por hablar aquí del caso del débil (?) sexo. Quevedo, hasta donde se puede colegir de su propia obra, es un *misógino,* no obstante su intensa vida sexual (si en esto hemos de creer a los biógrafos) y probablemente por esto mismo, como es el caso de Schopenhauer recientemente sacado a la luz. Digámoslo de modo breve y terminante: Quevedo tiene el peor concepto posible de *la* mujer, hasta el extremo de que, en términos generales —que en su caso le vemos adoptar—, es el mismo para la virgen que para la casada, la amancebada, la de toca talar o no, etc. En las *Epístolas del Caballero de la tenaza* (aparte de que sea, como ya dijimos, mero ejercicio de literaria aplicación y hasta posiblemente condescendencia de imitación), parece a veces como si el autor tomase el partido de ese «caballero» incapaz de sentir el más leve aprecio hacia el otro sexo. Y del mismo modo, con las diferencias del caso, en la *Pragmática que han de guardar las hermanitas de pecar*, no se discierne la más mínima señal de conmiseración o pena hacia la mujer caída. Por el contrario, según Quevedo (en este breve y cáustico escrito suyo), en toda mujer viene a haber más o menos siempre (de muchas maneras diferentes) una especie de ramera potencial. No resisto ahora a la tentación de darle traslado aquí a lo que sobre la mujer dice Quevedo en el *Sueño del juicio final:*

> Y veía todo esto de una cueva muy alta, al punto que oigo dar voces a mis pies que me apartase; y no bien lo hice, cuando comenzaron a sacar las cabezas muchas mujeres hermosas, llamándome descortés y grosero, porque no había tenido más respeto a las damas (que aun en el infierno están las tales sin perder esta locura). Salieron fuera, muy alegres de verse gallardas y desnudas y que tanta gente las viese, aunque luego, conociendo que era el día de la ira, y que la hermosura las estaba acusando de secreto, comenzaron a caminar al valle con pasos más entretenidos. Una que había sido casada siete veces iba trazando disculpas para todos los maridos. Otra dellas, que había sido pública ramera [...] [7].

Y de parecido modo, también en este pasaje de *El alguacil endemoniado:*

> —Espántome —dije yo— de ver que entre los ladrones no has metido a las mujeres, pues son de casa.
> —No me las nombres —respondió—, que nos tienen enfadados y cansados; y a no haber tantas allá, no era muy mala la habitación del infierno; y diéramos porque enviudáramos el infierno mucho; que como se urden enredos y ellas, desde que murió Medusa, la hechicera, no platican otro, temo no haya alguna tan atrevida que quiera probar su habilidad con alguno de nosotros, por ver si sabrá dos puntos más [...] [8].

Quevedo se burla de todo, por supuesto, y esa burla total ha de incluir necesariamente el bello sexo, el cual, como vamos viendo, es también objeto de las más mordaces sátiras. Pues la misoginia de Quevedo es de las que parecen incluir hasta su propia familia, al extremo de que «muy raras veces acude a sus labios (menos a su pluma) el nombre de su madre o el de sus hermanas, o sólo con propósitos grotescos y en los momentos menos indicados» [9]. Y de tal manera, esta generalización condenatoria de la

---

[7] F. de Quevedo: *Obras completas, op. cit.*, pág. 126. *(Sueño del juicio final.)*
[8] *Ibid.*, pág. 139. *(Alguacil endemoniado.)*
[9] S. E. Fernández: *Ideas sociales y políticas en el «Infierno» de Dante y en los «Sueños» de Quevedo*, ed. Universidad Nacional Antónoma, México, 1943, pág. 113.

mujer llega a resultar a veces, en la pluma del escritor, desconcertante para quien lee, pues si bien es cierto que cabe más de una interpretación, igualmente aquélla que parece imponerse inmediatamente de textos como el siguiente:

> Pero el pleito más intrincado y el caso más difícil que yo vi en el infierno fue el que propuso una mujer, condenada con otras muchas por malas, enfrente de unos ladrones, la cual decía:
> —Decidnos, señor, ¿cómo ha de ser esto del dar y recibir si los ladrones se condenan por tomar lo ajeno y la mujer por dar lo suyo. Aquí de Dios, que ser puta es ser justicia, si es justicia dar a cada uno lo suyo; pues lo hacemos así, ¿de qué nos culpan? [10].

Pues, a tenor del antedicho párrafo, ¿qué mujer no lo es *casi* (puta) para Quevedo? Invito a quien quiera repasar cuidadosamente esas múltiples generalizaciones de sobreestimación de la mujer, y se verá que es así como vengo diciendo. Lo cual se comprueba una vez más en otro pasaje del mismo *Sueño del infierno,* donde dice que

> [...] las damas sólo son veneno de la vida, que perturbando las potencias y ofendiendo los órganos de la vista, son causa de que la voluntad quiera por bueno lo que ofendidas las especies representan [...] [11].

Finalmente, para no menudear demasiado estas citas, refirámonos ahora a ese otro pasaje casi al final de *El mundo por de dentro,* en el cual, tras un subido elogio de la mujer —hecho por alguien— respóndele su interlocutor con el más desalentador comentario acerca de las mujeres. ¿Que éste es criterio compartido por ese «desaliento» tan llevado y traído cuando se habla del Barroco español? En parte, sí, pero, sin duda alguna, Quevedo lo lleva hasta la exageración incomprensible. Basta recordar el modo como termina el susodicho pasaje.

> Dame a entender de qué modo es buena, y considera ahora este animal soberbio, con nuestra flaqueza, a quien hacen poderoso nuestras necesidades, más provechosas, sufridas o castigadas, que satisfechas, y verás tus disparates claros [12].

¿*La* mujer? Sí, sin duda alguna. Así la ve Quevedo, y es así como la presenta ante el lector, arquetípicamente.

Pasemos ahora a los *Sueños,* ¿y qué decir en primera instancia? Por lo pronto, aunque pueda parecer muy extraño, que vistos desde nuestra perspectiva contemporánea nos resultan menos profundos, menos penetrantes en la realidad, que esos otros escritos suyos (ya comentados) y en los

---

[10] F. de Quevedo: *Obras completas, op. cit.,* pág. 155. *(Sueño del Infierno.)*
[11] *Ibid.,* pág. 160.
[12] *Ibid.,* pág. 172. *(El mundo por de dentro)*

cuales consigue presentar admirablemente el absurdo del mundo, la ridiculez y la metafísica indigencia del ser humano. Los *Sueños* —permítaseme la franqueza— se me antojan ejercicios de aplicación literaria. Hay, por lo pronto, esa limitación que inevitablemente impone la reiteración de un género (o como quiera llamársele) demasiado machacado. Baste señalar ahora a Luciano de Samosata, Cicerón, Dante, el beato Hipólito, fray Francisco de Avila y, ya bastante cerca de Quevedo, a su ilustre antecesor Alfonso de Valdés, sin contar las famosas *Danzas de la muerte*. El tema y su consiguiente artilugio literario es, pues, obsoleto, lo era ya para los tiempos en los cuales Quevedo lo resucita, de ahí que en sus manos venga a resultar ya un tanto afectado por ese trato con los muertos, pese a todo lo ilustres que éstos hayan podido ser. Casi estoy de acuerdo con Borges cuando dice que «los infiernos literarios de Quevedo» son «mera oportunidad chistosa de anacronismos» [13]. Pues, en efecto, lo único que salva a esos *Sueños* e *Infiernos* quevedinos es precisamente el estupendo juego del humor macabro, que, manejado por Quevedo, se ilumina hasta el punto de producir a su vez todo un estado de agradable iluminación en el lector. Es, pues, la sátira, a su vez extraída más que nada del admirable juego del lenguaje a que se entrega Quevedo en esta parte de su obra, lo que prevalece realmente en ellos. De los tres diferentes contenidos de esos *Sueños* e *Infiernos*, es decir, la censura de la sociedad española de entonces, las reflexiones ora morales ora filosóficas que salpican la obra, y el humor, creo que lo más importante —si juzgamos desde el punto de vista del *pensamiento*— viene a ser justamente ese humor que se estira y va, por consiguiente, desde la gracia indudable de ciertas descripciones y comentarios hasta el sarcasmo demoledor.

Se me dirá que no debe afectar en nada al valor intrínseco de los *Sueños* de Quevedo el que tanto el asunto como el modo de tratarlo procedan de una tradición ya venerable, puesto que, en fin de cuentas, esto es lo que hace todo el mundo. Por consiguiente, si en sus *Sueños* hay humor tanto como reflexión (filosófica y moral), el valor asignable a este trabajo debe ser descubierto, sobre todo, en esas reflexiones. Pero he aquí precisamente la dificultad en valorar demasiado positivamente esos *Sueños* quevedinos, porque huelen demasiado a «retórica» cuando los contemplamos desde el lado de semejantes reflexiones, ya que el lector que haya disfrutado de ciertos clásicos, como, v. gr., Séneca, sabe perfectamente que los *Sueños* de Quevedo no hacen más que repetir lo dicho por otros. ¿Que decir esto que ahora afirmamos es algo así como adherirse puerilmente a un imposible *Nihil nov sub solem?* Hasta cierto punto, sí, pero esto sucede cuando nos quedamos en el exterior de la cuestión. ¿Por qué seguir diciendo, con aire de distraída repetición, lo que la crítica *ad usum delphini* suele decir respecto de los *Sueños* de Quevedo? ¿No será mejor tratar de

---

[13] J. L. Borges: *Discusión* («La duración del infierno»), Emecé, B. A., 1961, pág. 98.

discernir su real valor y, en consecuencia, el rango que debemos acordarle en la totalidad de su formidable obra?

Es aquí donde inevitablemente topamos con la gravísima cuestión de la *profundidad* de Quevedo, y, por lo tanto, debemos preguntar si es, en efecto, un escritor profundo. Mas como se trata de un escritor polifacético, ya esto mismo nos impone una rigurosa cautela, pues Quevedo alterna la sátira con la reflexión unas veces política, otras filosófica o religiosa, etc. Pero, eso sí, un hombre tiene siempre un *modo fundamental* de acceder a la realidad, de manejarla, para lo cual es indispensable que primeramente la «vea» de una cierta manera peculiar en su caso. Y Quevedo ve siempre la realidad como algo menospreciable, porque si bien no la considera prescindible del todo y, por el contrario, le parece bien fruirla en muchas ocasiones, cree, sin embargo, que la dignidad de esa realidad (en conjunto) no responde nunca a la pertinencia con la cual suele presentarse. De ahí su *humor negro*, esa melancolía que no es precisamente fruto de una sensación o de un sentimiento de ausencia o inaccesibilidad de lo real, sino, al contrario, de la falta de dignidad que briosamente le sugiere la presencia de esa realidad de suyo menospreciable. Algo muy semejante a lo que sorprendemos, por ejemplo, en Baudelaire y Nietzsche.

Ahora bien, a Quevedo le sobra acrimonia frente al mundo como para incurrir, frecuentemente, al menos en suficiente falta de *comprensión* con respecto a ese mundo. De ahí seguramente su sátira, que es, sin lugar a dudas, la respuesta del escritor a esa manera en que suele mostrársele el mundo en el cual vive. Y así como Gracián se «esconde», Quevedo avanza repartiendo a diestra y siniestra los mandobles de su malhumor. Que es un malhumor quintaesenciado, que llega hasta el lector tras muchas vueltas de taller, de ello no cabe duda. Este es precisamente su talante de escritor y el genio de su arte literario. Mas no insistamos demasiado en su *comprensión* del mundo tal como lo vemos, por ejemplo, en Cervantes. Este, como se sabe, jamás es violento, ni mucho menos hay furor en él, sino siempre la dolida aceptación de una realidad cuyo valor consiste precisamente en estar ella misma, pese a todo, constantemente sacándose fuerzas de su inevitable flaqueza. Y los *Sueños* de Quevedo se resienten excesivamente de una *incomprensión de la realidad* en la cual se han urdido, a tal extremo, que, por esto mismo, al levantar sobre esa estofa de la sátira (tan extensa como intensa) esa otra porción de las «reflexiones», éstas se ofrecen inevitablemente a un ojo cauteloso y desconfiado más bien como *artificios retóricos* que a su llamativo parecido con los modelos en los cuales se inspiran unen esa suerte de heterogeneidad con lo otro, es decir, con la feroz diatriba que no perdona nada ni a nadie. ¿Cómo admitir entonces que los *Sueños* de Quevedo son profundos? Pues la profundidad (cuando la hay) proviene de una actitud de cabal comprensión de la realidad, que, por lo mismo, no puede resultar menospreciable (mucho menos en la forma en que aparece en Quevedo constantemente), sino como objeto de serena meditación, siquiera sea porque mucho más allá de lo externo y censurable como tal se halla la razón de ser profunda, dolorosamente inevitable, de esa misma realidad, y es de aquí de donde se puede extraer la profundidad, que no está tanto en el pensador como sí en esos senos de la realidad a los cuales llega (cuando llega) la comprensión del pensador. *Cum-prehendere*, es decir, abarcamiento del todo. Esto es lo que convierte decisivamente el *Quijote* —aunque no haya sido éste tal vez el propósito de su autor— en una de las más profundas obras de todos los tiempos. Cervantes hace sonreír, en tanto que la sátira quevedina nos lleva hasta la risa cruel, hasta hacernos muchas veces solidarios del menosprecio del mundo.

Procedamos ahora a examinar el contenido de los *Sueños* y veremos que se trata, ante todo, de un continuo desfile de casi todos aquellos seres que componen las diferentes clases sociales de la época. Mas admitamos ya desde ahora que el escritor se ensaña con la gente de mediana y humilde condición, y es así como desfilan soldados y capitanes, escribanos y mercaderes, médicos y abogados y jueces, zapateros, corchetes, alguaciles, curas y frailes, sastres (¡!), taberneros, libreros, cocheros, bufones, boticarios, pasteleros, peluqueros, teólogos, astrólogos, alquimistas, etc. O sea, todos los oficios y profesiones de la España de entonces. Pero a ese desfile se agrega el de filósofos, judíos, hembras, cornudos, poetas, adúlteros, ricos y pobres, necios, truhanes, juglares, chocarreros, dueñas, vírgenes, madres postizas, etc., en una llamativa complicación de ambos grupos. Como vemos, la parte negativa del mundo es tan extraordinariamente mayoritaria, que casi llega uno a pensar si su contrapartida positiva existe para Quevedo más allá de lo que vendría a ser deseable. Además, en lo que se refiere a esos humildes modos de vivir, como, por ejemplo, sastre o alguacil, en forma alguna poseen la más insignificante dignidad, en el sentir de Quevedo, quien se ensaña constantemente con ellos, sin siquiera acertar a ver que no todo en esas vidas es esa desolada miseria moral que el escritor dibuja constantemente, ni siquiera cuando, en realidad de verdad, la vida, con sus abrumadoras urgencias, obliga al hombre a ladearse más de lo debido. ¡Qué diferencia con Cervantes, como se ve claramente en el episodio de los galeotes o en el señorial galanteo de Don Quijote a las pobres mozas del partido! Porque es de verdad cómodo fustigar desde la posición desahogada del señorito Quevedo, para quien el mundo no era menos motivo de sátira que de fruición. De donde esa inevitable e incómoda sensación de estudiada retórica que suscita en el lector el juego de los *Sueños* quevedinos.

Mas veamos ahora cómo aplica Quevedo la reflexión moral a la sátira en que consiste fundamentalmente cada uno de estos retablillos. Como su *métier* —en este caso— es simple trasunto del de sus predecesores en la materia, no voy a detenerme en precisiones de carácter más o menos formal. Eso, además, está bien claro en el trabajo que venimos comentando. A lo que me refiero ahora es justamente a *eso otro* que predomina en los

Sueños de Quevedo, es decir, a la sátira. Pues lo que es sorna en Luciano de Samosata y transpira en Dante cual fina ironía, en Quevedo es indudablemente violenta sátira, la cual se borda siempre en un fondo permanente de deformación de la realidad blanco de esa sátira. Es claro que en esto último tiene su parte muy importante —¡quién podría negarlo!— el Barroco y su consabida «voluntad de estilo». Pero Quevedo supone algo más, o sea, aquello que es *él* mismo, es decir, la disposición psíquica que le hace reaccionar frente a la realidad en la forma peculiar en que lo hace. Por consiguiente, casi podría decirse, para redondear este pensamiento, que es Quevedo, en cierto modo, el más barroco de todos los barrocos españoles. Hay, pues, algo así como cierto «virtuosismo» del escritor en la nativa «virtud» del hombre que siempre —mírese como se quiera la cosa— ha de preceder al escritor, es decir, esa mano y ese brazo que (como dice Ortega y Gasset al hablar de Goya) se adelantan al pincel y al lienzo, y sin los cuales jamás podría explicarse la obra de arte, sea ésta la que sea.

En el *Sueño del juicio final* la sátira aparece montada sobre el elemento dominante de la ridiculez congénita a todo el género humano. Todo cuanto esos difuntos (ahora resucitados para dar cuenta de sus respectivas existencias terrenales) pueden hacer y hacen es esforzarse en diseñar, cada uno a su manera, una especie de justificación de su conducta. Es tanta la miseria acumulada en el desfile de sucesos, que más bien que sobrecoger al lector o siquiera impresionarle, lo que le produce es más bien cierta hilaridad más o menos contenida, pero, en definitiva, es así como resulta. Porque la relación que mantiene lo descrito con la realidad social, a la cual ha de volver sus ojos necesariamente el que lee, hace que el fondo de moral elevación implícitamente propuesto en la obra se atenúe considerablemente. Por esto mismo, para los contemporáneos de Quevedo, la excesiva familiaridad de estas descripciones con la realidad en la cual se vivía por aquel entonces debe haber hecho que prevaleciera sobre la moral reflexión el disfrute de lo satírico, pues, en fin de cuentas, ese espejo en el cual se miraba quien por entonces lo leía venía a ser a la vez el espejo en el cual podía ver reflejado todo aquello (personas, obras, cosas) de las que podía vengarse siquiera fuese mediante el goce que la grotesca descripción le proporcionaba.

Diferencias sustanciales entre los diferentes *Sueños* quevedinos no creo que las haya, puesto que todos ellos concurren al mismo fin, que es el de ofrecer siempre el contraste del pecado de hecho con la virtud posible, mas apenas alcanzada en la mayoría de los casos, tal como es típico de los *Sueños* en general. También en Quevedo el proceso de pensamiento (no la urdimbre literaria) tiene lugar en el contrapunto de sátira y reflexión (moral o filosófica, según el caso); pero puesto que en él es lo satírico la *pièce de résistance*, la que prevalece decisivamente sobre la reflexión, esto mismo nos obliga a reconsiderar una vez más el problema que lo satírico, cuando predomina, viene a producir en el lector acucioso, que es, por lo mismo, el desconfiado. O sea, para ir ya sin más rodeos a la cuestión que ahora nos ocupa, es necesario preguntar hasta qué punto la sátira es en Quevedo desinteresada o no, con lo cual aludo a la predisposición del escritor con respecto a todo lo que en su obra se convierte en lo satírico, que ya no es, he ahí la cosa, exactamente lo satirizado; con lo cual estoy aludiendo a la diferencia entre lo espontáneo y lo fabricado, aun cuando esto último, en manos de Quevedo, se transforma en material literario de primera calidad. La sospecha me la suscita un comentario de Salaverría a este respecto:

> Quevedo, como expositor de vicios y modalidades del ambiente social, es un dudoso testimonio, porque, sencillamente, no opera, *como Cervantes, sobre la misma vida, sino sobre la falsilla del lugar común satírico.* Su chiste, en realidad, no brota como una necesidad fatal del fondo de su ser puesto en contacto con la vida; es el chiste, al contrario, como artificial, como amanerado, que se repite varias veces con distintas palabras, pero con igual sentido de cosa, que no nace espontáneamente por exigencias de cada momento [14].

Aunque el escritor aludido hace una observación preciosa, no atina, sin embargo, a descubrirle todo el profundo fondo que la misma posee. Pues éste hay que «detectarlo» justamente en las palabras que he subrayado, es decir, primero, en la diferencia con Cervantes, y después, en aquello que a Quevedo le interesa retener y utilizar, no por lo que tenga de auténtica realidad (de algo que brota espontáneamente de la realidad como tal), sino porque, como está sobrepuesto a la realidad misma, puede servir, en este caso, para construir toda una «satírica» (empleo el vocablo deliberadamente) que el sistema natural y espontáneo de los males sociales jamás podría proporcionar. Esa superfetación de lo satirizable es precisamente la «falsilla del lugar común satírico», que en manos inexpertas y carentes del taumatúrgico poder quevedino no pasa de la categoría de chascarrillo de almanaque. Quevedo, por consiguiente, se arriesga hasta el extremo de utilizar algo tan detestable y de tan baja calidad cual resulta ser esa «falsilla», pero si lo hace es porque a él no le interesa gran cosa la vida en primera instancia (con preferencia a todo lo demás), sino el arte literario. Pues éste, aunque nos obstinemos en negarlo, debe hacerse siempre en contra de la vida, y de ahí la irónica contradicción que nos propone la sentencia del *ars longa, vita brevis.* ¿Prolongación de qué, como no sea de aquello que no sólo deja de ser (la vida), sino que, además, sigue recordándole al arte que él jamás podría sustituirla?

Finalmente, debemos referirnos ahora a ese *desengaño* que se le adjudica a Quevedo justamente a partir de los *Sueños,* y que carece de todo fundamento, pues ya desde sus primeros escritos le vemos como aquello que siempre fue, es decir, el hombre para quien la realidad, de suyo me-

---

[14] J. M. Salaverría: Prólogo a *Obras satíricas y festivas de Quevedo,* ed. Espasa-Calpe, S. A., Madrid, tomo IV.

nospreciable siempre y en cualquier forma, puede, sin embargo, utilizarse con otros fines, como es, por ejemplo, el de la literatura. A Quevedo, pues, no le interesa la vida como tal, sino más bien todo aquello que puede extraerle para sus ingeniosos juegos mentales. Pero que está desde el principio completamente desengañado de ella, lo vemos sin esfuerzo alguno ya en el primer escrito suyo; es más, me atrevo a decir que a causa de la *naïveté* de que adolece, resulta el mejor testimonio de ese desengaño, porque, después, en todo Quevedo hay siempre que separar con cuidado el testimonio del mundo de su correspondiente artilugio literario, cosa perfectamente explicable, ya que a medida que progresa en su quehacer como escritor, así va también cobrando mayor conciencia de la importancia del *métier*.

Tal cosa se ve claramente en los *Sueños,* pues la parte que pudiera resultar profunda resulta, empero, muy atenuada en sus efectos a causa precisamente de esa «batahola» en que viene a consistir todo el desfile de personas y sucesos: batahola que deja ver fácilmente la enorme violencia con que Quevedo contempla el mundo. Violencia que, a su vez, se refleja constantemente en la *expresión literaria,* de tal manera que a veces no sabe uno a ciencia cierta si es sinceridad del hombre o artificio del escritor. Pues bien pudiera ser esto último, ya que la irrefrenable tendencia de Quevedo a extraer la sátira de esa violencia en que viene a constituirse la deformación de la realidad, hace que el lector cuidadoso llegue a sospechar que se trata de una pura y rigurosa artificiosidad. O dicho de otro modo: que a Quevedo le tiene sin cuidado la realidad, a la cual aprovecha fríamente con el único y exclusivo propósito de convertirla en objeto de arte literario, cosa que, por supuesto, consigue muchas veces a plenitud. Por eso es que hay que situarse frente al tan común lugar del desengaño de Quevedo en una actitud lo más cautelosa y reservada posible. ¿Desengaño de qué y desde cuándo? Si se dice que de todo y siempre, nada hay que objetar entonces. Pues, como ya lo hemos dicho muy al comienzo de estas notas, el desengaño de Quevedo es algo congénito.

Por otra parte, si nos preguntamos de qué habla Quevedo en los *Sueños,* diremos que de todo, y, por esto mismo —por cierta fatal consecuencia— también de nada. Pues en otros de sus escritos, v. gr., el *Buscón* y *Marco Bruto,* el texto se muestra despejado de un modo que echamos de menos en los *Sueños.* Estos, en cambio, adolecen de una penosa farragosidad que se hace aún más intolerable a causa justamente de ese repetido contrapunto de lo divino y lo humano, de ese desenfado con el que se salta de una reflexión filosófica o moral a un comentario chistoso o grosero. Se me dirá que en esto reside una buena parte de la gracia quevedina, pero me resisto a admitir que deba ser así, porque esa intermitencia le da cierta incoherencia a lo escrito.

Reconozcamos, por consiguiente, que los *Sueños* acumulan demasiada «retórica», a lo cual deben la pesadez que les aqueja. Probablemente porque el escritor ha intentado una mezcla (desafortunada, por supuesto) de erudición, profundidad y chiste, y no hay alquimia capaz de sublimar y armonizar esos componentes, inconciliables entre sí. En cambio, cuando Quevedo —como ya veremos— se propone ser normalmente chistoso (el *Buscón*) o tranquilamente reflexivo *(Marco Bruto)*, vemos que lo consigue admirablemente. Quizá la mejor lección que estos *Sueños* ofrecen es la de mostrarnos todo lo que podía y no podía ser Quevedo como escritor. De los *Sueños* parece como si se desgajasen esas dos expresiones de toda su vida de escritor —el chiste y la profundidad—. Los *Sueños* bien pudiesen ser un fracaso literario de donde emergen todas aquellas posibilidades que hacen de Quevedo un verdadero escritor.

Frente a la prosa de Quevedo el lector va siempre de un desconcierto a otro. Ya que, siendo en el fondo el mismo, el escritor, sin embargo, es a la vez diferente. Esto es lo que sucede cuando se pasa, por ejemplo, de los *Sueños* a la *Política de Dios y gobierno de Cristo*. Pues, ante todo, ¿qué es esta obra? Responder diciendo, como a veces se ha dicho, que es un «sistema de política general», o piadosa obra de exhortación, o etc., es simplemente no decir nada que valga la pena. La *Política de Dios* —como es sabido— se escribe en 1617, justamente en ese momento en el cual se encuentra Quevedo metido hasta el cogote en las turbulentas andanzas políticas de aquel formidable aventurero que fue el duque de Osuna, y con quien el gran satírico lo compartió todo, desde las palaciegas intrigas hasta los lances de alcoba. La decidida y resuelta colaboración con Osuna pone de manifiesto esa contradicción que vemos en Quevedo entre el constante afán de mundana fruición y el *contemptu* que muestran sus escritos. ¿Pues cómo es posible imaginarle escribiendo —*bona fide*— esa tremenda requisitoria contra reyes y validos, contra la áulica mohatrería que fustiga una y otra vez en su *Política*, si al mismo tiempo él era una pieza, y no de las menores, en el engranaje de la corte española a la que hace objeto constante de su sátira? ¿O vamos a creer así sin más que los manejos de Osuna, en los cuales tomaba parte Quevedo alegremente y de los que supo derivar no menudos gajes, eran, por ventura, menos dignos de censura que los del resto de ese mundo oficial que el escritor lleva a la picota, de muy distintas maneras, en su obra en general?

Ya se sabe que la *Política de Dios* tiene un claro propósito «político», que no es precisamente el que, externamente y con candoroso tono suasorio, aparece en la obra. Por tal motivo, el lector bien informado no puede aceptarla cual modelo de rigurosa exhortación a la piedad y en consecuencia librado a la más ascética moral. Puesto que la política intención que le da vida es muy interesada por parte del autor, estamos obligados a preguntar si el aparente tono «apostólico» de Quevedo es, en este caso, la sincera expresión de los sentimientos que afligen a un alma piadosa ante el lamentable espectáculo de una «corte de los milagros», o es (una vez más) imitación de un modelo dado que viene así a convertirse en nuevo ejercicio retórico para el fin propuesto.

Es claro que al escritor le asistía el derecho de hacer aquello que hizo, en el caso de esta *Política*, si era así como realmente lo sentía. Pero no debemos aventurarnos hasta el extremo de creer —mucho menos de decir— que si bien Quevedo tomaba parte activa y destacada en las cosas que acremente censuraba, no por ello las justificaba. Puesto que si intervenía activamente, decidiendo no siempre tan «santamente» como pretende que lo hagan reyes y validos, tal proceder supone forzosamente cierta justificación por su parte. ¿Que es explicable que así y todo las condene? Allá se las haya él con todo eso. Pero el lector honrado (que no es tonto) tiene que concluir de todo esto que el tono de ascética prevención en la *Política de Dios* no es más que una solemne cobertura con la que se recama todo un propósito de violenta sátira en la cual —es inevitable sospecharlo— entraba en juego la interesada parte que a Quevedo le correspondía junto a Osuna y en contra del valido.

De ahí que sea necesario sonreír maliciosamente al leer esa declaración de absoluta ingenuidad candorosa que aparece al final de la *editio princeps:* «[...] y protesto que todo lo he escrito con pureza de ánimo para que aproveche y no escandalice; y si alguno lo entendiere de otra manera, tenga la culpa su malicia y no mi intención» [15]. ¡Sí, inmenso Quevedo, es preciso leer esto con la misma sonrisa con la cual tú, picarescamente, debes haberlo escrito y rubricado! Por si fuese poco, también en la Segunda Parte hallamos protestas del mismo tenor. Veamos:

> Imprimiéronse algunos capítulos de esta obra, atendiendo yo en ellos a la vida de Cristo, y no de alguno. Aconteció que la leyó cada mal intencionado con lia las personas que aborrecía. Estos preceptos generales hablan en lenguaje de los mandamientos con todos los que los quebrantaren y no cumplieren, y miran con igual entereza a todos los tiempos, y señalan las vidas, no los nombres... No es verdad que todos los que escriben aborrecen a los que pueden [...] [16].

La *Política,* sin embargo, ofrece marcado contraste con los *Sueños,* en cuanto se refiere al lenguaje empleado en ella, ya que aparece limpio de juegos verbales, de retruécanos y chistes, etc. Mas, como ya dijimos, se advierte desde el comienzo el marcado propósito, no de delinear una política general (lo cual es sólo aparente), sino de servir para un fin interesado y particular, muy en relación —tal como ocurre en general con el pensamiento de Quevedo— en este caso con el problema específico de los avatares de la empresa del duque de Osuna en Italia. Esto se ve claramente

---

[15] F. de Quevedo: *Obras completas, op. cit.,* pág. 531.
[16] *Ibid.,* pág. 585. *(Política de Dios.)*

en multitud de lugares de la obra en cuestión. Veamos, por ejemplo, el siguiente:

> Sea aforismo que humos de privar acarrean muerte, que mirar reyes mejor a uno que a otro tiene a ratos más peligros que precio. Muere Abel justo porque le envidian el ser más bien visto de Dios; vive Caín que le dio muerte. Tal vez por secretas permisiones divinas, es más ejecutiva la muerte con el que priva, que con el fratricida [17].

Como es igualmente directa alusión al valido este pasaje que, en su idea principal, vemos repetirse con frecuencia en la obra:

> [...] y es arbitrio de los ministros imitadores de Judas poner en necesidad al rey, para con los arbitrios de su socorro y desempeño tiranizar el reino y hacer logro del robo de los vasallos; y son las suyas mohatras de sangre inocente. Rey sobre sí, y cuidadoso de su hacienda y reinos, lejos tiene estos ministros que hacen su grandeza y su casa con poner necesidad en los príncipes [18].

Pero es innegable que a veces —no pocas por cierto— la prosa de esta *Política* se eleva hasta alcanzar los más altos despliegues de la oratoria sagrada. Así, en una de estas ocasiones, refiriéndose a Cristo, dice el autor:

> Magnífico y misterioso se mostró en Caná; maravilloso en casa de Marta, resucitando una vez un alma, otra un cuerpo; valiente en el templo, cuando con unos cordeles enmendó el atrio, castigó los mohatreros que profanaban el templo, y atemorizó los escribas. Cuando le prendieron, militó con las palabras; preso, respondió con el silencio; crucificado, reinó en los oprobios; muerto, ejecutorió el vasallaje que le debían el sol y la luna, y venció la muerte [...] [19].

Y a todo esto se debe que la obra en su conjunto ofrezca una especie de contrapunto, por cierto admirable, de grandes reflexiones y de admoniciones al rey, y sin duda que resalta el admirable tino de Quevedo para distribuir tanto una como otra cosa. Es trabajo de gran riqueza aforística tomada a préstamo de los clásicos y de la Sagrada Escritura. Pero, por otra parte, y por qué no decirlo, resulta algo cansón este escrito, porque el propósito exhortativo que envuelve hábilmente a la sátira que va de principio a fin, puesto que, además, está realizado al hilo de una constante glosa de la letra sacra, llega a parecer interminable. Tal vez, sobre todo, porque se repiten muchas de las mismas reflexiones.

Mas ya que hablamos de la sátira, digamos ahora que es el otro punto importante con respecto a la *Política*. Como todo el mundo sabe, Quevedo es, antes que toda otra cosa, el artífice de la sátira en la literatura espa-

---

[17] F. de Quevedo: *Obras completas, op. cit.*, pág. 534.
[18] *Ibid.*, pág. 543.
[19] *Ibid.*, pág. 536.

ñola, cuyos diferentes registros maneja de modo absolutamente privativo. Es este don de manejar la sátira de insospechables maneras lo que le permite, por muy imposible que pueda parecer a primera vista, trasladarla también a un escrito de tan piadosa factura como el de la *Política*. Pues ¿cómo esperar que obra de tema piadoso, en la cual se promedia admirablemente profundidad y fervor, pueda estar, no obstante, imbuida de esa deliciosa burla que fluye, admirablemente disfrazada de candor, a través de una prosa que vibra poseída de místico temblor? Porque sabemos perfectamente que es *sátira*, pues la alusión se halla tan bien construida a base de las referencias históricas en las cuales se asienta toda la obra, que, por lo mismo, una vez que ya se está en el *quid* de la cosa —y esto se puede hacer desde el mismo comienzo—, el lector enterado siente como el eco de una lejana y a la vez cercana voz de sorna que rebota en la exégesis de la sacra letra. Y en ocasiones, a esa tácita sátira se agrega como para confirmarla algún decir como el siguiente:

> Metióse Judas de despensero a consejero de hacienda: por eso sus consultas saben a regatón. Con haber tantos años no ha descaecido esta manera de hurtar: pedir para los pobres y tomar para sí [...] [20].

Esta *Política de Dios y gobierno de Cristo* prueba una vez más el asombroso *mimetismo* de Quevedo, que le permite utilizar cualquier género de disertación en beneficio de su oficio fundamental, que es siempre el mismo, es decir, el de *satírico*. Así, pues, alguien que ignorase los motivos que impulsaron a Quevedo a escribir esta obra —motivos, por cierto, *non sanctos*— creería que se trata, en todo y por todo, de un piadoso propósito de exhortación a la más ascética virtud, tal como es posible hallarlo, v. gr., en el beato Juan de Avila o en fray Luis de Granada. Pero no ha sido ésa precisamente la intención de Quevedo, sino otra terrenal e interesada cual es la de asestar un buen banderillazo a monarcas y validos. Y todo esto no porque sea Quevedo un hombre situado por encima del sucio juego de los intereses palaciegos, que advierte, amonesta y hasta incrimina cuando la ocasión lo demanda. Pues, por el contrario, sabemos que estaba hasta los pechos en eso mismo que comenta y valora en su apostólica glosa de la *Política*.

Semejante mimetismo, sin embargo, resulta aún más asombroso en el caso de esta obra de Quevedo, puesto que permite apreciar en toda su magnitud el «taller» de que era capaz de disponer como escritor. Porque leída de cierto modo, es decir, o bien sin conocimiento de causa, o bien sin atender primordialmente a ésta, es indiscutible que el texto de la *Política* no tiene nada que envidiarle a las más ascéticas y devotas piezas del género. Por eso los enemigos de Quevedo (que no todos eran tontos) le descubren fácilmente la intención, porque estar dentro del juego y aparentar que se

[20] F. de Quevedo: *Obras completas, op. cit.*, pág. 543.

está fuera de él es arriesgar demasiado, aunque el que lo haga se llame Quevedo. Pues este «sermón» se escribe, al menos en parte, como es sabido, en 1617, justamente en el momento en que se encuentra Quevedo entregado a la fruición de esa sociedad que detesta, entonces y antes, como después y siempre; pero a la cual no tiene el menor escrúpulo en utilizar.

Desde el punto de vista del pensamiento, que es lo que interesa destacar aquí, el *mimetismo* de Quevedo lleva a cabo un singular cometido que consiste, esencialmente, en la técnica con que adapta el pensamiento ajeno (por supuesto que el de nadie en particular) a la propia finalidad de su obra. Por eso creo que bien podría calificársele de «literato de literatos», tal como, por ejemplo, cabe decirlo de De Quincey, Coleridge, y ya en la literatura hispánica, de Borges. O sea que, como ellos, tampoco a Quevedo le interesa la realidad directamente, ni mucho menos en sí misma y por sí misma, sino que más bien adopta y también adapta cuanta forma posible de expresión le es allegable, para con ellas fabricar toda una literatura. ¡Y qué literatura! Pues si alguien en las letras hispánicas es un *literato*, éste es precisamente Quevedo. La realidad, pues, sea ella lo que sea —y aunque pueda parecer muy raro—, no es lo primariamente importante para Quevedo, sino esa *literaria realidad* que él se construye; porque ésta viene a ser siempre el modo en que reacciona frente a la realidad inmediata. Tal vez un ejemplo, bastante ingenuo, pero que, al fin y al cabo puede ayudar, ilustre mejor cuanto ahora vengo diciendo. Compárese la apologética de un hombre como fray Luis de Granada con esta otra «apologética» quevedina. Notamos por lo pronto que mientras el autor de la *Guía de pecadores* está exactamente en donde debe estar, es decir, que su obra no es, ante todo y sobre todo, *métier*, esto mismo no sucede con Quevedo. A Granada le interesa lo que dice en forma directa e inmediata, en tanto que el fervor religioso de Quevedo es, a lo sumo, «fermosa cobertura» que oculta hasta donde se puede una segunda intención. Basta con la indudable «pulla» en la cual consiste la *Política* para ver claramente la diferencia, digamos, con la obra de Granada.

La perfección de la *Política* es, pues, tan puramente literaria como lo revela el detalle de que el autor ha podido nada menos que utilizar algo tan severo y profundo como la glosa de la Santa Escritura para un escarnio que resulta tanto más grotesco cuanto que el medio para llevarlo a efecto es el que menos podría imaginarse que lo fuese. En la *Política* (no puedo reprimir ahora el decirlo) vale *el* escrito, pero no *lo* escrito.

★

La crítica sobre Quevedo, que ha llegado a convertirse en un repertorio de tópicos, dice, por esto mismo, más o menos lo mismo siempre, es, a saber: por una parte, que se trata de un hombre de cuatro personalidades literarias diferentes, o sea, el satírico, el moralista, el filósofo y el autor de meditaciones piadosas. Mas al presentarlo de este modo, en semejante cuádruple partición, parece como si cada una de esas personalidades fuese capaz de sostenerse por sí misma, casi completamente desligada de las demás. Esto es, al menos, lo que se desprende de la acostumbrada «clasificación» que suele hacerse con la obra de Quevedo. Por otra parte, se habla siempre —hasta ir a dar a veces en el arrobo— del intachable patriotismo y de la moral íntegra de Quevedo, con lo que, como es natural, aparece como si fuese el compendio de todas o casi todas las virtudes. Pero este hombre, de indudable genio, tiene un modo de ser peculiar, o sea, aquel que conviene y concuerda perfectamente con la esencia misma de su obra y de lo que ya hemos hecho alusión en estas páginas. Pues Quevedo es ante todo el hombre para quien la realidad en que vive y actúa —su «circunstancia»— es algo que fluctúa siempre entre la desconfianza y el menosprecio. En el fondo, Quevedo probablemente no estima a nadie ni nada. La realidad consiste para él en el ejercicio de una doble fruición vital e intelectual. Y Quevedo se sublima a sí mismo en la conjunción de ambas maneras de fruición. De ahí su áspera desconfianza con respecto a todo, que sabe, sin embargo, esconderse debajo del humor unas veces, de la cortesía otras, de la amena conversación, etc. ¿Tuvo Quevedo amigos? En cierto modo es indudable que sí los tuvo, pero probablemente bajo la condición constante de ese «en cierto modo». Como tampoco fue la mujer un motivo de profunda exaltación en su vida. Ahora bien, ¿se ha parado mientes en todo esto? ¿No se ha visto que la sorna de Quevedo lo pone todo en la picota? Finalmente, ¿qué ha escrito que no haya tenido una relación muy interesada con el propio escritor?

Por eso la literatura es uno de los dos modos fundamentales del vivir de Quevedo, y si se apura mucho la cosa, habrá que decir que el único, puesto que la realidad se entiende y —sobre todo— se justifica en la obra del escritor. Nuestro gran satírico se entrega violentamente a la fruición del mundo (mesa, lecho, alta y baja política, vida cortesana a tutiplén, murmuraciones, odios, rencillas y cuanto cabe en semejante realidad), pero no es el hombre vulgar que se queda ahí. Nada de eso se sostiene por sí mismo, pero posee ciertamente una espléndida virtud, y ésta es la de servir para convertirla en obra de arte. Y es aquí donde Quevedo se siente a sus anchas, porque la realidad, sea lo que sea, es el estímulo que le permite a un genio como el suyo presentarla de modo mucho más real al poder verla entonces, no tanto en su auténtica miseria como sí en las insospechables posibilidades de serlo. Esta es la admirable taumaturgia de Quevedo. Por eso su sátira pega tan fuertemente, pues descubre lo que la realidad en primera instancia no manifiesta jamás.

Quevedo, sin lugar a dudas, no es hombre de emociones, o al menos éstas pesan poco en su conducta. Como quien se halla de antemano convencido de lo absolutamente convencional que es la realidad, su conducta viene a ser siempre más o menos desaprensiva. Baste con recordar ahora sus años italianos al servicio del duque de Osuna y después la forma como lleva a cabo todo ese largo proceso de sus relaciones con el valido Olivares. Todo este último proceso es a manera de un continuo zigzagueo durante el cual Quevedo se dispone a vivir cubriendo el flanco, y nada más. Desde 1617 (fecha de redacción de la *Política de Dios*), hasta 1639, en que va a pudrirse en la cárcel por desafecto a Olivares, tiene lugar una dramática parte de las peripecias vividas por Quevedo. En 1621, preso en la Torre de Juan Abad, dedica su *Política* al Conde Duque, y en 1623 le vemos ya libre y de nuevo en el Madrid de sus amores, y es ahora cuando piensa que el valido es un gran hombre. En esos momentos le sobreviene ese gran apuro en que le ponen al exigirle que devuelva ocho mil reales que pertenecían al duque de Osuna. ¡Y qué casualidad!, en esos días aparece el gran elogio que tributa al valido, aquel de

> Olivares a su lado
> ni le iguala ni le deja,
> pues desiguala en respeto
> a quien sigue en obediencia [...] [21].

Para entonces ya le tenemos instalado junto al rey y al valido (con quienes viaja por Andalucía). Mas sobreviene la muerte de Osuna y Quevedo se deshace en alabanzas a su antiguo señor, pero no por esto deja de comprender que está jugando una carta peligrosa. Siguen los viajes con el rey y el valido. Sabe que debe andarse con tiento, y por eso cambia su sátira en halago cortesano, y no sólo hace esto último, sino que aconseja a los amigos que hagan lo mismo. En 1639 ya se ha convertido en adicto defensor y panegirista del Conde Duque, y, como es de suponer, las recompensas no se hacen esperar. En 1630 la Justa resuelve a favor de Quevedo el pleito de jurisdicción sobre Juan Abad, y casi a renglón seguido (a petición de Quevedo) se le devuelven las joyas entregadas en garantía de la restitución de los ocho mil reales de Osuna. Culmina todo este «juego» quevedino con el nombramiento de secretario del rey, por supuesto en calidad de sinecura («secretaría sin secretos», dice el propio Quevedo). Y es también entonces cuando compone aquel soneto contra Richelieu, del cual son estos versos:

> Ya el azote de Dios tienes encima:
> mira que el *cardenal* se te levanta [...] [22]

Mas es a partir de aquí cuando da comienzo el juego escurridizo de Quevedo con el valido... Se acerca... Se aleja... Es entonces cuando se informa a Palacio de sus relaciones con el Nuncio Apostólico y también

---

[21] F. de Quevedo: *Obras completas*, ed. Aguilar, Madrid, 1964, tomo II, pág. 360. («Las cañas que jugó S. M. cuando vino el príncipe de Gales.»)
[22] *Ibid.*, pág. 19. («Parenética alegoría.»)

con un misterioso francés que suele visitar al Nuncio. Y al final de todo
este zigzagueo de Quevedo viene el famoso y conocido *Memorial*, es decir,
el que comienza diciendo aquello de «Sacra, Católica, Real Majestad». Se
acusa al rey (no digamos al valido) de dispendio, molicie, arbitrariedad,
etcétera, etc., es decir, más o menos de todo aquello que ya sabemos
había disfrutado Quevedo sin escrúpulo alguno. ¿Cómo, pues, tomar en
serio sus críticas y admoniciones del lujo, del «amiguismo», del disfrute
del áulico poder, si gracias a todo esto queda resuelto el fastidioso asunto
de los reales de Osuna y Quevedo disfruta de una sinecura a la sombra de
esa «Sacra, Católica, Real Majestad», y el largo y enojoso pleito del señorío de Juan Abad se falla a su gusto y conveniencia? ¿Dista mucho esta
forma de conducta de la que cada quien a su manera, del valido abajo,
adoptan para salir adelante en sus particulares propósitos? Hay, pues, una
evidente contradicción entre aquello que *hace* Quevedo y eso otro que
escribe. Incongruencia que no debe considerarse como inmoralidad, ni mucho menos. Pues tratándose de él, cualquier cosa (y todo) es siempre mucho más complicado de lo que a primera vista puede parecer. Hay que
partir del hecho del absoluto escepticismo de Quevedo, así como de su
total pesimismo. Ambas cosas son en él constitutivas, de manera que su
conducta está predeterminada siempre por esas características básicas de
su personalidad. No se trata, además, de un cualquiera, sino de un hombre de indiscutible genio, a quien le sirve la realidad en que vive, como
sucede más o menos con todo escritor para aquello que puede servirle,
o sea, como materia prima. Pero Quevedo no tiene pizca de fe en el mundo
y por consiguiente no puede verlo desde un punto de vista optimista, o al
menos dentro de esa atmósfera de subconsciente optimismo en la cual flota
el pensamiento y la voluntad del que cree que el mundo es susceptible de
enmienda por vía de la religión, o de la moral, o de las reformas de la
sociedad, etc. Nada de esto es posible para Quevedo. De ahí que toda su
«pía» prédica revela al ojo agudo ese fondo de sátira, bien sea contra
el mundo en general, bien sea de un aspecto de éste; siempre en un despliegue de imponente retórica que viene a ser eso que ya he dicho: un
estupendo ejercicio de aplicación literaria.

Y en todo esto, quiero decir en el *métier* quevedino, hay siempre una
absoluta sinceridad, puesto que el escritor nos brinda un trasunto de la
realidad tal como a él se le aparece (a él y no a otro cualquiera). No
como debiera ser (aunque a primera vista pueda parecer que es así),
porque tal cosa está muy lejos de interesarle, pues el mundo es para Quevedo esas dos cosas que ya dije: fruición y literatura. Con la literatura
construye el mundo, la realidad, que el escritor Quevedo se saca de su
manera fundamental de verlo y sentirlo.

En una ocasión escribió Unamuno lo siguiente: «Blumhardt, el poderoso predicador, decía que era necesario convertirse dos veces: una de

la vida natural a la del espíritu, y la otra del espíritu a la natural» [23]. Pues bien, yo diría que esta doble reducción se opera constantemente en Quevedo, lo cual no supone desconocer los concretos motivos por que escribe todo lo que escribe. Pues hay un motivo aún más poderoso y a la vez más recóndito, y es el de su curiosa personalidad, que encuentra en esa doble reducción de la Naturaleza al espíritu y, viceversa, toda su razón de ser, lo mismo como hombre que como autor. Pues no es un filósofo, ni tampoco un moralista o predicador, ni nada por el estilo. El mundo, por consiguiente, no se le da directamente y como la ocasión de ejercitar cualquiera de esas vocaciones. Su visión escéptica y pesimista del mundo es tan compacta que no deja lugar para un último respeto de nada que a ese mundo se refiera (a éste, por supuesto). De ahí la *sátira* como la interpretación y a la vez el tratamiento de todo. Hay ideales, sí, y Quevedo lo admite, pero la realidad no tiene nada que ver con aquéllos. Pero la literatura (adoptemos ahora este vago término) es capaz de sublimar la realidad convirtiéndola en expresión de lo deseable, unas veces (tal como sucede con las obras de contenido filosófico, religioso o moral); o puede también (porque no cabe duda de que es otro modo de hacerlo) transformar sus peores manifestaciones en todo aquello que el escritor Quevedo ofrece, por ejemplo, en *La hora de todos*, en los *Sueños* o el *Buscón*. Toda la lacería de la picaresca, pongamos por caso, queda levantada sobre sí misma, hasta *realzada*, se diría, mediante la taumaturgia del escritor, pues una cosa es verla en su directo e inmediato modo de ser, en tanto que es otra muy diferente cuando la vemos en las páginas del *Buscón*. Pues entre las diferentes formas posibles de una pretensa «redención» de la realidad se cuenta la literatura.

Pero Quevedo no es espontáneamente un ser moral, o religioso, o con ínfulas de reformador social, ni nada por el estilo. Todo esto se da en él mediatamente, a través de su condición de hombre de letras, o sea que a veces le vemos aparecer como el moralista, o el filósofo, o lo que sea, desde las páginas en las cuales se muestra de ese modo. Es decir, que se nota siempre el estupendo «taller» que hay en todo cuanto sale de su pluma. Y es éste el caso del *Marco Bruto*. Se sabe que lo escribe como requisitoria contra el valido, pero, además, en momentos bien inoportunos, como lo prueba el hecho de haber demorado su aparición pública. Ahora bien, ¿por qué escribe Quevedo este ensayo? Exteriormente se ofrece como crítica y advertencia de un estado de cosas que, por otra parte, él mismo compartía desaprensivamente, al extremo de aprovecharse con fino cálculo de semejante situación. Pero Quevedo jamás estuvo de veras con el rey ni con el valido, como tampoco con nadie de modo absoluto, porque precisamente su auténtico modo de ser es *no estar con nadie ni con nada*. Y no,

---

[23] M. de Unamuno: *Obras completas*, Afrodisio Aguado, Madrid, 1960, tomo III, pág. 831. («Los naturales y los espirituales».)

por supuesto, por vanidad o por vulgar egolatría, pues su genio le situaba siempre más allá de todo eso. Es que solamente puede justificarse en y por el quehacer literario. Su austeridad nace de la vocación intelectual y por eso es, como *austeridad,* un consecuente mucho más que un antecedente.

Marco Bruto es, en última instancia, obra de ocaso, pero no responde en su origen a semejante situación, es decir, a aquélla a la que se refiere el escritor en carta a don Francisco de Oviedo el 11 de diciembre de 1644 («Aquí es el invierno terrible de hielo y a mí me tiene aún sin aliento para tiritar, inútil para ningún ejercicio del mundo; con todo, voy dictando la *Segunda parte de la vida de Marco Bruto* [...]») [24]. Por el contrario, Quevedo parece haber comenzado esta obra allá por 1632, cuando disfrutaba ampliamente del favor palatino y sus asuntos personales mejoraban sin cesar gracias al real favor de que disfrutaba por entonces. Pero él es incapaz de desaprovechar la ocasión de hacer literatura con la realidad, sobre todo si ésta le confirma una vez más en su radical pesimismo acerca del mundo. Tal vez el «virtuosismo literario» de Quevedo se explique a través de esa constante de sátira y gravedad que aparece continuamente en su obra. Cosa ésta que muy pocas veces se ha dado en la historia de las letras, puesto que se trata de dos posiciones o actitudes extremas, no sólo inconciliables entre sí, sino hasta cierto punto excluyentes, porque la sátira (tal como, por ejemplo, la maneja Cervantes) puede hasta cierto punto servir de acceso al pensamiento grave, en una especie de juego inferencial, pero adoptada como fundamento o base de todo un sistema de pensamiento, como es el caso de Quevedo, si bien no tiene por qué anular completamente la gravedad del pensamiento, no hay duda de que tiende a desvalorizar su significación esencial. Esta es la sospecha que produce al lector atento el *Marco Bruto* de Quevedo. No sólo porque al conocer bien la biografía del autor tiene uno el derecho a preguntarse si realmente Quevedo sentía aquello que tan admonitoria y gravemente destila su pensamiento; sino, además, porque el tono satírico, no siempre tan velado como para no sentir que late, le resta a lo escrito esa profundidad que posee el pensamiento rigurosamente meditativo, cuando es realmente tal cosa.

Porque también, con respecto al *Marco Bruto,* es preciso preguntarse si acaso no estamos frente a otro estupendo ejemplo de ese ejercicio de «aplicación literaria» en que parece consistir toda la obra quevedina. Podré yo ser demasiado ingenuo, sin duda alguna muy corto en mi alcance del real valor de la obra del gran satírico español, pero sigo diciendo que, puesta su obra en contraste con su propia vida, es decir, en este caso, tanto con su personalidad como con su conducta en el mundo, resulta difícil seguir hablando —tal como generalmente se hace— de la profunda

---

[24] F. de Quevedo: *Obras completas,* tomo II, *op. cit.,* pág. 995. (*Epistolario,* 242.)

sinceridad de las manifestaciones ora morales, ora religiosas, ora cívicas, etc., de don Francisco de Quevedo. Aunque la expresión resulte tan fuerte que hasta se repute de inaceptable, yo me atrevo a decir que es Quevedo un hombre «endemoniado» que sublima esta condición a través de su quehacer de escritor. El hecho de que no hay nada absolutamente incólume en la idea que él tiene del mundo, bien debe servirnos para adoptar cierta precaución con respecto a esa llevada y traída *sinceridad* del escritor.

¿Es sincero Quevedo? Digamos que más bien es siempre franco, con una franqueza brutal que a veces resulta injusta con aquello a que se refiere. Mas tal franqueza es el modo de expresar tajantemente, con brusquedad que llega a veces al sarcasmo, la reacción del escritor ante el mundo. Recuérdese ahora su actitud con respecto a las clases humilde lo mismo que su desalentadora estimativa de la mujer. En este caso, la franqueza llega a ser brutal porque se trata de la expresión, llevada al máximo, del malhumor de Quevedo. Pero la sinceridad es otra cosa, y menos que nada para «aconsejar» a otros todo aquello que quien aconseja no suele hacer, al menos cabalmente. De ahí que el *Marco Bruto* suene un poco a falso, porque sabemos muy bien que por los años en que se viene escribiendo, su autor es copartícipe (al menos esto) de la situación contra la cual endereza sus tiros el *Marco Bruto*. Se me dirá que un hombre puede ser pecador y, sin embargo, escribir en contra del pecado. Pero cuánto mejor es escribir no como el pecador activo y alegre, sino como el que cuenta su pecado y exhorta a la virtud desde cierto ámbito de indudable e irreversible arrepentimiento. En el *Marco Bruto* hay todo un inconfundible despliegue retórico que deja ver bien a las claras el deleite del escritor al componerlo. Pero, con todo, es pieza que aún se lee con agrado y que despierta cierto interés en el lector. Mucho más cuando es posible ir comparando la aventurada vida de Quevedo con los diferentes matices literarios que aquí y allí encubren el pensamiento.

Lo que me interesa comentar aquí no es, por supuesto, el fondo de realidad política y social en que se apoya este escrito de Quevedo, ni tampoco entretenerme en seguir más o menos minuciosamente el entretejido que forma el texto en sí mismo. Eso es «historia» y a los historiadores se lo dejo. Ya se sabe que del mismo modo que ocurre con otros escritos políticos suyos, el *Marco Bruto* es fuerte elemento biográfico del autor. En mi caso, lo que deseo hacer es subrayar una vez más la fisonomía del Quevedo auténtico, insobornable; ésa que tan pronto aparece como desaparece, es decir, la que, siempre en sobrio comentario, a veces en brevísima observación, nos permite entrever (más bien esto último) la permanente actitud de Quevedo frente al mundo; la esencia de su personalidad vista a través de su permanente e invariable estimativa de la realidad. Tal cosa ocurre cuando apenas si ha comenzado a mover la pluma en dicha obra:

16

El señor perpetuo de las edades es el dinero: o reina siempre, o quieren que siempre reine. No hay pobreza agradecida ni riqueza quejosa; es bienquista la abundancia y sediciosa la carestía [...]. Lágrimas contrahechas se derraman por padres, hijos y mujeres perdidos, y solamente alcanza lágrimas verdaderas la pérdida de la hacienda [...] [25].

¿Cree Quevedo que las cosas son, en este caso, exactamente y siempre, tal como él las dice? ¿Podemos admitir como verdadero que no hay realmente amor ni paternal, ni filial, ni de ningún género posible entre los seres humanos? Ahora bien, si Quevedo afirma semejante cosa es porque está convencido de que así es. De lo contrario, lo afirmado en este caso sólo puede serlo con el propósito, nada sincero, de producir un efecto llevando hasta el extremo de lo aceptable semejante afirmación. ¿Acaso no es esto «taller»? Mas me resisto a creer semejante cosa y, por el contrario, pienso que se trata del hombre para quien, en lo más profundo de sí, no hay nada verdaderamente estimable ni apreciable. De ahí que sea necesario separar (también el caso del *Marco Bruto)* el ejercicio retórico —la porción mayor de esta obra— de las apreciaciones quevedinas sobre la realidad en cualquiera de sus infinitas manifestaciones. No, repito, no es el verdadero Quevedo aquel que al hilo de una manida costumbre de retórica exhortación dice cosas como esta:

El que sólo es noble por la virtud de sus mayores, dé gracias a que los muertos no pueden desmentir a los vivos; que cuando cita sus abuelos, si pudieran hablar, tantos mentises oyera como abuelos blasona [...] [26].

Reflexiones como estas, muy trilladas y por lo mismo puramente tópicas en la época en que compone Quevedo el *Marco Bruto,* a fuerza de ser calco de calco, distan mucho de producir en el lector inteligente el efecto que se supone deben alcanzar. ¿O es que no hemos leído esas *ideas* en Platón, en Luciano de Samosata, en Cicerón, etc.? Ejercicio éste que muy bien calificó Menéndez y Pelayo de ocupación cándida de los varones del siglo XVII.

Veamos, finalmente, a Quevedo en relación con los clásicos. Que los conocía bastante bien, es decir, hasta donde lo permitían las posibilidades de aquella época, es incuestionable, sobre todo si juzgamos por la frecuencia con que los cita en sus escritos; caso, por otra parte, muy del estilo de entonces, en que se incurría en el abuso de la apoyatura clásica, tal como donosamente lo dice Cervantes en el prólogo a la primera parte del *Quijote.*

Aunque las reiteradas referencias a los autores clásicos hacen suponer que los había leído, si no a todos, al menos a gran parte de ellos, del examen de la obra de Quevedo se concluye que sintió particular preferencia

---

[25] F. de Quevedo: *Obras completas,* tomo I, *op. cit.,* pág. 823. *(Marco Bruto.)*
[26] *Ibid,* pág. 826.

por el estoicismo y el epicureísmo, lo cual no debe ser achacado solamente, como suele hacerse, a la congenialidad del escritor con estas doctrinas o con alguno de sus más conspicuos representantes (Séneca), ya que el gusto y hasta la preferencia por ambas filosofías era algo así como la «moda» de la época (desde los comienzos del Renacimiento), puesto que esta época, por ser de transición, arrastraba consigo una serie de problemas tales como el del *destino* del hombre que dichas dos filosofías crepusculares de los tiempos antiguos ayudaban a comprender.

Es preciso, pues, detenerse con sumo cuidado en esta última consideración a fin de no confundir las cosas, viendo entonces en Quevedo una perfecta réplica de Zenón, Séneca, Epicteto, etc. Porque el estoicismo y el epicureísmo —de igual manera que cualquier otra filosofía de la Antigüedad— son, en el Renacimiento, más que nada modas intelectuales, por la sencilla razón de que el hombre del siglo XVI, pongamos por caso, no podía ser el estoico o el epicúreo de la clásica antigüedad pagana. Pues una cosa es haber escrito en tiempos del estoicismo y el epicureísmo y otra muy diferente leerlo en el siglo XVI de la era cristiana. Al fin y al cabo, aquello que el humanista del siglo XVI o XVII tenía ante sus ojos como objeto de lectura no le correspondía a él (desde el punto de vista de su peripecia vital) más que en parte exigua. Pues si Séneca es estoico no lo debe a una decisión suya, sino que no podía ser otra cosa. Que todo español parece llevar consigo algo que recuerda a Séneca, en nada autoriza a hablar del senequismo español como algo fundamental en la vida de este hombre. Porque no debe perderse de vista que si bien Séneca nace en España, es irrecusablemente un *romano*, es decir, el hombre que piensa y siente como ciudadano de aquel vasto Imperio que, en cuanto a lo esencial del mismo, era exactamente igual en todas partes. El estoicismo de Séneca es una variante del estoicismo en general e hijo del tiempo, de modo que Séneca no sólo está confrontado con los problemas del Imperio romano, sino todavía más, con la situación general del mundo en aquella época. Porque el estoicismo no nace en Roma (quiero decir dentro de los límites del Imperio), sino en Grecia, y si llega a ser una filosofía casi oficial para el romano (el caso del Emperador Marco Aurelio) es porque la situación universal del mundo de aquel entonces incluye al poderoso pero ya decadente Imperio romano.

Hay que huir, pues, de exagerados entusiasmos, como el del buen padre Nieremberg, quien reputa a Quevedo como «un Epicteto español, un Crisipo claro, un Zenón menos duro, un Antipater más breve, un Cleantes vivo, un Séneca cristiano» [27]. Pues todo esto, manifestado con evidente ligereza, prueba cuán poco se conoce a Quevedo cuando se habla de esa manera. Claro está que no podemos pedirle al padre Nieremberg que hiciera otra cosa —dada la época—, pero es que esto mismo o poco menos

<hr>

[27] F. de Quevedo: *Obras completas, op. cit.,* pág. 953. *(Obras filosóficas. Nota preliminar.)*

ha venido haciéndose después, hasta el punto de que ya se ha hecho lugar común el «senequismo» y el «estoicismo» de Quevedo, que no pasan —en él— de ser un *divertissement* literario. Puesto que el simple hecho de abarrotar la obra de uno con citas de los clásicos no autoriza a tomar el continente por el contenido. Y esto es lo que se ha hecho casi siempre en el caso de Quevedo.

Quevedo, «Séneca cristiano». Pero ¿pudo acaso Séneca haber sido *cristiano* siendo como fue un sincero y honrado pagano? El error manifiesto reside aquí en la analogía que pretende establecerse entre el texto de Séneca y el de Quevedo, y el lector prudente sabe muy bien que no debe hacer esto, porque los supuestos desde los cuales vive y actúa Séneca, por ser paganos, resultan completamente distintos de aquellos otros desde los cuales opera Quevedo. Basta para comprobarlo con detenerse en los reparos que le hace a Séneca en sus comentarios a *De los remedios de cualquier fortuna,* pues Quevedo habla como cristiano y, en consecuencia, encuentra que el filósofo romano está pensando y sintiendo como pagano. Y por esto mismo se ve obligado a advertir al lector que «Las palabras *fortuna, hado, suerte,* que se leen en Séneca, por ser traducción las dejo como *dioses;* error suyo condenado por nuestra sagrada religión» [28]. Basta por ahora con lo dicho para ver claramente que mientras Séneca habla de una cosa, Quevedo está obligado a hablar de otra [29]. Podrá pensarse que se trata de una cuestión «semántica», mas la cosa no es tan simple, pues lo que está en juego en este caso es todo el sistema de realidades (el universo respectivo) en que uno y otro operan. Que Séneca es honrado, bondadoso, comprensivo, humanitario, ascético, etc. [30], como puede y debe ser el cristiano, no supone que vayamos más allá de lo que permite la analogía, precisamente por serlo; he ahí la cuestión.

Ahora bien, veamos al filósofo cordobés y al satírico madrileño en su respectiva condición. Séneca es estoico, pero ¿qué es ser *estoico,* es decir, qué significa tal cosa al filo de la primera centuria cristiana? Comencemos por reparar en que, en términos generales y a la vez constantes, el estoico es el hombre que hace de la *Naturaleza* su Dios *(vivere secundum natura)* [31], y de ahí, por consiguiente, que las cosas no son ni buenas ni malas, ni viciosas ni virtuosas, sino indiferentes. Las pasiones, sin excepción, son

---

[28] F. de Quevedo: *Obras completas, op. cit.,* pág. 957. *(De los remedios de cualquier fortuna, Advertencia.)*

[29] Tal vez en esto se aloja la confusión que ha llevado a acercar demasiado el pensamiento de uno al otro. Pues en tanto que Séneca habla de la realidad *pagana* de su época. Quevedo se refiere a otra circunstancia asaz diferente, cual resulta ser la *cristiana* en el siglo XVII.

[30] Séneca no fue siempre el modelo de virtud que resplandece en su obra filosóficomoral. Basta con recordar ahora la tristemente célebre *Consolación a Polibio* (liberto y valido del emperador Claudio), con la que Séneca, desde el destierro, trata de granjearse el favor del César. Como también el lujo y la ostentación que, si bien no lo disfrutaba ya él, permitía que lo hubiese en su propia casa.

[31] Diógenes Laercio: *Vidas y opiniones de los filósofos,* 7, 87.

todas irracionales, por lo que no corresponden al espíritu del hombre. El sabio es aquel capaz de liberarse de toda pasión y alcanzar el punto ideal de la *indiferencia*. Tal es, pues, lo que, *velis nolis*, propone Séneca constantemente. Pero Quevedo vive en una situación distinta, como cristiano, europeo y del siglo XVII. Además, por muy semejante que haya podido ser su vida, en los altibajos de ésta, a la de Séneca, al ser Quevedo cristiano y no pagano, la actitud general ante la vida ha de ser diferente en un caso y el otro, empezando por la diferencia entre el concepto *inmanente* del mundo que tiene Séneca y el concepto *trascendente* que de aquél tiene Quevedo. Partiendo de aquí, las dos morales, estoica y cristiana, se bifurcan hasta alejarse casi completamente una de otra. Pero aquí es donde es preciso detenerse un poco para examinar la razón de la boga del estoicismo en los siglos XVI y XVII.

La fortuna de la filosofía de Séneca con respecto al cristianismo comienza en el siglo IV, cuando nada menos que San Jerónimo [32] decide que debe colocar a Séneca (a quien considera *continentissimae vitae,* es decir, «verdadero maestro de sí mismo») en el catálogo de los santos, habida cuenta de que sostuvo —como entonces se creía— una correspondencia con San Pablo; correspondencia que revelaba la naturaleza verdaderamente cristiana de Séneca. Este es también el criterio del Venerable Beda y de Abelardo, aunque contemporáneamente se ha llegado a la conclusión de que dichas cartas no contienen nada significativo con respecto a la prueba decisiva del cristianismo de Séneca, y nadie admite hoy día que sean auténticas ni mucho menos se cree que fuese cristiano.

Pero debido a cierta similaridad entre las ideas fundamentales de la filosofía de Séneca y las del cristianismo, v. gr., la dignidad de la naturaleza humana, la subestimación de los bienes materiales, etc. (cosas que, después de todo, están en casi todas las filosofías), la boga de Séneca prosigue a través de la Edad Media, y al llegar el Renacimiento pasa a ocupar lugar destacado, debido, como ya se ha dicho, a la peculiar situación que ocupa el Renacimiento como época de transición. Particularmente en el límite entre el XVI y el XVII el estoicismo acaba dominando el pensamiento europeo, como ocurre con Justo Lipsio, Karl Scciopius, Guillaume de Vair, Pierre Charron y otros, entre los cuales se cuenta Quevedo. Y se llega incluso a esta doble consecuencia: que hay humanistas cristianos que se valen de la doctrina estoica, pero refutan aquello que consideran inaceptable de ella con respecto al cristianismo; y cristianos estoicos que no vacilan (pese a todo riesgo posible) en adaptar la filosofía estoica al cristianismo aun en casos tan delicados como el de la *virtud*.

Pues lo que separa inevitablemente (de modo radical) al estoicismo del cristianismo es justamente esa excesiva confianza que pone el estoico en la naturaleza humana, a la que hace fundamento y fin de sí misma, aunque

---

[32] San Jerónimo: *De viris illustribus*, 12.

de primera intención no lo parezca, a causa de su insistencia en la Naturaleza. Pero no se olvide que, en última instancia, la Naturaleza es (para el estoico) el hombre mismo. Tal vez esto es lo que lleva a Pascal a decir lo siguiente con respecto a Epicteto: «Me atrevo a decir que sería digno de adoración si hubiera conocido su impotencia» [33].

Quevedo se encuentra, pues, en esa situación intelectual (más literaria que otra cosa) del senequismo y del estoicismo en general durante el siglo XVI. Por eso, al considerar el caso suyo en cuanto al estoicismo y el senequismo se refiere, debemos tener en cuenta, separadamente, la época y el escritor.

Por lo pronto no debe extrañar nada —aunque sí prevenir— el hecho de que en el siglo XVII el escritor Quevedo se sienta atraído por el estoicismo, particularmente por la doctrina de Séneca. Pues si éste disfruta de la boga que llega casi hasta convertirlo en la figura por excelencia entre los clásicos en el siglo XVII; si el estoicismo es por entonces moda intelectual y sobre todo literaria, ¿qué de particular tiene que lo haya sido Quevedo? Pues esa es la atmósfera que respiran los escritores de ese siglo. Y como Quevedo pone siempre por delante de todo su estupendo *métier* (sin el cual no es posible imaginárselo), el estoicismo se presta a maravilla para escribir largo y tendido a la sombra augusta de su paisano Séneca. Pero, repito, el caso de Quevedo como «estoico» y «senequista» ni es insólito ni tampoco tan diferente de otros casos en España y fuera de ella. Basta con referirse ahora al caso del padre Granada, cuya *Guia de pecadores* cita cinco veces a Séneca, mientras que la *Introducción al símbolo de la fe* supera esa cifra, y la *Collectanea moralis philosophiae* es una colección de pasajes de Séneca que el gran predicador compone para el trabajo catequístico.

Vayamos ahora al caso del escritor como tal, y aquí, por tratarse concretamente de Quevedo, tenemos que preguntar si, en realidad, estaba preparado Quevedo para ser realmente un hombre ajustable en todo y por todo a los principios fundamentales de la doctrina estoica. Pasando por alto ahora lo ya señalado acerca de que no se puede ser realmente estoico en el siglo XVII porque el estoicismo sólo fue tal cosa auténticamente en el momento indicado, así como que el estoicismo de los siglos XVI y XVII tiene mucho más de moda intelectual y literaria que de otra cosa; pues bien, esto previsto, creo que es Quevedo uno de esos seres donde menos se puede alojar eficazmente la actitud ante la realidad que supone el estoicismo. Ahora bien, ¿es posible encontrar en Quevedo la indiferencia hacia los bienes terrenales, la comprensión del prójimo, la ausencia de toda pasión, etc., del modo como lo propone y practica el estoicismo? ¿De qué manera es posible *llamar* estoico a un hombre que fustiga constantemente con la ironía, la sátira y hasta el sarcasmo en la forma y la persistencia

[33] *L'Entretien de Pascal avec M. de Sacy*, étude et commentaire par André Gounelle, Presses Universitaires de France, 1966, pág. 4.

con que lo hace Quevedo? Hay entonces que preguntar que dónde se encuentra el punto de posible aproximación —no digamos de identificación— con Séneca. Pues si bien toda la vida del filósofo cordobés no brilla con la misma transparencia, ni en su conducta como hombre, ni mucho menos en su obra escrita podemos advertir nunca ese encono de Quevedo contra el mundo [34]. Si todo esto es así, entonces ¿cómo es posible hablar del estoicismo y el senequismo de Quevedo?

Otra cosa que considero de mucha importancia es que si Séneca es estoico lo es no tanto porque haya nacido en España como sí porque el estoicismo es la filosofía que entonces prevalece. En tiempos de Séneca se era estoico tan explicablemente como en la Edad Media se era nominalista o realista, o como hoy día se puede ser existencialista o marxista. Y si bien es posible que el senequismo, como una variante del estoicismo en general, sea algo que tiene que ver con el carácter español, no creo, en cambio, que sea la manifestación española del estoicismo, porque el cotejo cuidadoso de los textos de Séneca con la doctrina universal del estoicismo prueba que, en lo fundamental de sí mismo, el pensamiento del filósofo cordobés se ajusta perfectamente a la universalidad de la doctrina estoica. De manera que cuando Quevedo opera sobre el material de la filosofía estoica (en especial la de Séneca), no hace otra cosa que adoptar, adaptándolo, el pensamiento estoico de Séneca. Por consiguiente, vista la cuestión desde donde realmente hay que verla, es decir, referida a la creación intelectual de Quevedo, su estoicismo senequista es, ante todo, una manifestación más en el siglo XVII de la tendencia a hacer de dicha filosofía el objeto preferido de la actividad del intelecto.

Digamos ya de una vez que el estoicismo y el senequismo de Quevedo tiene mucho de puro artificio literario de época acostumbrada a ejemplarizar ejemplificando con el material clásico disponible. Pues no hay que recordarle a nadie que el Renacimiento es un resucitar de la cultura grecolatina, con un riguroso carácter paradigmático, y que este modo de vivir duró aproximadamente tres siglos. Y así como hoy apenas hay quien se acuerde de los clásicos, en los siglos XVI y XVII apenas si se hace algo sin el apoyo de éstos.

Pero ¿qué es, entonces, lo que pone de su cosecha el escritor y qué, a su vez, lo que impone la cultura clásica? El caso de Quevedo nos lo explica claramente. El tema grave, unas veces filosófico, otras teológico, atrae y domina mucho al escritor de esta época. Y aunque la sátira es el punto

[34] Es escaso el material satírico que nos ha dejado Séneca. En realidad, sólo puede citarse, como ejemplo de sátira, el *Ludus de morte Claudii (apotheosis, apocolocyntosis)*, escrito alrededor de AD 54, donde describe jocosamente la deificación del emperador Claudio. Está hecho siguiendo el modelo de las sátiras menipeas, con algunos versos en griego y otros en latín diseminados entre la prosa. Pudieran añadirse algunos epigramas bajo el nombre de Séneca, nueve de los cuales se refieren a su destierro en Córcega (al modo de la *Tristitia* de Ovidio). Véase a este respecto Hase, Teubner, vol. I, pág. 261 *seq.*

fuerte de Quevedo, no puede, sin embargo, escapar por completo a la seducción que las letras humanísticas imponen sobre él. Sobre él, que tan
a gusto se siente en aquellas cosas concretas en que consiste la realidad
española: toda esa sátira ora política, ora social, sobre gentes y cosas de
la vida en torno. Y es claro que, como ocurre con los *Sueños*, él no puede
prescindir del todo del aporte clásico; no sólo porque se trata del estilo
mental de la época, sino, además, a causa de la eficaz ayuda que en el
orden moral representa un Séneca, un Cicerón, etc. Pero Quevedo se siente
a sus anchas en la trivialidad inevitable del tema de la vida palaciega, o de
tal o cual clase social; en el de la sátira como la de *El caballero de la tenaza,* o la *Carta a una monja,* etc. Por consiguiente, el tema a lo clásico
(digamos *La cuna y la sepultura, Política de Dios y gobierno de Cristo,
Marco Bruto,* etc.) no es sino superfetación de la gran temática doctrinal
de los clásicos greco-latinos. Lo cual, debo repetir, no es excepción en Quevedo, sino la costumbre de los tiempos.

Por eso hay que ir a encontrar a Quevedo en esta costumbre a fin
de apreciar como es debido la no desdeñable porción de retórica que el
despliegue de su estoicismo y sobre todo de su senequismo nos ofrece.
Para lo cual es menester separar el pensamiento que es estrictamente de
Quevedo de toda esa imponente cobertura del pensamiento clásico (tanto en
forma como en fondo), y quien esté acostumbrado a frecuentar este último
sabe perfectamente a qué me refiero ahora.

Del mismo modo que sucede con otros escritores de los siglos XVI y XVII,
también Quevedo se siente atraído por una filosofía que como la estoica
se encuentra profundamente relacionada con la vida humana *vista rigurosamente desde el hombre mismo,* al extremo de que, como se sabe, de las
tres grandes cuestiones que la informan, es decir, física, lógica y ética,
las dos primeras están de algún modo subordinadas a la tercera, que viene
a constituir, pues, la instancia básica de dicha doctrina. Y el Renacimiento
acoge gozoso y convencido el estoicismo porque descubre en éste la posibilidad de solucionar el problema fundamental del mundo renacentista, o sea,
el del hombre como ser autónomo. Pero como el Renacimiento es, por
supuesto, cristianismo, la solución estoica no es más que relativa, o sea
que si el renacentista ha de seguir siendo cristiano se ve obligado a tomar
del estoicismo ciertos supuestos muy generales, en especial el tono ascético
(que debe haber impresionado favorablemente a los cristianos primitivos
que leyeron, por ejemplo, a Séneca), así como los valores de la humildad,
la abnegación *(sustine et abstine)* y de la meditación sobre la muerte.

Ahora bien, la disposición general del *neoestoicismo* renacentista es
curiosamente la misma en la generalidad de los escritores de los siglos XVI
y XVII, porque se trata de ciertos valores subentendidos y que por lo mismo acaban siendo convencionales. Si esto es así, ¿en qué consiste el estoicismo de Quevedo y su tan llevado y traído «senequismo»? Que es una
cosa lo mismo que la otra, nadie puede negarlo, pero hay que admitir,

por otra parte, que no se trata de algo exclusivamente suyo, ni dentro ni fuera de España. ¿Por qué llamar entonces, así a la ligera, «senequismo» a las requisitorias de Quevedo, ora con respecto a la política, ora a la vida humana, o a la muerte, o a lo que sea? Digamos más bien que se trata de un estilo de pensamiento y de cierto repertorio temático muy en boga en esa época. Y es innegable que nuestro gran satírico hinche esa temática, apropiándose con admirable mimetismo de lo que es procomún intelectual en el siglo XVII.

Porque, en fin de cuentas, ¿puede ser Quevedo realmente el *estoico senequista* de que habla casi siempre? Para estoico le falta mucho, pues el hombre que maneja no sólo la sátira (aunque ésta resulta ser en Quevedo siempre feroz), sino también la ironía y hasta el sarcasmo; el hombre que no vacila en llegar hasta el escarnio en más de una ocasión; el que llega a escribir cosas como ésas de *Cartas a una monja* y *Gracias y desgracias del ojo del culo;* aquel que se vale del tono apologético en *Política de Dios y gobierno de Cristo* para zaherir de lo lindo, mal puede ser adecuada réplica de Zenón o de Séneca. Es preciso, pues, tomar lo del «senequismo» de Quevedo *cum grano salis,* porque si lo examinamos bien, a la luz de la moda del estoicismo del XVII, vemos que hay mucho en él de estupendo «taller», de cuidadosa fría elaboración.

INDICE ANALITICO

Abel, 233.
Abelardo, 108, 245.
Abraham, 101.
Absurdo, 221, 222, 225.
Academia Bíblica, 70.
Academia Florentina, 30.
Acaso, 175.
Acedia, 30.
Actos de los Apóstoles, 13.
Adaequatio intellectus et rei, 155.
Adagios, 70.
Adán, 119, 123.
Ad libitum, 34.
Ad maiorem Dei Gloriam, 42, 159.
Ad pedem literae, 86.
Ad perpetuam, 164.
Ad quem, 157.
A quo, 157.
Adriano VI, 36, 37, 51.
Ad usum delphinis, 169, 225.
Afán de evasión, 158, 160.
Afectividad, 217, 218.
A fortiori, 192.
Africa, 26.
Agramante, 105.
Agudeza, 160, 170, 186, 188, 194, 195, 196, 197, 198, 199.
Agustín (San), 17, 22, 30, 47, 48, 59, 63, 67, 88, 92, 100, 118, 126, 132, 178, 195.
Agustinos, 23.
Alcalá de Henares, 34, 37, 69, 70, 78, 86.
Alciato, 171, 190.
Alcuino de York, 32.
Alegoría, 114, 171, 181, 182, 209.
Alegórica (versión), 69, 70, 115, 117.
Alegorismo, 114, 115.
Alejandro VI, 19.
Alejandro de Afrodisia, 50.
Alemania, 12, 13, 14, 24, 153.
Aletheia, 200.
Alfabeto cristiano, 88.
Alfonso de Nápoles, 33.
Alma, 58, 59, 60, 61, 64, 80, 86, 87, 88, 92, 96, 107, 111, 118, 120, 129, 132, 133, 136, 144, 155, 164, 171, 207, 210, 232, 233.
Alma fáustica, 164.
«Alta política», 18.
Alumbradismo, 89.
Alumbrados, 86.
Amado, 122.
América, 12, 26, 35.
Amor, 125, 126, 132, 133, 137, 143, 155, 242.
Amor cristiano, 127.
Ana Bolena, 25.
Ana de Jesús, 138.
Anagógica (versión), 69, 70, 116, 117.
Analogía, 131, 132, 244.
Ancilla theologiae, 34.
Andalucía, 237.
Andrenio, 184, 208, 209, 210, 211, 212.
Anglicanismo, 26.
Angustia, 52, 153, 157, 217.
Anima, 85.
Anotaciones a las Pandectas, 33.
Antierasmistas, 62, 63, 71.
Antigüedad clásica, 62.
Antigüedad cristiana, 64.
Antiguo Testamento, 20, 101, 106, 125.
Antimaquiavelismo, 176.
Antipater, 243.
Antonio (San), 23.
Apariencia, 191, 192, 194.
Apatía, 31.
Apercepción, 164.
Apio, 43.
Apolo, 155, 204.
Apologética, 235.
Apología, 37, 205.
Apuntamientos, 168.
Aquiles, 61.
Aquilino (Gabriel), 36.
Aquino (Tomás de), 106, 108, 109, 128, 158, 173.
Aragón, 12, 15.
Aragón (fray Pedro de), 104.
Arcadio, 15.
Arias Montano (Benito), 99.

Aristóteles, 33, 45, 48, 49, 50, 55, 56, 58, 59, 60, 106, 118, 155.
Aristotelismo, 49.
Armonía, 95, 96, 118, 125, 126, 155.
Armonía praestabilitas, 173.
Arnobio, 63.
Arquitectura, 152, 156.
Arrière pensée, 159.
Ars inveniendi, 56, 184, 197.
Ars longa, vita brevis, 205, 229.
Arte, 190, 196, 205, 213, 214, 228, 229, 230, 236.
Arte gótico, 157.
Arte poético, 193, 211.
Artemia, 211.
Arzobispo de Sevilla, 38.
Asís (Francisco de), 137.
Atlante, 190.
Audet (J. P.), 115.
Augsburgo (Dieta de), 22, 24.
Augsburgo (Paz de), 24, 25.
Augusto, 26.
Austria, 12.
Autobiografía, 120, 193.
Autonomía del hombre, 75, 81.
Avant la lettre, 116.
Averroes, 48.
Avila (Francisco de), 225.
Avila (Juan de), 234.
Azorín, 169.

Bacon (Francis), 61, 184, 200, 209.
Bainton (Roland), 88.
Balzac (Honoré de), 222.
Barcelona, 77.
Bari, 14.
Baroko und Rokoko, 153.
Barroco, 7, 8, 24, 151, 152, 153, 154, 156, 158, 159, 161, 162, 164, 165, 186, 197, 215, 216, 218, 219, 224, 228.
Barroquismo, 154, 160.
Basilea (Concilio de), 14.
Bataillon (Marcel), 69, 70, 71, 74, 75, 79, 81, 86, 87, 88, 89.
Baudelaire (Charles), 219, 222, 226.
Bautista (el), 134.
Bayens (Adriano de), 36.
Bélgica, 27.
Bell (A. F. G.), 97, 100, 102, 103, 104, 105.
Bella maniera, 160.
Belles lettres, 67, 69, 71, 74, 78.
Belleza, 211, 212.
Bello-útil, 211.
Bembo (cardenal), 21.
Benda (Julien), 32.

Benedetto (Dom), 99.
Benedictinos, 23.
Bergson (Henri), 60.
Bernardo (San), 70.
Biblia, 14, 15, 33, 71, 108, 111, 114, 115, 135, 138, 143, 172.
Biblia de Vatable, 101.
Biblia Políglota Complutense, 34, 67, 69, 70, 78.
Bíblico, 101, 108.
Biblismo, 109
Bienes, 129, 131, 245, 246.
Blanco García (Francisco), 99.
Blumhardt, 238.
Bobadilla (Gaspar de), 71.
Boecio, 33, 136.
Bolonia, 28.
Bonifacio IX, 14.
Borges (Jorge Luis), 225, 235.
Borgia (César), 18.
Bossuet, 163.
Bravo (Juan), 27.
Brujas, 36, 37, 38, 53.
Bruno (Giordano), 174, 175.
Bruselas, 28, 37.
Budé (Guillermo), 33, 36, 48, 61, 106, 107, 108.
Buenaventura (San), 18, 34, 63.
Burgos, 27.
Buscón (el), 215, 216, 218, 230, 231, 240.
Byron, 182.

Cadena aurea, 49.
Caín, 233.
Cajetan (cardenal), 22, 110.
Calcedonia, 14.
Cálculo infinitesimal, 163, 164, 201.
Calderón, 174, 177, 215, 219.
Calvino, 25, 32.
Camadulenses, 23.
Campége (cardenal), 24.
Caná, 234.
Cano (Melchor), 110, 112.
Cantar de los cantares, 100, 111, 114, 115, 117, 137.
Cañete (marquesa de), 38.
Capitulaciones matrimoniales, 220.
Carlomagno, 16.
Carlos V, 12, 16, 24, 25, 26, 27, 28, 29, 37, 38, 51, 52, 54, 65, 70, 73, 76, 80, 81, 83.
Carranza (Sancho), 71.
Carta a la posteridad, 30.
«Carta al Papa Adriano VI», 51.
Carta a una monja, 222, 248, 249.
Cartujos, 23.

Cascales, 170.
Castiglione (Baltasar de), 158.
Castilla, 12, 69.
Castro (León de), 102, 104.
Catolicidad, 15, 25.
Catolicismo, 16, 21, 26, 66, 91, 120.
Catolicon, 48.
Causa, 178, 196, 215, 234.
Cautela, 187, 200, 201, 203, 204, 206, 211, 212, 214.
Celibato monacal, 21.
Celaya (Joan), 43.
Censura de las obras de Aristóteles, 50.
Cercano Oriente, 116.
Cerdeña, 12, 25.
Cervantes, 226, 227, 229, 240, 242.
Cicerón, 8, 49, 56, 225, 242, 248.
Cicerone, 152.
Ciceroniano, 62.
Cielo, 83, 134, 141, 142, 171, 200, 208, 210.
Ciencia, 56, 57, 62, 106, 110, 145, 162, 163, 174, 187, 213.
Cirlot (J. C.), 160.
Ciruelo (Pedro), 71.
Cisma (Gran), 14, 62.
Cisterciense, 23.
Ciudad Eterna, 76.
Civitas Dei, 52.
Civitas diaboli, 52.
Clásicos, 106, 151, 153, 169, 172, 225, 233, 242, 244, 246, 247, 248.
Claudio, 244, 247.
Cleantes, 243.
Clemente VII, 14, 23, 29, 81.
Coleridge (Samuel), 235.
Colet (Juan), 37.
Colonia, 33, 159.
Collectanea moralis philosophiae, 246.
College de France, 33, 101.
Comedia humana, 222.
Comentarios a las Epístolas de San Pablo, 33.
Comentarios a los cuatro Evangelios, 33.
Comentario sobre la lengua griega, 33.
Cómico (el), 78.
Compañía de Jesús, 23, 185, 215.
Comprensión, 226, 227.
Comte (Augusto), 163, 200.
Comunas, 27.
Conceptismo, 160, 171, 172.
Conceptistas, 160, 169, 170, 171.
Concepto, 108, 113, 118, 119, 151, 160, 169, 181, 191, 195, 196, 197, 198, 199, 201, 222, 245.

Conciencia, 58, 61, 142, 144, 174, 180, 194, 217, 218, 230.
Concilio, 14, 38, 53, 64, 69, 124, 125, 130.
Concordia et discordia, 37, 38, 53, 54.
Condestable de Borbón, 76.
«Condición humana», 54, 134.
Confesiones, 118.
Conferencia de Valladolid, 73.
Confesión auricular, 21.
Conocimiento, 58, 118, 145, 187, 194, 197, 205, 206, 208, 210.
Consilia media fugienda, 179.
Consolación a Polibio, 244.
Consolaciones, 136.
Constantino *el Grande*, 21.
Constantinopla, 14, 15.
Constanza (Concilio de), 14.
Constitución dogmática de la Iglesia, 125.
Constituciones, 69.
Contemptu mundi, 30, 32, 61, 95, 163, 175, 222.
Contención, 167, 179, 184, 186, 189, 190, 193, 203, 204.
Continentissimae vitae, 245.
Contra académicos, 59.
Contra los seudodialécticos, 35, 45, 47.
Contrarreforma, 16, 23, 25, 26, 27, 28, 29, 107, 158.
Contrarrenacimiento, 153.
Conventuales, 69.
Copérnico, 16.
Córdoba (Gonzalo de), 30.
Corintios, 128, 142, 157.
Corona gótica, etc., 168.
Coronel (Diego), 71, 78.
Corpus Christi, 37.
Corsi e ricorsi, 176.
«Corte de los milagros», 232.
Cortenuova, 13.
Cortés (Hernán), 215.
Cosas, 118, 119, 129, 132, 134, 165, 176, 192, 201, 202, 204, 205, 211, 213, 214, 216, 217, 218, 219, 221, 228, 232, 233, 234, 236, 238, 239, 241, 242, 243, 244, 245, 247.
Cosmovisión cristiana, 157.
Coster, 16.
Creyente, 81, 117, 200.
Crisipo, 243.
Crisóstomo (San Juan), 48.
Cristianismo, 62, 63, 83, 84, 85, 87, 106, 114, 117, 121, 124, 126, 127, 130, 157, 245.

Cristianos, 81, 82, 83, 84, 85, 126, 127, 155, 178, 243, 244, 245.
Cristo, 14, 20, 37, 38, 41, 84, 110, 117, 120, 121, 122, 124, 126, 127, 130, 131, 132, 133, 134, 231, 233, 234.
Crítica, 7, 34, 39, 169, 218, 235.
Critilo, 208, 209, 210, 211.
Croacia, 24.
Croy (Guillermo de), 28, 36.
Cuenca, 121.
Culteranismo, 160.
Cultura, 62, 93, 106, 114, 151, 153, 154, 155, 156, 157, 158, 182, 207, 215, 247.
Cum grano salis, 41, 249.
Curso de filosofía positiva, 206.
Cusano, 132, 133.
Charron, 194, 245.
Chartres, 159.
Chiévres (señor de), 36.
Chipre, 26.
Chretiennes emblemes, 171.
Churriguera, 215.

Dante Alighieri, 32, 173, 225, 228.
Danubio, 15, 157.
Danzas de la muerte, 225.
David, 105.
De amabili ecclesiae concordia, 22.
De anima, 60.
De asse, 33.
De civitate Dei, 36.
Declamaciones silanas, 36.
De consolatione philosophiae, 136.
De creatione rerum, 113.
Decretum de editione et usum sacrorum librorum, 100.
De divina quaestio, 118.
De divisione naturae, 158.
De Europa dissidiis et de bello Turcico, 37, 51, 52.
De femina christiana, 42.
«Defensor de la fe», 24.
De fide, 101.
De fundamento sapientiae, 60.
De incarnatione Verbi, 113.
De incertitudine et vanitate scientiarum, 60.
Deísmo, 173, 180.
De itinerarium mentis in Deum, 158.
Del alma y de la vida, 39, 58, 60.
De la verdadera fe cristiana, 39.
De las condiciones de los cristianos bajo el Turco, 37.
De las disciplinas, 35, 44, 45, 46, 48, 50, 55, 57.
De libero arbitrio, 21, 22, 33.

De Logis Theologicis, 110.
De los remedios de cualquier fortuna, 243.
De monarchia, 173.
De pacificatione, 37, 39.
De praedestinatione, 113.
Derecho Canónico, 13.
Derrota de los pedantes, 170.
Descartes, 55, 58, 59, 61, 78, 153, 161, 164, 165, 173, 175, 184, 194, 197, 200, 201, 202, 209.
De servo arbitrio, 21.
Descubrimiento de América, 15.
Desconfianza, 180, 182, 186, 187, 188, 189, 190, 200, 204, 212, 236.
Desideratum, 94, 105, 129.
Desmesura, 215, 218, 219.
Desposorios entre el casar y la juventud, 220.
Destino, 177, 215, 243.
Determinismo, 173, 174, 175, 177, 178, 215.
De utriusque, etc., 113.
De viris illustribus, 245.
Devotio moderna, 22.
Dialéctica, 45, 46, 47, 48, 55, 61, 75, 89, 133, 137.
Dialéctico (s), 43, 137, 146.
Diálogo (s), 74, 75, 76, 77, 80, 81, 83, 86, 87, 89, 90.
Diálogos de amor, 30.
Díaz Plaja (Guillermo), 98.
Diccionario de los ismos, 160.
Dictionnaire de theologie, 118.
Dieta, 23.
Digestos, 67, 109.
Dinamarca, 24.
Dionisio de Siracusa, 49.
Dionisos, 155.
Dios, 15, 31, 34, 51, 68, 69, 76, 81, 82, 83, 84, 85, 86, 87, 88, 89, 90, 91, 92, 104, 105, 111, 114, 116, 118, 119, 120, 121, 122, 123, 124, 125, 126, 128, 129, 130, 131, 132, 133, 134, 136, 138, 139, 140, 141, 142, 143, 144, 145, 146, 147, 153, 157, 159, 165, 173, 177, 179, 184, 205, 209, 224, 233, 244.
Discorsi sopra la prima deca di Tito Livio, 17.
Discreto, 185, 204, 207.
Discurso, 198, 199, 207.
Discurso del método, 173, 175, 195.
Discusión, 225.
Disputas medievales, 66.
Disputationes, 109.
Divina Comedia, 158, 173.

Divino aflante spiritu, 69.
Dolce (Ludovico), 171.
Dolz (Joan), 43.
Dominicos, 23, 98.
Donatio Constantini, 21.
Don Quijote, 181, 189, 205, 207, 242.
Dorp (Martín), 36, 64.
Dostoiewski (Feodor), 223.
Dramatis persona, 7, 120.
Dreyfuss *(affaire),* 32.
Dubarle (A.), 115.
Duda metódica, 194.
Dullard, 43.
Durando, 103.
D'Urfé, 160.

Eclecticismo, 61.
Ecuación de las ondas, 151.
Edad Media, 12, 16, 17, 20, 30, 32, 34,
    45, 71, 106, 109, 110, 132, 153, 155,
    156, 159, 245, 247.
Edad Moderna, 30, 43, 184, 187, 197.
Edicto de Worms, 24.
Efeso, 14.
Egipto, 116.
Egloga segunda, 161.
Ejercicios de lengua latina, 38.
El alguacil endemoniado, 223.
El comulgatorio, 185.
El cortesano, 190.
El Criticón, 181, 182, 183, 185, 186, 188,
    193, 194, 195, 207, 209, 210, 211, 212,
    213, 214.
El discreto, 182, 185, 186, 189, 190, 191,
    192, 193, 205.
El filósofo autodidacto, 207.
Elifaz, 140.
El héroe, 177, 185, 186, 187, 193.
El mágico prodigioso, 215.
El mundo como voluntad y representa-
    ción, 180, 181, 204.
El mundo por dentro, 224.
Elogio de la locura, 64, 171.
El político don Fernando el Católico,
    185, 186, 193.
Emblemas, 171.
Emblemata, 171.
Empresas, 167, 168, 170, 171, 172, 175,
    176, 177, 178, 179.
Encarnación, 114.
Enchiridion, 20, 71, 87.
En Dios vivimos, etc., 90, 141.
Enigma, 185, 218.
Enrique II, 25.
Enrique VI, 13.

Enrique, VIII, 16, 24, 25, 33, 37, 38,
    51, 67.
Enríquez (Alvaro), 71.
Entelequia, 58, 60, 107.
Entendimiento, 58, 82, 84, 118, 128, 138,
    184, 185, 187, 191, 192, 194, 197, 198,
    204, 205, 208, 209, 210, 211, 212.
Enzina (Juan), 36.
Epicteto, 243, 246.
Epicureísmo, 243.
Epicúreo, 48, 243.
Epístola ad Galatas, 113.
Epístola ad Thesalonicenses, 113.
Epístola del caballero de la tenaza, 223,
    248.
Epistolario, 168.
Era cristiana, 244.
Erasme et l'Espagne, 69, 70, 75.
Erasmismo, 27, 28, 29, 67, 70.
Erasmistas, 62, 63, 71, 72, 74, 91, 92.
Erasmo, 16, 17, 20, 21, 22, 25, 32, 33,
    34, 35, 36, 37, 38, 40, 41, 42, 43, 46,
    48, 61, 62, 63, 64, 65, 66, 67, 68, 70,
    71, 72, 73, 74, 75, 76, 77, 78, 79, 81,
    85, 86, 87, 92, 101, 107, 108, 109, 111.
Eremitismo, 23.
Erinnis, 73.
Escepticismo, 194, 238.
Escéptico, 200, 207.
Escolástica, 17, 33, 36, 44, 45, 46, 104,
    109.
Escotismo, 68.
Escoto (Juan Duns), 63, 68, 69, 109.
Escriturario, 100, 109, 110, 128, 146.
Escrituras (Sagradas), 17, 20, 25, 49,
    69, 87, 100, 103, 109, 113, 114, 115, 119,
    120, 130, 136, 233, 235.
Esencia, 93, 153, 241.
Espacio, 153, 164, 168, 176.
España, 11, 12, 14, 15, 25, 26, 27, 28,
    29, 33, 38, 52, 67, 68, 69, 70, 71, 72,
    73, 74, 124, 153, 179, 215, 216, 220,
    227, 243, 246, 247, 249.
Espira (Dieta de), 24.
Espíritu, 82, 83, 89, 96, 106, 108, 110,
    112, 117, 123, 125, 152, 153, 154, 155,
    156, 158, 167, 172, 209, 210, 212, 216,
    235, 245.
Espíritu Santo, 130, 132.
Explanatio in cantica canticorum, 113.
Explicatio Dei, 132.
Exposición del cantar de los cantares,
    112, 115.
Exposición del Libro de Job, 96, 112.
Estadios en el camino de la vida, 157.
Estados Nacionales, 24.

Estados Pontificios, 28.
Estienne (Roberto), 101.
Estilo, 153, 160, 169, 242.
Estoicismo, 30, 31, 243, 244, 245, 246, 247, 248, 249.
Estudios sobre el barroco, 152, 154.
Estúñiga, 70, 78.
Eternidad, 131, 146, 176.
Etica, 11, 173.
Eufuismo, 160.
Eurípides, 182.
Europa, 11, 12, 13, 15, 16, 17, 18, 22, 25, 26, 29, 37, 46, 52, 54, 62, 66, 67, 70, 73, 74, 78, 80, 108, 154, 155, 171, 174, 182.
Evangelio, 63, 67, 83, 157.
Evasión, 158, 162, 163.
Ex-catedra 21.
Ex-comunión, 13.
Exégesis filológica, 108, 109, 113.
Exequias de la lengua castellana, 170.
Extasis, 97, 99, 147.

Fábula de Polifemo y Galatea, 161.
Fe, 75, 77, 81, 86, 87, 88, 89, 90, 91, 109, 117, 130, 134, 136, 145, 146, 162, 220, 238.
Federico II, 13.
Federico Barbarroja, 13.
Federico de Sajonia, 24.
Felipe II, 25, 27, 28, 29.
Fenomenología, 218.
«Fermosa cobertura», 235.
Fernández de León (Alvar), 121.
Fernández Guerra (Aurelio), 219.
Fernández (S. E.), 223.
Fernando de Hungría, 24.
Fernando *el Católico*, 15, 33.
Ferrara, 33.
Ficino (Marsilio), 30.
Fides quaerens intellectum, 27.
Filiación divina, 21.
Filología, 33, 48, 100, 106, 109, 110, 111.
Filólogo, 46, 113, 116, 117.
Filón de Alejandría, 70.
Filosofía, 33, 61, 136, 153, 155, 162, 164, 172, 182, 188, 201, 207, 214, 243, 245, 247, 248.
Filósofo, 93, 94, 147, 162, 163, 180, 181, 182, 204, 207, 215, 235, 239, 244, 247.
Física, 48, 248.
Flandes, 25, 28, 36.
Flatus vocis, 119.
Fleming, 14.
Florencia, 21, 30.
Fonseca (Alfonso de), 71, 73.

Forma, 60, 61, 123, 152, 155, 160, 162,
Formalismo, 56, 61.
Forner, 170.
Fort, 35, 45, 46.
Francia, 12, 14, 15, 37, 51, 52, 74, 153.
Franciscanos, 23.
Francisco I, 15, 25, 29, 37, 38, 51, 52, 54, 83, 101.
Francfort, 24.
Franco Condado, 12, 26.
Función, 93, 171, 200.
Furia, 73.
«Furor del Universo», 222.

Galileo, 163, 174, 184, 187, 210.
García (Félix), 97, 135, 137, 138.
García del Castillo, 103.
Gattinara (Mercurino), 28, 66, 73.
Gauthier (León), 207.
Gemisto Pleton, 21.
Genealogía de los modorros, 220.
Génesis, 157.
Genio, 190, 195, 203, 238, 240.
Génova, 30, 33.
Gentiles, 81.
Gentilidad, 106.
Gentilismo, 169.
Geschichte des Barokstils in Italien, 152.
Gilson (Etienne), 153.
Gólgota, 105.
Góngora (Luis de), 158, 161, 164, 169, 170, 215, 216, 219.
González Palencia (Angel), 168, 207.
Goya (Francisco de), 228.
Gracia, 13.
Gracián (Baltasar), 156, 159, 160, 164, 167, 169, 177, 181, 182, 183, 184, 185, 186, 187, 188, 189, 190, 191, 192, 193, 194, 195, 196, 197, 198, 199, 200, 201, 202, 203, 204, 205, 206, 207, 208, 209, 210, 211, 212, 214, 215, 219, 226.
Gracias (Las), 80.
Gracias y desgracias del ojo del culo, 249.
Grajal, 105.
Granada, 15, 207.
Granada (Luis de), 234, 235, 246.
Grecia, 17, 243.
Gregorio IX, 13.
Guerra, 51, 52, 53, 54, 75, 99.
Guía de pecadores, 235, 246.
Guisa (Duque de), 28.
Gulliver en Liliput, 181.
Guttenberg, 15.

Hadriano Junio, 171.
Hales (Alejandro de), 110.
Hallewyn (Jorge), 36.
Hatzfeld (Helmuth), 152, 153, 154.
Hayy ben Yakdhan, 208.
Hazard (Paul), 179.
Hebreo (León), 30, 126, 158.
Hechos de los Apóstoles, 141.
Hegel, 163, 180.
Heidegger (Martín), 157.
Hércules, 191.
Herejía. 29, 75, 89, 100.
Hermenéutica, 34, 106, 110, 111.
Héroe, 185, 186, 188, 193.
Heterodoxia, 99.
Higinio, 38.
Hijo de Dios, 122, 130, 131.
Hijo del hombre, 114.
Hipólito (beato), 225.
Historia, 16, 48, 50, 109, 151, 165, 172, 200, 209, 216, 240.
Historia de la literatura española, 216.
Historia de las ideas estéticas en España, 111, 170.
Historial vicentino, 48.
Hobbes (Tomás), 174.
Hoc erat in votis, 20.
Holanda, 16, 27.
Hombre, 54, 60, 82, 83, 88, 90, 92, 97, 111, 112, 118, 120, 121, 122, 123, 125, 126, 127, 128, 129, 131, 132, 133, 134, 136, 140, 141, 142, 145, 146, 147, 151, 153, 156, 157, 158, 162, 163, 164, 165, 173, 174, 175, 176, 178, 179, 180, 181, 183, 184, 188, 189, 190, 191, 192, 193, 194, 195, 200, 201, 202, 203, 205, 206, 207, 209, 210, 211, 212, 213, 214, 215, 216, 217, 218, 219, 220, 226, 229, 230, 235, 236, 237, 239, 241, 242, 243, 245, 246, 247, 248, 249.
Homero, 182.
Homo hominis lupus, 53.
Homo pro se, 32, 40, 41, 54.
Honorio, 15.
Honorio III, 13.
Horacio, 193.
Humanismo, 17, 24, 29, 32, 36, 46, 61, 69, 74, 76, 78, 81, 85, 106.
Humanista, 32, 39, 46, 54, 56, 75, 78, 100, 106, 116, 153, 158, 216, 243, 245.
Hume, 201.
Humildad, 126, 134, 137, 146, 248.
Humor, 219, 225, 226, 236.
Hungría, 15, 37.
Hurtado de Mendoza (Diego), 216.

Husitas, 14.
Huss (Jan), 14.
Husserl (Edmundo), 196.

Idea, 183, 188, 193, 195, 207, 241.
Idea de un príncipe político, etc., 168, 169, 170.
Idea imperial, 16, 25, 28.
Ideas sociales y políticas, etc., 223.
Idealismo, 92, 153.
Idolatría, 82, 88, 89, 122.
Iglesia, 11, 15, 18, 22, 23, 24, 25, 51, 64, 65, 82, 83, 85, 86, 88, 112, 116, 121, 167.
Ignorancia, 180, 189.
Il Principe, 17, 18, 19, 20, 176, 188, 189.
Iluminados, 83, 86, 89.
Iluminismo, 27, 89.
Imágenes, 82, 85, 117, 118, 119, 123, 132, 138, 171, 217, 218.
In Abdiam, 113.
Inca Garcilaso, 31.
Indulgencia, 21, 83, 91.
In extremis, 97.
Infierno, 83, 223, 225.
Infinito, 152, 158, 175, 217.
Ingenio, 190, 195, 196, 197, 201, 213.
Ingenium acre et capax, 102.
Ingenium capax, acre, 102.
Inglaterra, 12, 15, 25, 27, 35, 37, 38, 153.
In medias res, 180, 201.
In Nativitate Domini, 123.
Inocencio III, 13, 68.
Inquisición, 99, 100, 101, 102, 103, 105, 112.
Inquisidor General, 68.
In status nascendi, 197.
Institución del príncipe cristiano, 33, 71.
Instrumentum regni, 19.
Intelecto, 133, 181, 210, 247.
Intelectual, 43, 63, 75, 79, 104, 117, 146, 147, 167, 168, 181, 185, 194, 230, 240, 243, 246, 247, 249.
Inteligencia, 62, 146, 180, 203.
Interioridad, 95, 141, 157.
Introducción a la política, etc., 168, 170.
Introducción al símbolo de la fe, 246.
Introductio in terminorum, etc., 33.
Intuición, 153, 183, 199, 207.
Iriarte (Tomás de), 95.
Isabel la Católica, 68.
Isaías, 125.
Israel, 120.
Italia, 14, 15, 30, 52, 77, 153, 232.
Itinerarium mentis in Deum, 18, 158.

Jaeger (Werner), 50.
Januario, 170.
Jerónimo (San), 47, 63, 67, 101, 245.
Jerusalén, 70.
Jesucristo, 83, 87, 89, 122, 127.
Jesuitas, 103, 183, 185, 189, 193, 195, 199, 211.
Jesús, 133.
Jiménez de Cisneros, 34, 68, 69, 70, 71.
Job, 134, 135, 136, 137, 138, 139, 140, 141, 142, 143, 144, 145, 146.
Juan (San), 13.
Juan XXII, 69.
Judaísmo, 121, 124, 125, 126, 127, 157.
Jueces, 119.
Juicio Final, 120, 124.
Julio II, 66.
Julio César, 17.
Juno, 42.
Júpiter, 42.
Justicia, 99, 103, 125, 134, 136, 140, 142, 147, 165.
Justificación por la fe, 88, 90, 91, 92.

Kant, 59, 153, 163, 180, 199.
Keil, 181.
Kempis, 109.
Kierkegaard, 157, 180.
Kosmos noetós, 179, 210.
Kritik der reinen Vernunft, 199.

La agonía del cristianismo, 178.
La ciudad de Dios, 47.
La cuna y la sepultura, 248.
La decadencia de Occidente, 164.
La hora de todos, etc., 239.
Lactancio, 63, 82.
Laercio (Diógenes), 244.
Lafuente Ferrari (Enrique), 153, 155.
Laguna (Andrés de), 71, 109.
Lascaris (Jean), 33.
Las empresas nobles, etc., 171.
Las pasiones del alma, 202.
Lastanosa (Vincencio de), 200.
La trahison des clercs, 32.
La vida es sueño, 174, 215.
Lax (Gaspar), 43.
L'entretien de Pascal, etc., 246.
Lefevre d'Etaples, 33, 34, 107, 108.
Leibnitz, 74, 133, 162, 164, 173, 201, 209.
Le jeu ne vaut pas, etc., 160.
Lenguaje, 46, 47, 55, 156, 159, 160, 162, 183, 188, 220, 225, 232.
León (Ciudad de), 27.

León (Reino de), 12.
León I, 123.
León X, 16, 24, 25, 33, 68, 75.
León XIII, 23.
León (Fray Luis de), 7, 93, 94, 95, 96, 97, 98, 99, 100, 101, 102, 103, 104, 105, 106, 107, 108, 110, 111, 112, 113, 114, 115, 116, 117, 118, 119, 120, 121, 122, 123, 124, 125, 126, 127, 128, 129, 130, 131, 132, 133, 134, 135, 136, 137, 138, 139, 140, 141, 142, 143, 144, 145, 146, 147, 158, 216.
Lepanto, 12, 15, 23, 24, 26.
Lerma (Pedro de), 71.
Lessing (Ephraim), 155.
Letrán, 14.
Letras humanísticas, 63, 64, 65, 67.
Leviathan, 174.
Ley, 87, 92, 126, 127, 128, 129, 134.
Libertad, 123, 176, 179, 184.
Libre albedrío, 22, 173, 174, 175, 177, 192, 211.
Libre examen, 13, 18, 27, 29, 75, 85.
Libro de Job, 134, 135, 136, 137, 138.
Liga de Cognac, 37.
Liga de Smalkalda, 24.
Lilibeo, 162.
Lille, 38.
Lincoln, 37.
Lipsio (Justo), 245.
Literal (Versión), 69, 113, 114, 115, 116, 138.
Literatura, 155, 156, 157, 162, 215, 218, 233, 235, 236, 238, 240.
Locis theologicis, 111.
Locke (John), 162, 173.
Locuras de Europa, 168.
Lógica, 45, 56, 155, 248.
Lo imaginario, 217.
Lombardo (Pedro), 48.
Londres, 33, 37, 38.
Longland (John), 37, 51.
Lope de Vega, 93, 215.
Loreto, 153.
Lovaina, 36, 37, 38, 64, 115.
Loyola (Ignacio de), 153.
Lucas (San), 133.
Luciano de Samosata, 225, 228, 242.
Ludus de morte Claudii, 247.
Lugdunense (Concilio), 14.
Luis XIV, 153.
Luminar, 88, 89.
Luteranismo, 75, 86, 124, 125.
Luterano, 86, 91, 124.
Lutero, 16, 17, 18, 21, 22, 23, 24, 25,

32, 33, 62, 65, 66, 74, 75, 86, 87, 88, 92, 106, 125.
Lyra (Nicolás de), 111.

Madrid, 27, 35, 37, 54, 237.
Magister dixit, 221.
Magna quaestio, 116.
Maldonado (Juan), 71, 72, 73, 79.
Maldonado (Pedro), 27.
Malebranche (Nicolás), 162, 163.
Malicia, 189, 205, 232.
Malta, 26.
Manierismo, 154, 155, 156.
Maniqueos, 123.
Manrique (Alfonso de), 37.
Manrique (Jorge), 83.
Manrique (Rodrigo de), 38, 71, 73.
Mantua, 33.
Maquiavelismo, 19, 178, 188.
Maquiavelo, 16, 17, 18, 19, 22, 176, 177, 188, 189.
Marcelo, 131.
Marco Aurelio, 243.
Marco Bruto, 230, 231, 239, 240, 241, 242, 248.
Marino, 160.
Marsella, 28.
Marta, 233.
«Martillo de Dios», 21.
Martín V, 14.
Martínez Población (Juan), 43.
Martyr (Pedro), 28, 78.
Maximiliano, 54.
Mayans y Ciscars (Gregorio), 169.
Mayor (Juan), 110.
Médicis (Lorenzo de), 188.
Medieval, 61, 153, 155, 157, 158, 159, 163, 165, 171, 179, 194.
Medina (Bartolomé de), 98, 102.
Medina del Campo, 138.
Mediterráneo, 25, 26.
Melanchton, 24, 25, 77, 107, 108.
Melchisedec, 101.
Melo (Francisco), 36.
Melius, aptius, etc., 101.
Memorial, 238.
Menéndez Pelayo, 111, 169, 170, 242.
Mente, 183, 184, 196, 209.
Mente concipio, 184.
Mesías, 121, 122, 130.
Metafísica, 45, 46, 55.
Miguel Angel, 16, 153, 158.
Milán, 12, 25, 33.
Mirandola (Pico de la), 30.
Mística, 23, 92, 109, 120.
Místico, 91, 92, 93, 94.

Mistral (Gabriela), 27.
Modernidad, 67, 214.
Modus dicendi, 112, 181.
Modus operandi, 56.
Mohamed II, 15.
Moisés, 127.
Monacato, 23.
Mónada, 209.
Monadología, 133.
Monarquía universal, 173.
Monasticismo, 21.
Monofisitas, 123.
Montaigne, 194.
Monte, 122, 134.
Montenay, 171.
Montesinos (José), 82, 84.
Montjoie (Conde de), 37, 64.
Montoya, 102.
Moral, 69, 211, 228, 230, 231, 236, 239, 245.
Moralista, 236, 239.
Moratín (Leandro), 170.
Moro (Tomás), 16, 21, 34, 36, 37, 38, 40, 41, 46, 48, 107.
Mujer, 222, 223, 224, 241.
Mundo, 61, 95, 97, 98, 99, 100, 102, 103, 105, 113, 114, 120, 125, 126, 128, 129, 132, 135, 136, 137, 138, 140, 142, 147, 152, 153, 155, 156, 159, 161, 163, 164, 165, 174, 175, 176, 177, 180, 181, 183, 184, 185, 187, 188, 189, 190, 193, 194, 195, 200, 201, 203, 204, 205, 206, 207, 208, 209, 210, 211, 212, 213, 214, 216, 217, 218, 219, 221, 222, 225, 226, 227, 230, 236, 238, 239, 240, 241, 243, 245, 247.
Munich, 170.

Nada, 157, 163, 180, 212, 214, 239.
Nápoles, 12, 25, 30.
Narbona (Moisés de), 204.
Nassau (Enrique de), 38.
Naturaleza, 32, 57, 61, 129, 131, 132, 133, 134, 155, 156, 162, 172, 173, 174, 175, 176, 177, 178, 179, 180, 181, 183, 184, 187, 188, 189, 192, 194, 200, 205, 207, 210, 211, 239, 244, 245.
Navarra, 12.
Nebrija, 70, 78.
Necedad, 180, 220, 221.
Necio, 220, 221.
Neoplatonismo, 118, 126, 127, 128.
Nettesheim (Agrippa), 60, 194.
Newton, 164, 201.
Nicea, 14.
Nickel (Godwin), 185.

Nicolao (Enrico), 170.
Nieremberg (Padre), 243.
Nietzsche, 155, 180, 219, 222, 226.
Nihil nov sub solem, 225.
Noemas, 196.
Nóesis, 196.
Noético, 183.
Noli foras ire, etc., 204.
Nombre, 117, 118, 119, 133, 201.
Nombres de Cristo, 94, 96, 97, 112, 114, 117, 119, 121, 124, 130, 137.
Nominalistas, 27, 118, 247.
Non ridere, non lugere, etc., 202.
Nuevo Testamento, 33, 63, 86, 106, 110.
Nuncio Apostólico, 237.
Núñez (Hernán), 70, 78.
Nuremberg, 24.

Objeto, 61, 119, 192, 194, 195, 197, 201, 217, 243.
Obra(s), 83, 86, 88, 89, 90, 91, 93, 94, 95, 133, 134, 135, 137, 167, 172, 174, 180, 181, 183, 185, 189, 193, 194, 195, 200, 201, 205, 207, 210, 218, 219, 225, 226, 227, 228, 231, 233, 234, 240, 241, 242.
Obras completas, etc., 219.
Observantes, 68.
Oceanía, 26.
Ockam, 27, 47, 63, 69, 108, 109, 128, 129.
Ockamismo, 69.
Olivar, 77, 78.
Olivares (Conde duque de), 237.
Onís (Federico de), 96, 97.
Optimismo, 162, 180, 214, 238.
Opuscula varia, 36.
Oración mental, 84, 87.
Oración vocal, 84.
Oráculo manual, 182, 185, 186, 193, 194, 200, 201, 202, 203, 204, 205, 206, 207.
Ordenes mendicantes, 24.
Origen y definición de la necedad, 220.
Orígenes, 23, 70.
Ordo et connexio, etc., 11, 73.
Orozco (Alonso de), 97.
Ortega y Gasset, 76, 93, 113, 228.
Osma (Cardenal de), 78.
Osuna (Duque de), 23, 232, 237, 238.
Otranto, 15.
Oudenrijn (M. van den), 116.
Oviedo (Francisco de), 240.
Oxford, 14, 37, 207.

Pablo (San) 47, 92, 122, 141, 142, 145, 158, 245.

Pacto de Madrid, 54.
Pacheco, 95.
Padilla (Juan), 27.
Padre del siglo futuro, 122.
Padres de la Iglesia, 33.
Paganismo, 106, 126.
Países Bajos, 12, 38, 153.
Papado, 26.
Paracelso (Teofrasto), 60.
Paráfrasis del Evangelio, etc., 67.
París, 33, 35, 36, 38, 43, 46, 49, 56.
Pascal (Blas), 30, 153, 162, 164, 175, 176, 180, 195, 202, 246.
Pascual (Mateo), 71.
Passage de l'hellenisme, etc., 33.
Pater Noster, 87.
Patrística, 33, 106, 110.
Paulo IV, 25.
Pavía, 33.
Paz, 43, 51, 94, 96, 128, 129, 134.
Pecado, 83, 86, 87, 89, 123, 134, 143, 157, 158, 228, 242.
Pedro (San), 13.
Péguy (Charles), 32.
Pelagianos, 123.
Pensador, 7, 8, 168, 169, 175, 183, 195.
Pensamiento, 7, 11, 61, 78, 89, 93, 94, 99, 106, 114, 137, 153, 156, 159, 160, 168, 171, 176, 179, 180, 181, 182, 183, 184, 186, 189, 196, 204, 206, 214, 215, 217, 218, 225, 228, 235, 238, 245, 246, 248, 249.
Pensamientos, 175.
Pensées, 104, 176, 202.
Perinde ac cadaver, 185.
Pesimismo, 162, 179, 180, 182, 214, 219, 238, 240.
Petit dieu, 74.
Petrarca, 30, 32.
Philosophia ancilla theologiae, 108.
Piccolomini (Eneas Silvio), 24.
Piedad, 42, 63, 65, 67, 68, 76, 81, 90, 109, 125, 131.
Pío IV, 26.
Pío XII, 69.
Piquer (Padre), 185.
Platón, 107, 155, 195, 242.
Plinio *el Viejo*, 8, 36, 182.
Plotino, 126.
Pluribus et unum, 201.
Pococke (Edward), 207.
Poesía, 96, 97, 99, 136, 164, 196, 216.
Poesías varias, 168.
Poeta, 93, 94, 95, 135, 147, 215, 216.
Poeticon astronomicum, 38.
Polifemo, 169, 170, 215.

Política, 62, 80, 83, 188, 192, 193, 226, 231, 232, 236, 241, 249.
Política de Dios, etc., 231, 232, 233, 234, 235, 237, 248, 249.
Polonia, 24.
Pomponazzi (Pietro), 21, 75.
Ponce de León (Basilio), 102.
Pons Brigues (Francisco), 207.
Pontificado, 11, 19.
Ponto Euxino, 18.
Portocarrero (Pedro), 98.
Portonariis (Gaspar de), 102.
Portugal, 28.
Portus quietis, 103.
Praeparatio mortis, 140.
Praga, 14.
Predestinación, 87, 91, 104.
Premática, 220, 222.
Prignano (Bartolomé), 14.
Príncipe de paz, 134.
Principles of Art History, 152.
Pro autentica habeatur, 101.
Profecía, 114, 117, 157.
Prosa, 97, 112, 216, 231, 234.
Protestantes, 17, 25, 124.
Protestantismo, 24, 25, 26, 85, 125.
Providencia, 175, 177, 206.
Psicosomática, 59.
Pulvis eris et pulvis reverteris, 213.

¿Qué es metafísica?, 157.
Que nada se sabe, 60.
Quevedo, 167, 169, 170, 215, 216, 217, 218, 219, 220, 221, 222, 223, 224, 225, 226, 227, 228, 229, 230, 231, 232, 233, 234, 235, 236, 237, 238, 239, 240, 241, 242, 243, 244, 245, 246, 247, 248, 249.
Quincey (Tomás de), 235.
Quodlibet, 99, 112.
Quomodo, etc., 99.

Rafael, 16.
Raggione d'Stato, 177.
Ratio vera theologiae, 20.
Rávena, 16.
Razón, 58, 90, 97, 109, 116, 117, 127, 128, 133, 139, 141, 142, 143, 145, 174, 177, 187, 192, 205, 206, 227, 235.
«Razón de Estado», 18.
Realidad, 11, 46, 107, 118, 155, 159, 160, 162, 164, 173, 180, 183, 187, 192, 194, 195, 197, 198, 199, 200, 201, 203, 204, 205, 207, 209, 210, 217, 218, 219, 220, 221, 222, 224, 226, 227, 228, 229, 230, 235, 236, 238, 241, 242, 244, 246, 248.
Realistas, 17, 247.

Reconquista, 12, 15, 35.
Redención, 114, 121, 126.
Redentor, 87, 89.
Reflexión, 60, 208, 213, 225, 226, 228.
Reforma, 15, 16, 18, 24, 25, 27, 28, 29, 33, 114, 120, 124.
Reforma del entendimiento, 47.
Regit et corrige 177.
Religión, 48, 57, 62, 77, 83, 85, 92, 122, 157, 238, 244.
Reliquias, 75, 82.
Renacentista, 152, 155, 158, 159, 160, 161, 162, 165, 173, 179, 184, 194, 200.
Renacimiento, 7, 8, 11, 12, 17, 27, 29, 30, 32, 34, 35, 39, 40, 43, 44, 46, 48, 50, 52, 54, 55, 58, 61, 63, 66, 71, 75, 85, 92, 101, 106, 107, 108, 109, 110, 111, 115, 116, 117, 126, 132, 152, 153, 154, 155, 156, 158, 159, 165, 173, 216, 243, 245, 247, 248.
Renán (Ernesto), 131.
Repeticiones, 101.
República, 155.
República literaria, 168, 169, 170.
Respublica jurisconsultorum, 170.
Retórica, 56, 225, 227, 230, 232, 238, 241, 242, 248.
Retractaciones, 22.
Revisionismo bíblico, 107, 108.
Rey, 134, 168, 233, 237, 239.
Reyes Católicos, 15.
Richelieu (Cardenal), 237.
Río (Angel del), 216.
Robinson absoluto, 208, 209.
Robinsonismo intelectual, 207.
Robles, 170.
Rococó, 154, 155.
Rochester, 38.
Rojas (Domingo de), 98.
Roma, 12, 17, 24, 65, 74, 76, 80, 81, 243.
Romano Pontífice, 64, 66.
Romanos, 145.
Rouen, 159.

Saavedra Fajardo (Diego), 167, 168, 169, 170, 171, 172, 173, 174, 175, 176, 177, 178, 179.
Saber, 31, 46, 47, 63, 136, 145, 207.
Sabiduría, 128, 136, 172, 179, 205, 213.
Sabio, 129, 188, 245.
Saboya, 28.
Saco de Roma, 15, 38, 65, 76.
«Sacra, Católica, Real Majestad», 238.
Sacramentos, 13.
Sacro Imperio, 11, 12, 15, 17, 23, 25, 27, 28, 76.

Sajonia (Jorge de), 64, 65.
Sajonia (Mauricio de), 28.
Salamanca, 101, 102, 104, 105, 113, 115.
Salazar (Francisco de), 76.
Salaverria (José M.), 229.
Salmos, 119.
Santa Teresa, 138.
Septuaginta, 101.
Ser, 208, 227, 235, 242.
Sero te amavi, 17.
Setenta (Los), 111.
Seudodialécticos, 47.
Sevilla, 37.
Shaftesbury, 211.
Sicilia, 12, 13, 25, 26.
Silvestre I, 21.
Simón el Mago, 13.
Simonía, 13, 83.
Simul peccator, etc., 88.
Sine die, 100, 146.
Sine ira, sine odio, 32.
Sive mentis, 169.
Sobre el alma, 47.
Sociedad, 172, 174, 176, 178, 186, 188,
    189, 191, 193, 207, 225, 235, 238.
Sócrates, 54, 205, 207.
Sofística, 35.
Sofrosyne, 155.
Soledades, 169, 170, 215.
Solimán el Magnífico, 15, 16, 26.
Sorbona, 35, 46.
Soria, 27.
Sotomayor (Prudencio de), 103.
Sparta (Hermomyone de), 33.
Spengler (Otswald), 164.
Spinoza (Baruch de), 11, 162, 163, 173,
    202.
Spira (Dieta de), 24.
Status nascens, 154.
Studiosus, etc., 113.
Suárez (Francisco), 47.
Sub iudice, 97.
Suecia, 24.
Sueño del infierno, 224.
Sueño del Juicio Final, 223, 228.
Sueños, 213, 215, 224, 225, 226, 227,
    228, 229, 230, 231, 232, 235, 248.
Sujeto, 61, 194, 195.
Sultán de Turquía, 25.
Suma teológica, 158.
Sumas, 48, 67, 109.
Superstición religiosa, 75, 84.
Sustancia, 123, 130, 131.
Sustine et abstine, 248.
Sutterworth, 14.

Sutileza, 186, 188, 189, 190, 191, 196,
    197, 198, 203, 219.
Tácito, 172.
Tajo, 162.
Tasso (Torcuato), 171.
Teocratismo, 173.
Teodicea, 140, 165, 173, 179.
Teodosio el Grande, 15.
Teognis, 182.
Teología, 20, 32, 33, 48, 63, 64, 65, 69,
    71, 103, 108, 109, 110, 111, 112, 117,
    145, 157, 165, 173.
Teólogo, 93, 94, 110, 113, 114, 116, 117,
    130, 216.
Terencio, 63.
Teseo, 205.
Tíber, 157.
Tiempo, 153, 155, 164, 167, 168, 171,
    172, 177, 178, 200, 205, 207, 213, 218,
    222, 225, 232, 243.
Tiempos Modernos, 184.
Tifeo, 162.
Tirol, 28.
To katholou, 12.
Toledo, 27, 68.
Tópicos, 55.
Torre de Juan Abad, 237, 238.
Totum revolutum, 191.
Tovar, 38.
Transsylvanus (Maximiliano), 28.
Tratado de Madrid, 37.
Tratado del alma, 59.
Trento (Concilio de), 14, 23, 24, 25,
    100, 101, 158.
Tristitia, 247.
Triunfo de Cristo, 36.
Túnez, 26, 28.
Turco, 12, 16, 26, 29, 37, 51, 52, 53.

Unamuno (Miguel de), 29, 93, 94, 95,
    96, 108, 113, 173, 235, 238.
Unidad, 94, 96, 128, 152.
Universal, 124, 173, 243, 247.
Universo, 163, 183, 184, 201, 209, 210,
    218, 244.
Uno, 118.
Urbano VI, 14.
Urbe et orbi, 17.
Usoz (Luis de), 88, 90, 91.
Utopía, 24, 26, 33.
Utrecht (Adriano de), 28.

Vaccaro (J.), 121.
Vair (Guillaume de), 245.
Valdés (Alfonso de), 37, 71, 74, 75, 76,
    77, 78, 79, 80, 81, 82, 83, 84, 85, 225.

Valdés (Juan de), 71, 74, 75, 80, 85, 86, 87, 88, 89, 90, 91, 99, 216.
Valencia, 30, 35.
Valido, 232, 233, 234, 237, 238, 239.
Valla (Lorenzo), 21, 33, 46, 75, 101, 106, 107, 109, 111.
Valladolid, 27.
Valldaurra, 36, 37, 53.
Vassari (Giorgio), 160.
Vaticano, 14.
Vega (Angel C.), 98, 99, 101, 110, 111, 112, 117.
Vega (Garcilaso de la), 95, 161, 215.
Velázquez (Diego), 158, 164, 215.
Vélez (Pedro), 104.
Velis nolis, 43, 167, 245.
Venecia, 26, 31.
Venerable Beda, 245.
Veneto (Pablo), 48.
Venus, 41.
Verdad, 39, 57, 62, 83, 89, 99, 100, 105, 110, 181, 186, 192, 203, 211, 213, 221, 227, 232.
Vergara (Juan de), 38, 71, 78.
Versio vulgata, 101.
Vetus latina, 101.
Viaje de Turquía, 109.
Vico (Giambatista), 176.
Vida, 59, 60, 98, 99, 100, 107, 119, 120, 129, 137, 139, 143, 144, 145, 152, 154, 156, 157, 167, 168, 174, 176, 180, 183, 185, 187, 190, 191, 193, 200, 202, 204, 206, 210, 211, 213, 222, 224, 227, 229, 232, 236, 239, 240, 241, 243, 245, 248, 249.
Vidas y opiniones, etc., 244.
Viena, 14, 15, 26, 28.
Vignaux (Paul), 118.
Villalón (Juan), 109.
Villanueva (Leonor de), 21.
Villavicencio (Lorenzo de), 104.
Vinci (Leonardo de), 16, 158.

Virgen María, 84, 132.
Virgilio, 36.
Virués (Alfonso de), 71.
Vitoria (Francisco de), 51.
Vivere secundum natura, 244.
Vives (Juan Luis), 7, 16, 21, 33, 35, 36, 37, 38, 39, 40, 41, 42, 43, 44, 45, 46, 47, 48, 49, 50, 51, 52, 53, 54, 55, 56, 57, 58, 59, 60, 61, 75, 76, 106, 107, 108, 125, 215.
Voltaire, 151, 173.
Voluntad, 58, 90, 115, 116, 123, 127, 128, 129, 136, 140, 141, 145, 147, 157, 178, 180, 184, 185, 187, 188, 203, 204, 205, 220, 224, 228, 238.
Vries (Hugo de), 60.
Vulcano, 161.
Vulgata, 64, 69, 101.

Watzburgo, 24.
Weiditz, 79.
Welt als Ob, 161.
Weltanschauung, 7, 163.
Willinger, 28.
Wittenberg, 24, 25, 87.
Woelfflin (H.), 152, 156.
Wolsey (Cardenal), 37.
Worms (Dieta de), 24.
Wycliffe (John), 14.

Xuárez (Padre), 104.

Yahvé, 119.
Yuste, 25.

Zamora, 27.
Zaragoza, 207.
Zenón, 243, 249.
Zoón politikón, 190.
Zubiri (Xavier), 157.
Zúñiga (Diego de), 98, 99.
Zurcher (Joseph), 50.

INDICE

PRÓLOGO   7

PRIMERA PARTE

INTRODUCCIÓN 11

CAPÍTULO I: 1. Juan Luis Vives 35

     2. El erasmismo español 62

CAPÍTULO II: Fray Luis de León 93

SEGUNDA PARTE

INTRODUCCIÓN 151

CAPÍTULO I: 1. Diego Saavedra Fajardo 167

     2. Baltasar Gracián 180

CAPÍTULO II: Francisco de Quevedo Villegas 215

INDICE ANALÍTICO 251

SE ACABÓ DE IMPRIMIR ESTA OBRA
EL DÍA QUINCE DE ENERO
DE MIL NOVECIENTOS SETENTA.

LA PUBLICÓ
LAS AMERICAS PUBLISHING COMPANY,
40-22, 23rd STREET,
LONG ISLAND CITY
NEW YORK, 11101, N. Y.
(U. S. A.)